निबंधों की दुनिया
डॉ. रामविलास शर्मा

निबन्धों की दुनिया

डॉ. रामविलास शर्मा

प्रधान सम्पादक

निर्मला जैन

सम्पादक

रामेश्वर राय

वाणी प्रकाशन

वाणी प्रकाशन
4695, 21-ए, दरियागंज, नयी दिल्ली 110 002
शाखा
अशोक राजपथ, पटना 800 004
फ़ोन : +91 11 23273167 फ़ैक्स : +91 11 23275710
www.vaniprakashan.in
vaniprakashan@gmail.com
sales@vaniprakashan.in

NIBANDHON KI DUNIYA : DR. RAMVILAS SHARMA
Chief Editor: Nirmala Jain
Editor: Rameshwar Ray

ISBN : 978-93-5000-029-8
Literary Essays

संस्करण 2009
आवृत्ति 2017

मूल्य : ₹ 395

सिटी प्रेस, दिल्ली-110 095 में मुद्रित

वाणी प्रकाशन का लोगो मक़बूल फ़िदा हुसेन की कूची से

भूमिका

(1)

मार्क्सवादी चिंतन की वैज्ञानिक वस्तुपरकता और जनपक्षधरता के आधार पर हिंदी आलोचना के नए प्रतिमान-निर्माताओं में डॉ. रामविलास शर्मा का अन्यतम स्थान है। अपनी विवेचन-शैली एवं स्थापनाओं के कारण पर्याप्त विवादास्पद होने के बावजूद शुक्लोत्तर हिंदी आलोचना के वे केंद्रीय व्यक्तित्व हैं। आचार्य रामचंद्र शुक्ल की आलोचना-भूमि का विस्तार करते हुए उन्होंने हिंदी साहित्य की जातीय परंपरा और उसमें निहित प्रगतिशील मूल्यों का उद्घाटन किया। 10 अक्तूबर, 1912 को उन्नाव जिले के ऊँचगाँव-सानी में जन्मे डॉ. शर्मा का विद्यार्थी-जीवन झाँसी और लखनऊ में बीता। लखनऊ विश्वविद्यालय से अंग्रेजी में पी-एच.डी. करके 1943 तक वहीं अध्यापन किया। लखनऊ में ही निराला, अमृतलाल नागर, केदारनाथ अग्रवाल, गिरिजा कुमार माथुर तथा शिवमंगल सिंह 'सुमन' जैसे हिंदी साहित्यकारों से संपर्क एवं संबंधों का सिलसिला शुरू हुआ जो बाद में स्थायी मैत्री में बदल गया। इसी वर्ष डॉ. शर्मा वाज़िद अली शाह और अपनी तहज़ीब के लिए मशहूर लखनऊ को छोड़कर ताजमहल की नगरी आगरा के बलवंत राजपूत कॉलेज में आ गए और 1971 में यहीं से रिटायर हुए। 1971 से 1973 तक उन्होंने के.एम. मुंशी हिंदी पीठ (आगरा) के निदेशक का कार्यभार सँभाला। 1981 से मृत्युपर्यंत, यानी 2000 तक वे दिल्ली में रहे। लगभग बीस वर्षों के दिल्ली-प्रवास में एक साधक का जीवन जीते हुए उन्होंने अनेक महत्त्वपूर्ण ग्रंथों की रचना के द्वारा हिंदी वाङ्मय को समृद्ध किया।

डॉ. रामविलास शर्मा की रचनात्मक, आलोचनात्मक और संगठनात्मक सक्रियता का क्षेत्र बहुत व्यापक है। उनके लेखन की शुरुआत कविता से हुई। अज्ञेय के संपादन में प्रकाशित 'तारसप्तक' में संकलित कविताओं के कारण उनकी पहचान एक कवि के रूप में उभरी। उन्होंने 'अगिया बैताल' और 'निरंजन' नाम से भी कविताएँ लिखीं। पहला काव्य-संग्रह 'रूप-तरंग' शीर्षक से 1956 में प्रकाशित हुआ।

1960 में बुल्गेरियन कवि वप्सारोव की कविताओं को मिलाकर भूमिका के साथ 'रूप-तरंग' नये कलेवर में प्रकाशित हुई—'रूप-तरंग और प्रगतिशील कविता की वैज्ञानिक पृष्ठभूमि' नाम से। राजनीतिक भावबोध वाली डॉ. शर्मा की कविताएँ 'सदियों के सोए जाग उठे' संग्रह में शामिल हैं। डॉ. शर्मा ने उपन्यास एवं नाटक-लेखन में भी हाथ आजमाया। एक उपन्यास लिखा 'चार दिन'। 'सूर्यास्त', 'पाप के पुजारी', 'तुलसीदास' तथा 'कानपुर के हत्यारे' जैसे नाटक लिखे। इनमें से कुछ का मंचन भी हुआ। लेकिन उनकी पहचान एक कवि एवं आलोचक के रूप में ही उभरी। काव्य और आलोचना की समानांतर यात्रा में धीरे-धीरे कविता छूटती चली गई और आलोचना का क्षेत्र व्यापक होता गया। वे 1949-1953 के दौरान 'अखिल भारतीय प्रगतिशील लेखक संघ' के महासचिव रहे और दो वर्ष (1958-1959) तक 'समालोचक' पत्रिका का संपादन किया।

साहित्य के अतिरिक्त भाषा, इतिहास, मार्क्सवाद तथा दर्शन—डॉ. शर्मा के अध्ययन, चिंतन और लेखन के व्यापक क्षेत्र हैं। भाषा से संदर्भित 'भाषा, साहित्य और संस्कृति', 'भाषा और समाज', 'राष्ट्रभाषा की समस्या' तथा 'भारत के प्राचीन भाषा-परिवार और हिंदी' जैसी पुस्तकें मील का पत्थर हैं। इतिहास में नवजागरण डॉ. शर्मा का विशेष क्षेत्र है। बंगाल और महाराष्ट्र के नवजागरण के समानांतर उन्होंने हिंदी नवजागरण की अवधारणा का सूत्रपात किया और स्थापना की कि हिंदी नवजागरण ने ही उन्नीसवीं शताब्दी के नवजागरण को अखिल भारतीय या राष्ट्रीय आधार दिया। नवजागरण को केंद्र में रखकर डॉ. शर्मा ने भारतेंदु और महावीरप्रसाद द्विवेदी पर 'भारतेंदु हरिश्चंद्र और हिंदी नवजागरण की समस्याएँ' तथा 'महावीरप्रसाद द्विवेदी और हिंदी नवजागरण' जैसी महत्त्वपूर्ण पुस्तकों की रचना की। 'मानव-सभ्यता का विकास', 'प्रगतिशील साहित्य की समस्याएँ', 'मार्क्स और पिछड़े हुए समाज' तथा 'भारत में अंग्रेजी राज और मार्क्सवाद' जैसे ग्रंथ हिंदी भाषा में मार्क्सवादी ज्ञान-मीमांसा के अभाव की पूर्ति करते हैं। जीवन के अंतिम वर्षों में वे वैदिक साहित्य और दर्शन पर काम कर रहे थे। उन्होंने वेदों की अपौरुषेयता के ठोस सामाजिक-आर्थिक आधारों को स्पष्ट किया। 'भारतीय साहित्य की भूमिका', 'पश्चिम एशिया और ऋग्वेद' और 'भारतीय संस्कृति और हिंदी प्रदेश' जैसे ग्रंथ हिंदी की दुनिया का विस्तार करते हैं। 'गाँधी, अंबेडकर, लोहिया' और 'भारतीय सौंदर्य और तुलसीदास' जैसा बृहत् ग्रंथ डॉ. शर्मा के चिंतन की समकालीनता एवं सरोकारों का प्रमाण है। अपने प्रिय कवि तुलसीदास पर उनका लेखन अधूरा रह गया...साहित्य अकादमी ने 'भारतीय सौंदर्य-बोध और तुलसीदास' शीर्षक से इस अधूरे ग्रंथ को प्रकाशित किया है।

साहित्यिक योगदान के लिए डॉ. रामविलास शर्मा को अनेक पुरस्कारों से सम्मानित किया गया जिनमें साहित्य अकादमी पुरस्कार, दिल्ली हिंदी अकादमी का, 'शलाका सम्मान', उत्तर प्रदेश हिंदी संस्थान का 'भारत-भारती' पुरस्कार और

'व्यास-सम्मान' मुख्य हैं। डॉ. शर्मा ने इन पुरस्कारों के लिए आभार व्यक्त किया, किंतु पुरस्कारों से प्राप्त राशि को शिक्षा-प्रसार तथा पुस्तकालयों के लिए वापस कर दिया। वे साहित्य अकादमी की महत्तर सदस्यता तथा दिल्ली हिंदी अकादमी के 'शताब्दी सम्मान' से विभूषित हुए। लगभग पैंसठ वर्षों के अनथक लेखन से डॉ. शर्मा ने जितना कार्य किया, उतना कर पाना संस्थाओं के लिए भी एक चुनौती है। उनका संपूर्ण लेखन एक विशिष्ट ढंग से हिंदी का विश्वकोश है।

(2)

डॉ. रामविलास शर्मा के साहित्य-चिंतन की परिधि बहुत व्यापक थी। रामायण-काल से हिंदी की नई कविता तक उनकी दृष्टि की व्याप्ति है। वाल्मीकि से मुक्तिबोध तक के मूल्यांकन के सफर में भारतीय समाज और इतिहास के अनेक सवालों, मूल्य-चेतना और परिवर्तनों की मीमांसा करती है उनकी आलोचना। डॉ. शर्मा के अध्ययन एवं चिंतन की परिधि में अन्य भारतीय भाषाओं का साहित्य भी है, विशेष रूप से बांग्ला और मराठी-साहित्य। हिंदी साहित्य को भारतीय साहित्य के फलक पर देखने वाली डॉ. शर्मा की दृष्टि ने उसे भारत का प्रतिनिधि-साहित्य बनाया। साहित्य को वे स्वायत्त विधा न मानकर संगीत मूर्तिकला, चित्रकला, वास्तुकला आदि की परस्परता और संगति में देखते थे। उन्होंने साहित्य को, इस तरह एक महाकाव्यात्मक आयाम दिया।

डॉ. शर्मा ने मार्क्सवादी चिंतन और उसकी आलोचना दृष्टि को भारतीय रचनाशीलता एवं परंपरा से संस्कारित किया। डॉ. शर्मा की कट्टर मार्क्सवादी आलोचक की छवि उनके कुछ बजरंगी अंधभक्तों के कारण बनी है। उनके लेखन में मार्क्सवाद दृष्टि और पक्षधरता के स्तर पर है, जड़वादी अनुष्ठान के स्तर पर नहीं। इसमें संदेह नहीं कि वे लक्ष्यबेधी आलोचक हैं, इसलिए वे विश्लेषण से किसी निष्कर्ष पर नहीं पहुँचते, बल्कि निष्कर्ष को केंद्र में रखकर विश्लेषण करते हैं। उनके विश्लेषणों में वैचारिक योद्धा की तैयारी और रणनीति दिखती है। अपनी रुचियों एवं पूर्वाग्रहों को वस्तुनिष्ठ आधार देने में उन्हें महारत हासिल है। डॉ. शर्मा के इस कौशल का शिकार राहुल सांकृत्यायन, यशपाल और मुक्तिबोध जैसे बड़े मार्क्सवादी रचनाकारों के साथ रेणु जैसा समर्थ उपन्यासकार भी हुआ। अपनी जातीय विरासत की सारवान अंतर्वस्तु की पहचान और उसके महत्त्व के प्रतिपादन में डॉ. शर्मा की दृष्टि निष्कंप है। साहित्यिक कृतियों, युगों, रचनाकारों के मूल्यांकनपरक निबंध उनके लेखन का एक क्षेत्र भर हैं। इस संकलन में डॉ. रामविलास शर्मा के विपुल लेखन में से ऐसे निबंधों का चयन किया गया है जिनसे उनके सैद्धांतिक आधारों, रचना के मूल

प्रतिमानों एवं स्थापनाओं का उद्घाटन हो सके। डॉ. शर्मा की विवेचन-पद्धति एवं स्थापनाओं से असहमति हो सकती है, लेकिन उनसे कतरा कर शुक्लोत्तर हिंदी आलोचना पर कोई सार्थक और प्रामाणिक बहस नहीं हो सकती। इस दृष्टि से प्रस्तुत पुस्तक में संकलित निबंध नितांत तात्कालिकता एवं अख़बारी पुस्तक-समीक्षाओं में रेंगती हुई आलोचना को उसकी सामर्थ्य एवं व्यापकता का स्मरण कराते हैं तो दूसरी ओर ये आलोचक के दृष्टि-विस्तार और श्रम की संस्कृति के साक्ष्य भी हैं। स्थानाभाव के कारण 'आदिकाव्य : कल्पना और यथार्थ' तथा 'संगीत का इतिहास और भारतीय नव जागरण की समस्याएँ' जैसे महत्त्वपूर्ण लेख छोड़ने पड़े हैं। प्रस्तुत पुस्तक में संकलित निबंध–'आस्था और सौंदर्य', 'नयी कविता और अस्तित्ववाद', 'परंपरा का मूल्यांकन', 'भाषा, युगबोध और कविता' से लिये गये हैं। इन निबंधों में असहमति, संवाद और मूल्य चेतना की विविधता वाली वैचारिक संस्कृति की छवियाँ हैं। नये आर्थिक साम्राज्यवाद, जातिवादी जनतंत्र, नव धनाढ्य वर्ग की उन्मादी भोग-लिप्सा और बाज़ारवाद के मूल्य-शून्य इस समय में डॉ. शर्मा के इन निबंधों की निर्विवाद उपादेयता है।

(3)

सृजनात्मक साहित्य में भाव एवं ऐंद्रिय बोध का जो महत्त्व है, आलोचना में वही महत्त्व आलोचक के जीवन-दर्शन या विश्व-दृष्टि का है। इस विश्व-दृष्टि को सिद्धांत दर्शन भी कहा जाता है। इसी विश्व-दृष्टि के आधार पर आलोचक अपनी सैद्धांतिक आलोचना का विकास करता है। प्रस्तुत संकलन में डॉ. रामविलास शर्मा के दो सैद्धांतिक निबंध शामिल किए गए हैं–'यथार्थ जगत् और साहित्य' तथा 'सौंदर्य की वस्तुगत सत्ता और सामाजिक विकास।' ये दोनों निबंध डॉ. शर्मा की आलोचना दृष्टि का आधार तैयार करते हैं। भाववादी चिंतन में साहित्य और सौंदर्य के भौतिक-सामाजिक आधारों का अस्वीकार है, वहाँ वे आत्मगत सत्ताएँ हैं। भाववादी दर्शन में जगत् की बाह्य सत्ता का ही नकार है। आधुनिक युग में इस भाववादी चिंतन का रूपांतरण व्यक्तिवाद, मनोविश्लेषणवाद और अस्तित्ववाद में हुआ। अस्तित्ववाद को प्रभावित करने वाले चिंतक किर्केगार्ड की मान्यता थी कि 'सत्य केवल आत्मगत होता है।' डॉ. शर्मा ने इस भाववादी चिंतन के बरक्स भौतिकवादी चिंतन को रखा है जिसके अनुसार मनुष्य प्रकृति की उपज है और विचार-चेतना मानव मस्तिष्क की उपज। चेतना का स्रोत कोई अतींद्रिय सत्ता नहीं, बल्कि यह वस्तुजगत ही है। इस वस्तुगत सत्य के आधार पर विकसित होने वाली विचार-प्रणाली को यथार्थवाद कहा गया है। 'यथार्थवाद' के अनुसार अनुभव और व्यवहार ही ज्ञान

की कसौटी है। भाववादी चिंतन में जहाँ परोक्ष या अपरोक्ष रूप से यथास्थितिवाद के संरक्षण का आग्रह है, भौतिकवादी चिंतन में संसार को समझने और उसे बदलने पर बल है। यथार्थवाद के अनुसार दुनिया की एकता का आधार उसकी भौतिक सत्ता है, आत्मगत धारणाएँ नहीं।

डॉ. शर्मा ने कला और वस्तुजगत के संबंध को दर्पण-बिंब वाली धारणा से भिन्न रूप में देखा है। उनके अनुसार, 'बलाघात और अनुपात की एक विशिष्ट व्यवस्था के कारण कला में फोटोग्राफिक चित्रण असंभव है।' 'व्यक्ति का चित्रण किए बिना समाज का चित्रण करना असंभव है।' व्यक्ति-जीवन पर बल देने के कारण ही कला दस्तावेजी तथ्य-कथन से अलग होती है। कला में व्यक्ति के महत्त्व को डॉ. शर्मा की इस मान्यता से जोड़कर देखा जाना चाहिए कि 'समाज से बाहर व्यक्ति का अस्तित्व नहीं है।' डॉ. शर्मा की यह स्थापना भी महत्त्वपूर्ण है कि कला में आदर्श और यथार्थ विरोधी नहीं होते। वह कल्पना और सपनों को महत्त्व देकर वस्तुजगत का पुनर्गठन करती है। यथार्थवाद की यह एक व्यापक और गतिशील धारणा है जो भौतिक जगत् की केंद्रीयता के साथ मनुष्य के राग, ऐंद्रियबोध एवं भावों को कला के स्थायी मूल्य के रूप में स्वीकारती है।

भाववादी चिंतन में सौंदर्य की सत्ता वस्तु से अलग है। प्लेटो ने संसार के सौंदर्य को अपरोक्ष सत्ता के सौंदर्य का प्रतिबिंब माना था और कला को इस प्रतिबिंब का भी प्रतिबिंब। इसलिए कला को उसने दर्शन से हीनतर मानते हुए आदर्श गणराज्य से निष्कासित करने का प्रस्ताव किया था। दूसरी तरफ मार्क्स और एंगेल्स ने सौंदर्य को उपयोगिता और श्रम से जोड़ा और उसके सामाजिक आधारों की व्याख्या की। डॉ. शर्मा ने भाववाद और मार्क्सवाद से भिन्न धरातल पर सौंदर्य-मीमांसा की है। उनके यहाँ सौंदर्य की वस्तुगत सत्ता तो है, लेकिन वह मूल रूप से सामाजिक विकास की देन नहीं है। सौंदर्य और सौंदर्यानुभव मनुष्येतर प्राणियों में भी मौजूद है। सौंदर्य, धारणाओं का नहीं, इंद्रियबोध का विषय है। उसकी सत्ता प्रकृति में भी है और मनुष्य के मन में भी। कला की सार्थकता मनुष्य के सौंदर्य-बोध के परिष्कार और विकास में है। यथार्थवाद और सौंदर्य के संबंध में डॉ. शर्मा की स्थापनाएँ जड़ीभूत मार्क्सवादी स्थापनाओं को नकारती हैं और इस मिथ को भी पिघलाती हैं कि वे कठमुल्ली आलोचना के सूत्रधार हैं।

(4)

डॉ. रामविलास शर्मा ने हिंदी साहित्य के इतिहास के विभिन्न कालखंडों और काव्य प्रवृत्तियों पर जो फुटकर लेखन किया है, उसका व्यापक महत्त्व है। इस विषय से

संबंधित उनके निबंध आचार्य शुक्ल की इतिहास दृष्टि का विस्तार तो करते ही हैं, उनसे रचना और समाज के संबंधों की एक नई समझ भी विकसित होती है। इस संकलन में रीतिकाल, छायावाद और नई कविता से संबंधित तीन लेख हैं जिनमें डॉ. शर्मा की आलोचना और इतिहास-दृष्टि का वैभव दिखाई देता है। रीतिकाव्य के संबंध में उनकी स्थापनाएँ माक्सर्वादी आलोचक और शुक्लजी के उत्तराधिकारी के अनुरूप ही हैं। उनकी दृष्टि में रीतिकालीन काव्य-परंपरा हिंदी-भाषा प्रदेश के सामंत वर्ग की अपनी विशिष्ट सांस्कृतिक परंपरा है। वह मन की ऐसी विकृति है जिसका कोई सामाजिक आधार नहीं है। रीति ग्रंथकार रसवादी नहीं, चमत्कारवादी थे। इस काव्य में नारी केवल विलास की वस्तु थी। प्रेम की अभिव्यंजना में रीतिकाव्य का मनोविज्ञान सूर की उदात्त भाव-व्यंजना से कोसों पीछे है। भाषा में अनुप्रासों की भरमार है जो चमत्कार-प्रदर्शन का सबसे घटिया रूप है। इन धारणाओं के बावजूद डॉ. शर्मा का रीतिकाव्य के बारे में निष्कर्ष यह है–"यह काव्य ऐसा नहीं है कि सबका सब उठाकर कूड़े के ढेर पर फेंक दिया जाए। हिंदी भाषा की कुछ जातीय विशेषताएँ जितनी यहाँ निखरी हैं, उतनी आधुनिक हिंदी कविता में नहीं।" डॉ. शर्मा के अनुसार–इन कवियों से आधुनिक हिंदी कवि जो बात सबसे ज्यादा सीख सकते हैं, वह है शब्द-चयन और शब्द-योजना। हिंदी साहित्य के इतिहास के लगभग कलंकित काल की कविता के प्रति डॉ. शर्मा का यह दृष्टिकोण अपनी साहित्यिक परंपरा के साथ एक बड़े आलोचक के दायित्वपूर्ण व्यवहार का प्रमाण है।

छायावाद की अर्थ-मीमांसा का लंबा इतिहास है। उसकी व्याख्या हिंदी आलोचना की एक बड़ी चुनौती एवं कसौटी है। मार्क्सवादी आलोचना ने छायावाद को रहस्यवाद, अध्यात्मवाद और व्यक्ति के आंतरिक लोक के कोहरे से निकाल कर उसे सामाजिक-ऐतिहासिक आधार दिया। समूचे छायावाद को केंद्र में रखकर डॉ. शर्मा ने कोई किताब या बड़ा लेख नहीं लिखा है। उन्होंने निराला को केंद्र में रखकर ही छायावाद का विश्लेषण किया है। इस संकलन में छायावाद से संबंधित एक छोटा-सा किंतु महत्त्वपूर्ण लेख शामिल किया गया है जिसमें मार्क्सवादी दृष्टिकोण से छायावाद की मूल चेतना और उसके अंतर्विरोधों को समझने की कोशिश की गई है। डॉ. शर्मा ने छायावाद को यांत्रिक पूँजीवाद से उत्पन्न होने वाली विषम परिस्थितियों के प्रति घोर असंतोष से जोड़ा है। छायावाद में व्यक्ति का उदय मध्यकालीन शृंखलाओं के टूटने से मनुष्य को हासिल हुई स्वाधीनता का परिणाम था। उसमें निहित रहस्य-भावना का संबंध मध्ययुगीन रहस्य-परंपरा से नहीं, बल्कि 'अहं' के विस्तार की कामना और पराजय के गहरे बोध से है। छायावाद में विद्रोह और पलायन की असंगति की जड़ें भारतीय मध्यवर्ग के अंतर्विरोधों में हैं। इस काव्यधारा में प्रकृति मध्यकालीन कवि-कल्पना से आधुनिक कवि की मुक्ति का लक्षण है। मानवीय संदर्भ में प्रकृति को देखने का भाव और उसके साथ नया संबंध बनाने

की कामना—छायावादी प्रकृति-चित्रण की विशिष्टता है। स्त्री को लेकर छायावाद का दृष्टिकोण भाववादी है, लेकिन मोटे तौर पर उसे लेकर वह मध्यकालीन रूढ़ियों का शिकार नहीं है। छायावाद को युगीन परिवेश और ऐतिहासिक अंतर्विरोधों के धरातल पर विश्लेषित करते हुए डॉ. शर्मा ने जो मूल्य-निर्णय दिया है, वह विचारणीय है—"उसे पलायनवादी, प्रतिक्रियावादी कहकर लांछित करना सरासर अन्याय है। उसमें पराजय और पलायन की भावनाएँ हैं तो विद्रोह, विजय, मानव-मात्र के प्रति सहानुभूति के स्वर भी हैं।"

'अस्तित्ववाद और नयी कविता' निबंध में डॉ. शर्मा का आलोचक रूप बदलता है। इसमें अस्तित्ववाद के इतिहास और जीवन-दर्शन पर रोशनी डालने के बाद उन्होंने सार्त्र के उपन्यास 'उबकाई' के केंद्रीय चरित्र रोकांतैं की चरित्र-मीमांसा की है—"रोकांतैं अर्द्ध-विक्षिप्त है, न्यूरॉटिक...रोकांतैं निश्चय नहीं कर पाता कि वह कुछ समय के लिए पागल हुआ था या नहीं...रोकांतैं अघोरी है...वह खुद भीतर से सड़ रहा है, इसलिए हर चीज सड़ी हुई मालूम होती है।" इस चरित्र-मीमांसा का आशय उनकी इस घोषणा में खुलता है—"हिंदी के अधिकांश नयी कविता लिखने वालों का हाल रोकांतैं जैसा है।" नयी कविता में विक्षिप्तता, विकृति, आत्महत्या, सड़ाँध, अजनबीपन, वमन और दुःस्वप्न जैसी प्रवृत्तियों को ही उसकी मूल चेतना प्रमाणित करने के लिए डॉ. शर्मा ने उद्धरणों की झड़ी लगा दी है। रीतिकालीन कविता में भी उसके सकारात्मक पक्षों को देख लेने वाली उनकी आलोचकीय दृष्टि अपनी समकालीन रचनाशीलता में केवल विकृति और पतन का दिगंतव्यापी अंधकार ही देख पाती है। क्या यही नयी कविता है? डॉ. शर्मा का यह निबंध आलोचना को ध्वंस के औजार के रूप में इस्तेमाल करने का प्रमाण भी है और उदाहरण भी। विचारणीय है कि यह सीमा नयी कविता की है या डॉ. शर्मा की आलोचकीय दृष्टि की?

(5)

डॉ. रामविलास शर्मा के आलोचनात्मक निबंधों की परिधि आदिकवि वाल्मीकि से लेकर हिंदी की नयी कविता के कवि अज्ञेय और मुक्तिबोध तक फैली हुई है। डॉ. शर्मा की व्यावहारिक आलोचना का लिबास विचारधारात्मक है और देह प्रभाववादी। इसलिए उनके मूल्यांकन के प्रतिमान रचनाकार के प्रति उनकी रुचि, संस्कार और पक्षधरता से तय होते हैं। इस सीमा के बावजूद रचना की अर्थ-मीमांसा के नये प्रतिमानों की दृष्टि से ये निबंध पठनीय और विचारणीय हैं। रामविलास के अनुसार कालिदास भारतीय-साहित्य के सबसे स्थायी कवि हैं। उनके स्थायित्व का स्रोत ऐसे शाश्वत सौंदर्य की व्यंजना में है जो देशकाल की सीमाओं से परे है। कालिदास

के साहित्य में प्राचीन समाज-व्यवस्था का प्रतिबिंबन है, ह्रासोन्मुखी प्रवृत्तियों की निर्जीव रूढ़ियों का अतिक्रमण भी है। सूक्ष्म सौंदर्य-बोध, जीव मात्र से सहानुभूति, नारी और मातृत्व के प्रति सम्मान-भावना, इस देश की प्रकृति से गहरा प्रेम और भाषा पर असाधारण अधिकार—कालिदास के स्थायी महत्त्व के बिंदु हैं।

तुलसीदास के संबंध में रामविलास शर्मा की स्थापनाएँ किताबी मार्क्सवादियों से भिन्न ही नहीं, उनके विरोध में हैं। उनकी दृष्टि में 'तुलसी को निकालकर हिंदी साहित्य की परंपरा से संबंध जोड़ना असंभव है। इस परंपरा में जो कुछ मूल्यवान है, जो कुछ महत्त्वपूर्ण है, जो कुछ सदा के लिए संग्रह करने के योग्य है, वह तुलसी में सुरक्षित है...यह तथ्य तुलसी की अपराजेय प्रतिभा का द्योतक है कि उन्हें त्यागकर कोई युग-प्रवर्त्तक कवि नहीं हो सकता।' तुलसी का मूल्यांकन एक आलोचक की जातीय चेतना और लोक-संपृक्ति का निकष है। रामविलास शर्मा का मार्क्सवाद 'मैला आँचल' के बाद रैदास के हाथ का झंडा नहीं है, वह एक जीवन-विवेक और इतिहास-बोध है। तुलसी को झुंडवादी और बाज़ारू आलोचना के गर्दो-गुबार से बाहर निकालने का श्रेय रामविलास जी को मिलना चाहिए।

भारतेंदु, प्रेमचंद और निराला—डॉ. रामविलास शर्मा के प्रिय रचनाकार हैं क्योंकि वे आधुनिक साहित्य के निर्माता होने के साथ जनता के लेखक हैं। ये तीनों रचनाकार अपने समय की सामाजिक रूढ़ियों के भंजक, परिवर्तनकामी और साधारण जनता के पक्षधर हैं। भारतेंदु के संबंध में डॉ. शर्मा का मत है—'वे समाज सुधारक थे, विधवा-विवाह के समर्थक थे, स्त्री-शिक्षा के प्रबल पक्षपाती थे। भारतेंदु ने भाषा और साहित्य में जिस आंदोलन का सूत्रपात किया था, वह राष्ट्रीय और जनतांत्रिक था।' प्रेमचंद की विशेषता तत्कालीन भारतीय समाज में चल रहे बहुस्तरीय संघर्षों की पहचान और उनके रचनात्मक रूपांतरण में है। रामविलास जी की दृष्टि में 'समाज के इतने विभिन्न स्तरों का व्यापक ज्ञान संसार के बहुत कम साहित्यिकों में मिलेगा।' प्रेमचंद की शक्ति विचारात्मक स्पष्टता में नहीं, बल्कि उनकी अनुभव-संपन्नता और पीड़ितों के प्रति गहरी पक्षधरता में है। रामविलास शर्मा की यह मान्यता काबिले गौर है कि आज के रचानकारों में वैचारिक स्पष्टता के बावजूद अनुभव की दरिद्रता है। प्रेमचंद का साहित्य लेखकों को भी संदेश देता है कि 'हम जनता में जाकर रहें और काम करे—अपनी रचनाओं में जनता-जनता कम चिल्लाएँ।' निराला रामविलास शर्मा के सबसे प्रिय कवि हैं। अपने काव्य-प्रतिमानों का निर्माण उन्होंने निराला को केंद्र में रखकर ही किया है। शायद यह संयोग से कुछ अधिक ही है कि उन्होंने अपना पहला लेख निराला पर ही लिखा जो 'चाँद' के अक्तूबर 1934 के अंक में 'निराला जी की कविता' शीर्षक से प्रकाशित हुआ। ऐतिहासिक महत्त्व का यह लेख इस संकलन में शामिल है। इस लेख में रामविलास शर्मा ने आरोपों और आलोचनाओं से घिरे हुए निराला की कविता की नवीनता और उनकी

सृजनात्मक ऊर्जा के अनेक बिंदुओं को उद्घाटित किया। इस लेख में युवा रामविलास शर्मा पर अँग्रेजी के रोमांटिक कवियों का भारी दबाव दिखता है। लेख का कच्चापन स्वाभाविक भी है, किंतु इसमें उनके निराला संबंधी विपुल लेखन के बीज मौजूद हैं। स्थापनाओं में कई जगह ताजगी भी है, 'निराला जी की कविता नए युग की आँखों से यौवन को देखती है।'

हिंदी में प्रसाद और महादेवी की एक रूढ़ छवि बन गई है। प्रसाद को अतीत-प्रेमी तथा प्रेम एवं सौंदर्य की कवि-छवि में कैद किया गया है, वहीं महादेवी वेदना और रहस्यवाद की पर्याय हो गई हैं। प्रसाद के दार्शनिक चिंतन, काव्य, नाटक और उपन्यासों का विशद विश्लेषण करके रामविलास शर्मा ने यह दिखाया है कि प्रसाद के लिए कला सोद्देश्य है। उसमें लोक मंगल की भावना है। प्रसाद ने दुखवाद, निराशावाद और भोगवाद से साहित्य को मुक्त करने का प्रयास किया। प्रसाद का साहित्य और चिंतन भारतीय संस्कृति की विरासत है। उनकी रचनाएँ भारतीय जनता की विजय में विश्वास जगाती हैं। महादेवी वेदना की कवयित्री हैं–इस रूढ़ छवि को बनाने वाली मानसिकता की पड़ताल करते हुए डॉ. शर्मा ने लिखा है–'आलोचकों ने महादेवी जी के साहित्य में पीड़ावाद ही क्यों देखा है और उसे बढ़ा-चढ़ा कर अध्यात्म का रूप क्यों दिया है?' इस प्रश्न का उत्तर है–'आज के भारतीय समाज में नारी परतंत्र है। उसकी परतंत्रता का कारण सामंती संबंधों के अवशेष और समाज-संचालकों के सामंती-संस्कार हैं। नारी की पराधीनता को यदि पीड़ावाद का रूप दे दिया जाए तो इससे सामंती बंधनों और सामंती संस्कारों की रक्षा होती है।' महादेवी के पीड़ावाद की यह व्याख्या उनकी कविता की व्याख्या के नए क्षितिज का निर्माण करती है। महादेवी को आँसुओं का कवि मानने वालों के लिए रामविलास जी ने लिखा है–'महादेवी जी के व्यक्तित्त्व में नारी हठ के साथ कहीं पत्थर जैसी दृढ़ता भी छिपी है। उनके अंदर यह क्षमता है कि वह पीड़ा और आँसुओं के व्यापार को ही समाप्त कर दें।'

नयी कविता के तीन महत्त्वपूर्ण कवियों–अज्ञेय, मुक्तिबोध और शमशेर पर डॉ. शर्मा के निबंध संग्रह में संकलित हैं। अज्ञेय को उन्होंने छायावादी भावबोध का कवि माना है और सिद्ध करने का प्रयास किया है कि रहस्यवाद के बीज उनकी आरंभिक कविताओं में ही हैं जिनका उत्तरोत्तर विकास होता गया है। अज्ञेय को नव रहस्यवाद से जोड़ने की मंशा यह है कि उनकी कविताओं को समाज-विमुख बताया जा सके। रहस्यवादी कवि होने के कारण अज्ञेय की कविताओं में पीड़ित जन और सामाजिक संघर्ष का घोर अभाव है। लेकिन इन सीमाओं के बावजूद रामविलास जी अज्ञेय की कविताओं के कलात्मक महत्त्व को नजरअंदाज नहीं करते–'चाहे प्रकृति-प्रेम हो, चाहे नव रहस्यवाद, उसकी सीमित सार्थकता है, जड़ाऊ कविता के रूप में। अज्ञेय परिश्रमी कवि हैं, कुशल शिल्पकार हैं। अज्ञेय की कविता

जड़ाऊ है, टिकाऊ भी।'

शमशेर को हिंदी के समर्थ और सिद्ध कवि होने के साक्ष्य में डॉ. शर्मा ने उनकी दो काव्य पंक्तियाँ उद्धृत की हैं–

घिर गया है समय का रथ कहीं
लालिमा से मढ़ गया है राग।

इसके बाद उन्होंने अपना फैसला दिया है–ऐसी पंक्तियाँ कोई सिद्ध कवि ही लिख सकता है। शमशेर का विश्लेषण करते हुए रामविलास जी ने उन पर उर्दू के रीतिकाव्य का गहरा प्रभाव दिखलाया है। उनका यह भी मानना है कि रहस्यवाद की सीमा-रेखा शमशेर की कविता से बहुत दूर नहीं है।

मुक्तिबोध पर लिखते हुए डॉ. शर्मा ने आलोचना को पूर्वाग्रहों के समर में बदल दिया है। 'मुक्तिबोध का आत्मसंघर्ष और उनकी कविता' नामक लंबे लेख में उन्होंने मुक्तिबोध को रहस्यवादी, आत्मग्रस्त और मनोरोगी कवि सिद्ध किया है। काव्य-पंक्तियों और वक्तव्यों को अपने निर्धारित निष्कर्षों में ढाल लेने की चमत्कारिक क्षमता का सबसे अधिक दुरुपयोग उन्होंने मुक्तिबोध के मूल्यांकन में ही किया है। यह लेख हिंदी में ध्वंसात्मक आलोचना का प्रतिमान है।

नयी कविता और उसके कवियों के प्रति डॉ. शर्मा का ऐसा आलोचकीय व्यवहार क्यों है? कविता और कवि के मूल्यांकन के लिए जो प्रतिमान कालिदास, तुलसीदास, निराला के लिए हैं, वे नयी कविता और उसके कवियों के लिए क्यों अप्रासंगिक हो गए हैं? यह डॉ. शर्मा की किसी ग्रंथि का नतीजा है या उनके आधारभूत संस्कारों के साथ नयी कविता की असंगति का परिणाम? ये विचारणीय प्रश्न हैं।

डॉ. शर्मा की आलोचना गहन अध्ययन, स्पष्ट विश्व-दृष्टि तथा रचना और जीवन के अंतःसंबंधों की अचूक समझ पर आधारित है। उसमें एक शोधार्थी का श्रम, अधिवक्ता का रणनीतिक कौशल और वाग्मिता का सहज प्रवाह है। यद्यपि उनकी आलोचना-दृष्टि एवं मूल्य-प्रतिमानों में समतलता नहीं है, लेकिन अपनी विषम-भूमि के बावजूद ये आलोचनात्मक निबंध साहित्य के संस्कार और संवाद की संस्कृति के लिए बड़े महत्त्व के हैं।

–रामेश्वर राय

अनुक्रम

1

यथार्थ जगत् और साहित्य

साहित्य और यथार्थ जगत् के संबंध पर विचार करना इसलिए आवश्यक होता है कि यूरोप और अमेरिका के अनेक साहित्यकार यथार्थ जगत् के अस्तित्व या महत्त्व को अस्वीकार करके अपने मानस से साहित्य-सृष्टि करने का दावा करते हैं। इसके लिए वे भाववादी दर्शन की विभिन्न विचार-धाराओं का सहारा लेते हैं। इस सबका प्रभाव हिंदी साहित्य पर भी पड़ रहा है और अनेक हिंदी लेखक भारतेंदु से लेकर प्रेमचंद तक के साहित्य-विकास को बढ़ाने के बदले उसे किसी न किसी रूप में अस्वीकार करते हैं और विदेश की उन भावधाराओं को ग्रहण करते हैं जिनमें लेखक के अहम् की तुलना में समग्र संसार नगण्य ठहरता है।

प्लैटो, बर्कले, हेगल—यूरोप के इन भाववादी दार्शनिकों का प्रभाव वहाँ समाप्त नहीं हो गया। समाप्त होना तो दूर आधुनिक भौतिकशास्त्र (फिजिक्स) की प्रगति से कुछ वैज्ञानिकों ने भी यह परिणाम निकाला है कि बाह्य जगत् का अस्तित्व नहीं है। हाइजेनबर्ग और प्लांक के अनुसंधानों ने विज्ञान में संदेहवाद या अज्ञेयवाद को प्रश्रय दिया। पहले पदार्थ और शक्ति (मैटर और एनर्जी) में अंतर माना जाता था। अब पता चला कि पदार्थ की गति लहरों के रूप में होती है।

प्रत्येक लहर (वेवलेंथ) का संबंध शक्ति (एनर्जी) के एक निश्चित माप से रहता है। शक्ति के इस माप को क्वांटम कहते हैं। यह क्वांटम केवल लहर की माप (वेवलेंथ) पर निर्भर रहता है। क्वांटम के बारे में धारणा यह है कि वह प्रति सेकेंड रेडिएशन के स्पंदनों के अनुपात में होता है।

संदेहवाद के उत्पन्न होने का कारण यह है कि प्रकृति में कण और लहर की पुरानी धाराओं के बदले हमें ऐसे पदार्थ के दर्शन होते हैं जो कण और लहर दोनों है। यदि कण की स्थिति का ही पता लगाना हो तो पुरानी पद्धति से पता लगा लिया जाए। किंतु जब वह कण लहर भी है, तब स्थिति का पता कैसे लगे?

साथ ही यथार्थ जगत् में हस्तक्षेप किए बिना उसे जानना संभव नहीं होता और हस्तक्षेप करते ही उसकी यथार्थता दूषित हो जाती है। इस संबंध में मौरिस

कौर्नफोर्थ आदि मार्क्सवादी विचारकों का कहना है कि पुरानी नाप-जोख की पद्धति से यह कठिनाई उत्पन्न होती है। इससे परिणाम यह नहीं निकलता कि हम यथार्थ जगत् को जान नहीं सकते वरन् यह निकलता है कि उसे जानने की पुरानी पद्धति बदलना आवश्यक है। (देखिए मार्क्सिस्ट क्वार्टरली, जुलाई, 1954 में आर्थर सडैबी और मौरिस कौर्नफोर्थ का लेख 'क्वांटम भौतिकशास्त्र की दार्शनिक समस्याएँ'।)

बर्ट्रेंड रसेल जैसे दार्शनिक दर्शनशास्त्र का मुख्य कार्य तार्किक विश्लेषण समझते हैं। उनके लिए सारे भ्रमों की जड़ भाषा का असंगत प्रयोग है। इस भ्रम को दूर करने का परिणाम यह होता है कि संसार ही भ्रम सिद्ध हो जाता है। विशुद्ध चेतना का अनुसंधान करने वाले अनेक दार्शनिक बाह्य जगत् के अस्तित्व से इनकार करते हैं।

लोग बात करते हैं अस्तित्ववाद की लेकिन इनकार करते हैं बाह्य जगत् के अस्तित्व से। अस्तित्ववाद को प्रभावित करने वाले किर्कगॉर्ड का कहना था, 'सत्य केवल आत्मगत होता है'('Truth is subjectivity')। इस प्रकार वस्तुगत सत्य को अस्वीकार कर दिया गया। फिलिप मैरे जैसे अस्तित्ववादी नीत्शे को भी अस्तित्ववादी मानते हैं। "नीत्शे किर्कगार्ड के बारे में कुछ न जानता था किंतु व्यक्ति की चिंता, निर्णय और भावना पर बल देने के कारण वह अस्तित्ववादी था।" नीत्शे के इस अस्तित्ववाद ने जर्मनी में युद्धकामी शक्तियों को प्रोत्साहन दिया जिससे दो बार विश्व-युद्ध हुआ। विश्व-युद्ध के मूल कारण आर्थिक और राजनीतिक थे। इन कारणों का ही एक परिणाम नीत्शे का व्यक्तिवाद था जिसने युद्ध-प्रचार में सहायता दी।

बीसवीं सदी में पूँजीवाद का विकृत दर्शन व्यक्तिवाद पर निर्भर है। साधारणतः वह मानव प्रगति का विरोध करता है; विशेष परिस्थितियों में वह युद्ध-प्रचार में सहायक भी हो जाता है।

कैथलिक और नास्तिक, दोनों प्रकार के अस्तित्ववादियों का सामान्य गुण बतलाते हुए सार्त्र ने लिखा है, "उनका विश्वास है कि तत्त्व के पहले अस्तित्व है, दूसरे शब्दों में हमें शुरुआत आत्मगत पक्ष से करनी चाहिए।" यह आत्मगत पक्ष क्या है? "प्रत्येक मनुष्य एक सार्वजनीन धारणा, मानव-संबंधी धारणा का विशेष उदाहरण है।" इससे यह न समझना चाहिए कि विशेष मानव की तुलना में सामान्य मानवता महत्त्वपूर्ण है। आशावादी विचारकों से अपनी भिन्नता विज्ञापित करते हुए सार्त्र ने लिखा है, "सत्य इसके सिवा और कुछ नहीं है कि मैं सोचता हूँ, इसलिए हूँ। यह उस चेतना का निरपेक्ष सत्य है जो अपने को प्राप्त करती है। अपने को प्राप्त करने के इस क्षण के बाहर मनुष्य के संबंध में जो भी सिद्धांत प्रतिपादित किया जाता है, वह सत्य का हनन करता है।" सार्त्र के अनुसार यह सिद्धांत मानव-गौरव के अनुकूल है क्योंकि इससे मनुष्य पदार्थ नहीं बन जाता। "सभी तरह के भौतिकवाद विचारक को बाध्य करते हैं कि वह सभी मनुष्यों को—अपने को भी—पदार्थ समझे अर्थात् उसे पूर्वनिश्चित प्रतिक्रियाओं का परिणाम समझे जो

मेज, कुर्सी या पत्थर के गुणसमूहों और संघटनों से भिन्न नहीं है।" नैतिक क्षेत्र में अच्छे-बुरे का निर्णय भी व्यक्ति ही करता है; जिस समाज का वह सदस्य है, उसे कुछ कहने का अधिकार नहीं है। "यदि मैं किसी काम को अच्छा समझता हूँ तो वह मैं ही हूँ जो उसके अच्छे-बुरे होने का निर्णय करता हूँ।" इस प्रकार मनुष्य परम असामाजिक प्राणी ठहरता है। साहित्य में साधारणीकरण की गुंजाइश ही नहीं रहती। सार्त्र की इस व्यक्तिवादी विचारधारा का असर अज्ञेय, धर्मवीर भारती प्रभृति आत्मोपलब्धि में तल्लीन निरपेक्ष व्यक्तित्व वाले सज्जनों पर देखा जा सकता है।

सार्त्र ने अपनी विचारधारा को सभी तरह के भौतिकवाद से भिन्न ठीक ही बतलाया है। अस्तित्ववाद पुराने भाववाद–चेतना को सत्य और संसार को मिथ्या समझने वाली विचारधारा–का ही एक रूप है। भाववाद के अनेक रूप वैज्ञानिक भौतिकवाद को। अपना सबसे बड़ा शत्रु समझते हैं। भाववादियों के अनुसार वैज्ञानिक भौतिकवाद में आस्था रखने वाले लोग मनुष्य में आस्था खो देते हैं। आस्था का प्रश्न हल करना है तो समाजनिरपेक्ष अहम् में विश्वास करो। कला और साहित्य को उसी का विस्फोट मानो। कुछ अन्य मित्र जो संसार को मिथ्या नहीं कहते वैज्ञानिक भौतिकवाद को दर्शन ही नहीं मानते। उनकी समझ में वैज्ञानिक भौतिकवाद जगत् के स्वरूप की व्याख्या नहीं करता, न वह ज्ञान की समस्या हल करता है। प्रतीति में भ्रम भी तो होता है, फिर कैसे जानें, कौन-सी प्रतीति भ्रम है और कौन-सी वास्तविक ज्ञान? वैज्ञानिक भौतिकवाद व्यवहार पर बल देता है। इसे कुछ विद्वान शुद्ध चेतना का अपमान समझते हैं। ज्ञान का साक्ष्य चेतना के अंदर ही होना चाहिए; बाहर हुआ तो फिर दार्शनिकता कहाँ रही।

वैज्ञानिक भौतिकवाद के अनुसार मनुष्य प्रकृति की उपज है और विचार चेतना मानव-मस्तिष्क की उपज। मस्तिष्कहीन विचार और चेतना का अस्तित्व केवल कल्पना की वस्तु है। भौतिकता से परे चेतना का निवास नहीं है। जिस पदार्थ का गुण चेतना है, उसमें विद्युत-प्रहारों द्वारा हस्तक्षेप करके चेतना के अनेक अंगों को नष्ट किया जा सकता है। सिर में चोट लगने से स्मृति का नष्ट होना साधारण अनुभव-क्षेत्र की बात है।

चेतना मस्तिष्क में निहित पदार्थ का गुण है, प्रकृति के एक अंश का गुण है, इसलिए वास्तविक विचार केवल चिंतन द्वारा अपने भीतर से उत्पन्न नहीं किए जा सकते। सही विचार के लिए मानव-चेतना और बाह्य जगत् का संपर्क आवश्यक होता है। इस कारण ज्ञान का आधार मनुष्य का प्रत्यक्ष अनुभव है। अपने व्यवहार से ही मनुष्य अपना ज्ञान समृद्ध करता है। ज्ञान से वह व्यवहार-क्षेत्र में आगे बढ़ता है। इस आगे बढ़ने के नए अनुभव से वह अपने ज्ञान को फिर से समृद्ध करता है। इस प्रकार व्यवहार-क्षेत्र के विकास के कारण मनुष्य का ज्ञान नित विकसित होता रहता है। वैज्ञानिक भौतिकवादी के लिए व्यवहार-क्षेत्र से संन्यास केवल

आत्मचिंतन से पूर्ण ज्ञान की प्राप्ति नहीं होती। "जो लोग समझते हैं कि आँख मूँदकर ध्यान या समाधि लगाने से भूत, भविष्य, वर्तमान तीनों काल की बातें सूझने लगती हैं उन्हें इस पर ध्यान देना चाहिए।" ये शब्द रामचंद्र शुक्ल ने 'विश्व-प्रपंच' की एक पाद-टिप्पणी में लिखे थे। जिन मूल वाक्यों पर उन्होंने टिप्पणी लिखी थी वे ये हैं, "अतः बिना इस प्रकार के बाह्य निरीक्षण के केवल आत्म-निरीक्षण द्वारा निश्चित मनोव्यापार-संबंधी बातें पक्की नहीं समझी जा सकतीं। पर बाह्य निरीक्षण की पूर्णता के लिए शरीर-विज्ञान, अंगविच्छेद शास्त्र, शरीराणु-विज्ञान, गर्भ विज्ञान और जीव-विज्ञान इत्यादि का यथावत ज्ञान होना चाहिए।" बाह्य निरीक्षण आवश्यक है। केवल आत्म-निरीक्षण द्वारा मनोव्यापार-संबंधी—अर्थात चेतना संबंधी बातें पक्की नहीं समझी जा सकतीं। आँख मूँदकर ध्यान लगाने और भूत, भविष्य, वर्तमान के ज्ञान का दावा करने वालों के हाथ आत्म-प्रवंचना ही लगती है।

वैज्ञानिक भौतिकवाद व्यवहार, अनुभव और प्रयोग से परे इलहाम द्वारा ज्ञान-प्राप्ति का दावा नहीं करता। जो दार्शनिक व्यवहार से दूर रहकर विशुद्ध चिंतन से पूर्ण ज्ञान प्राप्त करना चाहते हैं या ऐसा ज्ञान प्राप्त करने का दावा करते हैं, वे अवश्य या तो स्वयं पैगंबर होंगे या किसी पैगंबर के सहारे उन्हें यह गुप्त ज्ञान प्राप्त हुआ होगा। उनके ज्ञान में उन्हीं को आस्था हो सकती है जो श्रद्धालु भक्त हैं; इलहाम की बातों को संदेह से देखने वाले, व्यवहार द्वारा ज्ञान-अज्ञान का भेद करने वाले वैज्ञानिकों को उस पर विश्वास नहीं हो सकता। भाववादी दर्शन ज्ञान की पूर्ण व्यवस्था देने का दावा करते हैं। भौतिकवादी दर्शन पूर्ण होने का दावा नहीं कर सकता क्योंकि वह ज्ञान को विकासमान समझता है। विश्व क्या है, पदार्थ का मूल रूप क्या है, जीव-अजीव का संबंध कैसा है, इन प्रश्नों के बारे में भौतिकवादी दर्शन विज्ञान से ऊपर उठकर, शुद्ध चिंतन के बल पर निर्णयात्मक उत्तर नहीं देता। विश्व के प्रति उसका दृष्टिकोण, उसके तर्क और चिंतन की पद्धति वैज्ञानिक अनुभवों पर निर्भर है और इसलिए वह वैज्ञानिक प्रगति में सहायक होती है।

इंग्लैंड के बेकन और लॉक जैसे चिंतकों ने अनुभव और व्यवहार को ज्ञान का आधार और उसकी कसौटी माना था। फ्रांस के भौतिकवादियों ने इस विचारधारा को विकसित किया था। वैज्ञानिक भौतिकवाद ने हेगल की द्वंद्वात्मक पद्धति और फ्रांस के भौतिकवाद से बहुत कुछ लिया। किंतु उसने ज्ञान और व्यवहार का संबंध नए ढंग से जोड़ा। मार्क्स ने कहा कि दार्शनिकों ने अभी तक तरह-तरह से संसार की व्याख्या ही की है; लेकिन मुख्य बात है, उसे बदलने की।

वैज्ञानिक भौतिकवाद का जन्म संसार को समझने और उसे बदलने के लिए, मानव जीवन को सुखी बनाने के लिए हुआ। इसका कारण यह था कि इतिहास में एक नई घटना घट चुकी थी। यह घटना थी मजदूर-वर्ग का जन्म। यह वर्ग अपने जन्म से ही संसार को बदलने के स्वप्न देखने लगा था। मार्क्स ने उस स्वप्न को

साकार करने की वैज्ञानिक पद्धति निकाली। व्यवहार और परिवर्तन पर इस प्रकार बल देने का यह अर्थ नहीं है कि वैज्ञानिक भौतिकवाद चिंतन एवं बौद्धिक क्रिया को नगण्य समझता है। नहीं, बुद्धि को व्यवहार-जगत् से संबद्ध करके वह बौद्धिक क्रिया को सार्थक करता है। वैज्ञानिक जे.डी. बर्नाल के शब्दों में : "सावधानी से विश्लेषण; विभिन्न तथ्यों का बिलगाव; कारणों का अनुसरण करते हुए परिणाम तक पहुँचना; प्रयोग पर निर्भर होना;—इन सब बातों को मार्क्सवाद ने अपना लिया है और इनसे उसे पुष्ट वैज्ञानिक आधार मिला है।" (मॉडर्न क्वार्टरली, खंड 2, संख्या 3, 1948)।

वैज्ञानिक भौतिकवाद की चिंतन-पद्धति अपनाने वाले लेखक तथ्य-कथन से संतुष्ट नहीं रह सकते। तथ्य-कथन मार्क्सवाद से पहले भौतिकवाद की विशेषता थी। मार्क्सवाद भौतिक जगत् का दृढ़ आधार स्वीकार करते हुए मनुष्य की विचार-धारा, उसके भाव-जगत्, सामाजिक जीवन आदि का परस्पर संबंध बतलाता और उनका विश्लेषण करता है। भाववाद की तरह विश्व की एकता का सिद्धांत वैज्ञानिक भौतिकवाद में भी है। यह एकता अध्यात्मवादियों की परोक्ष चेतना की एकता से भिन्न है। विश्व की एकता का आधार उसकी भौतिकता है, न कि 'मैं सोचता हूँ, इसलिए हूँ'—यह अहंवादी चिंतन। 'हमारे अनुभव-क्षेत्र का विस्तार करने में विज्ञान ने दिखलाया है कि विराट के प्रत्येक स्तर, व्यवस्था या ऊहापोह के हर स्तर के अपने नियम होते हैं। हमारे सहज ज्ञान के नियम विश्व के एक छोटे से भाग के ही नियम हैं यद्यपि यही भाग हमारे लिए सबसे महत्त्वपूर्ण है या अब तक रहा है।" (बर्नाल उप.)

विराट विश्व के विभिन्न स्तरों को स्वीकार करके, विभिन्न स्तरों के नियमों की सापेक्षता स्वीकार करके वैज्ञानिक भौतिकवाद ज्ञान के प्रसार का मार्ग प्रशस्त करता है। एक स्तर के ज्ञान की सापेक्षता देखकर वह संदेहवाद या अज्ञेयवाद के चक्कर में नहीं पड़ जाता।

आधुनिक युग में भाववाद और भौतिकवाद का संघर्ष तीव्र हो गया है। सन् 1920 में ही शुक्ल जी ने लिखा था कि पौराणिक गाथाएँ भाववादियों की रक्षा नहीं कर सकतीं। "अब जिन्हें मैदान में जाना हो वे नाना विज्ञानों से तथ्य संग्रह करके सीधे उस सीमा पर जाएँ जहाँ दो पक्ष अड़े हुए हैं—एक ओर आत्मवादी, दूसरी ओर अनात्मवादी; एक ओर जड़वादी, दूसरी ओर नित्य चैतन्यवादी।" इन दो विचारधाराओं का संबंध पूँजीवाद और समाजवाद की दो भिन्न सामाजिक व्यवस्थाओं से है, यह तथ्य स्पष्ट होता जा रहा है। वैज्ञानिक भौतिकवाद समाजवाद के लिए संघर्ष करती हुई जनता का पथ-निर्देशक दर्शन है। उसका दृष्टिकोण और पद्धति अपनाकर मनुष्य वैज्ञानिक प्रगति ही नहीं कर रहा है वरन् समाज को भी बदल रहा है। वास्तविक जड़वादी वे हैं जो न समाज को बदलने का प्रयत्न करते हैं न विज्ञान द्वारा विश्व के अनेक रहस्यों का उद्घाटन करने में प्रवृत्त होते हैं। उनके लिए परम सत्य मन,

वचन, कर्म—सभी के परे है; मूँदहु आँखि कतहुँ कछु नाहीं!

भाववादी और भौतिकवादी दर्शनों के परस्पर विरोध के समान विश्व-साहित्य में आज दो प्रवृत्तियों का परस्पर भेद और संघर्ष बढ़ रहा है। उनमें एक है यथार्थवाद की धारा जो ज्ञात अथवा अज्ञात रूप में भौतिकवादी दर्शन को अपनाती है; दूसरी है व्यक्तिवादी धारा जो नाना रूप और नाम धारण करके प्रकट होती है—कहीं ऐब्स्ट्रैक्ट आर्ट, कहीं सुरियलिज़्म, कहीं प्रयोगवाद—जिसका संबंध प्रच्छन्न या प्रकट रूप में भाववाद से होता है। क्रोचे के अभिव्यंजनावाद का खंडन करते हुए शुक्ल जी ने एक यथार्थवाद-विरोधी प्रवृत्ति का ही खंडन किया था।

19 वीं सदी के अंत में फ्रांस ने जिस 'आधुनिक' कला को जन्म दिया, उसकी विशेषता थी वस्तुहीनता। चित्र ऐसे बनाए जाएँ जिनमें रेखाएँ हों, कोण हों, रंग हो, प्रतीक हों, केवल वस्तु न हो। यदि वस्तु हुई, किसी बाह्य पदार्थ का चित्रण किया गया तो कल्पना की निरपेक्ष स्वाधीनता खंडित न हो गयी! रूस में 1905 की क्रांति की विफलता के बाद कला और साहित्य के क्षेत्र में इस तरह की आधुनिकता खूब फली-फूली। 1917 की क्रांति के बाद भी अनेक लेखक इस आधुनिकता को अपनाकर सर्वहारा वर्ग के लिए ऐसी क्रांतिकारी कला की सृष्टि करने लगे कि मजदूर उसकी ओर आँख भी न उठाते थे। फादयेव, फुर्मानोव, शोलोखोव आदि लेखकों ने गोर्की के पदचिह्नों का अनुसरण करते हुए सोवियत साहित्य को इस अराजकतावादी परिस्थिति के बाहर निकाला। यही 'आधुनिकता' फ्रांस, अमरीका, ब्रिटेन आदि देशों के साहित्य में अमरबेल की तरह फैली हुई है और उसके प्रयोगवादी पल्लव हिंदी साहित्य में भी विकास कर रहे हैं।

आज विश्व-पूँजीवाद संकट और ह्रास की दशा में है। पूँजीवाद के समर्थक अब उसका नाम लेने में भी शरमाते हैं। इसलिए उसे नए-नए नामों से अलंकृत करके वे अपना वास्तविक रूप छिपाते हैं। इस पूँजीवादी व्यवस्था में—मुनाफा, बेकारी, शोषण, उपनिवेशवाद, हथियारबन्दी और युद्धों की व्यवस्था में—व्यक्ति की स्वाधीनता का सच्चा रूप देखने वाले सज्जन यथार्थ का सामना करने का साहस नहीं करते। साहस करें तो 'फ्री वर्ल्ड' की सभी न्यामतें आँखों के सामने आकर सही तस्वीर पेश कर दें। इसलिए यथार्थ जगत् से मुँह मोड़ो! अंतर्जगत से रेखाएँ और त्रिकोण बनाओ, खंडित गद्य के टुकड़ों में अर्थ की लय भरो, अहं के विस्फोट से कुंठा, निराशा और घुटन का धुआँ निकालो। इस आधुनिकता के हामी व्यक्तित्व की तलाश में निकलते हैं। किंतु इनकी दस कविताओं को एक साथ पढ़िए तो पता न चलेगा कि वे एक की लिखी हैं या दस की! रचना में महत्त्वपूर्ण विषयवस्तु के अभाव में उस पर रचयिता के महान व्यक्तित्व की छाप भी नहीं रहती। इसके विपरीत प्रेमचन्द, लू शुन, गोर्की, शोलोखोव आदि लेखक यथार्थवादी साहित्य की ऐसी विभूतियाँ हैं जिनके व्यक्तित्व का प्रकाश दूर से ही दिखाई देता है।

आधुनिकतावादी उपन्यासों के नायक वैज्ञानिक से अधिक मनोवैज्ञानिक होते हैं, वे कर्म-जगत् से संन्यास लेकर कल्पना-जगत् में चिंतन को ही अपना मुख्य कर्म समझते हैं। पूँजीवादी समाज की नैतिकता में आस्था रखने वाले भद्र जन वैसे ही श्रम से घृणा करते हैं। इसलिए उनकी संस्कृति श्रम का बहिष्कार करती है। श्रम करना बहिष्कृत मजदूरों का काम है। उनकी सेवा के बल पर विशुद्ध चिंतन द्वारा निष्क्रिय 'हीरो' की रचना करना इन कलाकारों का काम है! जब 'हीरो' ही निष्क्रिय होगा, तब सामाजिक संघर्ष के चित्रण का सवाल कहाँ से उठेगा? आपने सामाजिक संघर्ष का चित्रण किया तो सतही साहित्य रचा, यथार्थ के बाह्य रूपों में ही फँसकर रह गए, व्यक्ति के मनो-जगत् की गहराइयों में पैठे ही नहीं, इत्यादि। इसलिए सामाजिक संघर्ष से पराङ्मुख परम सत्य की मनोवैज्ञानिक पैठ देखनी हो तो पढ़िए *नदी के द्वीप* या *डॉक्टर जिवागो!*

यथार्थवाद के बारे में तरह-तरह की भ्रांतियाँ हैं। 'एनसाइक्लोपीडिया ब्रिटैनिका' के अनसुार यथार्थवादी लेखक वह है जो सुंदर वस्तुओं पर लिखना पसंद नहीं करता वरन् उनके बदले गंदी-घिनौनी चीजों का ही वर्णन करता है, वह टाइप के बदले व्यक्तियों का चित्रण करता है और यथातथ्य चित्रण में विश्वास करता है।

पूँजीवादी समाज में गंदगी की कमी नहीं है। कुछ लोगों ने उसका चित्रण किया है और इससे यह परिणाम निकाला गया कि यथार्थवाद का उद्देश्य गंदगी का चित्रण करना ही है। पूँजीवादी समाज की तीव्र आलोचना करने वाले डिकेन्स जैसे लेखकों ने मानव गुणों का भी चित्रण किया है, मानव-क्षमता में आस्था दृढ़ की है। हिंदी में कुछ वर्ष पूर्व यौन-संबंधों के नग्न वर्णन को यथार्थवाद की संज्ञा दी जाती थी किंतु अस्वस्थ काम-चेतना का चित्रण यथार्थ के एक ही पहलू का चित्रण है। इसके अलावा वह जिस पतनशील दृष्टिकोण से किया जाता है, उससे विकृति से संघर्ष करने के बदले पाठक के मन में आसक्ति उत्पन्न होती है। ऐसे अश्लील चित्रण को यथार्थवादी चित्रण नहीं कहा जा सकता।

शिपले द्वारा संपादित 'विश्व-साहित्यकोश' में यथार्थवादी लेखक उसे कहा गया है जो वस्तुगत, 'फोटोग्रैफिक' कलाहीन चित्रण करता है और रचना में अपनी भावना या विचारों को नहीं आने देता। यथार्थवादी साहित्य की विशेषताओं में एक यह भी बताई गई है कि उसमें स्थानों और व्यक्तियों का विस्तृत विवरण दिया जाता है, भले ही वे मुख्य विषयवस्तु की दृष्टि से कितने ही तुच्छ क्यों न हों!

इस तरह के साहित्य को यथार्थवादी के बदले प्रकृतवादी या यथातथ्यवादी कहना अधिक उचित होगा। साहित्य में फोटोग्रैफिक चित्रण असंभव है। (वैसे फोटोग्राफी करने वाला भी व्यक्ति ही होता है और उसका कार्य भी पूर्ण रूप से वस्तुगत नहीं होता) यथार्थ के चित्रण में विषयवस्तु का निर्वाचन, कुछ तत्त्वों का चित्रण, कुछ की उपेक्षा यह साहित्य का मूल नियम है। फ्रांस के वे कथाकार जो

अपने को प्रकृतवादी कहते थे या जो इस नाम से विख्यात हुए, समाज का तटस्थ होकर चित्रण करने वाले प्राणी न थे। इसके विपरीत फ्रांस में प्रकृतवाद उस समय साहित्य की एक क्रांतिकारी धारा थी जो निहित स्वार्थों का विरोध करती थी। अपने निम्न रूप में यह धारा तथ्य-कथन, अनावश्यक विवरण, गंदगी के चित्रण तक अपने को सीमित रखती थी। किंतु अपने उदात्त रूप में वह समाज की तीव्र आलोचना करने वाले यथार्थवाद का रूप ले लेती थी।

यथार्थवाद के बारे में बहुत-सी आपत्तियाँ उन लोगों की होती हैं जिनका दृष्टिकोण पुराने तर्कशास्त्र पर निर्भर होता है, जो भौतिक या मानसिक व्यापारों का परस्पर संबंध नहीं देखते, जो किसी प्रक्रिया का अध्ययन करते समय उसके एक ही पक्ष को देखते हैं, उसके विरोधी लगने वाले पक्ष को छोड़ देते हैं। इस तरह एकांगी विश्लेषण कभी-कभी उन लोगों के यहाँ भी मिलता है जो द्वंद्वात्मक पद्धति अपनाते हैं। इसमें दोष उस पद्धति का नहीं है, दोष उनके विश्लेषण का है। वे प्रश्न करते हैं; व्यक्ति और समाज—इनमें किसका चित्रण करें? वास्तव में यह प्रश्न ही गलत है। समाज से बाहर व्यक्ति का अस्तित्व नहीं है और व्यक्ति का चित्रण किए बिना समाज का चित्रण करना असंभव है। कभी रूस के कुछ अराजकतावादी लेखकों ने व्यक्ति को छोड़कर जनसमूह का चित्रण करने की कोशिश की थी लेकिन शीघ्र ही यह प्रवृत्ति खत्म हो गई। व्यक्ति का चित्रण यथार्थवाद के विरोधी भी करते हैं। वे उसे सामाजिक संघर्ष, समाज के वर्ग-संबंधों से दूर रखकर देखते हैं। वे चेतना की गहराइयों का चित्रण करने के नाम पर उसकी मानसिक विकृतियों का चित्रण करते हैं और इन विकृतियों का कारण समाज में न देखकर उसके निरपेक्ष मानस में ढूँढ़ते हैं। उनकी कला—विशेष रूप से असंबद्ध मूर्तिविधान वाली कविता और रेखाओं और त्रिकोणों वाली चित्रकला—वास्तविक जगत् के तारतम्य को चित्रित न करके मनगढ़ंत प्रतीकों में ऐसा संबंध स्थापित करती है जो बस रचयिता महोदय या उनके कुछ मित्रों को ही मालूम रहता है। इसके विपरीत यथार्थवादी कला में व्यक्ति सामाजिक जीवन के संदर्भ में चित्रित किया जाता है, वह समाज-निरपेक्ष इकाई न होकर एक साथ ही व्यक्ति और टाइप दोनों होता है, जैसे होरी पिछड़े किसान का टाइप है, साथ ही अपनी व्यक्तिगत विशेषताओं के कारण जीता-जागता व्यक्ति भी है, यांत्रिक प्रतीक नहीं। और यह बिल्कुल आवश्यक नहीं है कि सामाजिक संघर्ष का चित्रण करते हुए हम व्यक्ति में भावजगत्, उसके मानसिक संघर्ष का चित्रण न करें। वास्तव में प्रत्येक यथार्थवादी साहित्यकार दोनों का ही चित्रण करता है।

यथार्थ चित्रण और कल्पना—इन दोनों में भी परस्पर विरोध नहीं है। मनुष्य आज जो कुछ है, वह अपने समस्त पूर्व विकास का परिणाम है। इसमें उसका प्राग्मानवीय प्राणिरूप में विकास भी शामिल है। उसका इंद्रियबोध, उसकी कल्पना—सभी

यथार्थवाद के अंतर्गत आते हैं। यथार्थवादी लेखक कल्पना द्वारा टाइप रचता है, अपने अनुभव की सामग्री से काम की चीजें चुनता और सजाता है और उनमें ऐसी कल्पित घटनाएँ, पात्र आदि जोड़ता है जो ऐतिहासिक रूप से सत्य न होकर भी यथार्थ के अनुरूप होते हैं। इसके विपरीत पलायनवादियों की कल्पना संसार से भागने और सुनहले स्वप्न देखने—या कल्पित पीड़ा के कारण आँसू बहाने—में चरितार्थ होती है।

आदर्श और यथार्थ—इनमें भी अनिवार्य विरोध नहीं है। यथार्थ-चित्रण वास्तविक जगत् के हमारे ज्ञान पर निर्भर होता है। यदि यह जगत् गतिशील है और हमें उस गति की दिशा का ज्ञान है या हम उस दिशा के महत्त्व को समझते हैं जिसकी ओर हम उसे अग्रसर करना चाहते हैं, तो यह आदर्श हमारे यथार्थवाद में निहित होगा। भारतेंदु से लेकर प्रेमचंद तक का हिंदी साहित्य स्वाधीनता और समाजसुधार के आदर्श से अनुप्राणित रहा है क्योंकि वास्तविक जगत् की प्रतीति में पराधीनता की अनुभूति शामिल थी और इस प्रतीति के फलस्वरूप स्वाधीनता के आदर्श को प्राप्त करने की भावना भी विद्यमान थी। इसी कारण इस साहित्य में जड़ मानवता नहीं, एक आदर्श की ओर गतिशील मानवता के आदर्श होते हैं। गोर्की से लेकर शोलोखोव तक के रूसी साहित्य में उस मानवता का चित्रण है जिसने गृहयुद्ध में साम्राज्यवादियों के हस्तक्षेप का मुकाबला किया, गृहयुद्ध से ध्वस्त एक पिछड़े हुए देश में समाजवाद की रचना की, फासिस्ट आक्रमण को विफल करके, फिर अपने देश का निर्माण किया और जो विकास की गति के सभी मापदंड पीछे छोड़कर आज साम्यवादी व्यवस्था के निर्माण में लगी हुई है। यह सोवियत संघ का सारा साहित्य—कुछ अपवादों को छोड़कर—समाजवादी निर्माण के आदर्श से अनुप्राणित रहा है। उसकी 'एकरसता', 'उथलेपन', लेखक के 'रेजीमेंटेशन' का यही रहस्य है।

इसी कारण भारत में समाजवादी व्यवस्था न होने पर भी लेखक की 'स्वाधीनता' को लेकर चीख-पुकार शुरू हो गई है। लेखक के सामाजिक उत्तरदायित्व की बात चलते ही कुछ मित्र स्वाधीनता-हरण का राग अलापने लगते हैं मानो भारतेंदु, बालकृष्ण भट्ट, बालमुकुंद गुप्त, महावीरप्रसाद द्विवेदी, प्रेमचंद, प्रसाद, निराला, पंत, मैथिलीशरण गुप्त आदि लेखक सामाजिक उत्तरदायित्व की भावना से अछूते रहे हों। इन सभी की उत्तरदायित्व-संबंधी भावना एक नहीं रही लेकिन समाज-निरपेक्ष व्यक्ति की कलासृष्टि में भी उनका विश्वास नहीं रहा।

इस संबंध में श्री नंददुलारे वाजपेयी ने लिखा है, "हम देखते हैं कि स्वातंत्र्य की नई पुकार साहित्य की सीमा में कुछ ऐसे तथ्यों को रखने के लिए की जा रही है जो अतिशय असामाजिक होने के कारण बहुजन समाज में स्वीकृत नहीं हैं। स्वीकृत न होने पर भी यदि वे तथ्य उपयोगी या आवश्यक प्रमाणित किए

जा सकें; तो भी एक बात है। परंतु जिस दिशा से यह स्वातंत्र्य की आवाज उठी है वहाँ आवश्यकता और उपयोग जैसे तथ्यों का प्रश्न नहीं उठता, वहाँ तो जो कुछ चाहें उसे कहने और लिखने के स्वातंत्र्य की ही माँग है। प्रत्येक स्वातंत्र्य के साथ उतनी ही मात्रा में दायित्व की भावना रहा करती है। पर यह नया स्वातंत्र्य दायित्व की भावना से नितांत अछूता है।'' (डॉ. सर हरिसिंह गौर स्मारक ग्रंथ में 'समाज और साहित्य' शीर्षक निबंध)

वाजपेयी जी ने इन 'स्वाधीनता प्रेमी' लेखकों की असामाजिकता का उल्लेख करके उनकी अनुत्तरदायी चीख-पुकार की ओर सही संकेत किया है। इनकी स्वाधीनता उस स्वाधीनता से बहुत दूर है जिसके लिए भारतीय जनता ने संघर्ष किया है। न यह स्वाधीनता गरीबी और शोषण से मुक्त होने की कामना को पास फटकने देती है, यद्यपि यह कामना अधिकांश भारतीय जनता के हृदय में है। इस संप्रदाय के लेखकों की मुक्ति जनता की भावनाओं से, सामाजिक उत्तरदायित्व से मुक्त होने में है, भले ही फिर अमरीका-पोषित 'कांग्रेस फॉर कल्चरल फ्रीडम' का झंडा उठाने का दायित्व ही सँभालना पड़े।

जो लेखक समाज को गतिशील मानता है, समाज की गति के लक्ष्य को पहचानता है, जो उसके क्रांतिकारी और अग्रगामी तत्त्वों से सहानुभूति रखता है, वह यथार्थवादी चित्रण में इस गति, दिशा और लक्ष्य का उल्लेख अवश्य करेगा, वह विभिन्न वर्गों, व्यक्तियों आदि का ऐतिहासिक महत्त्व आँकते हुए प्रगति के संदर्भ में ही उनका चित्रण करेगा। इसलिए उसका चित्रण केवल तथ्य-कथन होगा—यह सोचना भ्रम है।

लेकिन यथार्थ चित्रण की आवश्यकता ही क्या है? चित्रण चाहे यथार्थ जगत् का हो चाहे काल्पनिक जगत् का, चाहे दोनों का मिलाकर हो, मुख्य बात तो यह है कि उसमें भाव होने चाहिए, उससे रस-निष्पत्ति होनी चाहिए, उससे आनंद मिलना चाहिए। यथार्थ और काल्पनिक का विवाद छेड़ा ही क्यों जाए?

मनुष्य का रस-बोध भी परिवर्तनशील है यद्यपि यह परिवर्तन आर्थिक और राजनीतिक परिवर्तनों के समान शीघ्र नहीं होता, न उनकी तरह ऊपर से देखने से स्पष्ट हो जाता है। पौराणिक गाथाओं को लीजिए। एक समय यूनान, भारत तथा अन्य देशों में असाधारण चमत्कारों से पूर्ण इन गाथाओं की धूम थी। फिर क्रमशः साहित्यकार इन्हें अपनी विषयवस्तु के लिए अस्वीकार करने लगे। गद्य से उनका प्रायः बहिष्कार हो गया; पद्य में पहले की अपेक्षा उनका स्थान संकुचित हो गया। पहले पौराणिक गाथाओं से इतना मोह क्यों था? यह मोह मनुष्य के ज्ञान पर निर्भर था। विश्व की प्रतीति में यथार्थ परिचय के साथ काल्पनिक चमत्कारों का सम्मिश्रण अधिक था। ''इतिहास से प्रकट है कि आदि में सब देशों के बीच

प्रकृति की भिन्न-भिन्न शक्तियों और विभूतियों या उनके भिन्न-भिन्न अधीश्वरों की भावना हुई और बहुदेवोपासना प्रचलित हुई।" (विश्वप्रपंच की भूमिका)। जब मनुष्य का ज्ञान इस पौराणिकता से आगे बढ़ा तो उसे पहले के चमत्कारों में सरसता की कमी अनुभव होने लगी और उसने अपनी नवीन विश्व-प्रतीति के आधार पर रसबोध विकसित किया।

राजाओं, नवाबों, सामंतों के दरबारों के कवियों ने सौंदर्यबोध का एक रास्ता अपनाया, संतों ने दूसरा। दरबारी कवियों ने अपनी विषयवस्तु बहुत कुछ संस्कृत से उधार ली; भाषा और छंद को सँवारने में बड़ा परिश्रम किया। भावना की गहराई के बदले उन्होंने बौद्धिक चमत्कार अधिक दिखाया। इसी कारण आगे चलकर समस्यापूर्ति और नायिका भेद की परंपरा का विरोध हुआ। संत जन-जीवन के निकट थे; उन्होंने जनता के मनोभावों का अधिक गहराई से चित्रण किया। साथ ही उनमें वैराग्य की भावना भी मिलती है जो हमें अब अच्छी नहीं लगती। इस तरह की और बहुत-सी मिसालें दी जा सकती हैं। इससे सिद्ध होता है कि मनुष्य का रसबोध, उसका भावजगत् उसकी विश्व-प्रतीति से संबद्ध होता है और सामाजिक जीवन परिवर्तित होने के साथ उसकी रसवृत्ति और भावनाओं में भी धीरे-धीरे परिवर्तन होता है।

वास्तविक जगत् से सामाजिक जीवन और सामयिक संघर्षों से दूर रहना साहित्य में ह्रास का लक्षण है। इस तरह का ह्रास दरबारी काव्य-परंपरा के अनेक अनुप्रास-प्रेमियों और रूढ़िवादी पद्यकारों में देखा जा सकता है। इसी तरह ईरानी कविता के घिसे-पिटे प्रतीक लेकर बहुत से उर्दू कवियों ने अपनी नकली दुनिया रची थी। इस तरह के कृत्रिम भाव जगत् में रहने वाले प्राणियों का मनोबल क्षीण हो जाता है, वे न समाज क़ी दशा सुधार सकते हैं न देश की स्वाधीनता की रक्षा कर सकते हैं। यह सब हम अपने अनुभव से देख चुके हैं। इसी प्रकार आजकल के प्रयोगवादियों ने अपनी एक कृत्रिम दुनिया बना रखी है और स्वाधीनता के नाम पर यथार्थ जीवन, समाज की महत्त्वपूर्ण समस्याओं से आँखें चुराते हैं। देश के विकास की नाजुक घड़ी में उनका कर्त्तव्य रह गया है—नवयुवकों को उलझाना और उनका मनोबल क्षीण करना। पिछले साठ-सत्तर वर्षों में हमारे साहित्य की परिधि विस्तृत हुई है। उसमें नए-नए विषयों का समावेश हुआ है, व्यंजना की नई पद्धतियों और शैलियों का चलन हुआ है। उसने जीवन के अनेक नए पक्षों का चित्रण किया है जो पहले के साहित्य में संभव न था। अपने सामाजिक विकासक्रम में परिस्थितियों के साथ मनुष्य स्वयं भी बहुत कुछ बदलता है। इस कारण साहित्य में भी परिवर्तन होते हैं। किंतु साहित्य की नई मंजिल तक मनुष्य अपने समूचे पिछले विकास को समेटकर पहुँचता है।

विकास और परंपरा--इन दोनों का संबंध विच्छिन्न और अविच्छिन्न दोनों

प्रकार का है। एक ओर तो पौराणिक चमत्कार, कृत्रिम भावजगत्, भाषा के साथ खेल—यह सब छोड़कर हम प्रतीति, चिंतन, भावना और अभिव्यंजना के नए तरीके अपनाते हैं, दूसरी ओर हम अनुभव करते हैं कि पौराणिक गाथाओं में अयथार्थ कल्पना के बावजूद कवियों ने अप्रत्यक्ष रूप से अपने समकालीन मानव जीवन का चित्रण किया है। देवताओं अथवा अवतारी पुरुषों के रूप में उन्होंने बहुत कुछ अनजाने में अपने समाज का चित्र प्रस्तुत कर दिया है। ज्ञान का स्तर बदलने पर भी पुराने कवियों का इंद्रियबोध—रूप, रस, गंध आदि गुणों वाले जगत् की अनुभूति—प्रकृति को देखकर उनका विस्मय, उत्सुकता, प्रेम आदि भाव उनके अनेक उदात्त मानवीय गुण और विचार—ये सब ज्ञान का स्तर बदलने के बाद भी हमारे लिए मूल्यवान रहते हैं। इस प्रकार परंपरा के अनेक तत्त्वों से हमारा नाता कभी नहीं टूटता और टूटता है तो लाभ से अधिक हानि ही होती है।

यथार्थवाद को सीमित अर्थ में लेना अनुचित है। उसमें सामाजिक समस्याओं के चित्रण के अलावा प्रकृति-चित्रण भी हो सकता है; संघर्ष के चित्रण के अलावा प्रेम के मुक्तक भी लिखे जा सकते हैं। मनुष्य के सौंदर्यबोध में जो परिवर्तन होते हैं, वे प्रत्यक्ष रूप में यथार्थ-चित्रण से असंबद्ध होते हुए भी कम महत्त्वपूर्ण नहीं होते। उदाहरण के लिए निराला जी के काव्य में शब्दों की नई शक्ति, प्रतीकों की नई गरिमा, भावाभिव्यंजन में नए उदात्त तत्त्वों के दर्शन होते हैं। इस नए सौंदर्यबोध के कारण 'जुही की कली' या 'जागो फिर एक बार' *'भारत-भारती'* से कम नहीं, अधिक महत्त्वपूर्ण हैं। इसी प्रकार कीट्स की सघन इंद्रियबोध वाली रचनाएँ और शेली के दुख भरे प्रेम-संबंधी गीत स्टील और ऐडीसन के निबंधों से अधिक महत्त्वपूर्ण हैं। साहित्य का विकास दो परस्पर संबद्ध स्तरों पर होता है। एक है विश्व-प्रतीति का स्तर, सामाजिक जीवन के हमारे ज्ञान का स्तर, और दूसरा है भावजगत्, इंद्रियबोध, हमारे सौंदर्यबोध का स्तर। इनमें संतुलन कायम रखना आवश्यक होता है। इस संतुलन को भुलाकर न तो उच्चकोटि का साहित्य रचा जा सकता है, न यथार्थवाद का सही विवेचन किया जा सकता है।

यहीं साहित्य तथा वर्गों और राजनीति के संबंध का प्रश्न भी उठता है। वर्गों का अपना राजनीतिक दृष्टिकोण होता है, करुणा और शृंगार आदि के क्षेत्र में भी उनके बहुत कुछ अपने भाव होते हैं, कभी-कभी रूप-रस-गंध के क्षेत्र में भी स्वस्थ और अस्वस्थ रस-वृत्तियों का भेद देखा जाता है। फिर भी साहित्य के उन तत्त्वों को परखना आवश्यक होगा जहाँ यह भेद अधिक है अथवा जहाँ यह भेद कम है या नहीं के बराबर है। विचारों के क्षेत्र में यह भेद सबसे अधिक होता है, भावों में उससे कम; इंद्रियबोध में—जिसमें चित्र-सौंदर्य, छंद-सगीत आदि भी शामिल हैं—यह अंतर प्रायः नहीं रह जाता। इसी कारण ताजमहल शाहजहाँ से लेकर ख्रुश्चेव तक

को सुंदर लगा है। इसी तरह साहित्य और राजनीति का संबंध है। न तो यह कहना सही है कि साहित्य राजनीति से स्वतंत्र है–प्रेमचंद ने अपने व्यवहार से सिद्ध कर दिया कि साहित्य देश के राजनीतिक उत्थान का साधन बन सकता है–न यह कहना सही है कि सभी साहित्य को राजनीतिक उद्देश्य की पूर्ति के लिए लिखा जाना चाहिए। इस तरह तो उस तमाम साहित्य का लिखा जाना बंद करना होगा जिसका संबंध राजनीति से नहीं है। यहाँ दो बातों पर ध्यान देना आवश्यक है। पहली बात साहित्य के रूपों से संबंधित है। उपन्यास में जिस तरह विभिन्न पात्रों और घटनाओं द्वारा सामाजिक संघर्ष या प्रगति का चित्रण किया जाता है, उस तरह गीतों और मुक्तकों में नहीं किया जा सकता। इसी तरह व्यंग्यपूर्ण नाटकों और कविताओं में समाज की खामियों का चित्रण होगा और उसे एकांगी न कहा जा सकेगा क्योंकि यह आवश्यक नहीं है कि हास्यरस की कविता या नाटक में मानव के उदात्त गुणों का भी चित्रण हो। साहित्य का रूप विषयवस्तु की सीमाएँ निश्चित करता है। इसलिए हर तरह के साहित्य में एक-सी विषयवस्तु की माँग न करनी चाहिए। दूसरी बात है साहित्य के प्रभाव से संबंधित। साहित्य तत्कालीन सामाजिक जीवन में भाग लेने, उसकी समस्याएँ हल करने आदि की प्रेरणा देता है, साथ ही उसका व्यापक प्रभाव मनुष्य के संस्कारों के निर्माण में देखा जा सकता है। देश के स्वाधीन हो जाने पर भी प्रेमचंद का महत्त्व कम नहीं हुआ। गोर्की के बाद रूस के मजदूरों की दशा में आमूल परिवर्तन हुआ है; फिर भी उसका उपन्यास 'माँ' आज भी चाव से पढ़ा जाता है। इसका कारण यह है कि प्रेमचंद और गोर्की हमारे संस्कारों को प्रभावित करते हैं। साहित्य के इस व्यापक प्रभाव को भुला देना उतना ही भ्रामक है जितना यह माँग करना कि साहित्य को राजनीति से दूर रखा जाए।

चिंतन की सही द्वंद्ववादी पद्धति अपनाने से सामयिक प्रभाव और व्यापकता, विकास और परंपरा, व्यक्ति और विरोधी तत्त्वों का विश्लेषण किया जा सकता है और उनके परस्पर भेद और संबंध को हम समझ सकते हैं। इसका अर्थ यह नहीं कि वैज्ञानिक भौतिकवाद और अध्यात्मवाद का भी समन्वय किया जा सकता है, समाज-विरोधी साहित्य को सौंदर्यबोध के नाम से प्रगतिशील कहा जा सकता है। इस तरह के समन्वय की बात हिंदी में की जाती है। वैज्ञानिक भौतिकवाद को एकांगी कहकर कभी अध्यात्मवाद से, कभी अमरीकी दार्शनिकों के भाववाद से उसके समन्वय पर बल दिया जाता है। पहले तो इ स तरह का समन्वय संभव नहीं है, दूसरे समन्वय करने पर बहुधा वैज्ञानिक भौतिकवाद के बदले अध्यात्मवाद ही बच रहता है। ऊपर जिन विरोधी लगने वाले तत्त्वों के संबंध और भेद का उल्लेख किया गया है, वह वास्तविक है। यह भेद और संबंध जीवन से उत्पन्न होता है, कल्पना से नहीं। इसलिए उपर्युक्त विवेचन को समन्वयवाद न समझना चाहिए। यहाँ मेरा

उद्देश्य यथार्थवाद की व्यापकता सिद्ध करना है। उसमें मानवीय स्नेह, प्रकृति-प्रेम, गोचर सौंदर्यबोध, साहित्य का कलात्मक रूप—सभी शामिल हैं और इनका होना साहित्य और मानव जीवन के लिए आवश्यक है।

व्यक्तिवादी विचारधारा क्षीण होकर निर्जीव, विकृत, अस्वस्थ, यथार्थ विरोधी रचनाओं की सृष्टि कर रही है। यथार्थवादी विचारधारा मनुष्य के सर्वांगीण विकास के उद्देश्य से ऐसी रचनाएँ करने की ओर प्रवृत्त है जिससे हमारी सामाजिक चेतना प्रखर हो और हमारी सौंदर्यबोध की वृत्तियाँ भी संतुष्ट हों। आधुनिक हिंदी साहित्य की मूल धारा भी हमें इसी ओर बढ़ने की प्रेरणा देती है।

2

सौंदर्य की वस्तुगत सत्ता और सामाजिक विकास

सौंदर्यशास्त्र का उद्देश्य सौंदर्य तथा उसकी अनुभूति की व्याख्या करना है। साधारणतः सौंदर्यशास्त्र के विद्वान जिस सौंदर्य का विवेचन करते हैं, वह साहित्य तथा अन्य ललित कलाओं का सौंदर्य होता है। प्रकृति और मानव जीवन के सौंदर्य की व्याख्या किए बिना कलात्मक सौंदर्य का विवेचन करना संभव नहीं है। इसलिए वस्तुतः सौंदर्यशास्त्र का विषय उस व्यापक सौंदर्य की व्याख्या है जो प्रकृति, मानव जीवन तथा कलाओं में विद्यमान है। सौंदर्यशास्त्र दर्शन का एक अंग है। ज्ञान को कर्म से पृथक करके देखने वाले दार्शनिक सौंदर्यशास्त्र को भी निष्क्रिय ज्ञान की वस्तु बना लेते हैं, उनकी समझ में सौंदर्य की अनुभूति अथवा सुंदर वस्तुओं की रचना से सौंदर्यशास्त्र का कोई संबंध नहीं है। उदाहरण के लिए ई. एफ. कैरिट ने *सौंदर्यशास्त्र की भूमिका* (E. F. Carritt : An Introduction to Aesthetics) में लिखा है, "तब सौंदर्यशास्त्र हमारे लिए क्या कर सकता है? वह हमारे सौंदर्य से प्राप्त आनंद को बढ़ा नहीं सकता और मेरी समझ में उसे इस बात की छूट न देनी चाहिए कि वह हमारे इस आनंद को विभिन्न वस्तुओं की ओर प्रेरित करे, किंतु उन्हें समझने में वह हमारी सहायता कर सकता है। शेष सभी दर्शन के समान उसका उद्देश्य उत्सुकता को शांत करना है और यदि ऐसे विषयों के प्रति हमारी उत्सुकता नहीं है तो उसमें हमें कुछ भी संतोष न मिलेगा।" उत्सुकता के बिना ज्ञान प्राप्त नहीं हो सकता किंतु मानव-कर्म से ज्ञान का घनिष्ठ संबंध है। यही नहीं कि कर्म के बिना ज्ञान की प्राप्ति संभव नहीं है, यह भी सत्य है कि ज्ञान की परिणति मानव-कर्म में होती है। अनेक सौंदर्यशास्त्रियों का संबंध ललित कलाओं से नहीं के बराबर होता है; इसलिए सुंदर कृतियों से बहिष्कृत उनका सौंदर्यशास्त्र महा असुंदर होता है। कलाकारों से भिन्न सौंदर्यशास्त्री दार्शनिकों के बारे में कौलिंगवुड ने 'कला के सिद्धांत' (R. G. Collingwood : The Principles of Art) में लिखा है, "वे बेसिर-पैर की बातें न करें, इससे तो सुरक्षित रहते हैं लेकिन इसका निश्चय नहीं है कि

वे जिसके बार में बातें करेंगे, उसे जानेंगे भी। इसलिए उनकी सिद्धांत-चर्चा, अपने में चाहे जितनी योग्यतापूर्ण हो, वस्तुस्थिति का आधार कमजोर होने से दूषित हो सकती है।" इस दोष की संभावना सौंदर्यशास्त्रियों में ही नहीं, उन सभी दार्शनिकों में रहती है जो कर्ममय जीवन से दूर रहते हैं और दर्शन को उससे अलग करके देखते हैं। इससे निष्कर्ष यह निकला कि सौंदर्यशास्त्र और मानव-जीवन का गहरा संबंध है। सौंदर्यशास्त्र का विवेच्य विषय साहित्य तथा अन्य ललित कलाओं के अतिरिक्त प्रकृति और मानव जीवन का सौंदर्य भी है। सौंदर्य और उसकी अनुभूति का विवेचन उत्सुकता की शांति के लिए ही नहीं है, उसका उद्देश्य हमारी सौंदर्य-चेतना को उत्तरोत्तर विकसित करना, मानव जीवन और उसके सामाजिक तथा प्राकृतिक परिवेश को और भी सुंदर बनाना है।

सौंदर्य किसे कहते हैं? प्रकृति, मानव जीवन तथा ललित कलाओं के आनंददायक गुण का नाम सौंदर्य है। इस स्थापना पर आपत्ति यह की जाती है कि कला में कुरूप और असुंदर को भी स्थान मिलता है; दुःखांत नाटक देखकर हमें वास्तव में दुख होता है, साहित्य में बीभत्स का भी चित्रण होता है, उसे सुंदर कैसे कहा जा सकता है? इस आपत्ति का उत्तर यह है कि कला में कुरूप और असुंदर विवादी स्वरों के समान हैं जो राग के रूप को निखारते हैं। बीभत्स का चित्रण देखकर हम उससे प्रेम नहीं करने लगते, हम उस कला से प्रेम करते हैं जो हमें बीभत्स से घृणा करना सिखाती है। बीभत्स से घृणा करना सुंदर कार्य है या असुंदर? जिसे हम कुरूप, असुंदर और बीभत्स कहते हैं, कला में उसकी परिणति सौंदर्य में होती है। दुखांत नाटकों में हम दूसरों का दुख देखकर द्रवित होते हैं। हमारी सहानुभूति अपने तक अथवा परिवार और मित्रों तक सीमित न रहकर एक व्यापक रूप ले लेती है। मानव-करुणा के इस प्रसार को हम सुंदर कहेंगे या असुंदर? सहानुभूति की इस व्यापकता से हमें प्रसन्न होना चाहिए या अप्रसन्न? दुःखांत नाटकों अथवा करुण रस के साहित्य से हमें दुःख की अनुभूति होती है किंतु दुःख अमिश्रित और निरपेक्ष नहीं होता। उस दुःख में वह आनंद निहित होता है जो करुणा के प्रसार से हमें प्राप्त होता है। इसके सिवा इस तरह के साहित्य में हम बहुधा मनुष्य को विषम परिस्थितियों से वीरतापूर्ण संघर्ष करते हुए पाते हैं। संघर्ष का यह उदात्त भाव दुःख की अनुभूति को सीमित कर देता है। वीर मनुष्यों का यह संघर्ष हमें अपनी परिस्थितियों के प्रति सजग करता है, उनकी पराजय भी प्रबुद्ध दर्शकों तथा पाठकों के लिए चुनौती का काम करती है। उनकी वेदना हमारे लिए प्रेरणा बन जाती है। आनंद को इस व्यापक रूप में लें, उसे इंद्रियजन्य सुख का पर्यायवाची ही न मान लें तो हमें करुण और बीभत्स के चित्रण में सौंदर्य के अभाव की प्रतीति न होगी।

सौंदर्य क्या है, इस प्रश्न के साथ एक दूसरा प्रश्न जुड़ा हुआ है, सौंदर्य कहाँ है, दर्शक, श्रोता, या पाठक के मन में अथवा उससे भिन्न सुंदर वस्तु में। कैरिट का कहना है कि मनुष्य उस वस्तु को सुंदर कहता है जो उसके लिए उन भावनाओं को व्यक्त करती है जिनके योग्य वह अपने स्वभाव और पिछले इतिहास से बना है। उसके मत से "सौंदर्य गोचर वस्तुओं में नहीं होता वरन् उनके महत्त्व पर निर्भर होता है और भिन्न-भिन्न पुरुषों के लिए उनका महत्त्व भी भिन्न होगा, संभवतः बहुत ही भिन्न कोटि के लोगों के लिए यह महत्त्व भिन्न कोटि का होगा।" भाववादी (आइडियलिस्ट) दार्शनिकों के तर्क इस स्थापना के अनुरूप होते हैं। उनके लिए सौंदर्य की सत्ता वस्तुगत न होकर आत्मगत होती है। इस तरह के दार्शनिकों को लक्ष्य करके स्वर्गीय आचार्य रामचंद्र शुक्ल ने लिखा था, "सौंदर्य बाहर की कोई वस्तु नहीं है, मन के भीतर की वस्तु है। यूरोपीय कला-समीक्षा की यह एक बड़ी ऊँची उड़ान या बड़ी दूर की कौड़ी समझी गई है। पर वास्तव में यह भाषा के गड़बड़झाले के सिवा और कुछ नहीं है। जैसे वीरकर्म से पृथक वीरत्व कोई पदार्थ नहीं, वैसे ही सुंदर वस्तु से पृथक सौंदर्य कोई पदार्थ नहीं।" शुक्ल जी ने इन वाक्यों में भाववादी और वस्तुवादी दर्शनों का अंतर स्पष्ट कर दिया है; उन्होंने भाववादी मान्यता का खंडन किया है, वस्तुवादी मान्यता का समर्थन किया है।

प्रचलित धारणा यह है कि यूरोप भौतिकवादी है और भारत अध्यात्मवादी। भारत और यूरोप के दर्शन का तुलनात्मक अध्ययन करने से यह धारणा खंडित हो जाती है। न तो अध्यात्मवाद पर भारत का एकाधिकार है, न भौतिकवाद पर यूरोप का। कुल मिलाकर यूरोप के विचारकों पर भाववादी दर्शन का प्रभाव यहाँ की अपेक्षा गहरा है। प्लैटो से लेकर हेगल तक यूरोप के अनेक प्रमुख दार्शनिक यह सिद्ध करने का प्रयत्न करते रहे हैं कि सौंदर्य की सत्ता सुंदर वस्तु से पृथक है। प्लैटो के लिए संसार की सुंदर वस्तुएँ परोक्ष सौंदर्यसत्ता का प्रतिबिंब मात्र हैं; कला इस प्रतिबिंब का भी प्रतिबिंब है, इसलिए दार्शनिक सत्य की तुलना में क्षुद्र है और आदर्श समाज-व्यवस्था से कलाकारों को बहिष्कृत रखना चाहिए। प्लैटो के समान ही हेगल के लिए कला एक निरपेक्ष विचार व्यंजित करती है। महामहोपाध्याय रामावतार शास्त्री ने *यूरोपीय दर्शन* में दिखलाया है कि हेगल ने कला को ज्ञान और धर्म से निम्न स्तर का माना है। निरपेक्ष सत्ता की प्राप्ति में कला पहली सीढ़ी है; उसके बाद धर्म मनुष्य की सहायता करता है। "जिसकी छायामात्र कला और धर्म ने दिखलाई थी, वह साक्षात ज्ञानावस्था में आ पहुँचता है, सब भेद नष्ट हो जाते हैं और स्वनियत स्वप्रमितिक ज्ञान ही केवल सब रूप को धारण करता हुआ देख पड़ता है।" रामावतार शास्त्री की इस व्याख्या से पाठक देखेंगे कि हेगल की विचारधारा और भारतीय भाववाद में कितना साम्य है।

आधुनिक काल में यूरोप और अमरीका में प्रमुख विचारधारा उन लोगों की है जो सौंदर्य का उद्भव, विकास और परिणति, सब कुछ व्यक्ति के मन में मानते हैं। इन्हीं का एक प्रतिनिधि आचार्य क्रोचे था जिसकी विस्तृत आलोचना शुक्ल जी ने 'काव्य में अभिव्यंजनावाद' नाम के निबंध में की थी। इस तरह के विचारकों के लिए व्यक्ति का मन एक निरपेक्ष सत्ता बन जाता है। हेगल के लिए इस भौतिक जगत् से निरपेक्ष विचार का संबंध भी था, इनके लिए व्यक्ति का मन भौतिक जगत् से विच्छिन्न हो जाता है। कला के क्षेत्र में उनकी सबसे बड़ी कठिनाई यह है कि मूर्त जगत् के रूपों को किसी न किसी प्रकार अपनाए बिना वे सौंदर्य की अभिव्यंजना कर नहीं पाते। कला-शास्त्रियों के एक गिरोह का कहना है कि कलाकार के लिए सामाजिक जीवन अथवा संसार के अन्य रूपों को चित्रों आदि में अंकित करना आवश्यक नहीं है। सौंदर्य की सूक्ष्म आत्मा मूर्त रूपों से परे है। इसलिए चित्रकला के नाम पर वे ज्यामिति की रेखाएँ प्रस्तुत करते हैं और उन सूक्ष्म रेखाओं द्वारा अपने निरपेक्ष मन का सौंदर्य व्यंजित करते हैं। कलाकार के कर्म और उसकी विचारधारा—कला और सौंदर्यशास्त्र—का घनिष्ठ संबंध यहाँ स्पष्ट दिखाई देता है। यूरोप और अमरीका का चरम व्यक्तिवाद अनेक कलाकारों को उस तक खींच ले गया है जहाँ कला अपनी सारी विशेषताएँ खो बैठती है। इसी व्यक्तिवाद से प्रभावित हिंदी के अनेक कवि हैं जिनका मन सभी तरह की सामाजिकता से मुक्त हो गया है; छिन्न लय, प्रच्छन्न अर्थ, विच्छिन्न शब्दावली से अलंकृत रचनाओं में अपनी कुंठा, घुटन और व्यक्तित्व के विघटन के चित्रण में ही इन्हें कला और सौंदर्य की इति दिखलाई पड़ती है। इस कविकर्म के मूल में यह धारणा है कि सौंदर्य, रस, भावना आदि का एकमात्र और निरपेक्ष स्रोत व्यक्ति का मन है।

व्यक्ति के मन में सौंदर्य की सत्ता मानने वालों का मुख्य तर्क यह है—एक ही वस्तु भिन्न-भिन्न व्यक्तियों को सुंदर अथवा असुंदर लगती है। हमें अपने देश के पहाड़ बहुत सुंदर लगते हैं; दूसरों के लिए वे साधारण पर्वत मात्र हैं। माँ को अपना बच्चा बहुत सुंदर लगता है; दूसरों के लिए वह अन्य साधारण बच्चों जैसा ही है। सौंदर्य की अनुभूति इतनी व्यक्तिगत है कि शेक्सपियर या तुलसीदास को पढ़ने वाले दो व्यक्तियों की प्रतिक्रिया एक-सी नहीं हो सकती है।

इस तरह के तर्कों में पहला दोष यह है कि उनमें इंद्रियबोध और भावों को एक ही वस्तु मान लिया गया है। दूसरा दोष यह है कि भावों और इंद्रियबोध की व्यापकता को अस्वीकार किया गया है। यदि हमें अपने ही देश के पर्वत अच्छे लगें तो दूसरे देशों के पर्वतों को हम कभी भी सुंदर न कहें। यदि किसी को ऐल्प्स और हिमालय दोनों सुंदर लगते हैं, तो इससे यही सिद्ध होगा कि व्यक्तिगत संबंधों के अतिरिक्त भी सौंदर्यानुभूति की कोई सामान्य भूमि है। यदि पर्वतों का रूप साधारणतः लोगों को प्रिय हो, यदि वे अपने देश के अतिरिक्त अन्य देशों के प्राकृतिक

सौंदर्य पर भी मुग्ध हो सकते हों, और वे मुग्ध होते हैं, तो इससे इंद्रियबोध की सार्वजनीनता सिद्ध होती है। इस इंद्रियबोध के साथ प्राकृतिक सौंदर्य के उपासक के मन में मनुष्य और प्रकृति के साहचर्य से उत्पन्न अनेक प्रकार के भाव भी उदय हो सकते हैं। इन भावों की सत्ता मनुष्य के मन में होगी, किंतु जिस गोचर सौंदर्य से ये भाव उत्पन्न होते हैं, उनकी सत्ता तो प्रकृति में ही है।

सबसे पहले इस गोचर सौंदर्य की बाह्य सत्ता स्वीकार करनी चाहिए। मनुष्य के इंद्रियबोध का संसार बहुत विशाल है; उसमें एक से अधिक वर्गों और देशों के लोग भाग लेते हैं। ललित कलाओं की सार्वजनीन लोकप्रियता का बहुत बड़ा कारण इंद्रियबोध की व्यापकता है। रूप, रस, गंध, स्पर्श आदि की अनुभूति में मनुष्य एक दूसरे से उतने पृथक नहीं हैं जितने भावों और विचारों के संसार में। यह इंद्रियबोध एक बाह्य, प्रत्यक्ष जगत् का अनुभव है, इंद्रियों से इस जगत् का बोध होता है, इंद्रियाँ उसकी सृष्टि नहीं करतीं। इसलिए इंद्रियों से जिस सौंदर्य की अनुभूति होती है, बाह्य जगत् में उसकी वस्तुगत सत्ता है। इंद्रियाँ सौंदर्य की परख का साधन हैं, उसका कारण नहीं—जहाँ तक बाह्य जगत् के इंद्रियबोध का संबंध है।

इस इंद्रियबोध के साथ मनुष्य का भावजगत् है। अपने सामाजिक विकास के साथ मनुष्य ने इस भावजगत् को परिष्कृत और समृद्ध किया है। व्यक्ति और समाज अन्योन्याश्रित हैं; व्यक्ति के बिना समाज की कल्पना नहीं की जा सकती, समाज के बिना व्यक्ति—एक सामाजिक प्राणी के रूप में—असंभव है। भावजगत् व्यक्ति के मन में ही होता है किंतु उसका परिष्कृत और समृद्ध रूप सामाजिक विकास और सामाजिक जीवन से ही संभव हुआ है। भावजगत् का आधार व्यक्तिगत और सामाजिक—दोनों ही कोटि की अनुभूतियाँ हैं। इन दोनों ही कोटि की अनुभूतियों का आधार मनुष्य का सामाजिक जीवन है। यह वस्तुगत आधार होने से ही हम एक-दूसरे के अनुभव को जानते-पहचानते हैं; भिन्नता के होते हुए भी इस वस्तुगत आधार के कारण हम एक-दूसरे के निकट आते हैं। भारतीय काव्यशास्त्र ने साधारणीकरण के सिद्धांत द्वारा इस भाव जगत् की सामान्य अनुभूति-भूमि की ओर संकेत किया, यह उसकी बहुत बड़ी विशेषता है। शुक्ल जी ने उस प्राचीन स्थापना को नवीन रूप देते हुए बहुत ही स्पष्ट शब्दों में लिखा था, "सच्चा कवि वही है जिसे लोकहृदय की पहचान हो, जो अनेक विशेषताओं और विचित्रताओं के बीच मनुष्य-जाति के सामान्य हृदय को देख सके। इसी लोक-हृदय में हृदय के लीन होने की दशा का नाम रसदशा है।"

यूरोप के व्यक्तिवादी विचारक और उनका अनुकरण करने वाले भारतीय लेखक इस सामान्य हृदय की स्थापना को अस्वीकार करते हैं। उन्नीसवीं शताब्दी के उत्तरार्द्ध में फ्रांस के व्यक्तिवादियों ने अपने मन में गहरे पैठकर जो हीरे-मोती निकाले थे, उन्हीं की आभा रूस और इंग्लैंड के पतनशील कवियों और कलाकारों में देखी गई।

आज टी. एस. इलियट और उनके भारतीय शिष्यों में गहरी समानता दिखाई देती है। परंपरा के पालन का नारा पुराना पड़ गया है, उसकी जगह प्रयोग और व्यक्ति की स्वाधीनता ने ले ली है। नारे बदल गए हैं लेकिन जिस कुंठा, घुटन और विघटन के गीत इलियट ने गाए थे, वे अनेक प्रयोगशील कवियों को आज भी प्रिय हैं। व्यक्ति के निरपेक्ष मन से एक ही तरह के हीरे-मोती क्यों निकलते हैं? इन चरम व्यक्तिवादियों, शुद्ध कलावादियों, सामाजिक दायित्व को बार-बार अस्वीकार करने वाले इन कवियों की अनुभूति में मौलिक अंतर क्यों नहीं होता? इसलिए नहीं होता कि व्यक्ति की स्वाधीनता की निरंतर घोषणा करने पर भी इन कलाकारों का मन नितांत पराधीन है। वे एक सामाजिक परिवेश, उससे भी अधिक सांस्कृतिक परिवेश के दास बन गए हैं। वह सामाजिक दायित्व से अलग रहकर, मुक्ति पाने की आकांक्षा करके भी, मुक्त नहीं हो पाए। उन्होंने दायित्व और मुक्ति का परस्पर संबंध नहीं समझा; सामाजिक दायित्व के निर्वाह द्वारा ही उनका विकास, अतः मुक्ति, संभव है, यह न मानकर वे एक समाज-विरोधी भावधारा के दास बने हुए हैं। यह मार्ग उनके आत्मघात का मार्ग है।

चरम व्यक्तिवादी भी अपने कर्म से व्यक्ति के मन की निरपेक्षता सिद्ध नहीं कर पाते। इसका कारण, शुक्ल जी के शब्दों में यह है, "मनुष्य लोकबद्ध प्राणी है। उसका अपनी सत्ता का ज्ञान तक लोकबद्ध है।" इस लोक में अनेक वर्ग, देश, जाति के भेद हैं, ये भेद भी कालचक्र में परिवर्तित होते रहते हैं। लोक स्थायी और जड़ इकाई नहीं है; वह गतिशील और विकासमान है। इसलिए मनुष्य की सौंदर्यानुभूति में समानता के साथ भिन्नता भी होती है, यह अनुभूति सापेक्ष रूप में स्थायी होने के साथ परिष्कृत और विकसित भी होती है।

मनुष्य अपने भावजगत् की रचना स्वयं करता है किंतु वह इस कार्य को देशकाल की किन्हीं परिस्थितियों में ही संपन्न करता है और ये परिस्थितियाँ उसकी इच्छा पर निर्भर नहीं होतीं। भावों की व्यक्तिगत अनुभूति के कारण उसके लिए उनकी वस्तुगत सत्ता को स्वीकार करना कठिन होता है। बाह्य जगत् का इंद्रियबोध और मनुष्य के मन का भावजगत् एक ही यथार्थ के दो पक्ष हैं जो एक-दूसरे से पूर्णतः स्वतंत्र न होकर परस्पर संबद्ध हैं। आधुनिक मनोविज्ञान ने मानव-चेतना के बारे में जो भी खोज की है, उससे भी यह परिणाम निकलता है कि यह चेतना जितने स्तरों पर अथवा जितने रूपों में कार्य करती है और जिन नियमों से परिचालित होती है, उन्हें बहुधा मनुष्य स्वयं नहीं जानता। कलाकृति का वस्तुगत सौंदर्य और भी असंदिग्ध है। कवि घोषित करता है एक उद्देश्य, उसकी रचना का आंतरिक तत्त्व कुछ दूसरा ही बन जाता है। मिल्टन ने अपना प्रसिद्ध महाकाव्य *पैराडाइज लौस्ट* इस घोषित उद्देश्य से लिखा कि वह आदम और हव्वा की कहानी में ईश्वर के व्यवहार को न्यायपूर्ण ठहराएगा। महाकाव्य का आंतरिक तत्त्व मिल्टन के संघर्षमय

जीवन और इंग्लैंड के नवजागरण युग का प्रतिबिंब बन गया; यह कार्य मिल्टन के न चाहने पर भी कार्य-रचना के वस्तुगत कारणों द्वारा संभव हुआ। जीवन की तरह कला के क्षेत्र में भी बहुधा मनुष्य करना कुछ चाहता है, होता कुछ और है। जीवन की तरह कला के क्षेत्र में भी वह परिस्थितियों, कला के उपकरणों पर पूरी तरह हावी नहीं हो पाता, उसकी व्यक्तिगत इच्छाओं और कलात्मक सृष्टि के वस्तुगत नियमों में सदा मेल नहीं हो पाता। इसलिए उसके कार्य का फल उसकी इच्छाओं से भिन्न अथवा उनसे विपरीत भी होता है।

मनुष्य के ज्ञान से उसकी भावानुभूति का गहरा संबंध है। जिन वस्तुओं से उसका परिचय ही न होगा, उनसे प्रभावित होना उसके लिए संभव न होगा। विज्ञान और कलात्मक सौंदर्य एक-दूसरे के विरोधी न होकर परस्पर सहायक हैं। विश्व से मनुष्य का परिचय निरंतर बढ़ रहा है। परिचय का क्षेत्र विस्तृत हो रहा है, साथ ही उस विस्तार की गंभीरता भी बढ़ रही है। मनुष्य वस्तुगत संसार का अंग है, उस संसार का मानवीय ज्ञान निरंतर बढ़ रहा है और इस प्रगति की कोई सीमा नहीं है। इस ज्ञान के प्रसार के साथ-साथ, यांत्रिक रूप से, मनुष्य के भावजगत् का प्रसार नहीं होता किंतु उस प्रसार की संभावना अवश्य उत्पन्न होती है।

कलाकृति से जो सौंदर्यबोध उत्पन्न होता है, वह भी दर्शक, पाठक या श्रोता के ज्ञान पर निर्भर होता है। कलाकृति का सम्यक ज्ञान न होने पर वह उस पर अपने भाव आरोपित करता है और समझता है कि सौंदर्य कलाकृति में नहीं, उसके मन में है। इससे सिद्ध यह होता है कि उसकी सौंदर्यानुभूति में अवास्तविकता का अंश मिला हुआ है। इससे कलाकृति के सौंदर्य की वस्तुगत सत्ता असिद्ध नहीं होती। इटली के कवि दांते पर अपने निबंध में इलियट ने इटालियन भाषा के न समझ पाने पर या कम समझ पाने पर भी दांते की कविता पढ़कर प्रसन्न होने की बात लिखी है। इसका कारण दांते की रचना में इलियट के अपने भावों का आरोपण हो सकता है। इससे यह सिद्ध नहीं होता कि काव्य-सौंदर्य इलियट के मन में है, न कि दांते के काव्य में।

इंग्लैंड के प्रसिद्ध मार्क्सवादी लेखक कौडवेल ने 'सौंदर्य' पर अपने निबंध में सौंदर्य क्या है, इस प्रश्न के सिलसिले में लिखा है, "सबसे सीधा उत्तर यह है कि सभी वस्तुओं (कौडवेल का तात्पर्य सुंदर वस्तुओं से है) से मनुष्य का सामान्य संबंध है, इसलिए सौंदर्य मनुष्य में है। मनुष्य की एक दशा का नाम सौंदर्य है। पूँजीवादी सौंदर्यशास्त्री के लिए समस्या का यह बहुत सीधा समाधान इतना स्पष्ट मालूम होता है कि अन्य व्यक्ति कुछ और सोचे तो उसका धैर्य छूट जाता है।" कौडवेल ने इस तरह के सौंदर्यशास्त्रियों में इंग्लैंड के विचारक आई. ए. रिचाईस और सी. के. औग्डेन की गणना की है और उनके आत्मगत सौंदर्यवाद की आलोचना की है किंतु कौडवेल के लिए सौंदर्य की वस्तुगत सत्ता भी नहीं है, वे उसे वस्तु

और मानवमन का परस्पर संबंध मानते हैं। मानवमन से स्वतंत्र सौंदर्य को वह भाववादी दार्शनिकों की कल्पना, सौंदर्य-संबंधी निराकार भावना मानते हैं।

वास्तव में निराकार आदर्श सौंदर्य की कल्पना करने वाले भाववादी दार्शनिक वास्तविक जगत् में उसकी वस्तुगत सत्ता से इनकार करते हैं। वे वस्तु के गुण को वस्तु से अलग करके देखते हैं। सौंदर्य की वस्तुगत सत्ता का अर्थ है, सौंदर्य नाम के गुण को वस्तु से अलग करके न देखना। कौडवेल ने आगे लिखा है, "सौंदर्य सामाजिक है। वह वस्तुगत है क्योंकि उसका अस्तित्व मुझसे अलग समाज में है।" जहाँ तक मनुष्य के भावजगत् का संबंध है, उसका सौंदर्य सामाजिक है। किंतु प्रकृति का सौंदर्य? उसकी अनुभूति सामाजिक है किंतु वह सौंदर्य, जहाँ तक वह वास्तव में प्रकृति का सौंदर्य है, सामाजिक न होकर प्राकृतिक है। कौडवेल के चिंतन में वस्तुगत सौंदर्य और उसकी सामाजिक अनुभूति को मिला दिया गया है।

क्या मनुष्य से पहले भी प्रकृति सुंदर थी? क्या जिस प्रकृति को मनुष्य ने नहीं देखा, वह भी सुंदर हो सकती है? इस प्रश्न का उत्तर इस बात पर निर्भर है कि सुंदर से हमारा तात्पर्य प्रकृति के गुणों से है अथवा उस पर आरोपित अपने भावों से। यदि तात्पर्य गुणों से है तो उसकी सृष्टि मनुष्य नहीं करता, वह अपने विकासक्रम में केवल उन्हें पहचानना सीखता है। प्रकृति का यह सौंदर्य अर्थात् उसके गुण मनुष्य के अभाव में भी विद्यमान रहते हैं। यदि तात्पर्य भावारोपण से है तो मनुष्य प्राकृतिक सौंदर्य न देखकर अपने स्वभाव और इच्छाओं के अनुरूप सौंदर्य की कल्पना मात्र करता है; प्राकृतिक सौंदर्य से इस कल्पना का कोई संबंध नहीं है।

सामाजिक विकास के संदर्भ में सौंदर्यबोध की परीक्षा करने पर एक समस्या यह उत्पन्न होती है; क्या मनुष्य नामधारी जीव ने अपना मानवीय सामाजिक जीवन आरंभ करने से पहले भी कोई सौंदर्य-संबंधी संस्कार अर्जित किए थे? क्या सौंदर्यबोध का संबंध सामाजिक जीवन से भिन्न मनुष्य के प्राणिगत जीवन से भी अथवा सौंदर्यशास्त्र का संबंध समाजशास्त्र के अतिरिक्त जीव-विज्ञान से भी है?

सौंदर्य के संबंध में डार्विन ने लिखा था कि सुंदर पंखों वाले नर पक्षी अपने रंगीन पंखों के प्रदर्शन से मादा पक्षियों को रिझाते हैं। इसी तरह ऋतु-विशेष में वे अपने संगीत से उन्हें आकर्षित करते हैं। इन तथ्यों की ओर संकेत करके डार्विन ने लिखा था, "यदि मादा पक्षी अपने नर साथियों के सुंदर रंगों, आभूषणों और स्वर के आकर्षण को पहचानने में असमर्थ हों तो उनके सामने अपने आकर्षण प्रदर्शित करने में उनकी जो चिंता और श्रम प्रकट होते हैं, वे सब व्यर्थ जाएँ, और यह स्वीकार करना असंभव है। मेरी समझ में कुछ चमकीले रंग और कुछ स्वर, I afr (Harmony) होने पर, क्यों आनंद देते हैं, इसकी व्याख्या वैसे ही नहीं हो सकती जैसे इस बात की कि कुछ गंध और रस (Flavours) रुचिकर होते हैं।

लेकिन यह निश्चित है कि उन्हीं रंगों और उन्हीं स्वरों को हम पसंद करते हैं और बहुत-से निम्न जीव भी।''

मनुष्य का सौंदर्यबोध उसके सामाजिक जीवन का ही परिणाम नहीं है, उससे भी पहले वह उसके प्राग्मानवीय विकास का परिणाम है। पक्षियों में कुछ तो रंगों और स्वरों के आकर्षण से परिचित होते हैं, कुछ नहीं। जो परिचित होते हैं, वे सौंदर्यबोध की दृष्टि से इतर पक्षियों की तुलना में अधिक विकसित स्तर के प्राणी हैं। मार्क्सवादी साहित्य में कभी-कभी सौंदर्यबोध को आर्थिक जीवन का प्रतिबिंब मान लिया जाता है। सौंदर्यबोध आर्थिक जीवन से प्रभावित होता है किंतु वह उसका प्रतिबिंब नहीं है।

डार्विन से उपर्युक्त कोटि के वाक्य उद्धृत करने के बाद रूसी विचारक प्लेखानोव ने 'कला और सामाजिक जीवन' में लिखा था, ''और इस तरह डार्विन द्वारा उद्धृत तथ्यों से जैसे निम्न जीवों की, वैसे मनुष्य की भी, सौंदर्यानुभूति की क्षमता प्रमाणित होती है और यह तथ्य प्रमाणित होता है कि कभी-कभी हमारी सौंदर्य-संबंधी रुचि से मेल खाती है। लेकिन समस्या रुचि के उद्गम की है, उसकी व्याख्या इन तथ्यों से नहीं होती।'' यदि मनुष्य की सौंदर्य-संबंधी रुचि निम्न जीवों की रुचि से मेल खाती है, यदि निम्न जीवों में भी इस रुचि का अस्तित्व प्रमाणित होता है, तो यह स्वीकार करना होगा कि इस रुचि का उद्गम सामाजिक जीवन में होना अनिवार्य नहीं है। मनुष्य का इंद्रियबोध, इस इंद्रियबोध का परिष्कार, इंद्रियबोध के साथ उसके भावजगत् का उद्भव और उसका सौंदर्यबोध—इन सबके मूल उपकरण सामाजिक जीवन आरंभ होने से पहले उसके पास प्रस्तुत रहते हैं। समाजशास्त्र सौंदर्यबोध के विकास, भिन्न वर्गों, जातियों और युगों में उसकी भिन्नता की व्याख्या कर सकता है, वह उसके उद्गम की व्याख्या नहीं कर सकता। उद्गम की व्याख्या के लिए समाजशास्त्र के अतिरिक्त जीव-विज्ञान की सहायता आवश्यक है। उद्गम ही नहीं, एक ही समाज, एक ही वर्ग, एक ही परिवार, एक ही वातावरण में रहने वाले लोगों की सौंदर्य-संबंधी रुचि की भिन्नता की व्याख्या करने के लिए समाजशास्त्र के अतिरिक्त जीव-विज्ञान की सहायता लेनी पड़ेगी।

मार्क्सवादी साहित्य में आर्थिक व्यवस्था को आधार तथा कला, साहित्य, संस्कृति आदि को उस पर निर्मित इमारत माना जाता है। आर्थिक व्यवस्था बदलने पर ऊपर की इमारत भी बदल जाती है। *अर्थशास्त्र की आलोचना को एक देन* में मार्क्स ने विचारधारा के अंतर्गत मनुष्य के सौंदर्यबोध को भी गिना है। मार्क्सवादी साहित्य में कला, साहित्य और संस्कृति को मनुष्य की विचारधारा के रूपों (ideological forms) में गिना जाता है।

कला का संबंध विचारों के साथ मनुष्य के इंद्रियबोध और उसके भावों से भी है। विचारों की व्यंजना भाषा के बिना नहीं हो सकती। तब वे ललित कलाएँ,

जिनमें भाषा का प्रयोग नहीं होता, विचारधारा के रूपों में कैसे गिनी जा सकती हैं? साहित्य भी शुद्ध विचारधारा का रूप नहीं है, उसका भावों और इंद्रियबोध से घनिष्ठ संबंध है। इससे स्पष्ट है कि ललित कलाओं को विचारधारा के रूपों में गिनना सही नहीं है।

मार्क्स और एंगेल्स की रचनाओं में मनुष्य के विचारों को उसके भौतिक जीवन का प्रतिबिंब कहा गया है। विचार प्रतिबिंब हों तो मानव-मस्तिष्क दर्पण मात्र सिद्ध होगा। किंतु क्या मनुष्य की चेतना दर्पण मात्र है?

मनुष्य के विचार उसकी सामाजिक स्थिति को प्रतिबिंबित करते हैं, इसीलिए वर्गों के भिन्न दृष्टिकोण, उनकी भिन्न विचार-धाराएँ होती हैं। किंतु मानव-चेतना में यह क्षमता है कि वह इस सामाजिक स्थिति से ऊपर उठ सके, चिंतन की भौतिक सीमाओं से ऊपर उठकर अपेक्षाकृत स्वतंत्र स्तर पर विकसित हो सके। संपत्तिशाली वर्गों में उत्पन्न होने वाले, किंतु संपत्तिहीन श्रमिक वर्ग की मुक्ति के लिए संघर्ष करने वाले मार्क्स, एंगेल्स और लेनिन का जीवन मानव-चेतना की इस क्षमता को सिद्ध करता है। *प्रकृति का द्वंद्ववाद* पुस्तक में एंगेल्स ने पूँजीवाद के अभ्युदय और यूरोप के नवजागरण युग के बारे में लिखा था, "जिन लोगों ने पूँजीपतियों के आधुनिक शासन की नींव डाली थी, उनमें पूँजीवादी सीमाओं जैसी कोई चीज नहीं थी।" (The men who founded the modern rule of the bourgeoisie had anything but burgeois limitations.) या तो पूँजीवादी शासन की नींव डालने वाले स्वयं पूँजीवादी नहीं थे, या पूँजीवादी होते हुए भी वे अपने आर्थिक जीवन की सीमाओं से ऊपर उठ सके। एंगेल्स के वाक्य से इस धारणा का खंडन होता है कि मनुष्य के विचार उसके भौतिक जीवन का प्रतिबिंब मात्र हैं, इसके विपरीत इस वाक्य से तथा यूरोप के नवजागरण युग के एंगेल्स द्वारा दिए हुए विवरण से मानव-चेतना की रचनात्मक क्षमता के बारे में धारणा पुष्ट होती है। *अर्थशास्त्र की आलोचना को एक देन* में मार्क्स ने प्राचीन यूनान की कला के बारे में लिखा था, "यह एक जानी-मानी बात है कि समाज के साधारण विकास से कला के उच्चतम विकास के कुछ युगों का कोई प्रत्यक्ष संबंध नहीं है, न उसके (समाज के) संगठन के मूल ढाँचे और भौतिक आधार से उनका प्रत्यक्ष संबंध है। आधुनिक जातियों की, अथवा शेक्सपियर की भी, तुलना में यूनानियों का उदाहरण देखिए।" यदि यूनान की कला के भौतिक परिवेश से उसका प्रत्यक्ष संबंध नहीं है तो हम कला को भौतिक जीवन का प्रतिबिंब कैसे कह सकते हैं?

इससे कला की समाज-निरपेक्षता सिद्ध नहीं होती, भौतिक जीवन से उसकी सापेक्ष स्वाधीनता ही प्रमाणित होती है। कला की विषयवस्तु न वेदांतियों का ब्रह्म है, न हेगल का निरपेक्ष विचार। मनुष्य का इंद्रियबोध, उसके भाव, उसके विचार, उसका सौंदर्यबोध कला की विषयवस्तु हैं। सामाजिक विकास की परिस्थितियों से कला की विषयवस्तु प्रभावित होती है, एक सीमा तक नियमित होती है किंतु वह

आर्थिक जीवन का प्रतिबिंब मात्र नहीं है। इसीलिए विभिन्न युगों, विभिन्न जातियों और विभिन्न वर्गों के सौंदर्यबोध में भिन्नता के साथ समानता भी होती है, इसलिए अनुकूल सामाजिक परिस्थितियों के होते हुए भी यह आवश्यक नहीं है कि उच्च कोटि की कला का निर्माण भी हो जाए।

मार्क्सवादी विचारक रैल्फ फैक्स का मत था कि कला को भौतिक जीवन का, प्रत्यक्ष प्रतिबिंब मानना मार्क्सवाद की स्थापना है ही नहीं। उनके अनुसार मार्क्स यह न मानते थे कि जब पूँजीवाद सामंतवाद की जगह ले लेता है, तब पूँजीवादी कला तुरंत सामंतवादी कला की जगह ले लेती है, न वह यह मानते थे कि "चूँकि उत्पादन का पूँजीवादी तरीका सामंती तरीके से अधिक प्रगतिशील है, इसलिए पूँजीवादी कला सामंती कला से सदा ऊँचे स्तर की होनी चाहिए।" पूँजीवादी उत्पादन-पद्धति के सामंती पद्धति से अधिक प्रगतिशील होने पर भी यदि पूँजीवादी कला सामंती कला से अनिवार्यतः ऊँचे स्तर की नहीं होती तो इससे कला की सापेक्ष स्वाधीनता ही प्रमाणित होती है। मूल समस्या फिर सामने आती है, मनुष्य की चेतना और उसके विचार सामाजिक परिवेश का प्रतिबिंब हैं, या उस परिवेश से अपेक्षाकृत स्वतंत्र होने की क्षमता भी उनमें है। इसका उत्तर यही हो सकता है कि वे अपेक्षाकृत स्वतंत्र भी हैं।

व्यवहार में मार्क्सवादी विचारक साहित्य और कला के राजनीतिक उद्देश्य पर जोर देते हैं। यह जोर अंशतः सही है किंतु साहित्य और कला के सभी रूपों से हम एक ही माँग नहीं कर सकते। गोर्की का 'माँ' जैसा उपन्यास राजनीतिक उद्देश्य की पूर्ति करे, यह उचित है, किंतु 'मृत्यु और लड़की' पर उसकी प्रेम-संबंधी कविता भी उसी उद्देश्य की पूर्ति करे, यह आवश्यक नहीं है। गोर्की की कविता से यह परिणाम निकालना कि सभी साहित्य राजनीतिक उद्देश्यविहीन होना चाहिए, उतना ही गलत है, जितना कि उसके उपन्यास से यह परिणाम निकालना कि सभी साहित्य राजनीतिक उद्देश्ययुक्त होना चाहिए। साहित्य के रूपों की विविधता को ध्यान में रखकर ही उनकी विषयवस्तु के औचित्य के बारे में मत स्थिर किया जा सकता है।

अस्तु, सौंदर्य की वस्तुगत सत्ता है। यह सत्ता प्रकृति में है, मानव जीवन और मनुष्य की चेतना में है। सौंदर्य इंद्रियबोध तक सीमित नहीं है, उसकी सत्ता मनुष्य के भावजगत् और उसके विचारों में भी है। कला के माध्यम के अनुरूप उसकी विषयवस्तु में इंद्रियबोध, भावों और विचारों का अनुपात निश्चित होता है। साहित्य से भिन्न चित्र, संगीत आदि ललित कलाओं में इंद्रियबोध और भाव होंगे, विचार नहीं। कोई भी ललित कला शुद्ध विचारधारा के अंतर्गत नहीं आती, साहित्य भी नहीं आता। साहित्य विचारशून्य नहीं होता किंतु शुद्ध विचारों से साहित्य का निर्माण नहीं होता। विचारों के साथ इंद्रियबोध और भाव अनिवार्य रूप से आवश्यक

हैं। विभिन्न वर्गों के विचारों में ही नहीं, उनके भावों और इंद्रियबोध में भी अंतर होता है। हिंदी के अनेक प्रयोगशील कवियों के उपमान उनके अस्वस्थ इंद्रियबोध और भावों की ओर संकेत करते हैं। फिर भी कला का सार्वजनीन आधार मनुष्य का इंद्रियबोध और उसके भाव हैं। इनका उद्‌गम मनुष्य के सामाजिक जीवन से भी पहले है। स्वर और रंगों के प्रति आकर्षण तथा प्रेम, घृणा आदि के भाव पशु-पक्षियों में भी मिलते हैं। सामाजिक विकास-क्रम में इंद्रियबोध और भाव परिष्कृत और समृद्ध होते हैं, नए प्रकार के भावों और इंद्रियबोध का जन्म भी होता है किंतु मनुष्य का सौंदर्यबोध मूल रूप में सामाजिक विकास की देन नहीं है।

सौंदर्यबोध एक संश्लिष्ट इकाई है। सौंदर्य प्रकृति में है, मनुष्य के मन में भी। उसकी अनुभूति व्यक्तिगत होती है, समाजगत् भी। व्यक्ति समाज का अंग है, इसलिए न तो समाज-निरपेक्ष व्यक्ति की सत्ता होती है, न समाज-निरपेक्ष सौंदर्यानुभूति की संभावना होती है। कला के विभिन्न रूपों में इंद्रियबोध, भावों और विचारों का भिन्न अनुपात रहता है। सामाजिक विकास से संबद्ध कला के अनेक तत्त्व जहाँ आर्थिक जीवन पर निर्भर होते हैं, उनका एक स्पष्ट वर्ग-आधार होता है, वे आर्थिक व्यवस्था के बदलने पर या कुछ समय बाद परिवर्तित हो जाते हैं, वहाँ अनेक तत्त्व अपेक्षाकृत स्थायी होते हैं, वर्गों से परे और बहुत कुछ अपरिवर्तनशील होते हैं। इन अपेक्षाकृत स्थायी तत्त्वों का संबंध मनुष्य के भावों और उसके इंद्रियबोध से अधिक होता है। सौंदर्य की वस्तुगत सत्ता होती है, इसलिए शुद्ध सौंदर्य नाम की कोई चीज नहीं होती। शुक्ल जी के शब्दों में सुंदर वस्तु से अलग सौंदर्य नहीं होता। सौंदर्य की इस वस्तुगत सत्ता, सामाजिक विकास से उसके सापेक्ष संबंध, कला और साहित्य के रूपों के अनुसार उनकी विषयवस्तु की विविधता को ध्यान में रखकर ही हम सौंदर्यशास्त्र का सही विवेचन कर सकते हैं और सौंदर्य-संबंधी अनेक समस्याओं का उचित समाधान प्राप्त कर सकते हैं।

3

रीतिकालीन काव्य-परंपरा

रीतिकालीन काव्य-परंपरा हिंदीभाषी प्रदेश के सामंत वर्ग की अपनी विशिष्ट सांस्कृतिक परंपरा है। यह सामंत वर्ग ब्रजभाषा-काव्य के अभ्युदय से बहुत पहले यहाँ विद्यमान रहा है; इसलिए यह काव्य-परंपरा पहले से संस्कृत में भी मिलती है। यही कारण है कि केशवदास आदि आचार्यों ने संस्कृत से अपने सिद्धांत ही नहीं लिये, उन्हें अपने भाव-चमत्कार, वर्णन-शैली आदि भी वहाँ से मिले हैं। ब्रजभाषा-काव्य के अभ्युदय तक उत्तर भारत का सामंती वर्ग अपनी ऐतिहासिक भूमिका पूरी करके जातीय विकास के मार्ग में अवरोधक शक्ति बन गया था। सामंत वर्ग और उसकी संस्कृति के विरुद्ध नई शक्तियाँ मैदान में आ चुकी थीं। संस्कृत रीतिकाव्य के उत्कर्ष काल में सामंत वर्ग इतना पतित न हुआ था जितना 17-18वीं सदियों में। उस पतन के चिह्न ब्रजभाषा की इस काव्य-परंपरा में भी दिखाई देते हैं।

भारतेंदु-युग में जब एक नए युग का सूत्रपात हुआ, तब इस परंपरा का विरोध होना स्वाभाविक था। बालकृष्ण भट्ट ने एक नए सामाजिक उद्देश्य से प्रेरित होकर नए ढंग की आलोचना को जन्म दिया। बालमुकुंद गुप्त ने साहित्य और समाज का घनिष्ठ संबंध समझते हुए यह नया दृष्टिकोण अपनाया। खड़ी बोली के लिए संघर्ष करते हुए उन्होंने ब्रजभाषा-काव्य की इस पतनशील परंपरा का भी विरोध किया। रीतिकाल का विरोध रामचंद्र शुक्ल की आलोचना की मुख्य प्रवृत्ति बना। छायावादी कवियों ने—विशेषकर निराला ने—इस परंपरा पर अपने लेखों में भरपूर प्रहार किया। इस तरह आधुनिक हिंदी आलोचना की प्रगतिशील धारा विकसित हुई, विचारधारा में कठिन संघर्ष का सामना करके ही वह विकसित हुई। कुछ लोग इसे साहित्यकारों की तू-तू मैं-मैं समझकर शान से अलग खड़े रहे, लेकिन यह सिद्धान्तहीन संघर्ष नहीं था। उस संघर्ष के परिणाम पर हमारे साहित्य की प्रगति निर्भर थी। जहाँ तक काव्य का संबंध है, भारतेंदु पर इस परंपरा का काफी असर था, लेकिन इससे भिन्न और विरोधी धाराएँ भी उनके साहित्य में मिलती हैं। मैथिलीशरण गुप्त, प्रसाद, निराला, पंत, महादेवी, दिनकर, सुमन, नरेंद्र, आदि की रचनाएँ उस परंपरा को निर्मूल करने

में बहुत कुछ सफल हुई हैं। आलोचना और काव्य में जो उस परंपरा का पोषण करते रहे हैं, वे पीछे छूट गए हैं, जो उसके विरोध में आगे बढ़े, वे अपने साथ हिंदी साहित्य को भी आगे बढ़ा सके। फिर भी वह परंपरा पूरी तरह निर्मूल नहीं हुई; उसके संस्कार, विशेषकर शिक्षा-संस्थाओं में अभी सुरक्षित हैं। मनोविज्ञान और काव्य-कौशल की दुहाई देकर कुछ विद्वान् उसे जीवित रखना चाहते हैं। इसीलिए इस संबंध में थोड़ी-सी और चर्चा अप्रासंगिक न होगी।

पहला प्रश्न यह है कि यह सारी परंपरा एक वर्ग विशेष की है या शाश्वत साहित्य की धारा है। जो लोग साहित्य की प्रगति को समाज और वर्गों से परे मानते हैं, उनके लिए या तो यह परंपरा सनातन है या वह मन की ऐसी विकृति है जिसका कोई सामाजिक आधार नहीं है। जिस समाज में यह साहित्य रचा गया, उसका नेतृत्व सामंतों के हाथ में था। उन्हीं के दरबारी कवियों ने उसे पुष्पित-पल्लवित किया, उससे अपना और अपने अन्नदाताओं का मनोरंजन किया। कुछ आलोचक यह स्वीकार करते हुए भी कि यह परंपरा विकृत है, इसका दोष सारे समाज पर मढ़ते हैं, न कि सामंती वर्ग विशेष पर। लेकिन विलास और अनाचार के जो साधन इन सामंतों और उनके चाटुकारों को सुलभ थे, वे जनसाधारण को सुलभ न थे। जनसाधारण की काव्य-रुचि ग्राम-गीतों में, सूर-तुलसी-कबीर-जायसी आदि कवियों की रचनाओं में प्रकट हुई। यह काव्य-रुचि मूलतः दरबारी काव्य-रुचि से भिन्न है। इसलिए पूरे समाज को दोष न देकर सामंत वर्ग को दोष देना चाहिए, उन जागीरदारों और भूस्वामियों को देना चाहिए जो किसानों की कमाई पर ऐश करते थे, ईश्वर के अंश बनकर धर्म की रक्षा के नाम पर जर्जर सामंती-व्यवस्था कायम रखे थे। यह स्वीकार करना होगा कि साहित्य का सामाजिक आधार होता है, उस पर किन्हीं विशेष वर्गों की रुचि आदि का प्रभाव पड़ता है। सामाजिक जीवन से अलग हवा में काव्य-रुचि का निर्माण नहीं होता। रीति काव्य की परंपरा शाश्वत साहित्य की परंपरा नहीं थी; वह विशेष परिस्थितियों में फूली-फली थी और सामंती व्यवस्था के साथ उसका विनाश भी अवश्यंभावी था। जो कवि और आलोचक इस परंपरा से विरोधी कार्य कर रहे थे, वे नई जनवादी चेतना का विकास कर रहे थे, संस्कृति को सामंती गर्त से निकालकर उसे नए जातीय स्तर पर विकसित कर रहे थे। उनका यह कार्य ऐतिहासिक रूप से आवश्यक और प्रगतिशील था।

दूसरा प्रश्न यह है कि जिन सिद्धांतों के आधार पर दरबारी कवियों ने अपना साहित्य रचा, वे व्यापक और सार्वदेशिक हैं या युग और वर्ग विशेष के हैं जिनका अब कोई महत्त्व नहीं रहा। रस और अलंकारों की चर्चा अपने में बुरी नहीं है। यह चर्चा किस तरह की जानी चाहिए, इसकी मिसाल आचार्य रामचंद्र शुक्ल की आलोचना है। वास्तव में रीति ग्रंथकार रसवादी नहीं थे वरन् चमत्कारवादी थे। शुक्लजी ने चमत्कारवाद का यथेष्ट खंडन किया है। दरबारी कवियों ने संस्कृत से उस धारा

को अपनाया जो चमत्कारवादी थी, न कि उसको जो रसवादी थी। नायिकाभेद काव्य-साहित्य के समर्थक प्रभुदयाल मीतल ने आचार्य केशवदास के बारे में लिखा है—"काव्यरीति में उनका मत रसवादी मम्मट विश्वनाथ के अनुकूल न होकर चमत्कारवादी दण्डी रुय्यक के अनुकूल था।" (प्रभुदयाल मीतल—ब्रजभाषा साहित्य का नायिकाभेद, पृष्ठ 110)। जीवन और काव्य के प्रति इन कवियों का दृष्टिकोण इस दोहे में अच्छी तरह प्रकट हुआ है—

जदपि सुजाति सुलच्छनी, सुबरन सरस सुवृत्त।
भूषण बिनु न बिराजई, कविता, बनिता, मित्त॥

कविता सरस भले हो, बिराजने का काम तभी होता है जब वह चमत्कारी आभूषणों से लैस हो। जिस वर्ग की रसग्राहिका शक्ति क्षीण हो चुकी हो, वही इस तरह के अलंकारवाद से संतुष्ट हो सकता है। अलंकारों की चर्चा में भी कोई मौलिकता न थी। प्रभुदयाल मीतल स्वीकार करते हैं—"संस्कृत के आचार्यों ने यह विषय जहाँ तक बढ़ाया था, उससे आगे ब्रजभाषा के आचार्य नहीं जा सके, बल्कि यह कहना चाहिए कि वे वहाँ तक भी नहीं पहुँच सके।" (उप., पृष्ठ 66)। नायिका-भेद के बारे में हजारीप्रसाद द्विवेदी ने 'हिंदी साहित्य की भूमिका' में लिखा है : "अत्यंत पुराने काल में नाट्यशास्त्र में जो कुछ इस विषय में कहा गया था और बाद में दशरूपक और साहित्यदर्पणादि ग्रंथों में उसी के अनुवाद के रूप में जो कुछ कहा गया था, उससे अधिक किसी ने नहीं लिखा। इस प्रकार समूचा नायिकाभेद का साहित्य नाट्यशास्त्र के सामान्य अंग पर लोकगम्य भाष्य के सिवा और कुछ नहीं है।"

अलंकारों और नायिकाओं के विभाजन और विवेचन में जिस तर्क-पद्धति का सहारा लिया गया है, उसमें तत्त्वग्रहण कम है, बौद्धिक कलाबाज़ी ज़्यादा है। हर देश के सामंती समाज के पुरोहित जिस तरह शास्त्रार्थ करते हैं, बाल की खाल निकालते हैं, तर्क में भी चमत्कार-प्रदर्शन करते हैं, वह सब लक्षणग्रंथों में है, मानव जीवन का व्यापक दर्शन और तत्त्वग्रहण कम है। संस्कृत रीतिग्रंथों में यह कार्य मौलिक था, हिंदी के अलंकारग्रंथों के लिए मौलिकता का दावा नहीं किया जा सकता। ब्रजभाषा की रीतिकाव्य-परंपरा का सैद्धांतिक पक्ष कमज़ोर है; वह शाश्वत न होकर एक विशेष व्यवस्था में और एक विशेष वर्ग की छत्रछाया में रचा गया था।

तीसरा प्रश्न यह है कि इस नायिकाभेदी साहित्य का सामाजिक मूल्य क्या है? मानो रीतिकाव्य के सैद्धांतिक पक्ष की कमज़ोरी पहचानकर उसके नए समर्थकों ने उसके लिए नया सैद्धांतिक आधार ढूँढ़ निकाला है—मनोविज्ञान! नायिकाओं का विभाजन मनोवैज्ञानिक तत्त्वों पर प्रकाश डालता है। निस्संदेह नायिकाभेद का मनोवैज्ञानिक महत्त्व है पर नायिकाओं से अधिक वह नायकों का मनोविज्ञान प्रकट करता है। कवि और उनके आश्रयदाता नारी को नायिका से अधिक कुछ न समझते

थे, यह मनोवैज्ञानिक सचाई उनकी कृतियों से स्पष्ट हो जाती है। कालिदास ने भी राजाश्रय में काव्य रचा था, पर शकुंतला का सौंदर्य-वर्णन करने के साथ उन्होंने उसके विदा होते समय कण्व की वेदना का भी चित्रण किया था। उन्होंने मेघदूत में प्रकृति के सौंदर्य के साथ रघुवंश में सीता की व्यथा भी चित्रित की। रीतिकाव्य के आचार्यों के लिए मानो इस करुणा का कोई महत्त्व ही नहीं। उनका मनोविज्ञान इतना गहरा था कि आसपास जनता के दुख-दर्द से उदासीन रहकर वह नायिकाओं की गिनती गिनाने में लगा रहा। यह गिनती भी मनोविज्ञान से अधिक शरीर-विज्ञान से संबंधित है। मुग्धा, प्रौढ़ा, धीरा, खंडिता आदि या पद्मिनी, चित्रिणी, शंखिनी, हस्तिनी आदि, या तमोलिन, कुम्हारिन, नाइन, दरजिन आदि का वर्गीकरण अवकाश-भोगी वर्ग के उद्दीपन विभाव के लिए है, न कि इन महिलाओं की वास्तविक भावना का चित्रण करने के लिए। शुक्लजी के शब्दों में, जहाँ एक कविराज मुँह में मकरध्वज फूँकते थे, वहाँ दूसरे कविराज उसे कान में फूँकते थे। सच्चा मनोविज्ञान था यह। इन मकरध्वजवादियों के लिए नारी केवल विलास की वस्तु थी। उसका तन और मन भोग के लिए था, उसका वर्णन—नायिका का मनोवैज्ञानिक चित्रण—भोगलिप्सा जगाने-भर के लिए था। सूर की राधा का प्रेम एक तरफ—सारा रीतिकाव्य दूसरी तरफ। प्रेम की अभिव्यंजना में रीतिकाव्य का मनोविज्ञान सूर की उदात्त भावव्यंजना से कोसों पीछे है। इसलिए मनोविज्ञान की दुहाई देने से रीतिकाव्य को नया सैद्धांतिक आधार नहीं प्रदान किया जा सकता।

चौथा प्रश्न काव्य-कौशल का है। दावा यह किया जाता है कि भले ही विषय-वस्तु सड़ी-गली हो, रचना-कौशल तो दर्शनीय है, अलंकार-योजना और रसोत्कर्ष तो सराहनीय है। इस काव्य-कौशल की पहली विशेषता यह है कि रीतिकाव्य के आचार्यों ने शास्त्र पहले लिखा, कविता बाद में की। उनके लिए कवित्त-सवैया सबसे पहले अलंकारों के उदाहरण हैं। नायिकाओं की व्याख्या पहले है, कविता बाद की। बँधे-बँधाये साँचों में कविता ढालने से उसकी स्वाभाविकता बहुत कुछ नष्ट हो गई। दूसरी विशेषता यह है कि अलंकारों का चमत्कार और अतिरंजित चित्रण उन्हें बहुत प्रिय है। उन्होंने कल्पना का ऐसा निराला संसार बसाया कि उसका वास्तविक जीवन से बहुत कम संबंध रह गया। शुक्लजी ने इस अस्वाभाविक वर्णन-शैली की खरी आलोचना की है। तीसरी विशेषता वर्णन में फूहड़पन की यथेष्ट मात्रा है। बात केवल अश्लीलता की नहीं है। इनकी अलंकार-योजना में भी कुरुचि दिखाई देती है जैसे सुंदरता का वर्णन करते हुए मिठाई की चर्चा। चौथी विशेषता नख-शिख वर्णन है जिसमें संपूर्ण व्यक्तित्व से अधिक महत्त्व किसी अंगविशेष का होता है और यह वर्णन इतना सार्वजनीन है कि किसी भी नायिका पर फिट किया जा सकता है। इसमें भी चित्र की सजीवता से अधिक कवि का ध्यान उपमानों की विचित्रता की ओर रहता है। पाँचवीं विशेषता भाषा में अनुप्रासों की भरमार है। चमत्कार-प्रदर्शन

का सबसे घटिया रूप यही है। शब्दों को तोड़ना-मरोड़ना और व्याकरण के प्रति असावधानी तो साधारण बातें हैं। छंदों में दोहा, घनाक्षरी और सवैया से आगे इन कवियों की गति नहीं है। केशवदास जैसे कवियों ने जहाँ बहुत-से छंदों का प्रयोग किया है, वहाँ उनका काव्य भानुमती का पिटारा बन गया है।

यह सब कहने के बाद रीतिकाव्य के साथ न्याय करना फिर भी बाकी रह जाता है। यह काव्य ऐसा नहीं है कि सब-का-सब उठाकर कूड़े के ढेर पर फेंक दिया जाए। इसका कारण यह है कि अनेक अच्छे कवि, युग की परिस्थितियों से बहुत कुछ मजबूर होकर, सामंती अभिरुचि के अनुकूल कविताएँ लिखते रहे थे, पर इनमें सभी कवि घटिया नहीं हैं, न एक ही कवि की सभी रचनाएँ घटिया हैं। शुक्लजी ने इनके प्रति एक-सा रुख नहीं अपनाया, उन्होंने जहाँ केशवदास के अतिरंजित चित्रों की निंदा की है, वहाँ मतिराम और पद्माकर की यथेष्ट प्रशंसा भी की है। यह विवेकपूर्ण दृष्टि उचित और आवश्यक है। केशवदास के अनेक छंदों में जहाँ कृत्रिमता है, वहाँ रायप्रवीण पर लिखे हुए दोहों में ऐसी तन्मयता है कि केशव को श्रेष्ठ भावुक कवियों की पाँति में स्थान देना उचित होगा। रमा कि रायप्रवीण—इस उक्ति में वह रूढ़िगत उपमानों के दायरे से बाहर निकल आए हैं। इसी तरह रामचंद्रिका के अनेक छंदों में यथेष्ट ओज है। मतिराम की अनेक रचनाओं में एक रोमांटिक कवि की सहृदयता है। 'ज्यों ज्यों निहारिए नेरे ह्वै नैननि त्यों त्यों खरी निकरै सी निकाई'—यह पंक्ति इस बात का प्रमाण है। देव के अनेक छंदों में चमत्कार-प्रदर्शन के अलावा सजीव चित्रमयता है। उनकी कल्पना दूर की कौड़ी ही नहीं लाती, वह मूर्तिविधान में दक्ष भी है। 'डगर डगर बगरावति अगर अंग जगर मगर आपु आवति दिवारी सी'—यहाँ दिवाली का उपमान चित्र और विचित्र दोनों है। प्रकृति-संबंधी इन कवियों की अनेक रचनाएँ जीवन का उल्लास प्रकट करती हैं; त्योहारों और उत्सवों के वर्णन में ग्राम-जीवन की झलक भी है जैसे पद्माकर के होली-संबंधी छंदों में। कम-से-कम निराशावादी कविताओं से ये लाख दर्जे अच्छी हैं। इसके सिवा उक्ति चातुर्य के कारण बहुत-सी पंक्तियाँ, बहुत-से छंद जनसाधारण की ज़बान पर चढ़ गए हैं। बहुत-से नीति-संबंधी दोहे, कवित्त, कुंडलियाँ आदि हमारी लोक-संस्कृति का अंग हैं।

इन कवियों से आधुनिक हिंदी कवि जो बात सबसे ज्यादा सीख सकते हैं, वह है शब्द-चयन और शब्द-योजना। इनकी भाषा अत्यंत सरल है, अस्पष्टता और दुरूहता का प्रायः अभाव है। तत्सम शब्दों की तुलना में यहाँ तद्भव रूपों पर ज़ोर है। हिंदी भाषा की कुछ जातीय विशेषताएँ जितना यहाँ निखरी हैं, उतना आधुनिक हिंदी कविता में नहीं।

'बरसत मेह नेह सरसत अंग अंग झरसत देह जैसे जरत जवासो है।' यहाँ

संयुक्त वर्णों का अभाव है। श, ष, ण आदि से यहाँ मुक्ति मिली है। तत्सम रूप ऐसे हैं जो हिंदी में सहज ही खप जाते हैं। 'कारो नभ कारी निसि कारिये डरारी घटा झूकन बहत पौन आनंद कौ कंद री।' कवि ने शब्द-योजना में साहस और चतुराई का परिचय दिया है। 'ललित लिलार स्रम झलक अलक भार मग में धरत पग जावक धुयौ परै।' यहाँ छंद-रचना और शब्द-योजना में निराला की श्रेष्ठ पदावली का-सा लालित्य है।

काव्य का माध्यम ब्रजभाषा हो या खड़ी बोली, इस विवाद का एक परिणाम यह हुआ कि ब्रजभाषा-प्रेमियों को अपने भाषा-बोध से जिस तरह खड़ी बोली को समृद्ध करना चाहिए था, वे न कर सके। वे खड़ी बोली को अपनी जातीय भाषा न समझकर बहुत दिनों तक उससे द्वेष करते रहे। इधर खड़ी बोली के कवि प्रायः ब्रजभाषा को उपेक्षा की दृष्टि से देखते रहे और अपने शब्द-शिल्प में जितना सहारा उन्होंने संस्कृत का लिया, उतना ब्रजभाषा का नहीं। किंतु हिंदी का अपना रूप है, उच्चारण के अपने नियम हैं, सरस पदावली की अपनी कसौटी है। यह समझना कि वह जितना ही संस्कृत के निकट होगी उतना ही सरस होगी, भ्रम है। ज्यादा सत्य यह है कि वह जितना ही ब्रजभाषा के निकट होगी उतना ही सरस होगी। ब्रजभाषा के सैकड़ों शब्द आधुनिक हिंदी भाषा से बहिष्कृत हैं। इससे हिंदी समृद्ध नहीं होती। सबसे महत्त्व की बात यह है कि तत्सम रूप किस ढंग से अपनाने चाहिए, यह हम इन कवियों से सीख सकते हैं।

रीतिकाव्य को शाश्वत सिद्धांतों के अनुसार रचा हुआ या मनोवैज्ञानिक सत्य प्रकट करने वाला साहित्य न मानते हुए भी उसका आंशिक महत्त्व स्वीकार करना उचित है। विवेक के साथ उसकी चित्रमयता और शब्द-योजना का अध्ययन करने से हिंदी कवियों को लाभ होगा।

[1956]

4

छायावाद की ऐतिहासिक पृष्ठभूमि

छायावाद शब्द की अनेक व्याख्याएँ हो चुकी हैं और छायावादी कविता को परखने के लिए आलोचना के अनेक मापदंड बनाए जा चुके हैं, परंतु 'ज्यो-ज्यों सुरझि भज्यो चहै' की तरह हिंदी के विद्यार्थी-मृग को निकलने की राह अब भी नहीं मिली।

छायावाद के जन्म-काल में आचार्यों ने उसे बांग्ला और अँग्रेजी की जूठन कहकर उसकी व्याख्या करने के कष्ट से बचना चाहा। फिर शैली-विशेष कहकर उसे टाल दिया। कुछ समर्थकों ने उसे स्थूल के प्रति सूक्ष्म का विद्रोह कहा और कुछ ने शिशु-कवि के लिए उसे माँ की गोद बताया। लेकिन छायावादी साहित्य व्याख्याओं की परवाह न करता हुआ फलता-फूलता रहा और हिंदी के एक संपूर्ण युग पर अपनी अमिट छाप डालकर उसने हमारे साहित्य की श्रीवृद्धि की।

छायावाद के मुख्य स्तंभ प्रसाद, पंत और निराला रहे हैं। आगे चलकर महादेवी वर्मा उस धारा को पुष्ट करने वालों में सबसे आगे रहीं। हमें अपनी व्याख्याओं की चिंता न करके इन कवियों के समूचे साहित्य का अध्ययन करना चाहिए और साहित्य के ऐतिहासिक क्रम-विकास को ध्यान में रखते हुए उसकी विशेषताओं को परखना चाहिए। हमें यह भी देखना है कि छायावादी कविता हिंदी ही के लिए कोई अनोखी चीज है या उस तरह की धारा दूसरी भाषाओं में भी बही है।

छायावाद के प्राथमिक विरोधियों ने बहुत छिछले ढंग से इस समता को देखा था। अंग्रेजी की रोमांटिक कविता और बांग्ला में रवीन्द्रनाथ के गीतों से उन्होंने नयी हिंदी कविता की तुलना की और वे इस नतीजे पर पहुँचे कि उसमें मौलिकता नाम की नहीं है, वह भारतवर्ष की पवित्र भूमि के लिए एक विदेशी पौधा है, जो यहाँ पनप नहीं सकता। यदि वह विदेशी होता, तो विरोध की आँधियों में कभी का निर्मूल होकर शून्य में विलीन हो गया होता। परंतु वह कोई ऐसा अनुपम और अद्वितीय देशज भी नहीं है, जो भारतवर्ष की धरती में ही पनपा हो और उसे देखते हुए विदेशी भूमि बंजर ही लगती हो।

रवीन्द्रनाथ को किसी जमाने में बंगाल का शेली कहा जाता था और निराला

जी को हिंदी का रवीन्द्रनाथ तो नहीं परंतु यथेष्ट आदर के साथ उनका अनुवर्ती अवश्य कहा जाता था। शेली, ठाकुर और निराला के युगों की परिस्थितियों में एक बात समान रूप से विद्यमान है, और वह है पूँजीवाद का प्रारंभिक विकास। तीनों युगों में ही यांत्रिक पूँजीवाद से उत्पन्न होने वाली विषम परिस्थितियों के प्रति घोर असंतोष है, इसके साथ ही पूँजीवाद ने पुरानी वर्ग शृंखलाओं को झकझोर कर आत्मविश्वासी पथिकों के लिए नए संगठन और नयी प्रगति का मार्ग निश्चित किया, उसकी चेतना भी इन कवियों में विद्यमान है। सामाजिक पृष्ठभूमि में समानता है, तो समाज को प्रतिबिंबित करने वाले साहित्य में भी समानता होना अनिवार्य है।

मध्यकालीन शृंखलाओं के टूटने से मनुष्य को जो नयी स्वाधीनता मिली, उसका एक रूप व्यक्तित्व की साधना, मानव के निर्द्वन्द्व 'अहम्' की प्रतिष्ठा, उसकी निरपेक्ष स्वाधीनता की कल्पना है। वह व्यक्तित्व 'अहम्' अथवा निरपेक्ष स्वाधीनता उसके साहित्य का उद्गम है। नया कवि अपने अंतः को अपनी काव्य-सरिता की गंगोत्री मानता है। दरबारी कवि ने 'जय साह के हुकुम' से प्रेरणा पाई थी, भक्त ने इष्ट के 'तरुण अरुण बारिज नयनों' से। परंतु छायावादी युग में यह परंपरा टूट गई। कवि अब भक्त नहीं है, न वह किसी नराधीश का चाटुकार। अपनी कविता का स्रोत वह स्वयं है, अथवा किसी रहस्यमयी शक्ति की व्यंजना का माध्यम बनकर स्रोत को वह अलौकिक बना देता है। इसीलिए 'आपनाते आपनि बिकशि'—यह उक्ति रवीन्द्रनाथ की ही नहीं, सभी रोमांटिक और छायावादी कवियों की प्रतिभा-उर्वशी पर चरितार्थ होती है। निरालाजी ने 'पंत और पल्लव' में 'अपने' शब्द के प्रयोग की ओर इंगित किया है, परंतु वह पंतजी या रवीन्द्रनाथ की विशेषता न होकर सभी रोमांटिक कवियों की सामान्य पूँजी है। स्वयं निरालाजी की कृतियों में—

दूर थी,
खिंचकर समीप ज्यों मैं हुई
अपनी ही दृष्टि में;

—प्रेयसी

अंधकार था हृदय
अपने ही भार के झुका हुआ, विपर्यस्त।

—उप.

देखता मैं प्रकृति चित्र—
अपनी ही भावना की छायाएँ चिर-पोषित।

—रेखा

यह 'स्व' की चर्चा हमें रहस्यवाद की ओर लाती है। छायावाद में रहस्यवाद कितना है, और जितना है, वह असली है कि नकली, छायावादी कवियों को ईश्वर

का साक्षात्कार हुआ है, साक्षात्कार की उन्हें उत्कंठा भी है, या नहीं—इस पर काफी विवाद हो चुका है। बहुमत संभवतः इसी पक्ष में है कि न तो साक्षात्कार हुआ है, न उसकी उत्कंठा है। यही बात और देशों में छायावादी अथवा रोमांटिक कवियों पर भी लागू होती है। आंशिक रूप से रहस्यवाद उन सभी में मिलता है, और इसका भी कारण होना चाहिए।

यहाँ पर रहस्यवाद के प्राचीन रूपों की चर्चा न करके रोमांटिक कविता के रहस्यवाद के दो पहलुओं पर ध्यान देना काफी होगा। एक तो वह रूप, जिसमें वह अहम् का ही असीम विस्तार है—'पदरज भर भी है नहीं पूरा यह विश्व भार' अर्थात् नए युग में 'रज' की निरपेक्षता चरम सीमा को पहुँच गयी है। दूसरा रूप वह है जब 'रज' परास्त होकर रहस्य की कल्पना में पलायन का बहाना ढूँढ़ती है। एक में विस्तार और अतिरंजित स्वाधीनता है, तो दूसरे में पराजय का अथाह सागर और आत्मघात।

यह पलायन अनेक रूपों में प्रकट होता है। कवि ऐसे युग की कल्पना करता है जब संसार में सुख ही सुख था। प्रथम, आदिम जैसे शब्दों की भरमार का यही कारण है, जो सृष्टि के आरंभ में था, वह निष्कलुष और सुंदर था। 'आदिम बसंत प्राते' के अतिरिक्त मध्यकाल का ऐश्वर्यमय जीवन बड़ा भला लगता है। सामंतशाही के बंधन भूल जाते हैं, जिनके टूटने से कवि ने ये स्वप्न देखना सीखा है। मध्यकाल न सही तो और कोई युग कवि के लिए न्यूनाधिक रूप में आदर्श बन जाता है। पुरातन युगों के चिंतन में सदा पलायन का ही भाव नहीं रहता, कवि अपनी संस्कृति की प्रगतिशील परंपरा की रक्षा भी करता है। प्रसाद जी ने बुद्धकालीन भारत की सांस्कृतिक देन की ओर हमारा ध्यान आकर्षित किया है। निरालाजी ने अद्वैत मत को अपने चिंतन का आधार बनाया है, परंतु शंकराचार्य और उनके समर्थकों के साथ प्रतिक्रिया का जो भी अंश रहा है, निरालाजी उसकी ओर सतर्क रहे हैं। 'संस्कृत के द्वारा उन्होंने दिग्विजय ही किया है, अपने मत की प्रतिष्ठा मात्र की है, जाति की जीवन-शक्ति का वर्द्धन नहीं।' इतिहास के प्रति जितना सतर्क और जागरूक दृष्टिकोण निराला जी का है, उतना और किसी कवि का नहीं है। 'प्रभावती' उपन्यास में उन्होंने बार-बार मध्यकालीन सरदारों द्वारा जनता के शोषण का उल्लेख किया है और उसे पराजय का कारण बताया है। यह दृष्टि एक युग आगे की है, छायावाद की मोहाविष्ट कल्पना नहीं है।

विद्रोह और पलायन की असंगति छायावाद के अन्य अंगों में भी मिलेगी। प्रकृति-वर्णन में छायावादी कवि मध्यकालीन कवि-कल्पना की परिधि से बाहर आकर प्रकृति से निकट संपर्क स्थापित करता है। वह प्रकृति को मानवीय संदर्भ में देखता है और मानव जीवन से उसका नया संबंध स्थापित करता है। दूसरी ओर वह प्रकृति

को रहस्यमयी भी बना देता है, जिससे वह अरूप होकर अपना अस्तित्व ही मिटा देती है, उस अरूप के बाहर और कुछ नहीं रह जाता। जीवन संघर्ष से पलायन करके वह प्रकृति की गोद में सुख की नींद सोना चाहता है। पूँजीवादी युग में विज्ञान का दुरुपयोग देखकर वह उसके सदुपयोग के प्रति भी उदासीन हो जाता है और प्रकृति को ही मानव जीवन की आवश्यकताओं की पूर्ति के लिए भी एक मात्र ज्ञानाम्बुधि मान लेता है। कुछ ऐसी ही बात नारी के संबंध में भी होती है। छायावादी कवि स्त्री-स्वाधीनता का समर्थक होता है, मध्यकालीन दासता का वह विरोध करता है। वह दो हृदयों के मिलन और विछोह के गीत गाता है, नारी को विलास-व्यापार की पूँजी मात्र नहीं समझता। परंतु पूँजीवादी समाज में नारी पूँजी की वस्तु बनी ही रहती है। उसके व्यक्तित्व के विकास पर पूँजी को पूजने वाले समाज के कड़े बंधन रहते हैं। विवाह का आधार प्रेम नहीं होता, वरन् पूँजी का आदान-प्रदान होता है। इधर कवि नारी की अप्सरा रूप में कल्पना करता है, उसकी उपासना के गीत गाता है, भाव और छंदों के अर्घ्य चढ़ाता है। परंतु यह न भूलना चाहिए कि वही विधवा और पत्थर तोड़ने वाली मजदूरिन के प्रति भी समवेदना से द्रवित हो उठता है। वह सामाजिक रूढ़ियों का प्रेमी नहीं है, उनका विरोध करता है, उनसे बचकर अपनी आशाओं की पूर्ति के लिए एक स्वर्ग भी रच लेता है।

भाव-क्षेत्र के इस ऊहापोह की छाया हम व्यंजना के माध्यम में भी देख सकते है। रीतिकाल के इने-गिने छंदों की राह छोड़कर नया कवि बहु गीत-रूपों की प्रशस्त भूमि पर आगे आता है। आत्मनिवेदन के लिए वह सुकोमल पदों वाले गीतों को अपनाता है। उदात्त भावनाओं की व्यंजना के लिए छंदों के नए-नए समन्वय प्रस्तुत करता है। मुक्त छंद में वह नयी गति, नयी लय, नए प्रवाह का परिचय देता है, परंतु यह स्वाधीनता कभी-कभी निरंकुश स्वच्छंदता में बदल जाती है। नए प्रतीकों का प्रयोग दुरूहता का रूप ले लेता है। व्यक्तित्व की व्यंजना साधारण पाठकों के प्रति अवज्ञा का रूप धारण कर लेती है। रोमांटिक कविता के पतन काल में 'स्यूर-रिअलिस्ट' (Sur-realist) (अति-यथार्थवादी) कविता की यह गति होती है।

अस्तु, हिंदी की छायावादी कविता की व्याख्या करने के लिए 'छाया' से लड़ना आवश्यक नहीं है। 'छायावादी कविता स्थूल के प्रति विद्रोह है और जो कवि इस शाश्वत सत्य को चरितार्थ नहीं करता, वह कवि नहीं है'—इस तरह की व्याख्याओं का आधार छायावादी कविता नहीं, आलोचक की कल्पना है। इसी प्रकार उसे पलायनवादी, प्रतिक्रियावादी कहकर लांछित करना सरासर अन्याय है। उसमें पराजय और पलायन की भावनाएँ हैं, तो विद्रोह, विजय, मानव-मात्र के प्रति सहानुभूति के स्वर भी हैं। उसकी विशेषताएँ न्यूनाधिक वही हैं जो अन्य भाषाओं की रोमांटिक कविता की हैं। रहस्यवाद, प्रकृति-पूजा, नारी की नवीन प्रतिष्ठा, सांस्कृतिक जागरण,

नए छंद, नए प्रतीक आदि गुण या दोष बनकर अन्य साहित्यों में भी प्रतिष्ठित हैं। उनकी व्याख्या को जैसा-का-तैसा ही उठाकर अपने साहित्य पर लागू करना भ्रामक होगा। छायावादी कविता का एकांगी अध्ययन छोड़कर उसका सर्वांगीण अध्ययन करें और उसी के बल पर उसकी विशेषताओं को परखें, तो वे देशकाल की परिस्थितियों के अनुकूल थोड़े हेर-फेर से, अन्य देशों की रोमांटिक कविता की विशेषताओं से बहुत भिन्न न होंगी।

[1943]

5

अस्तित्ववाद और नयी कविता

उन्नीसवीं शताब्दी के पूर्वार्द्ध में जिन विचारकों ने हेगल के दर्शन का विरोध किया, उनमें डेनमार्क के धर्मचिंतक किर्केगार्ड भी थे। एंगेल्स ने 'ऐंटी-ड्यूरिंग' में हेगल के युगांतरकारी महत्त्व की व्याख्या करते हुए लिखा है कि हेगल ने पहली बार प्राकृतिक, ऐतिहासिक और वैचारिक जगत् को एक गतिशील, परिवर्तनशील और विकासमान क्रम के रूप में प्रस्तुत किया। अब मानवजाति का इतिहास हिंसात्मक कृत्यों का निरर्थक समूह न रह गया, मनुष्य का परिपक्व विवेक जिसकी भर्त्सना करता, वरन् वह मानवता के ही विकास का क्रम सिद्ध हुआ।

हेगल ने मनुष्य की ठोस ऐतिहासिक परिस्थितियों का अध्ययन किया, समाज के अंतर्विरोधों का विश्लेषण किया, सामंती रूढ़ियों और धार्मिक अंधविश्वासों की आलोचना की। जर्मनी में सामंती व्यवस्था की समाप्ति और पूँजीवादी व्यवस्था के अभ्युदय की मिलन-रेखा पर स्थित है हेगल का दर्शन। वह फ्रांस की राज्यक्रांति के समर्थक थे। उनके चिंतन की सीमाएँ स्पष्ट करते हुए मार्क्स और एंगेल्स ने उनकी विचारधारा के क्रांतिकारी तत्त्वों को विकसित किया।

किर्केगार्ड उल्टी दिशा में चले। उनका कहना था कि मानव-इतिहास और मानव-चिंतन उस विकासक्रम से संबद्ध नहीं है जिसकी व्याख्या हेगल ने की थी वरन् वे संबद्ध हैं मनुष्य के व्यक्तिगत निर्णयों से। केवल व्यक्ति सत्य है, उसकी उलझनें, तथ्यों की छानबीन से या तथ्यों के बारे में हमारे सोचने-विचारने के जो नियम हैं उनसे दूर नहीं होतीं। मनुष्य के मन में जो संघर्ष और द्वंद्व फूटते हैं, जो वेदना वह सहता है, उसी से वह निर्णयों तक पहुँचता है। भय और त्रास से हमें बोध होता है कि अस्तित्व क्या है और मृत्यु क्या हो सकती है। अपराध और पश्चात्ताप की भावनाओं से हमें ज्ञान प्राप्त होता है कि नैतिक आधार क्या है और हम कर्म करने में स्वतंत्र हैं। वेदना से व्याकुल होकर हम ऐसे संसार की आकांक्षा करते हैं जो सोद्देश्य और व्यवस्थित हो। अनिश्चय की स्थिति में जब मन दुखी होता है, तब हमें ज्ञात होता है कि ईश्वर क्या है। किर्केगार्ड के अनुसार, हमें अपने अस्तित्व की

यथार्थता का बोध अपने भीतर से होता है, सत्य हमेशा आत्मगत होता है, वस्तुगत नहीं।

किर्केगार्ड ने हेगल के चिंतन की सीमाओं की आलोचना करके उसके क्रांतिकारी तत्त्व को विकसित नहीं किया, यह कार्य मार्क्स और एंगेल्स ने किया। किर्केगार्ड ने वस्तुजगत् से ही मुँह मोड़ लिया, ज्ञान की वस्तुगत कसौटी से ही इनकार किया, क्रांति और सामाजिक परिवर्तन जैसे कामों से उन्हें कोई सरोकार न था। हेगल ने विचारों की सत्ता सर्वोपरि मानी थी, किंतु समाज की ठोस परिस्थितियों का विश्लेषण किया था, किर्केगार्ड भौतिकवाद की छाया से भी दूर थे, वह हेगल से भी बढ़कर 'आइडियलिस्ट' थे।

1855 में किर्केगार्ड का देहान्त हुआ। साठ-सत्तर साल तक किसी ने विशेष ध्यान न दिया कि किर्केगार्ड कौन हैं और क्या लिख गये हैं। प्रथंम महायुद्ध के बाद पराजित जर्मनी में एक ओर साम्यवादी नेतृत्व में क्रांतिकारी आंदोलन प्रबल हुआ, दूसरी ओर पूँजीवाद अपने आंतरिक संकट से उबरने में असमर्थ होकर क्रमशः फासिस्ट तानाशाही की ओर बढ़ा। इन दोनों के बीच, निराशा और पराजय से अभिभूत, जर्मन बुद्धिजीवी, एक नए दर्शन की तलाश में, किर्केगार्ड के पास जा पहुँचे। अस्तित्ववाद ने नया जीवन पाया।

जर्मन दार्शनिक कार्ल यास्पर्स ने सिद्ध किया कि बड़े-बड़े कल-कारखानों वाली वर्तमान सभ्यता एक रोग है। मनुष्य जितना ही विचारों को वस्तुगत कसौटी पर परखता रहा है, उतना ही मानव-अस्तित्व की वास्तविक विशेषता से वह दूर होता गया है। चिंतन की यांत्रिक और वस्तुगत व्यवस्थाओं ने मानव-मन को कुचल डाला है। मनुष्य अपना बाह्य जीवन देखकर समझता है कि वह प्रगति कर रहा है, वास्तव में वह अपनी मूल आंतरिक शक्ति का नाश कर रहा है। मनुष्य के लिए दो ही रास्ते हैं—या तो घमंड में आकर वह ईश्वर की सत्ता से इनकार करे या अपना दुःखी मन उसे समर्पित कर दे।

कार्ल यास्पर्स के समकालीन विचारक मार्टिन हाइडेगर भी जर्मन थे और उन्हीं के समान वस्तुगत ज्ञान से इनकार करते थे। इनका सिद्धांत था कि मनुष्य जो कुछ देखता-सुनता है, वह वस्तुगत ज्ञान नहीं होता, उसकी इच्छा से प्रेरित वह आत्मगत ज्ञान होता है। किसी वस्तु को हम किस रूप में देखें, इसका निश्चय मन पहले ही कर लेता है। मनुष्य जिस संसार में जन्म लेता है, उसे वस्तुगत रूप से जान नहीं सकता, वह स्वयं को रूपों के मायालोक में खोया हुआ पाता है। यह मायालोक निरर्थक और निरुद्देश्य है किंतु इसी में मनुष्य को जीना है, जीने के इस दायित्व से वह घुट-घुटकर रह जाता है। उसके लिए आवश्यक है कि वह इस सत्य से साक्षात्कार करे कि यह संसार निरुद्देश्य और निरर्थक है, वह स्वयं उद्देश्य निश्चित करके जीवन को सार्थक कर सकता है, निरर्थक बाह्य संसार को एक अर्थ दे सकता

है। इस पद्धति से ही उसे अपने अस्तित्व का बोध हो सकता है, किंतु इस प्रकार अपनी ओर से उद्देश्य निश्चित करना बहुत कम लोगों के लिए संभव होता है। अधिकांश जन दूसरों के गढ़े हुए मंत्र जपते हैं, तरह-तरह के विचारों से मन बहलाते हैं, किंतु उनमें स्वयं अपना उद्देश्य निश्चित करने की क्षमता नहीं होती। मनुष्य के मन में यह भय विद्यमान रहता है कि उसे एक दिन मरना है। रोज़मर्रा के कामों से चिपके रहकर, अपनी व्यस्तता से, इस भय को हम दूर रखना चाहते हैं। किंतु मन इस तरह के बहलावे स्वीकार नहीं करता, उसमें यह अपराध भावना उत्पन्न होती है कि वह सत्य से आँखें चुराता है। इसलिए मनुष्य को दृढ़ता से मृत्यु-भय से आँखें चार करना चाहिए।

किर्केगार्ड और यास्पर्स ईश्वर में विश्वास करते थे, हाइडेगर ने अपनी व्यवस्था में ईश्वर को जगह न दी थी। तीनों में सामान्य तत्त्व यह था कि वे वस्तुगत ज्ञान को अमान्य करते थे, केवल आत्मगत ज्ञान को स्वीकार करते थे। किर्केगार्ड के बाद यास्पर्स और हाइडेगर अस्तित्ववाद के प्रमुख विचारक हुए। पराजित जर्मनी के बुद्धिजीवियों में इन्होंने अस्तित्ववाद को लोकप्रिय बनाया।

जर्मनी में हिटलर के अभ्युदय के बाद फ्रांस में पूँजीपतियों और राजनीतिज्ञों का एक दल फासिस्टवाद का समर्थक हो गया, दूसरा दल ब्रिटिश प्रधान मंत्री चेम्बरलेन की तरह इस ताक में रहा कि हिटलर से समझौता कर ले और उसे रूस से लड़ने को प्रेरित करे। बुद्धिजीवियों में कुछ लोग कम्युनिस्ट पार्टी के साथ फासिस्ट विरोधी अभियान में शामिल हुए, कुछ फासिस्टवाद के समर्थक हुए। एक दल अस्तित्ववाद के प्रभाव में आया। इसके नेता थे सार्त्र। फ्रांस पर हिटलर के आक्रमण से साल-भर पहले सार्त्र का उपन्यास 'उबकाई' (ला नौसे) छपा। युद्ध के दौरान उनका एक दार्शनिक ग्रंथ 'अस्तित्व और शून्य' (लेत्र ए ल नेआ) प्रकाशित हुआ।

यूरोप के जिन देशों पर विजय पाने में हिटलर को सबसे ज्यादा आसानी हुई, उनमें पहला नम्बर है फ्रांस का। वहाँ का मध्यवर्ग जिस मानसिक दुर्बलता से ग्रस्त था, उसका एक रूप था—अस्तित्ववाद। ज्ञान की वस्तुगत कसौटी को अस्वीकार करने के अलावा सार्त्र ने मानव-संबंधों को केवल परस्पर संघर्ष के संबंध माना। प्रेम करने का मतलब है या तो दूसरे के अनुकूल बनकर अपनी स्वतंत्रता खोना या दूसरे को अपने अनुकूल बनाकर उसकी स्वतंत्रता का अपहरण करना। स्वपीड़न या परपीड़न—इनके अतिरिक्त प्रेम की अन्य परिणति नहीं।

युद्ध के बाद फ्रांस में अस्तित्ववाद का प्रभाव और भी फैला। बुद्धिजीवियों का एक दल पूँजीवादी संकट से उबरने के लिए एक ही रास्ता देखता था—व्यापक सामाजिक परिवर्तन द्वारा एक नयी व्यवस्था कायम हो। दूसरा दल कहता था—इस तरह के परिवर्तन से कुछ न होगा, असली चीज़ है, निरर्थक संसार में अपना उद्देश्य स्वयं निश्चित करना। 1946 में सार्त्र ने एक भाषण दिया जो पुस्तक रूप में छपा

'अस्तित्ववाद मानववाद है।' इसमें उन्होंने उन लोगों को उत्तर दिया जो अस्तित्ववाद को मानवता का विरोधी मानते थे।

सार्त्र का कहना था कि मनुष्य जब पैदा होता है तब वह तुरंत मानवीयता प्राप्त नहीं कर लेता, वह मानवीयता अर्जित करता है, स्वतंत्र इच्छा से उद्देश्य निश्चित करके। मानवीयता नाम की कोई ईश्वर-निर्मित वस्तु नहीं है, ईश्वरहीन संसार में मनुष्य अपनी मानवीयता स्वयं गढ़ता है। वह जब अपना उद्देश्य निश्चित करता है तब उसके द्वारा अपना हित ही नहीं करता वरन् उद्देश्य का निश्चय मानव मात्र के लिए हितकर होता है। अपने इस विराट् दायित्वबोध के कारण ही उसे तीव्र वेदना का अनुभव होता है। मनुष्य के आत्मगत ज्ञान के अलावा मूल्य-निर्धारण की और कोई कसौटी नहीं है। मनुष्य संसार में अकेला है, अपने अलावा वह किसी पर निर्भर नहीं हो सकता। उसे अपना भाग्य स्वयं निर्मित करना है। मनुष्य की यह नियति है कि वह अपना उद्देश्य स्वयं निश्चित करे। उद्देश्य से प्रतिबद्ध होना आवश्यक है, प्रतिबद्ध न होकर वह अपने दायित्व से बचता है। भविष्य में श्रमिक वर्ग की विजय होगी, ऐसी कोई अनिवार्यता नहीं है। मनुष्य जैसा निर्णय करेंगे, सामाजिक परिस्थिति वैसी ही होगी। मनुष्य का मन पैतृक संस्कारों या सामाजिक परिस्थितियों से प्रभावित होता है, यह कहकर हम अपनी स्वतंत्रता से बच नहीं सकते। मनुष्य का आत्मसम्मान इस बात में है कि वह वस्तु नहीं है। भौतिकवाद के लिए मनुष्य भी एक वस्तु है, अस्तित्ववाद के अनुसार मनुष्य अपनी क्षमता को सर्जनात्मक ढंग से कर्ममय जीवन में चरितार्थ करके अपना निर्माण स्वयं करता है।

दर्शन और साहित्य—दोनों में अस्तित्ववाद एक हानिकारक और अवैज्ञानिक प्रवृत्ति है। कारण इस प्रकार हैं।

मनुष्य अपना निर्माण स्वयं करे, अपना उद्देश्य स्वयं निश्चित करे—इसके लिए दो बातें आवश्यक हैं। उसे अपनी क्षमता का सही ज्ञान होना चाहिए और जिन परिस्थितियों में उसे अपना उद्देश्य चरितार्थ करना है, उनका सही ज्ञान होना चाहिए। उसे अपनी क्षमता का सही ज्ञान न हो, तो अपने मन में वह अपने उद्देश्य को चाहे जितना सही समझे, वह उसे ठीक-ठीक जीवन में चरितार्थ कभी न कर पायेगा। आधुनिक मनोविज्ञान की जो सबसे महत्त्वपूर्ण उपलब्धि है, वह यह कि मनुष्य के चिंतन के अपने वस्तुगत नियम हैं जो अक्सर उसकी इच्छाओं से मेल नहीं खाते। अपने कर्म के लिए वह जो तर्क ढूँढ़ निकालता है, उसकी जड़ में कभी-कभी उन इच्छाओं की प्रेरणा होती है, जिन्हें वह स्वयं नहीं जानता। विवेक और इच्छाओं का द्वंद्व उसकी चेतना की गतिशीलता और विकास का एक कारण है। मनुष्य उतना विवेकशील प्राणी नहीं है, जितना अठारहवीं-उन्नीसवीं सदी के अनेक विचारक समझते थे। फ्रांस में सामंतवाद के पतन और पूँजीवाद के अभ्युदय-काल में लोगों ने शुद्ध विवेक को देवता बनाकर पूजना शुरू कर दिया था। शुद्ध विवेक की

देवता-रूप में प्रतिष्ठा अस्तित्ववाद में बहुत-कुछ बनी हुई है। अंतर इतना है कि पहले जहाँ यह शुद्ध विवेक बहुजन-सम्मत था, वहाँ अब वह व्यक्ति-सम्मत रह गया है।

परिस्थितियों का सही ज्ञान न होगा तो उद्देश्य चाहे जितना मानववादी हो, उसे कार्य रूप में परिणत करने का फल मनुष्य की इच्छा के विपरीत होगा। कोई भी अस्तित्ववादी शून्य में अपना निर्णय नहीं कर सकता, शून्य में अपनी मानवीयता नहीं गढ़ सकता। सामाजिक परिस्थितियाँ स्थिर न होकर गतिशील हैं, उनकी परस्पर संबद्धता को, उनके अंतर्विरोध और एकता को, उनकी गतिशीलता और विकास—अथवा ह्रास—को पहचानने के विज्ञान का नाम ऐतिहासिक भौतिकवाद है। व्यक्ति और समाज एक-दूसरे से भिन्न, फिर भी जुड़ी हुई, परस्पर निर्भर अन्योन्याश्रित दो इकाइयाँ हैं। एक के बिना दूसरे की कल्पना नहीं की जा सकती। परिस्थितियाँ गतिशील हैं तो व्यक्ति की चेतना स्थिर नहीं है। अपने कर्ममय जीवन से मनुष्य अपनी चेतना का उत्तरोत्तर विकास करता है, परिस्थितियों को बदलता है, बदलती हुई परिस्थितियों से स्वयं प्रभावित होता है। जो दर्शन मनुष्य की चेतना को विकासमान नहीं मानता, वह जड़ है। जो विचारधारा व्यक्ति और समाज की परस्पर-संबद्धता को स्वीकार नहीं करती, वह एकांगी है।

मनुष्य कर्म करने में केवल सापेक्ष रूप से स्वतंत्र है, निरपेक्ष रूप से सृजनशीलता का प्रदर्शन करने वाला प्रजापति वह नहीं है। स्वयंभू न होने से वह अपना सृष्टा आप नहीं है। जाने में या अनजाने में दूसरों ने उसे पैदा किया है, उसकी निरपेक्ष स्वतंत्रता की यह सबसे बड़ी सीमा है। जन्म लेते समय उसकी आत्मा अगोचर ब्रह्म की तरह निर्विकार नहीं होती। वह अपने दैहिक-मानसिक विकास की क्षमता बहुत-कुछ अपने साथ लाता है; उसके व्यक्तित्व की अनेक विशेषताएँ उसके साथ होती हैं। पैदा हुआ है दो के मिलने से, लेकिन समझता है अपने को एकमेवाद्वितीयम्! जिस समाज में वह रहता है, उससे विचारों के आदान-प्रदान का माध्यम—भाषा—सीखता है; समाज की सांस्कृतिक स्थिति जैसी हो, उसी से विचार करना, संसार से अपने संबंध पहचानना सीखता है। इस समाज को उसने नहीं रचा, भाषा का निर्माण उसने नहीं किया, इसीलिए वह परंपरा से जुड़ा हुआ है। न भाषा स्थिर है, न समाज, इनके परिवर्तन और विकास में मनुष्य का व्यक्तिगत योग होता है, इसलिए वह परंपरा से विच्छिन्न भी है। व्यक्ति और परंपरा का यही द्वंद्वात्मक संबंध है।

पुराने यांत्रिक भौतिकवादी समझते थे कि संसार मशीन की तरह है। एक बार ब्रह्म ने उसमें चाभी भर दी, उसके बाद घड़ी अपने-आप चलती रही। डारविन ने ब्रह्म को खारिज कर दिया लेकिन ब्रह्म की जगह अपना विकासवाद प्रतिष्ठित किया। संसार अब भी मशीन की तरह था, परिवेश का ज्ञान प्राप्त कर लीजिए, व्यक्ति उसकी उपज है, उसका ज्ञान अपने-आप हो जाएगा। मनुष्य अपनी नियति से बँधा हुआ है जिसकी यांत्रिक गति से एक इंच इधर-उधर हटना उसके लिए असंभव है।

साहित्य में इस तरह की यांत्रिक भौतिकवादी धारणाओं का प्रतिफलन था—'नैचुरलिज़्म' (प्रकृतिवाद)। एमिल ज़ोला और अनातोल फ्रांस अपने समय के प्रकृतिवादी लेखक किसी हद तक क्रांतिकारी थे। रूस में तोल्स्तोय और गोर्की ने यथार्थवाद विकसित किया जो प्रकृतिवाद से अधिक समर्थ और प्रभावशाली था। अस्तित्ववाद पुराने यांत्रिक भौतिकवाद और प्रकृतिवाद के विरुद्ध, दर्शन और साहित्य में घटित होने वाली, एक प्रतिक्रिया है, किंतु वह जिनके विरुद्ध प्रतिक्रिया है, उन दोनों से अधिक एकांगी है। मार्क्सवाद व्यक्ति और समाज, स्वेच्छित कार्य और स्वेच्छातीत परिवेश, अहंगत विवेक और वस्तुगत परिस्थिति—इनका द्वंद्वात्मक संबंध मानता है, एक को काटकर दूसरे की निरपेक्ष सत्ता स्वीकार नहीं करता। मानव-चेतना भौतिक परिस्थितियों से प्रभावित होती है, निश्चित नहीं होती। इसीलिए गैर-श्रमिक वर्ग में उत्पन्न होकर भी मार्क्स और एंगेल्स श्रमिक वर्ग के नेता बने।

अस्तित्ववादी विचारक मूल्यों की बात करते हैं। वे कहते हैं कि मनुष्य जब अपना उद्देश्य निश्चित करता है, तब वह निर्णय मूल्यगत होता है। किंतु क्या मूल्यवान है, क्या मूल्यहीन है, यह तय करने का सवाल तभी उठता है, जब किसी तरह की मूल्य-संबंधी धारणा पहले से प्रचलित होती है और यह धारणा समाजगत् या वर्गगत होती है। अस्तित्ववादी लेखक समझता है कि वह अकेले, अपने तईं कोई निर्णय कर रहा है, किंतु देखने में आता है कि वह अकेला नहीं है, उस जैसे दर्जनों लेखक वैसा ही निर्णय करते चले जा रहे हैं। एक ने निर्णय किया कि दुनिया लिजलिजी है तो दस और बोले, हाँ, लिजलिजी है। एक ने सलीब उठाया तो दर्जनों कवि सलीब ढोते हुए चलने लगे। और इनमें हर एक समझता है कि उसका निर्णय पूर्ण रूप से स्वतंत्र है, किंतु जब पराजयवादी भावनाएँ एक नहीं दर्जनों लेखकों में एक साथ प्रकट हों, तब मानना चाहिए कि वे समूहगत हैं, उनके सामाजिक कारण हैं, वे पूर्ण-स्वतंत्र आत्मगत अनुभूतियाँ नहीं हैं। पराजित जर्मनी में अस्तित्ववाद फैला, युद्ध से पहले पराजय के कगार पर खड़े हुए फ्रांस में वह फैला,—इस घटनाक्रम के वस्तुगत कारण हैं।

अस्तित्वाद में एक तीव्र विसंगति है। वह केवल आत्मगत सत्य को स्वीकार करता है, दूसरी ओर वह मूल्यों की बात करता है जो स्वभावतः समाजगत् हैं। तर्क-संगत विचारक या तो मूल्यों को समाजगत् मानकर मार्क्सवाद की ओर बढ़ेगा जैसा सार्त्र ने किया या वह उन्हें पूर्ण स्वतंत्र और निरपेक्ष रूप से आत्मगत मानकर मूल्यहीनता की ओर बढ़ेगा जैसा कि ब्रिटेन, अमरीका और भारत के बहुत से पराजयवादी 'विद्रोही' कर रहे हैं।

अस्तित्ववाद पर ब्रिटिश और जर्मन भाववाद का गहरा प्रभाव है। वह चेतना को वस्तुगत भौतिकता से वैसे ही अलग रखता है जैसे ब्रिटिश दार्शनिक बर्कले।

यहाँ वह रोमांटिक साहित्य की उस विचारधारा से मिल जाता है जो भाववाद से प्रभावित थी। शेलिंग के चेतना-संबंधी विचारों को साहित्य में लागू करते हुए कोलरिज ने 'बायोग्राफिआ लिटरारिआ' में लिखा था कि वस्तुएँ जड़ और मृत हैं, साहित्य में मनुष्य की चेतना ही उन्हें जीवन प्रदान करती है। 'डिजेक्शन' कविता में कोलरिज ने लिखा था :

O Wordsworth, we receive but what we give,
And in our life alone doth nature live !

अस्तित्वादी लेखक प्रकृति को जिस तरह आत्मसात् करते हैं–उसकी वस्तुमत्ता हटाकर उसे आत्मगत करते हैं–उस तरह की क्रिया रोमांटिक कवि बहुत पहले कर चुके थे।

अस्तित्ववाद पर उस पुराने तर्कशास्त्र का प्रभाव है जो द्वंद्ववाद का विरोधी है। आत्मगत और वस्तुगत यथार्थ संबद्ध न होकर उसके लिए अलग हैं, भूत और चेतना, व्यक्ति और समाज इसी तरह विच्छिन्न इकाइयाँ हैं। अस्तित्ववाद पर सामंतकालीन धार्मिक अंधविश्वासों का गहरा असर है। उसकी शुरुआत किर्केगार्ड से हुई जो, चर्च की आलोचना करते हुए भी, ईसाइयत के मार्ग से ही मुक्ति का अन्वेषी था। मध्यपूर्व और यूरुप की सामंतकालीन धार्मिक आस्थाओं के अनुसार ईश्वर ने प्रथम मनुष्य–आदम–को सोचने और कार्य करने की पूर्ण स्वतंत्रता दी थी, किंतु उसने उस स्वतंत्रता का दुरुपयोग किया, खुदा ने ज्ञान के वृक्ष का फल खाने को मना किया था, उसी को उसने चख लिया। तब से जितने आदमी पैदा हुए, सभी पापी हुए। खुदा की मर्जी, जिसे चाहे मुक्ति दे दे, वर्ना नरक का त्रास तो लिखा ही है उसके भाग्य में। जब तक खुदा था, तब तक पाप-पुण्य की भावना भी थी, नैतिक आचरण के मूल्य भी थे। किंतु जब विज्ञान ने खुदा को नैतिकता के आसन से हटा दिया तब अस्तित्ववादी के लिए बड़ी समस्या उठ खड़ी हुई। समाज में मूल्य की कोई कसौटी न रह गयी। पाप-पुण्य कुछ नहीं, मनुष्य को व्यक्तिगत रूप से निर्णय करना है कि क्या मूल्यवान् (पुण्य) है, क्या मूल्यहीन (पाप) है। अँधेरे में बाप का हाथ छूट जाने पर जैसे छोटा बच्चा चीख उठे, वही हालत खुदा को नकारने वाले अस्तित्ववादी की है। उसके त्रास का, अकेलेपन की अनुभूति का, वेदना का यह मुख्य कारण है। पुराने धार्मिक विश्वासों के अनुसार ईसामसीह ने आत्म-बलिदान करके खुदा को मनाया और मनुष्य की मुक्ति का मार्ग खोला। जो अस्तित्ववादी खुदा को नहीं मानते वे खुदा के बेटे को भी नहीं मानते। इसलिए खुद ही खुदा के बेटे बन जाते हैं; खुद ही सलीब उठाने की दिमागी कसरत करते हैं और यह सोचकर आत्मविभोर हो उठते हैं कि यह कार्य वे समस्त मानवता के हित में कर रहे हैं।

सलीब ढोने की क्रिया से उन्हें जो आध्यात्मिक आनंद प्राप्त होता है उसमें आत्मनिर्वासन-संबंधी उनकी धारणा सहायक होती है। निर्वासन पहले समाज से,

फिर खुद अपने से। मुक्तिबोध की कविता 'अँधेरे में' का विश्लेषण करते हुए डॉ. नामवर सिंह ने लिखा है कि इस कविता का 'मैं' दो व्यक्ति-चरित्रों में विभाजित कर दिया गया है और "एक नाटकीय कौशल मात्र नहीं, बल्कि इसका आधार 'आत्म-निर्वासन' (सेल्फ-एलियनेशन) है।" 'अँधेरे में' की अंतिम पंक्तियाँ "उस अस्मिता या 'आइडेंटिटी' की खोज की ओर संकेत करती हैं जो आधुनिक मानव की सबसे ज्वलंत समस्या है।"

इस आत्म-निर्वासन की भावना का विश्लेषण द्वंद्वात्मक भौतिकवाद के संस्थापकों ने भी किया था। एंगेल्स ने 'एंटी-डूयरिंग' में धार्मिक गाथाओं का विवेचन करते हुए लिखा था कि मनुष्य अपने को पहले प्रकृति की उस बाह्य शक्ति के सामने निर्वासित पाता है जो उसके जीवन को नियंत्रित करती है। जब उत्पादन और वितरण का विकास होता है, तब प्रकृति के साथ समाज की वह शक्ति जुड़ जाती है जो उसके जीवन को नियंत्रित करती है। समाज की यह शक्ति मनुष्य को उतनी ही ग़ैर–'ऐज़ ईक्वली एलियन'–मालूम होती है जितनी प्रकृति की शक्ति। वर्तमान पूँजीवादी समाज में "मनुष्यों पर आर्थिक परिस्थितियाँ जिन्हें उन्होंने स्वयं रचा है, उत्पादन के साधन जिन्हें उन्होंने स्वयं पैदा किया है, यों हावी रहते हैं मानो वे कोई गैर शक्ति हों–(ऐज इफ बाई ऐन एलियन फोर्स)।"

आत्म-निर्वासन–सेल्फ-एलियनेशन–की जड़ यह है। यह कोई विशुद्ध मनोवैज्ञानिक समस्या नहीं है जो इस युग की विशेष देन हो या जिसका संबंध किसी अनुभूतिप्रवण कवि की आत्मसंभव अभिव्यक्ति से विशेष हो। यह मूलतः पूँजीवादी संबंधों के नियंत्रण में न रहकर उनको अपने नियंत्रण में रखने–उन्हें समाजवादी संबंधों में परिवर्तित करने–की समस्या है। किंतु अस्तित्ववादी कवि आत्म-निर्वासन की समस्या को इस रूप में नहीं देखते। वे समझते हैं, यह उनकी विशिष्ट आत्मानुभूति है, अथवा अपने विशुद्ध विवेक से उन्होंने इस स्थिति को वरण किया है। वे इस स्थिति को आधुनिकता बोध से जोड़ते हैं, यद्यपि वह है उन्नीसवीं सदी की, काफी पुरानी, रोमांटिक भावधारा से संबद्ध।

1897 में फ्रांसीसी समाजशास्त्री एमील दुरखाइम की पुस्तक 'आत्महत्या' प्रकाशित हुई थी। उसने फ्रांस में बढ़ती हुई आत्महत्या का संबंध औद्योगिक सभ्यता से जोड़ा था। उसका एक निष्कर्ष यह था कि आत्महत्याएँ गाँवों में बहुत कम होती हैं, शहरों में ज्यादा होती हैं। दुरखाइम ने अपना समाजशास्त्र उत्पादन और वितरण की पद्धति का विश्लेषण न करके आत्महत्या के प्राप्त आँकड़ों के बल पर रचा था। उसमें अनेक खामियाँ हैं। फिर भी उसने आत्म-निर्वासन की समस्या पर ध्यान केंद्रित किया था और उसका संबंध मानव-मूल्यों के असंतुलन से जोड़ा था। आत्महत्या के रुझान का विश्लेषण करते हुए उसने फ्रांसीसी लेखक लामार्तीन की रूमानियत की जो आलोचना की है, उसे पढ़कर लगता है मानो वह सन् 38 के अस्तित्ववाद की आलोचना कर रहा हो, यद्यपि उसका देहांत 1917 में हो गया था।

लामार्तीन के नायक रैफेल को आस-पास की वस्तुओं से घृणा हो जाती है। वह अपने को इन वस्तुओं से अलग कर लेता है और अपने अकेलेपन पर जोर देता है। वह प्रेम करता है तो समर्पित होने के लिए नहीं, नारी के साथ प्रजनन-क्रिया के आनंद के लिए नहीं, वरन् प्रेम का चिंतन करने के लिए। उसकी वासना एक प्रवंचना है क्योंकि वह नपुंसक है। अपने से अलग वह किसी वस्तु की सृष्टि नहीं कर सकता, इसलिए निरर्थक कल्पना में शक्ति नष्ट करता है। दुरखाइम का कहना है कि मनुष्य को चिंतन की सामग्री बाह्य जगत् से मिलती है। यदि मनुष्य अपनी चेतना को बाह्य जगत् की वस्तुओं और व्यक्तियों से आमूल विच्छिन्न कर ले, उचित सीमा लाँघकर उसे विशुद्ध आत्मगत बना ले, तो वह उस स्रोत का ही नाश कर देता है जिससे चेतना पोषण-सामग्री पाती है। अपने चारों ओर शून्य रचकर वह अपने भीतर भी शून्य की सृष्टि कर लेता है। चिंतन के लिए अपने दर्द के अलावा उसके पास कुछ रह नहीं जाता। वह इस दर्द के प्रति ही समर्पित होता है और उसके रोगी मानस को इसमें मज़ा आता है। लामार्तीन ने यह मज़ा चखा था। इसीलिए उसने अपने नायक के बारे में लिखा था, ‘‘मेरी आत्मा का अकेलापन एक झीनी चादर है जिससे होकर मेरी दृष्टि मनुष्य को देखना नहीं चाहती थी, केवल ईश्वर और प्रकृति को देखना चाहती थी।’’

दुरखाइम की यह आलोचना आत्म-निर्वासन की भावना को शून्यवाद से जोड़ती है। आत्म-निर्वासन की भावना को आत्महत्या के रुझान से संबद्ध करके उसने बड़ी सूझ-बूझ का परिचय दिया है।

सार्त्र के उपन्यास ‘उबकाई’ (अंग्रेजी में ‘नौशिआ’, पेंग्विन बुक्स) का नायक अन्त्वान रोकांतैं सोचता है कि संसार में जो कुछ है, व्यर्थ है, फालतू है, वह स्वयं अनावश्यक है। ‘‘मैं खयाल दौड़ाने लगा कि आत्महत्या कर लूँ, ये जो तमाम व्यर्थ अस्तित्व हैं, उनमें कम-से-कम एक का नाश कर डालूँ।’’

सौभाग्य से वह खयाल दौड़ाकर रह जाता है, निर्णय नहीं करता कि वह आत्महत्या कर ही लेगा। जर्मन, फ्रांसीसी और अंग्रेजी साहित्य में आत्महत्या करने वाले या आत्महत्या की ओर खयाल दौड़ाने वाले कवियों, कथाकारों और उनके नायकों की एक लंबी परंपरा है और इनमें आदि प्रजापति के समान स्थापित है शेक्सपियर का हैमलेट।

> **O, that this too too solid flesh would melt,**
> **Thaw, and resolve itself into a dew!**
> **Or that the Everlasting had not fix'd**
> **His canon' gainst self-slaughter!**

यूरुप में नवजागरणकाल (रिनैसेंस) से पहले आत्महत्याकामी यह भावधारा

शून्यवत् है। पूँजीवादी व्यवस्था के अभ्युदय के साथ जो नवजागरणकाल आरंभ हुआ उसमें एक स्वर जो बार-बार झंकृत हुआ, वह था आत्महत्या की कामना का स्वर। 18वीं-19वीं शताब्दियों में यह स्वर और भी गहरा हुआ और बीसवीं सदी में उसकी चरम परिणति हुई सार्त्र के अस्तित्ववाद में। उसके व्यापक प्रभाव का यही कारण है। सार्त्र ने अस्तित्ववाद के दर्शन को इस्तेमाल किया एक पूर्व-निश्चित, पूर्व-प्रवाहित भावधारा का औचित्य सिद्ध करने के लिए। मनुष्य का अहंकार आसानी से स्वीकार नहीं करता कि वह धारा के साथ बह रहा है, वह अपने अस्तित्व की सार्थकता इस तर्क से सिद्ध करता है कि वह स्वयं धारा को बहा रहा है। जब हैमलेट, वर्थर, मैनफ्रेड, रोकांतैं—सभी आत्महत्या की बात सोचें तब मानना होगा कि यह किसी एक लेखक के व्यक्तिगत भावबोध का प्रश्न नहीं है वरन् यह एक सामाजिक भावधारा है।

सार्त्र तर्क और विवाद की भूमि पर विवेक और आत्मगत निर्णय की बातें करते हैं, किंतु उनके नायक रोकांतैं की भावदशा जब और जैसे बदलती है, वह सब उसकी सचेत इच्छा से परे, उसके विवेक से परे बदलती है। रोकांतैं को उबकाई के दौरे आते हैं, उसकी इच्छा के विपरीत आते हैं। "लगता है कै कर दूँगा—और अचानक, वही आ गया उबकाई का दौरा। बहुत ही बुरा दौरा आया। सर से पैर तक इसने हिला डाला। घंटे भर से देख रहा था कि दौरा आने वाला है, केवल मैं इस बात को स्वीकार न करना चाहता था। मुँह जैसे पनीर से भर गया हो।" ये दौरे हमेशा आकस्मिक होते हैं, अयाचित और अनपेक्षित—कम-से-कम रोकांतैं को ऐसा ही लगता है।

रोकांतैं बैठा हुआ पेड़ देख रहा है, पेड़ की जड़ देख रहा है। "अचानक मेरे लिए जड़ के अस्तित्व की बात सोचना असंभव हो गया।....और तब अचानक मेरे सामने कोई चीज़ हिलने लगी, हल्की, अनिश्चित-सी सिहरन : हवा से पेड़ की फुनगी हिल रही थी।"

सब काम अचानक होते हैं।

Sudden, they shadow fell on me, I shrieked
And clasped my hands in ecstasy!

यह शेली के आत्मबोध—अथवा वास्तविकता-बोध—का क्षण है। रहस्यवादियों के बेसुध, भाव-विभोर, अगोचर, अनिर्वचनीय आत्म-ज्ञान अथवा ब्रह्म-ज्ञान के क्षण के ही समान रोकांतैं को एक विशिष्ट क्षण में अस्तित्वबोध होता है। वह उस क्षण को स्मरण करता हुआ कहता है :

"वह क्षण अपूर्व था। मैं खड़ा रह गया, शरीर गतिहीन, निस्पंद, मन एक भयानक भाव-विह्वलता से आंदोलित। उस विह्वलता के दौर में कुछ नया हो गया था। मैं समझ गया, उबकाई क्या है, मैं उस पर हावी हो गया। सच बात यह है कि जो नया हुआ, उसे मैंने अपने तईं शब्दों में व्यक्त नहीं किया। किंतु लगता है कि अब

मैं उसे सरलता से शब्दबद्ध कर सकूँगा।...कितनी देर यह दौर रहा? उस पेड़ की जड़ मैं स्वयं था। अथवा मैं उसके अस्तित्व की समग्र चेतना था।''

रहस्यवादियों की शब्दावली ही नहीं, उनसे मिलती-जुलती अनुभूति भी—एक ही चेतना की व्यापकता का आभास है। वर्ड्स्वर्थ ने टिंटर्न ऐबे वाली कविता में अपनी जिस अनुभूति का वर्णन किया है, उसने उसकी व्याख्या की है। लौक-हार्टले के दर्शन-मनोविज्ञान के आधार पर। किंतु वह अनुभूति ही उस दर्शन-मनोविज्ञान का सबसे बड़ा खंडन है। सार्त्र ने रोकांतैं की अनुभूति का संबंध जोड़ा है अस्तित्ववादी दर्शन से और वह अनुभूति इस दर्शन का भी खण्डन है। सार्त्र के दर्शन में उपचेतन इच्छाओं को जगह नहीं है, सब समस्याओं का फैसला होता है आत्मगत विवेक से, सचेत निर्णय से। विवेक के जिस स्तर पर वह अस्तित्ववाद का तर्कजाल बुनते हैं, रोकांतैं उससे बहुत दूर है, वह जाल खींचते हैं लेकिन रोकांतैं साफ बचकर निकल जाता है।

रोकांतैं अर्ध-विक्षिप्त है—न्यूरॉटिक।

समुद्र के किनारे वह कंकड़ी उठाकर पानी में फेंकना चाहता है। फिर रुक जाता है, कंकड़ी ज़मीन में डाल देता है और एक ओर चल देता है। ''मेरा खयाल है कि मेरा चेहरा कुछ-कुछ पागलों जैसा रहा होगा क्योंकि मेरी पीठ पीछे बच्चे हँस रहे थे।''

होरैशो ने हैमलेट के चेहरे पर ऐसे ही पागलपन का भाव देखा था, जब कहा था—**He waxes desperate with imagination.**

रोकांतैं निश्चय नहीं कर पाता कि वह कुछ समय के लिए पागल हुआ था या नहीं। कहता है—''विचित्र बात यह है कि मैं यह मानने को तैयार नहीं हूँ कि मैं पागल हूँ। दरअसल मैं बिल्कुल साफ देख रहा हूँ कि मैं पागल नहीं हूँ। इन सब तब्दीलियों का संबंध वस्तुओं से है। कम-से-कम मैं चाहता यही हूँ कि बात ऐसी ही हो।'' फिर सोचता है—''शायद पागलपन का हल्का दौरा ही था। अब उसका निशान भी नहीं है।'' हैमलेट को भी दौरे ही आते हैं। लाएर्टीज़ से उसने जो अभद्र व्यवहार किया है, उसके लिए वह कहता है—**I here proclaim was madness.**

इस पागलपन की विशेषता यह है कि हैमलेट को लगता है कि उसके विभाजित व्यक्तित्व का एक अंश उससे दूर चला गया है, दूसरा अंश जो करता है, उसके लिए पहला अंश ज़िम्मेदार नहीं है :

If Hamlet from himself be ta'en away,
And when he's not himself does wrong Laertes,
The nhamlet does it not, Hamlet denies it.

रोकांतैं की हालत और भी खराब है। उसे लगता है कि उसके शरीर के अंग भी बेगाने हैं—"मेरे भीतर कोई तार टूट गया है। निगाह घुमा लेता हूँ, सर नहीं। खोपड़ी एकदम मुलायम और लुचलुची हो गयी है मानो गर्दन पर अभी सँभालकर रखी गयी हो, मैं ज़रा हिला कि वह गिरी।"

वह मेज़ पर अपना फैला हुआ हाथ रख देता है। उसे लगता है कि कोई जानवर उतान पड़ा है, ऊपर पेट है, उसकी अपनी उँगलियाँ, उसके पंजे मानो केंकड़े के पंजे हों, केंकड़ा मर गया है, हाथ उलटता है, लगता है अब वह मछली है। हाथ खींचकर वह जेब में रख लेता है, कपड़े की पर्त से जाँघ की गर्मी हाथ तक पहुँचती है। वह हाथ निकाल लेता है, कुर्सी पर टिका देता है, हाथ का भार उसे महसूस होता है। जहाँ भी रखे, हाथ का अस्तित्व बना रहेगा। वह हाथ से, शरीर से मुक्ति नहीं पा सकता। पसीने से कमीज़ तर हो गयी है, वह तमाम गर्म चर्बी मानो कोई चम्मच से धीरे-धीरे चला रहा हो। वह मेज़ से छोटा चाकू उठा लेता है। बायीं हथेली में चाकू भौंक देता है। "यह काम एकदम अचानक हुआ," चाकू फिसल गया, मामूली-सा घाव हुआ। आत्महत्या की रिहर्सल, लेकिन मंच पर पूरा नाटक नहीं हुआ।

रोकांतैं अघोरी है। हर तरफ भीतर-बाहर उसे सड़ाँध दिखायी देती है। बीभत्स उसका सहज आवास है। जुगुप्सा की स्थिति में ही उसे वह दौरा आता है जब वह समझता है, पेड़ की जड़ मैं हूँ। वह शव-साधक है, ऐसे शव का साधक जो सड़ रहा है। स्वाद, स्पर्श और घ्राण का बोध उसमें बहुत तीव्र है। पेड़ की छाल, लगता है, उबाला हुआ चमड़ा है, उसकी नाक में दुर्गंध भर जाती है। एक स्त्री है जो मुनीम का काम करती है। वह अपनी स्कर्ट के नीचे सड़ रही है, सड़ते हुए शव से जैसे वायलेट फूलों की गंध कभी-कभी आती है। एक स्त्री के साथ लेटे हुए उसे लगता है कि उस स्त्री का शरीर एक पार्क है जिसमें चींटियाँ, कनखजूरे रेंग रहे हैं, वहाँ जानवर हैं जिनके शरीर टोस्ट के उन टुकड़ों के बने हैं जो भुने हुए कबूतरों के नीचे रखे जाते हैं और ये जानवर केंकड़ों की तरह टेढ़े-मेढ़े चलते हैं। रोकांतैं कहता है, "इस पार्क में कै की दुर्गंध आती है।" वह लगभग हैमलेट का ही वाक्य दोहराता है—**Fie on't ! Ah, fie!' tis an unweeded garden.**

उपन्यास का नाम ही उबकाई है। कै की उपमा बार-बार आती है, कभी स्त्री सहवास के पहले उसे उबकाई आती है, कभी उसके बाद। वह खुद भीतर से सड़ रहा है, इसलिए हर चीज़ सड़ती हुई मालूम होती है। वह सामान्य रति-सुख के अयोग्य है, भोग के पहले हल्की-सी आकांक्षा, बाद को वितृष्णा। उसे हर चीज़ चिकनी, लिजलिजी और लचीली मालूम होती है। कुत्ते, आदमी, तमाम जानदार चीज़ें, चर्बी का ढेर (Flabby masses) हैं। हर चीज़ जीवित, अलग अस्तित्व वाली उसे दबाती हुई-सी जान पड़ती है। उसके हाथों और जाकिट की बाँहों पर पीली रोशनी

पड़ती है। "मैं कह नहीं सकता, मुझे उससे कितनी घृणा होती है।" वह गली में जाता है, गली मुर्दा है, उसमें तहखाने की-सी बू आती है। वह एक डॉक्टर की ओर देखता है। लगता है, डॉक्टर के चेहरे में आँखें नहीं हैं, वह चेहरा कार्ड-बोर्ड का बना हुआ है और यह आदमी शीघ्र ही मरने वाला है। चारों तरफ की चीज़ें कार्ड-बोर्ड की बनी हुई हैं। "जो पुस्तक मैं पढ़ रहा था उसे मैंने कसकर पकड़ लिया, लेकिन तीव्र संवेदन भी जैसे सो गये। कुछ भी वास्तविक न मालूम होता था, लगा कि मेरे चारों ओर कार्ड-बोर्ड सीनरी है जिसे कभी भी हटाया जा सकता है।" वह भागता है; "दुखी निगाह से मकान मेरा भागना देख रहे थे।" एक मकान खिड़की से अपना काला हृदय उसके सामने रख देता है, एक पीली इमारत चलना शुरू कर देती है। "मैं वस्तुओं के बीच घिरा हूँ जिनका नामकरण असंभव है। अकेला, अशब्द, अरक्षित—मैं उनसे घिरा हूँ, वे मेरे पीछे हैं, ऊपर हैं।" कभी उसे लगता है, वस्तुएँ गतिहीन अस्तित्व हैं जो उसे घूर रही हैं। उसके सामने एक विचार आता है, विचार गुड़ीमुड़ी हो गया और बिल्ली-जैसा उसके सामने जमा हुआ है। और अंत में वह कहता है, "अंत्वान रोकांतैं का अस्तित्व किसी के लिए नहीं है। सोचकर हँसी आती है। और यह अंत्वान रोकांतैं आखिर है क्या? एक निराकार धारणा। स्वयं की छोटी-सी पीताभ स्मृति चेतना में लहराती है। अंत्वान रोकांतैं। और अचानक अहम् पीला पड़ता हुआ मुरझा जाता है और अंत में गायब हो जाता है।"

रोकांतैं आत्महत्या नहीं करता किंतु कल्पना में उससे मिलती-जुलती स्थिति में पहुँच जाता है। उसके कार्यों का, चिंतन का विवेक से कोई संबंध नहीं है, इसलिए उसका जीवन सार्त्र के अस्तित्ववाद को असिद्ध करता है। किंतु मूलतः अस्तित्ववाद विवेक पर आधारित है ही नहीं। किर्केगार्ड के अस्तित्ववाद से रोकांतैं के जीवन-अनुभवों का गहरा संबंध है। वह संसार की असारता को देख चुका है, वस्तुएँ उसे वैसे ही परेशान करती हैं जैसे, शुद्ध ब्रह्म का ध्यान करने वालों को माया। संसार का भोग-सुख सब क्षणभंगुर है। संसार दुख का कारण है। उसे उबकाई आती है; चारों ओर बीभत्स है। जब उसे अपने चिंतन की व्यर्थता पर पश्चात्ताप होता है, तब वह कहता है, "जल के समान निर्मल विचारों से मुझे अपने को धोकर साफ़ करना है।" अपने बारे में वह जो कुछ कहता है या लिखता है, वह सब पादरी के सामने 'कनफ़ेशन' के समान है। छोटी-बड़ी पाप की सारी बातें कहकर ही वह मुक्ति-लाभ कर सकता है। सार्त्र का रोकांतैं एक अर्धविक्षिप्त व्यक्ति है जो एक होटल से दूसरे होटल में, एक औरत के पास से दूसरी औरत के पास खानाबदोश का-सा जीवन बिताता है। वह किसी के साथ मिलकर कोई काम नहीं करता, कमाने-खाने की चिंता से वह मुक्त सा है।

रोकांतैं अपने को अकेला महसूस करते हुए दुनिया के संघर्षों को दूर से तटस्थ होकर देखता है। "यूरुप के शहरों में बत्तियाँ जल गयी हैं, बर्लिन की सड़कों पर

कम्युनिस्ट और नाज़ी एक-दूसरे पर गोलियाँ दाग रहे हैं, न्यूयार्क के फुटपाथों पर बेकारों की भीड़ चहलकदमी कर रही है।'' इस सबसे उसे वास्ता नहीं है। सन् '38 में 'उबकाई' उपन्यास छपा। अगले साल नाज़ियों ने फ्रांस पर हमला किया। सार्त्र ने देशभक्तों को लड़ते, नाज़ियों के अत्याचार सहते देखा। उन्होंने युद्ध के बाद तीन उपन्यास लिखे जिनमें उन्होंने दिखाया कि युद्ध में फ्रांस पर क्या बीती थी। सार्त्र अब अकेले, अप्रतिबद्ध नहीं थे। वह स्वभावतः मार्क्सवाद के निकट आये और उनके पुराने प्रशंसक निराश होने लगे कि मार्क्सवाद-विरोधी मोर्चे का नेता उन्हें अकेला छोड़कर भीड़ में शामिल होने जा रहा है।

हिंदी के बुद्धिजीवियों ने सार्त्र के अस्तित्ववाद को तब अपनाना शुरू किया जब वह स्वयं उसे छोड़ रहे थे।

हिंदी के अधिकांश नयी कविता लिखने वालों का हाल रोकातैं जैसा है। ऊब, उबकाई, अकेलापन, बुरे-बुरे सपने, त्रास, आत्महत्या की चाह, सड़ाँध का बोध, भीड़ में अजनबीपन का अहसास होने की समस्या से परेशानी आदि-आदि लच्छन इनमें भी गिलते हैं। बीमार आदमी को कभी-कभी हर चीज़ बीमार नज़र आती है, इन कवियों को चीज़ें बीमार ही नहीं, मुर्दा भी नज़र आती हैं। श्रीकांत वर्मा को लगता है—सारी पृथ्वी से उठती है सड़ाँध, वह 'एक पब्लिक लेबेटरी में' बैठे हुए मानो सोचते हैं, उनकी कविता में लय क्यों नहीं है, उनके पैरों पर चीटियाँ चढ़ती हैं, कंधे पर रीछ पंजे गड़ाता है, और ''भुजा पर प्रेमिका करती है कै।'' कैलाश वाजपेयी को सब तरफ पिचकी घुमावदार आँतों की गलियाँ दिखाई देती हैं, ''जहाँ सिर्फ़ उबकाई का शब्द आता है,'' जो भी, जहाँ भी है, बीमार है, सभी को किसी-न-किसी तरह का बुखार है, थूक, पीक, मलबा, गँधाती, धुआँ देती बस्तियाँ, और—

लगातार—
मैं मर रहा हूँ
मर रहा है एक—संसार!

सर्वेश्वरदयाल सक्सेना को लगता है, जैसे मैं मुर्दों के बीच हूँ, उन्हें ही उठा रहा हूँ, रख रहा हूँ, उनसे ही लिपट रहा हूँ, लड़ रहा हूँ, उन्हें ही बाँध रहा हूँ, छोड़कर आगे बढ़ रहा हूँ, इस मृत नगर में। ''मैं जीवित हूँ या मृत कुछ समझ में नहीं आता।'' चारों तरफ दुर्गंध है, प्रार्थनाघरों के घंटे तक जंगली जानवरों की तरह ''दुर्गंध सूँघते मिलते हैं।''

गिरिजाकुमार माथुर का हाल यह है कि हर चीज़ मैले टीन के डिब्बों में बंद है, हवा का अँगूठा मूसली से कुचल गया है, वनस्पति की आँख आई है, ज़मीन उबले हुए मोटे खुरंट सी है, बादल 'घाव-सा फूलकर' कीचड़-सी गाढ़ी बूँदें टपका देता है, चेतनाएँ पक गयी हैं भय और घृणा से और ''सारा जीवन प्रमेहग्रस्त लकवा मारे रोगी'' सा हो गया है!

राजकमल चौधरी की अनुभूति यह थी कि वह वर्तमान के शव को कंधों पर रखे हैं और "मैं इस शव के गर्भ में हूँ और वह शव मेरे कंधों पर है।" दुर्गंध और वमन की कमी नहीं। शालिग्राम के बदले खरीद लाए गए "शक्तिपीठ योनि मुखों में सात नरकों की दुर्गंधियाँ",

नींद नहीं, क्षुधा नहीं पागलपन केवल वमन यह दुराग्रह
उपदंश महादंश की नरककुंड वीजात्माएँ।

पागलपन के मुकाबले जगदीश चतुर्वेदी की अनुभूति बहुत हल्की है—

घुट रही हैं मेरी दम तोड़ती साँसें
मुझे उबकाई आ रही है।

स्वभावतः नयी कविता में विक्षिप्तता और पागलपन की चर्चा विशेष हुई है, और इसमें, यह कहना कठिन है, कितना हिस्सा काल्पनिक है, कितना यथार्थ पर आधारित है। लक्ष्मीकांत वर्मा कहते हैं कि—

संशय, शंका, विक्षिप्तता की व्याकुलता
वह केवल मेरी नहीं
उसमें वे सब हैं
जो मेरे ही समानधर्मा हैं।

समानधर्मा विजयदेव नारायण साही कहते हैं कि यद्यपि उन्हें मृत्यु का साक्षात्कार नहीं हुआ, फिर भी किन्हीं रातों में—

देर तक मैंने
अट्टहास और संगीत सुने हैं
क़रीब तीसरे पहर जाकर
भयानक चीख़ सुनाई पड़ती है।

कैलाश वाजपेयी पूछते हैं कि—

इससे पहले कि पागल हो जाऊँ
चढ़ बैठूँ गरदन पर
हाथ में ज़हर-बुझा कोड़ा लिये हुए
सड़ासड़
मारता चला जाऊँ...
या दबा दूँ जलती रेत में
ये अपनी आँखें, नाक, कान, जिह्वा

कूद जाऊँ ताज़े चूने के
हौज में
या कि
फिर क्या करूँ?

विभाजित व्यक्तित्व वाले विक्षेप में यह देखा जाता है कि रोगी कभी एक व्यक्ति की भूमिका पूरी करता है, कभी दूसरे की, कभी वह पूर्ण असंपृक्त होकर दोनों का द्वंद्व देखता है। भारतभूषण अग्रवाल ने इस स्थिति का बड़ा सटीक चित्रण किया है। लिखा है कि "एक दीखने वाली मेरी इस देह में दो 'मैं' हैं। एक मैं और एक मेरा पिट्ठू। मैं तो, खैर, मामूली-सा क्लर्क हूँ पर, मेरा पिट्ठू? वह जीनियस है!" उन्हें अपने पिट्ठू पर तभी हँसना चाहिए जब वह स्वयं क्लर्क हों, या जीनियस। वैसे मामूली-सा क्लर्क भी जीनियस हो सकता है, जैसे चार्ल्स लैंब!

गिरिजाकुमार माथुर कहते हैं कि मेरे दो मन साथ-साथ रहते हैं, दोनों एक-दूसरे के घोर शत्रु हैं, बोलचाल बंद है—

एक कहता
हूँ उदास
दूसरा कहता है
अबे, खूब खिलखिला के हँस।

सूर की गोपियों को शिकायत थी कि मन दस-बीस नहीं हैं। आज का कवि अपने भीतर एक से अधिक मन ही नहीं देखता, बाहर एक से अधिक देह भी देखता है यानी अपनी देह के विभाजित रूप। गिरिजाकुमार माथुर ने निर्जन दूरियों के ठोस दर्पणों में चलते हुए देखा कि—

सहसा मेरी एक देह
तीन देह हो गई

यहाँ एक देह की तीन हुईं; ऐसा भी होता है कि एक ही देह के हिस्से हो जायँ, सर अलग, धड़ अलग। तब सर धड़ का नाच देखता है और श्रोताओं को नाच का आँखों देखा हाल भी सुनाता जाता है। गिरिजाकुमार माथुर की ही अभिव्यक्ति है—

मेरा कटा हुआ सिर
पाताल राज-सा
अपने ही कबंध का विक्षिप्त नृत्य देखता है
देखता है
और रनिंग कमेण्ट्री करता जाता है।

इस अभिव्यक्ति के मुकाबले दुःस्वप्नों की अनुभूति हल्की ठहरती है। जैसे गिरिजाकुमार माथुर का यह कहना कि मैं एक भूकंप दबे नगर के नीचे फिरता हूँ, सीढ़ियों पर चढ़ता हूँ तो छत से टकराता हूँ, मुझे बेहद प्यास लगी है और आस-पास हत्यारे कुएँ हैं जिनमें सिर्फ गिर सकता हूँ, या सर्वेश्वरदयाल की अनुभूति कि एक अदृश्य इमारत मेरे ऊपर गिर पड़ी है, और जो 'नहीं है' उसके बोझ से मैं दब गया हूँ, या लक्ष्मीकांत वर्मा की यह अनुभूति–

मैंने सिर हिलाया
खाली बिस्कुट के डिब्बे-सा वह सो गया
गरदन हिलायी
नहीं हिली, अकड़ी थी–

यह सब कबंध-डांस के आगे फीका है। पृथ्वी के नीचे दब जाने, अँधेरे कमरों में खो जाने का सपना आदमी अक्सर तब देखता है जब देर से खाना खाकर बाईं करवट सो जाये, खासकर तली-भुनी चीज़ें खाकर। व्यायाम करने, उचित समय पर अल्पाहार करने से ये दुःस्वप्न दूर हो सकते हैं। उम्र पचास से ज़्यादा हो तो रात्रि को केवल फलाहार अति उत्तम है।

अपने ही नगर में यह अनुभव करना कि वह अपरिचित है, मित्रों के बीच में सहसा यह बोध होना कि ये अजनबी हैं–न्यूरॉसिस के बहुत हल्के-फुल्के रूप हैं। सड़कों का उछलना-कूदना, लैंप पोस्टों की बातें करना न्यूरॉसिस को छूने वाले दिवास्वप्न मात्र हैं–कल्पना की अतिशयता जो अर्धविक्षेप का रूप भी ले सकती है। एक ने लिखा–

सड़कें चाबुक-सी उछलती हैं
मैदान पैंट झाड़कर
उठ खड़े
होते हैं।

दूसरे ने लिखा–

सब सड़कें
हाथों में हाथ फँसाकर
एक घेरे में नाचने लगती हैं।

तीसरे ने लिखा–

बेतरतीब ढोती सड़कें
घबड़ाकर मकानों पर चढ़ गई हैं।

चौथे ने लिखा–

सड़कें दौड़ती हैं
मिलने को गले,
चौराहे भागते हैं
एक दूसरे से।

पाँचवें ने लिखा–

क्षण-भर बाद उठकर यह सड़क
उस रेत पर बैठेगी, तट पर खड़ी होगी,
जाने क्या सोचेगी, फिर डूब जायेगी।

यानी नदी में डूब जायेगी क्योंकि इस सड़क के पास नदी बहती है। जब सड़कों का यह हाल है तब दीवारें दूसरों की बातें सुनें, उन पर विचार करें, यह वाजिब ही है। उनके कान बहुत दिनों से हैं।

मुँडेरों के कंधे हिलते हैं।
झरोखे झाँकते हैं,
दीवारें सुनती हैं,
मेहराबें जमुहाई लेती हैं।

एक अन्य कविता में–

दीवारें खड़ी सोचती रहीं...
माइक ने जाते समय
शहर की दीवारों से कहा...

अस्तित्ववादी दर्शन में भले ही वस्तुजगत् मृत हो, मानव-चेतना ही सत् हो, व्यवहार में कवि के लिए मुर्दा चीज़ें जानदार हैं और जानदार चीज़ें मुर्दा हैं। कोई आश्चर्य नहीं कि नयी कविता में आत्महत्या का ज़िक्र बार-बार आता है।

लक्ष्मीकांत वर्मा–

आज मैं प्रेत हूँ
क्योंकि मैं अपनी मौत से नहीं मरा हूँ
मैंने की है आत्महत्या जानबूझकर!

विजयदेव नारायण साही–

ऐसे ही मैंने सृजन को देखा है

और उसे मृत्यु की तरह पहचाना है
वह हत्या से उपजता है
और आत्महत्या की ओर बढ़ता है।

जगदीश गुप्त—

मानता हूँ खुदकुशी को कायरों का काम।
निश्चय, आत्मघाती भावना से घृणा करता हूँ।
मगर इस क्षण न जाने क्यों यही जी चाहता है
झाँक लूँ उस अंध तमसावृत अजाने लोक में
जिसमें हजारों प्रेत बसते हैं।

गिरिजाकुमार माथुर—

किसी ने भी
मेरी अंतिम आत्महत्या नहीं देखी।

श्रीकांत वर्मा—

न मैं आत्महत्या
कर सकता हूँ
न औरों का
खून!

यह मूल्यों के विघटन का युग है। हर चीज़ टूट रही है, कवि टूट रहा है, कविता टूट रही है। फासिस्ट तानाशाही के पनपने के लिए वह हवा बहुत मुफ़ीद होती है जिसमें मनुष्य के लिए हत्या और आत्महत्या में ज़्यादा फर्क़ न रहे। नयी कविता रचने वाले देश, जनता और इतिहास को जिस ढंग से याद करते हैं, उससे अंदाज़ होता है कि जनतंत्र ख़त्म हो जाय और फासिस्ट तानाशाही कायम हो तो इन्हें कोई ख़ास तकलीफ़ न होगी। जीवन व्यर्थ है, इतिहास व्यर्थ है, इसलिए दो तरह की शासन-व्यवस्थाओं में भेद करना व्यर्थ है।

एक बड़े हाल में सिंहासन पर सुनहरी पोशाक पहनकर एक आदमी बैठ जाता है। "यंत्रवत् दर्शक ताली बजाते हैं।" दूसरा व्यक्ति सबसे हाथ उठवाकर पहले को गद्दी से नीचे बिठा देता है। "सहमत दर्शक शोर मचाते हैं।" तीसरा आकर दोनों को खिड़की से बाहर फेंक देता है। "भयभीत दर्शक जोश दिखाते हैं।" चौथा आकर सिंहासन उठा ले जाता है, हाल पर बाहर से ताला जड़ देता है। "बंद हुए दर्शक नारे लगाते हैं।" गिरिजाकुमार माथुर के लिए इतिहास इस तरह का तमाशा है।

और—''इतिहास अंधा है'', ''इतिहास बहरा है'', ''इतिहास गूँगा है'', ''इतिहास लँगड़ा है।''

इतिहास इसलिए भी लँगड़ा है कि उसके कई 'हीरो' लँगड़े हैं। लक्ष्मीकांत वर्मा पूछते हैं—

इतिहास के जंगों से
म्यूज़ियम के जिरह बख्तरों से
टूटी बंदूक से
लँगड़े तैमूर से
क्या मिला?

विजयदेव नारायण साही के लिए अग्निकुण्ड में 'बदहवास शताब्दियाँ' नागों की तरह गिर रही हैं और—

जो है
धधक-धधक कर जल रहा है
और जो नहीं है
वह भी धधक-धधक कर जल रहा है।

कैलाश वाजपेयी के लिए—

वे तानाशाह
जनहितैषी
वे धर्मपुत्र
सब अपनी-अपनी तरह के नरभक्षक थे।

ये कवि कभी-कभी कृपा करके देश के बारे में भी सोचते हैं। सोचते हैं और बेहद निराश होते हैं। दुखी स्वर में पूछते हैं, इस देश का मैं क्या करूँ? उनका सबसे विकट दुर्भाग्य मानो यह है कि वे इस भारत देश में पैदा हुए हैं। यहाँ के नेता तो बेईमान हैं ही, जनता मूर्ख है जो उनके पीछे चलती है। भीड़ से जितनी नफरत नयी कविता के रचयिता को है, उतनी और किसी दूसरे को नहीं। अपने अकेलेपन, होने या न होने की अनोखी अनुभूति और प्रगाढ़ सर्जनात्मक पीड़ा के कारण उसे शेष भारतवासी गँवार, असभ्य और मूर्ख लगते हैं, उनमें जो पढ़े-लिखे हैं, वे निहायत 'मीडिऔकर' हैं, बौने हैं। ''टूटी चाय की प्यालियों और तश्तरियों जैसे निरर्थक लोग,'' स्वभावतः ऐसे लोगों के बीच में लक्ष्मीकांत वर्मा को लगता है, उफ़ कितना अजनबी हूँ, कितना निर्वासित हूँ मैं! लोकमत, मानवता, जनता—सिर्फ चेहरे हैं, गिरिजाकुमार माथुर के अनुसार। हिटलर का जो कहना था,

वही गिरिजाकुमार ने कविता में उतारा है—

लोग न्याय से नहीं
शक्ति से प्रसन्न होते हैं
आतंक से प्रीति करते हैं।

श्रीकांत वर्मा ने तो "देश को खोकर ही" कविता प्राप्त की। कुछ राजनीतिज्ञ इस भीड़ को संगठित करने का प्रयत्न करते हैं, उसे नारे लगाना सिखाते हैं। भारतभूषण अग्रवाल इन पर व्यंग्य करते हुए कहते हैं—

भावों को भूलो, और
नारों के हो जाओ
भीड़ों से निकलो और
भीड़ों में खो जाओ!

नारेबाज़ी की बीमारी ख़ासतौर से कम्युनिस्टों को होती है। पूँजीपतियों को शिकायत है कि ये सब मास्को या पीकिंग के दलाल हैं। इससे मिलता-जुलता खयाल भारतभूषण अग्रवाल का है। रेस्तराँ में किसी महिला से कहते हैं—

लजाओ मत सुंदरी!...
आस-पास बैठे ये लोग...
यहाँ नहीं कहीं और हैं...
और ये कामरेड?
ये यहाँ नहीं
ये चीन और रूस में हैं।

अस्तित्ववादी कवि की निगाह में दुनिया के मार्क्सवादी—क्या साहित्य में, क्या राजनीति में—हमेशा सस्ते समाधान ढूँढ़ते हैं।

मगर हम और हम जैसे
कि जिनसे ज़िंदगी की बात का मतलब निकलता है
महज़ आसान रस्तों में भुलाये जा नहीं सकते।

इसलिए विजयदेव नारायण साही और उनके समानधर्मा मित्र आत्महत्या द्वारा मृत्यु के साक्षात्कार की तलाश में घूमते हैं (यानी कविता के कल्पना-लोक में)। पर साही की अनुभूति में वह प्रगाढ़ता अभी नहीं है जो कैलाश वाजपेयी या राजा दुबे की रचनाओं में है। कैलाश वाजपेयी ने 'एक नया राष्ट्रगीत' लिखा है, जिसकी शुरुआत यों होती है—

सौ करोड़ से ज्यादा लिजलिजे पंजे
दलदल में धँसे हुए,
रीढ़ की जगह एक केंचुआ...

और अंत इस प्रकार :

यही क्या कम है कि मैं सेंतमेंत में
पिछले बीस साल से दुनिया का 'महान्' गणतंत्र
कहला रहा हूँ।

राष्ट्रगीत लिखने की इस प्रतियोगिता में स्वर्णपदक मिलना चाहिए राजा दुबे को—

सड़े हुए केले जैसा
मेरा अंग अंग गलता जाता है...
हो गया सारा का सारा राष्ट्र
किसी तवायफ के घर उतरी जूती...
और जनता?
जापानी बबुआ
सो भी बिन चाभी...
गोल बाँधकर अब
खड़ी हो गयी है तमाशों की अभ्यस्त भीड़
मेरे चारों ओर!
भ्रष्ट है भीड़, और भ्रष्ट है भीड़ का शोर....
लोगो, सुनो लोगो,
मैं किसी फाहशा के मुखारविंद से
'जनगणमन अधिनायक जय हे' सुनकर
मरना चाह रहा हूँ।

तवायफ के घर उतरी जूती! 'भारतमाता ग्रामवासिनी' के बाद से अब तक नयी कविता ने कितनी प्रगति की है!

तवायफ, वेश्या—इससे अधिक चालू उपमान नयी कविता में शायद ही दूसरा हो। नयी कविता का सर्जक उसकी तरफ खिंचता है, उस पर थूकता भी है। वेश्या उस बीभत्स की प्रतीक है जिसे कवि ने अपने मनोविनोद के लिए कल्पना लोक में रचा है। कैलाश वाजपेयी के हाथ में धुआँजली 'वेश्या-इच्छाओं की' राख है। लक्ष्मीकांत वर्मा की राय में शांति के बारे में उस कुलवधू से पूछना चाहिए जो "कई

बार विचारों की वेश्या हो गई है'' (विचारों की वेश्या का अर्थ जो भी हो)। अजित कुमार सड़क से सहानुभूति प्रकट करते हुए कहते हैं–

पड़ी हुई है एक बेहया की तरह
–खुली, ठंडी, उदासीन!...
–सबको सहती।
अपने में लीन।
–एक वेश्या।

बीभत्स-विशेषज्ञ श्रीकांत वर्मा के यहाँ औरों की अपेक्षा वेश्या-उपमान की खपत ज्यादा है। एक चित्र : एक कवि दूसरे कवि से समय पूछ रहा है, ''वेश्याएँ खुश हैं'', कुत्ते हड़बड़ाकर उठ आये हैं। कवि के सामने समस्या है, इस सारे क्रम का मैं क्या करूँ? क्या बागडोर दे दूँ वेश्याओं के हाथ में? एक परेशानी और है। जिस कवि की वाणी में आज तेज है, वह दस साल बाद इस तरह लौट आता है–

जैसे किसी वेश्या के कोठे से
अपने को बुझाकर।

अब एक प्राकृतिक दृश्य : पूर्व दिशा के नितंब पर स्खलित करता है अपने शौर्य को तेजस्वी सूर्य, कराहती हैं सारे शहर की वेश्याएँ जैसे सारे शहर की वेश्याओं पर सूरज सवार था। दूसरा दृश्य : नावें कई यात्रियों को उतारकर वेश्याओं की तरह थकी पड़ी हैं घाट में। तीसरा दृश्य : कवियों की झूठ में लिपटी हुई 'वेश्या–माँ' अपनी संतानों का स्वर्ग देख रही है। दुनिया की बंदरगाहों पर अंधकार बरस रहा है ''मगर वेश्याई स्वर्ग में'' फोड़ों की तरह उत्सव फूट रहे हैं। फिर एक प्रशंसनीय समाजसेवा का काम–''मैं एक पेशाब घर की दीवार पर'' जाकर लिख आता हूँ चाक से, खबरदार! हैजा फैलाती हैं मक्खियाँ, खबरें, अखबार–

टाँगें फैलाती हैं
रंडियाँ,
धनी रोज़गार!

इसके बाद कवि घर लौट आता है और प्रश्न करता है–

क्या मैं पड़ा रहा हूँ अपनी स्त्री की जाँघ की दराज़ में?

कहीं कोई ख़ामी है जो इन कवियों को त्रास देती रहती है, इनके मन को आक्रांत करने वाले दुःस्वप्नों की रचना करती है, जो इनका ध्यान संसार के अन्य व्यापारों से खींचकर एक ही विषय पर केंद्रित कर देती है।

मैं तुममें घुटता रहा और
अपने में चुकता रहा किंतु
तुमको सारा सका न पा
अपने को सारा सका न दे।
इसलिए स्वभावतः
प्रत्येक सुबह तुम लगती हो
कुछ और अधिक अजनबी मुझे।

फ्रायड की बात सच मालूम होती है। मनुष्य की दमित, अतृप्त कामेच्छाएँ उसके सारे सामाजिक दृष्टिकोण को रंग देती हैं। यह सोचकर उसे कुछ सांत्वना मिलती है कि–

कुछ स्त्रियाँ
प्रेम करती हैं
वर्दी से;
बाकी
नामर्दी से।

अजनबीपन, अकेलेपन और प्रेम की निस्सारता के दर्शन का स्रोत यही है–

प्रेम
अकेले होने का ही
एक और ढंग है।

सार्त्र और श्रीकांत वर्मा की सह-अनुभूति का मूल उद्‌गम एक है। इन अकेले होने वाले प्रेमियों की काफी बड़ी भीड़ है, भले ही उनमें हर एक अपने को बहुत अकेला महसूस करता हो। राजा दुबे कहते हैं : तुम्हारा प्रेम जैसे एक फ्रेम है जिसमें तुम मुझे अपनी मनचाही आकृति में कस लेती हो। फिर पुष्ट कंधों से उड़ाती हुई बदन गंध इत्यादि। प्रणय-व्यापार की परिणति यह है–

और हमारे बीच
रह जाती है कविता बनते-बनते
टूट जाता है छंद मँजते-मँजते
और हम थक जाते हैं रचते-रचते
कुछ का कुछ।

इस सफलता के बाद वह एक कविता रचते हैं, 'सारी प्रेयसियों के नाम'। शीर्षक

भिन्न है, प्रणय-व्यापार की परिणति अभिन्न है—

एक लड़की जैसे एक बहुत अच्छा सपना!
और मुझे घेर लेता है
मेरा ही हारा हुआ अकेलापन।

एक अन्य कविता में अकेलेपन से सपनों का संबंध स्पष्ट करते हुए उन्होंने लिखा—

एक आदमकद आईना :
टूटता है जिसमें एक दृश्य
मैं ही हूँ उसका एक नपुंसक नायक।

'आत्मजयी' के कवि कहते हैं :

तत्पर शरीर के कण-कण में लपकता काम वेग...
देह के अश्लील आकर्षण
थमे संकेत सहसा स्पष्ट होते जा रहे हैं...
वह जो बीत गया
निष्प्रयोजन-सा एक सुख—
जहाँ से अभी-अभी समाप्त होकर
लौटा वह अनर्थ और बे-स्वाद
मानो कुछ पाकर नहीं—खोकर...
मरा नहीं
किंतु फिलहाल पूरी तरह चुका हुआ।

कुछ तो जन्मजात नये कवि हैं; कुछ लड़कपन में नये कवि बनने के आवश्यक गुण प्राप्त कर लेते हैं; कुछ ऐसे भी हैं जो प्रौढ़ वय में—अनेक वर्षों तक सुखी गृहस्थ जीवन बिताने के बाद—उस मार्मिक स्थिति तक पहुँचते हैं। गिरिजाकुमार माथुर की कुछ कविताएँ बड़ी ही हृदयस्पर्शी हैं। यथा :

डूबकर भोगे हुए
कितने अद्वितीय रसगोपन क्षण
होम पर धरे मैंने
—गंध पर उठी नहीं।

अन्य कविता में :

जितने चटकदार क्षण आये
बिना बोले चले गये

जितने चटखारे-भरे दिन पाये
सबको हम थोड़ा-थोड़ा जूठा कर
छोड़ चुके
कुछ भी ललचाने वाली चीज़ अब रही नहीं।

इस नयी कविता ने न जाने कितनों की गृहस्थी बरबाद कर दी है। शकुंत माथुर की स्पष्टवादिता देखिए–

मेरा और तुम्हारा
अभी तक चलता प्यार
कहाँ खींचकर ले आया है
जहाँ के सारे बल्ब फ्यूज़ हैं
सपाट धरती पर
सिर्फ एक-दूसरे को बैठे
हम घूर रहे हैं
और सामने के दो खँडहर
सिद्ध कर रहे हैं अपना क्रम।

नयी कविता लिखने वालों में पुरुष ही अधिक हैं, स्त्रियाँ बहुत कम, उतनी भी नहीं जितनी छायावादी कविता लिखती थीं। वे शायद नयी कविता तब लिखती हैं जब नये कवि से ऊबती हैं–यानी उस कवि से जो कविता चाहे बहुत पहले से करता आया हो, पर जो नया कवि हाल में बना हो।

सार्त्र के नायक रोकातैं को हर चीज़ थुलथुल, निर्जीव, लिजलिजी मालूम होती थी। हिंदी के अस्तित्ववादी कवि आत्मवत् सर्वभूतेषु देखते हुए उसी प्रकार संसार और उसके सजीव-निर्जीव पदार्थों का वर्णन करते हैं। रघुवीर सहाय की एक कविता है 'दुनिया कैसी है यह दुनिया!'

दुनिया एक पपड़ियाई हुई-सी चीज़ हो गई है...
दुनिया एक चिपचिपाई हुई-सी चीज़ हो गई है...
दुनिया एक फँफूदियाई हुई-सी चीज हो गई है...
दुनिया एक बजबजायी हुई-सी चीज़ हो गई है।

कैलाश वाजपेयी के राष्ट्रगीत की शुरुआत होती है, 'लिजलिजे' पंजों से। वह स्वयं 'मांस ढके गिजगिजे अंधकार में' हर रात अपने को फेंककर सुख से नष्ट होते हैं! गिरिजाकुमार माथुर की अंतर्दृष्टि के सामने–

एक निश्चेष्ट मिट्टी के लोंदे सा बादल
आसमान में ठसकर बैठा है।

लेकिन ये बादल वगैरह के उपमान पुराने पड़ गए। नये उपमानों में उल्लेखनीय हैं कछुए और केंकड़े। जगदीश चतुर्वेदी कहते हैं–

सभी मर्द घिनौने कछुओं से पहने हुए हैं खोल
केंकड़े-सी सिमटी जा रही हैं रतिक्रांत युवतियाँ
बुझे बल्बों की कतार-सी टिड्डियों की टोली;
नपुंसकों का हुजूम!

नयी कविता में उपमानों का 'पासिंग' खूब होता है। जगदीश चतुर्वेदी के यहाँ बुझे बल्बों की कतार है तो शकुंत माथुर के लिए जहाँ के सारे बल्ब फ्यूज़ हैं। जगदीश चतुर्वेदी के यहाँ युवतियाँ केंकड़े-सी सिमट रही हैं; कैलाश वाजपेयी के यहाँ–

सूर्याकृति केंकड़ा खिसकता है
मांस के बुरादे पर?

नयी कविता में केंचुए भी काफी हैं। सर्वेश्वरदयाल सक्सेना ने लिखा–

बिलबिलाकर बिछ गए हैं
केंचुए अंधे!

कैलाश वाजपेयी ने सौ करोड़ लिजलिजे पंजों से जोड़ा–"रीढ़ की जगह एक केंचुआ"। सौ करोड़ पंजों से अलग अपने दिमाग और होंठों के बारे में लिखा–

मेरे दिमाग में ततैयों का छत्ता
होंठों पर कनखजूर चिपका है।

मकड़ा भी अच्छा उपमान है। सर्वेश्वरदयाल सक्सेना ने एक कविता में लिखा–"वृद्ध मकड़ा आयु का चुप जाल है बुनता।" दूसरी में लिखा–

चाँद आकाश में
बड़े सुनहरे मकड़े की तरह
धीरे-धीरे गर्व से रेंगता हुआ आता है
मुझे दबोच लेता है।

केंकड़ों, केंचुओं, कछुओं, मकड़ों से कहाँ तक काम चले! इस भारत देश में जहाँ और बहुत-सी खराबियाँ हैं, वहाँ एक यह भी है कि उसने कवियों के लिए काफी उपमान

पैदा नहीं किए। इसलिए उपमानों की तलाश में कवि मिस्र, यूनान, फिलिस्तीन कहाँ-कहाँ की यात्रा नहीं करते। बहुत साल पहले 'नाश और निर्माण' के युग में गिरिजाकुमार ने लिखा था–

पर गीतों के इन पिरामिडों,
–इन धौलागिरि, सुमेरुओं पर
मिट जाती स्वयं मृत्यु आकर।

पिरामिडों के साथ उसी कविता में ममी–

अब ये बसंत
कितने सहस्र वर्षों की ममी बना आया....

भारतभूषण ने लिखा–

और निस्तब्धता का यह पिरामिडी प्रसार
मेरे बस का नहीं।

फिर लक्ष्मीकांत वर्मा ने भी लिखा–

और मैं केवल एक अस्तित्त्वहीन
निर्जीव ममी सा....
पिरामिड की पर्तों में दफनाया हुआ-सा लगता हूँ।

फिर पीयूष वर्मा ने लिखा–

.....ममियों ने
आज सदियों के उपरांत
फिर करवट ली है
सोये हुए फराओं की आत्मा
आज फिर जग पड़ी है।

नयी कविता से यदि ये पिरामिड, ममी, केंकड़े, मकड़े, कछुए, केंचुए हटा दिए जाएँ तो उसका मूल भाव-तत्त्व उत्तरकालीन छायावाद, उन्नीसवीं सदी के उत्तरार्द्ध वाली यूरोपीय रूमानियत से कहाँ भिन्न है? कवि की ऊब, उसका अकेलापन, आत्म-निर्वासन की भावना, आत्महत्या की आकांक्षा–कुछ भी नया नहीं है; पूँजीवादी सभ्यता के आरंभ से साहित्य में यह सब घटित होता आया है, औद्योगिक पूँजीवाद के प्रसार के बाद वह सब ओर घनीभूत हुआ है। अंतर यह है कि आज का अस्तित्ववादी अकेलेपन के आगे जैसे घुटने टेकता है, सामाजिक प्रतिबद्धता से जैसे

बचकर भागता है (सिद्धांत-चर्चा के दौरान भले ही वह प्रतिबद्धता की बात करे), वैसे न शेक्सपियर और मिल्टन ने घुटने टेके—यूरुप के नवजागरणकाल में, न शेली और बायरन बचकर भागे—इंगलैण्ड के रोमांटिक युग में, न प्रसाद और निराला ने आत्मसमर्पण किया—हिंदी के छायावादी काव्य में। ये सब लेखक अपनी सामाजिक प्रतिबद्धता पहचानते थे। हिंदी के नयी कविता-लेखकों की सामाजिक प्रतिबद्धता कहाँ है? निराला की शूर्पणखा की तरह साधारण मानवों पर—डाल अवज्ञा की दृष्टि—वे अपने आत्मगत संसार में खो जाते हैं। इन्होंने अपने भीतर नया क्या देखा है जो इनके पूर्वजों ने न देखा था? उन देखी हुई पुरानी बातों को ही अपनी नवीन, मौलिक अनुभूति के बल पर कलात्मक संवेदनशीलता से चित्रित करते। वह भी नहीं। जिसके पास दृष्टि है, वह बाहर भी देखता है, भीतर भी। संसार में कोई ऐसा महाकवि अभी तक नहीं हुआ जिसने भीतर देखा हो, बाहर को छोड़ दिया हो या बाहर देखा हो, भीतर को छोड़ दिया हो। यथार्थ की इकाई बहुरूपी, अनेक-स्तरीय, स्थूल से स्थूलतर और सूक्ष्म से सूक्ष्मतर है। पर है वह इकाई, आंतरिक रूप से संबद्ध और अविभाज्य। इसीलिए जो दर्शन आत्मगत चेतना को निरपेक्ष मानता है, वह साहित्यकार के मूल रचनात्मक दृष्टिकोण का ही नाश करता है, वैसे ही जैसे यांत्रिक भौतिकवाद मानवचेतना को वस्तुजगत् का प्रतिबिंब मात्र मानकर साहित्यकार की रचनात्मक क्षमता को ही अस्वीकार करता है।

यूरुप की रोमांटिक कविता में यह कमज़ोरी मौजूद थी कि वह यथार्थ से मुँह मोड़कर कवि की व्यक्तिगत आशा-निराशा, दुख-सुख, स्वप्नशीलता, पलायन-प्रियता से उलझ जाती थी। औद्योगिक क्रांति के बाद समाज का पुराना ढाँचा तोड़कर जो व्यक्तिवाद उदय हुआ, उसका एक आर्थिक आधार था, सांस्कृतिक क्षेत्र में उसका सापेक्ष महत्त्व भी था। 18वीं सदी के रीतिवाद की सीमाएँ लाँघता हुआ यूरोप का नया लिरिक-काव्य इसी व्यक्तित्ववाद के सहारे पनपा, फला-फूला और हमारे देश समेत संसार के अनेक देशों के साहित्य को प्रभावित कर सका। किंतु उन्नीसवीं सदी के अंत तक यह धारा अपना कार्य संपन्न करके क्षीण हो रही थी। नये रूमानी कवि अनुभूति की तलाश में ऐबसिन्थ, हशीश, लौडनम का सहारा ले रहे थे। गाँजा-चरस से स्फूर्ति पाने के आकांक्षी कोई नया काम नहीं कर रहे हैं जिसे—या जिससे मिलता-जुलता काम—उनके आदि प्रेरणा-स्रोत न कर चुके हों। वैसे चिलम से लौ उठाना भारतीय संस्कृति के अधिक अनुकूल माना जा सकता है।

रोमांटिक काव्य की व्यक्तिवादी प्रवृत्ति क्रमशः विकृत होती हुई अब अस्तित्ववाद के रूप में प्रकट हुई है। चरम व्यक्तिवाद को वह सामाजिक दर्शन का रूप देकर प्रस्तुत करती है। रोमांटिक कवि रूढ़ियाँ तोड़कर नये सौंदर्यबोध और नवीन सामाजिक मूल्यों की ओर बढ़े थे। अस्तित्ववाद ने सौंदर्यबोध की उपेक्षा और मानव मूल्यों की अस्वीकृति को ही एक रूढ़ि का रूप दे दिया। यह बात फ्रांस के

अस्तित्ववादियों पर उतना लागू नहीं होती जितना हिंदी में उनके अनुवर्तियों पर। रोमांटिक कवियों में एक प्रदर्शनवादी रुझान था, दुनिया को यह दिखाने की आकांक्षा कि वह कितने पतित, पीड़ित अथवा त्रस्त हैं। नयी कविता में यह रूमानी प्रदर्शनप्रियता चरम सीमा तक पहुँच गयी है।

जो अपने को पीड़ित, पतित, निर्वासित, अर्द्ध-विक्षिप्त महसूस करता है, वह सहानुभूति का पात्र है, सह+अनुभूति का नहीं। 'न्यूरॉसिस' का गहरा संबंध सामाजिक परिस्थितियों से है; मनुष्य निरुपाय और त्रस्त होकर ही अर्ध विक्षिप्त होता है। किंतु अस्तित्ववादी लेखक होशहवास में, अपना भाग्य स्वयं रचने का जन्मजात अधिकार सिद्ध करते हुए 'न्यूरॉसिस' का वरण करते हैं। सार्त्र के अस्तित्ववाद में यह असंगति है कि वह दार्शनिक स्तर पर विवेक से अपना रास्ता आप चुनने का पक्षधर है, कलात्मक स्तर पर वह अपने को अर्ध-विक्षेप से ग्रस्त पाता है। सार्त्र ने जब-जब स्वस्थ मन से अपने अर्ध-विक्षेप को देखा है, उन्होंने तटस्थ होकर उसकी आलोचना की है। 'उबकाई' कहानी का ज़िक्र करते हुए उन्होंने कहा था, ''उस समय मुझमें यथार्थबोध की कमी थी तब से अब मैं बदल गया हूँ। यथार्थ को अनुभव करना मैंने धीरे-धीरे सीखा है। मैंने बच्चों को भूखों मरते देखा है। मरते हुए बच्चे के आगे 'उबकाई' में कोई वज़न नहीं है।'' ('लाइफ' में फ्रैंक कैपलर का लेख : डीलिंग विद अर्थली हेल्स)।

हिंदी कवियों ने न्यूरॉसिस' को तटस्थ दृष्टि से देखने वाला यह विवेक छोड़ दिया है। वह उसे महान् दार्शनिक उपलब्धि मानकर ध्यानाकर्षण द्वारा अनुभूति के स्तर पर उसे उतारने की कोशिश करते हैं।

हर बार नये-नये
अनदेखे काटों के कपड़े पहने मैंने
हाथ बाँध फिर भी
अस्पृश्य सा खड़ा रहा
–प्रतिमा पर बोली नहीं।

कैसे बोले? प्रतिमा पुरुषत्व देखकर बोलती है, नये-नये काटों के कपड़ों पर नहीं रीझती। सौभाग्य से नयी कविता-लेखकों में अधिकांश विक्षिप्त होने का अभिनय करते हैं, वास्तव में विक्षिप्त है नहीं। विक्षिप्त होना उनके 'होने' से कोसों दूर है। बड़े पूँजीपतियों के किस पत्र के संपादकीय विभाग में नौकरी करने से कितनी तनखाह मिलेगी, किस संपादकीय नीति पर चलने से मालिक निकालेगा नहीं, या अन्य किसी सरकारी संस्था से चिपकने के लिए कौन-सा फलसफा अपनाना चाहिए–यह सब वे बखूबी पहचानते हैं। पूँजीवाद की खुली वकालत करके न साहित्य में जीना संभव है, न राजनीति में। विद्रोही का बाना ज़रूरी है। अस्तित्ववादी

कवि विद्रोही हैं—पूरे समाज से, नैतिक मूल्यों से, कविता से, अपने से। पूँजीवादी नेता जब भ्रष्टाचार देखकर दुखी होते हैं, तब कहते हैं—सारे देश का नैतिक पतन हो गया है, जनता का ही चरित्र भ्रष्ट हो गया है, हम सब लोग स्वार्थी और कायर हो गये हैं। इस प्रकार वे पूँजीपतियों को और अपने को भ्रष्टाचार की जिम्मेदारी से साफ़ बचा जाते हैं। नयी कविता के लेखक जब सारी दुनिया को सड़ती-बजबजाती हुई देखते हैं, जब वे सारे देश को पस्त और मुर्दा देखते हैं, जब वे जनता को निष्क्रिय और मूर्ख कहते हैं, समस्त इतिहास की व्यर्थता सिद्ध करते हैं, तब वे पूँजीवादी दृष्टिकोण से ही यथार्थ को देखते और परखते हैं। हिंदी में अस्तित्ववाद एक अराजकतावादी धारा है। अराजकतावाद जनता की संगठनबद्ध, सामूहिक कार्यवाही का विरोध करता है। वह समझता है कि कुछ अद्वितीय महापुरुषों के बलिदान और वीरता से जनता का उद्धार हो जाएगा। हिंदी के अस्तित्ववादी ऐसे किसी भ्रम के शिकार नहीं हैं कि वे जनता का उद्धार कर रहे हैं किंतु उन्हें यह भ्रम अवश्य है कि वे हिंदी कविता का विकास कर रहे हैं। विकास की इस सर्जनात्मक प्रक्रिया में वे कभी अपने को तुलसीदास और शेक्सपियर से बढ़कर मानते हैं, कभी—आत्मबोध के विरल क्षणों में उन्हें सारा प्रयास व्यर्थ जान पड़ता है और वे कहते हैं, "हम सब बौने हैं।"

अस्तित्ववाद यदि समाज-व्यवस्था के प्रति वास्तविक विद्रोह हो तो वह साम्राज्यवाद, सामंतवाद और पूँजीवाद के प्रति विद्रोह हो। किंतु वह भरसक अपने अंतर्जगत् को सामाजिक संबंधों की छूत से बचाकर रखता है। जब वह इन सामाजिक संबंधों पर दृष्टिपात करता है, तब समाजवाद और पूँजीवाद, जनता और उसके शोषक—दोनों को कोसकर अपना सामाजिक दायित्व निबाह डालता है। यदि नयी कविता के लेखक वास्तव में विद्रोही होते तो नये यथार्थबोध से वे हिंदी कविता को समृद्ध करते। स्थिति इससे बिल्कुल उलटी है। नयी कविता ने अपने भावबोध और उपमानों का ऐसा कल्पनालोक रच लिया है, जो छायावाद से कहीं ज्यादा काल्पनिक और रीतिवाद से कहीं ज़्यादा रूढ़िबद्ध है। गनीमत यही है कि पिछले बीस साल में बहुत-सी कविता अस्तित्ववाद से हटकर भी लिखी गयी हैं।

6

मुक्तिबोध का आत्मसंघर्ष और उनकी कविता

'तार सप्तक' के लिए अपनी कविताएँ भेजते हुए मुक्तिबोध ने अपने पिछले दिनों के जीवन पर निगाह डाली और लिखा—"मानसिक द्वंद्व मेरे व्यक्तित्व में बद्धमूल है।"

माखनलाल चतुर्वेदी और रमाशंकर शुक्ल की कविताएँ पढ़कर उनके मन में सौंदर्य की भूख जगी थी, मराठी और रूसी उपन्यास पढ़कर उन्होंने शोषित जनों से सहानुभूति करना सीखा था। सौंदर्य प्रेम और विश्व-मानव का सुख-दुख—"इन दोनों का संघर्ष मेरे साहित्यिक जीवन की पहली उलझन थी।" (तार सप्तक में वक्तव्य)।

तार सप्तक के प्रकाशन से पहले, चार-पाँच साल तक, वह मानसिक रूप से अशांत रहे। उन्हें लगता था, मन ही नहीं, शरीर भी ध्वस्त हो गया है। इन दिनों बर्गसों का अर्द्ध रहस्यवादी जीवन दर्शन उनके मन को सहारा देता था और—मेरा व्यक्तिवाद कवच की भाँति काम करता था।" (उप.)।

1942 में वह मार्क्सवाद के प्रभाव में आए। सालभर के प्रयत्न से "पाँच साल का पुराना जड़त्व निकालने की कोशिश की।" पूरी सफलता नहीं मिली, क्योंकि "पुरानी परंपरा बिल्कुल छूटती नहीं है।"

बीस साल बाद तार सप्तक का दूसरा संस्करण प्रकाशित हुआ। स्वाधीन भारत में बिताए हुए दिनों को याद करके उन्होंने लिखा, "अचानक अंतर्मुख दिशाएँ और भी दीर्घ और गहन होती गयीं। किंतु यह भी एक तथ्य है कि इस आत्मग्रस्तता के बावजूद और शायद उसको साथ लिये-लिये मेरा आत्मसंवेदन समाज के व्यापकतर छोर छूने लगा।"

ये अंतर्मुख दशाएँ क्या थीं, कैसे गहनतर होती गयीं, आत्मग्रस्तता का रूप क्या था, उसके बावजूद या उसको साथ लिये आत्मसंवेदन कैसे समाज के व्यापकतर छोर छूने लगा—मुक्तिबोध के काव्य का विवेचन करते हुए इन प्रश्नों का उत्तर देना आवश्यक है।

जिन दिनों पंत जी अरविंद दर्शन की ओर आकृष्ट हुए, उन्हीं दिनों मुक्तिबोध की कविता में रहस्यवादी रुझान प्रकट हुआ। प्रतीक (संख्या 1) में पंत जी की एक कविता छपी 'ज्योति भारत'। उन्होंने आशा प्रकट की कि धरती पर अमृत ज्योति और दिव्य चेतना की वर्षा होगी। दूसरी कविता छपी–'आवाहन'। पंत जी ने नूतन मन की सृष्टि का आह्वान किया, जिससे स्वर्ण शांति में भू पर ऐक्य और शांति का शोभन स्वर्ग बने।

प्रतीक (संख्या 2) में मुक्तिबोध की कविता छपी–'मुझे पुकारती हुई पुकार'। कवि ने जो सत्य पाया है, वह अपूर्ण है, जीवन की अनुभूति से जो प्राणमूर्ति गढ़ी है, वह खण्डित है। इसी अपूर्णता के बोझ से मन में पुकार उठती है–पूर्णता की तलाश कर। पुकार सुनकर तिमिर-विवर में पड़ी हुई अशांत नागिनी जाग उठती है। मृत्युगीत के छंद नष्ट हो जाते हैं, 'दबी हुई अनंत ज्योति' जाग उठती है।

यह जो तिमिर-विवर में नागिनी उठती है, वह कुण्डलिनी है।

एक कविता है–'कल जो हमने चर्चा की थी।' इसमें मुक्तिबोध किसी मित्र के साथ ज्वालामुखियों के भीतर पैठने और लावा के उद्‌गम तक पहुँचने का वर्णन करते हैं। वहाँ देखते हैं–धरती की महानाड़ियाँ "इड़ा-पिंगला फड़क रही थीं।" पास ही सुषुम्ना भी है जिसके 'अंगारी प्राणपथों पर' वे घूमते हैं। आगे कुण्डलिनी का उल्लेख है–

> **निर्णय निश्चय–**
> **जीवन संचय की कुण्डलिनी,**
> **पृथ्वी के भीतर की ज्वालामयी कमलिनी की**
> **विवेकमय पंखुरियों पर**
> **हम जा लेटे!!**

यहाँ कवि ने ज्ञान सरोवर का जल पिया, आस्था का अक्षयवट् देखा और सूर्यकन्या देखी, जिसके अंतर में विवेक का रस बहता है और जो कवि को सूचित करती है कि "आत्मा का प्रतीक है सूरज।"

कबीर से लेकर प्रसाद तक रहस्यवादियों ने इड़ा, पिंगला, सुषुम्ना, कुंडलिनी और कमल का वर्णन किया था पर यह सूर्यकन्या कौन है?

प्रभाकर माचवे ने लिखा है, "अग्नेश्का से मैंने कहा था मुक्तिबोध की कविता 'लावा' है। वह उनसे मिलने गयी। इसके दो संकेत कविताओं में इंगित हैं–'कल जो हमने बातें की थीं। (पृ. 110 से 115) और पृ. 154 पर 'अकेली एक छायामूर्ति।' " (राष्ट्रवाणी, फरवरी, 65)।

(दिल्ली विश्वविद्यालय के उर्दू विभाग में अपने कोश निर्माण कक्ष की अलमारी से अग्नेश्का की डिब्बी से–उनकी अनुपस्थिति में–मुझे सिगरेट देते हुए शमशेर

बहादुर सिंह ने कहा था—पोलिश महिला हैं, कविता-प्रेमी हैं, हिंदी-उर्दू बहुत अच्छी जानती हैं।)

अग्नेश्का नाम सूर्यकन्या के रूप में सार्थक है। वैसे वह कर्मनिष्ठा जनकन्या भी हैं। सूर्यकन्या—इड़ा, पिंगला, कुण्डलिनी और कमल के साथ—मुक्तिबोध के रहस्यवादी स्वप्न में घुलमिल गयीं।

मुक्तिबोध ने एक लेख लिखा था—'सुमित्रानंदन पंत : एक विश्लेषण।' पंत जी हिंदी के ज्येष्ठतम कवियों में हैं, पर 'अब भी तरुण' हैं, इस बात पर हर्ष प्रकट करते हुए उन्होंने उनकी 'ऐतिहासिक अनुभूति' का विश्लेषण किया था जो 'हिंदी के वर्तमान काव्यक्षेत्र में कम दिखाई देती है।' इस ऐतिहासिक अनुभूति की विशेषता क्या है?

मुक्तिबोध कहते हैं—"ऐतिहासिक अनुभूति वह कीमिया है जो मनुष्य का संबंध सूर्य के विस्फोटकारी केंद्र से स्थापित कर देती है। यह वह जादू है जो मनुष्य को महसूस कराता है कि विश्व परिवर्तन की मूलभूत प्रक्रियाओं का वह सारभूत अंग है। ऐतिहासिक अनुभूति के द्वारा मनुष्य के अपने आयाम असीम हो जाते हैं—उसका दिक् और काल अनंत हो जाता है। ऐतिहासिक अनुभूति के कारण ही, पंत जी विश्व परिवर्तन के वर्तमान क्षणों को 'ब्रह्म अहम्' की संज्ञा दे सके।" (नयी कविता का आत्मसंघर्ष तथा अन्य निबंध, पृ. 72)।

अर्थात् पंत के नव रहस्यवाद का नाम है ऐतिहासिक अनुभूति।

मुक्तिबोध की बड़ी इच्छा थी कि ऐसा जीवन-दर्शन मिले जिससे समाज ही नहीं, विश्व के सृजन-प्रलय के रहस्य भी एक साथ उद्भासित हो उठें। मार्क्सवाद पूर्ण ज्ञान का दावा नहीं करता। मुक्तिबोध उस ज्ञान से उकता उठे थे, जो सतत विकासमान हो। विकासमान होगा तो ज्ञान अपूर्ण भी होगा। उन्हें चाहिए था पूर्ण ज्ञान, ऐसा ज्ञान रहस्यवाद ही दे सकता था। मनुष्य को अपने आयाम असीम करने हैं, अपने दिक् और काल को अनंत बना लेना है। यह सब किसी जादू से ही संभव है जो मनुष्य का संबंध सूर्य के विस्फोटकारी केंद्र से स्थापित कर दे। पंत अपनी ऐतिहासिक अनुभूति से ऐसा कर सके हैं, मुक्तिबोध भी वैसा कर सकते हैं।

ज्वालामुखी के भीतर धरती की महानाड़ियाँ इड़ा-पिंगला फड़कती हैं। यह ज्वालामुखी मुक्तिबोध का मन है। उनकी आत्मा 'धुले सूर्य का छोटा-सा कण' है। यह कण 'रवि-अंतर के साक्षात्कारी क्षोभ-केंद्र से संबंधित है।' गद्य में जिसे वह विस्फोटकारी केंद्र कहते हैं, कविता में वही क्षोभ-केंद्र है। मनुष्य के ज्ञान-संवेदनाओं का मूल-केंद्र है सूर्य।

यहाँ हृदय-आलंब भाव सब
तीव्र ज्ञान-संवेदन के ही पूर्ण बिंब हैं।
ठीक सूर्य के मूल केंद्र से उनका उद्गम।

मनुष्य के ज्ञान की धारा सूर्य के मूल-केंद्र से फूटती है, इसलिए यह ज्ञान सामाजिक सत्य का ज्ञान ही नहीं, ब्रह्माण्ड के रहस्य का ज्ञान भी हो जाता है। पंत जी ने आधुनिक कवि सीरीज वाले अपने कविता-संग्रह की भूमिका में लिखा था कि भारत के ऋषि-मुनि अपने 'सूक्ष्म नाड़ी मनोविज्ञान' के कारण 'सापेक्षता के उस पार' पूर्ण सत्य की प्रतिष्ठा कर सके थे। मुक्तिबोध भी महानाड़ियों में कंपन पैदा करके कुण्डलिनी को सहस्रार तक पहुँचा देते हैं। उन्हें भी विश्वास है कि ज्ञानी पूर्वजों ने एक रात मंत्र पढ़ते हुए नदी में गोता लगाकर 'एक तेजस्वी शिलाखंड' प्राप्त कर लिया था जो 'पूरे ब्रह्माण्ड की केंद्र क्रियाओं का तेजस्वी अंश' था और

संभव है,
सभी कुछ दिखता हो उसमें से,
दूर दूर देशों में क्या हुआ,
क्यों हुआ, किस तरह, कहाँ हुआ!!

(एक स्वप्नकथा)

यह पत्थर वही काम करता है जो पंत जी की ऐतिहासिक अनुभूति करती है। उसमें यही नहीं दिखायी देता कि दूर देशों में क्या हुआ, उससे यह भी मालूम हो जाता है कि वह सब क्यों हुआ।

मुक्तिबोध ने रवींद्रनाथ, प्रसाद और पंत को ही न पढ़ा था, उन्होंने तिलस्मी, ऐयारी और जासूसी उपन्यास भी पढ़े थे। इन उपन्यासों से ली हुई शब्दावली और अनेक बिंब उनकी रचनाओं में विद्यमान हैं। 'जादुई' उनका प्रिय शब्द है। तिलस्मी द्वार अचानक खुल जाते हैं। भुतहे महलों में खुद न भी रहे होते तो वैसी इमारतों के वर्णन उन्हें देवकीनंदन खत्री या उन जैसे लेखकों के उपन्यासों में मिल जाते। वह पहले कवि नहीं हैं, जिन्होंने इस तरह की तिलस्मी सामग्री का उपयोग कविता में किया है। मिसेज रैडक्लिफ के उपन्यासों से ऐसी ही सामग्री कीट्स ने प्राप्त की थी। मुक्तिबोध बाहर की दुनिया में जितना ही मार खाते हैं, उतना ही उनका जादूप्रेमी, भावुक और भोला मन रहस्यवाद की तरफ तेजी से दौड़ता है, कोई ऐसा पत्थर या मणि हाथ आ जाए जिससे अपने और संसार के सब दुख एक साथ दूर हो जाएँ, समाज और ब्रह्माण्ड के तमाम रहस्य जो विश्व वैज्ञानिकों के सामने गुप्त हैं, मुक्तिबोध के सामने अचानक स्पष्ट हो जाएँ। तब जीवन की सारी असफलताओं का क्षोभ दूर हो जाए, संघर्ष में फँस कर उन्होंने जो कुछ सहा, वह सब सार्थक हो जाए।

इतने में कोई आ कानों में कहता है–
ऐसा यह ज्ञानमणि
मरने से मिलता है।

(एक स्वप्नकथा)

मुक्तिबोध का रहस्यवाद कबीर या रवींद्रनाथ के उस अप्रतिहत आनंद-प्रवाह की तरह नहीं है जो अंतर्मन में रोके नहीं रुकता, जो निर्झर की तरह शिलाखंडों को तोड़ता-हटाता हुआ प्रकाश में बह निकलता है। रहस्यवाद के अनेक परंपरागत प्रतीक, जिनका संबंध प्रकाश और आनंद से है, मुक्तिबोध की कविता में भी हैं किंतु पंत और अज्ञेय से भिन्न मुक्तिबोध का मन अँधेरे से घिरा रहता है, वह अँधेरे में प्रकाश की खोज में भटकता है, आनंद से अधिक उसे अनुभूति होती है दुख की, पुराने कुएँ, बावड़ी, खँडहर, वीरान पठार, खड्ड, अँधेरी तंग गलियाँ, घने बरगद, फूटा हुआ भैरों का मंदिर—ये सब उनकी आत्मा के निवास हैं अथवा उनके अशांत मन के भटकने की जगहें हैं, सहस्रार तक पहुँचने वाली कुंडलिनी से अधिक उनके मन की क्रियाएँ व्यक्त करता है वह सर्प जो धरती के झाड़-झंखाड़ों और अंधे कुओं में घूमता है—

नीचे उतरो, खुरदरा अँधेरा सभी ओर...
यह है अँधियारा कुआँ...
चुपचाप अँधेरे में उतरो!!

(ओ काव्यात्मक फणिधर)

रहस्यवाद की यह उलटवाँसी है। चढ़ने से अधिक उतरने का क्रम है, प्रकाश से अधिक अँधेरा है, आनंद से अधिक वेदना है। आत्मा धुले सूर्य का कण है? होगी किंतु 'आत्मा के स्याह घेरे' (अंतःकरण का आयतन) के उल्लेख से लगता है कि श्यामता पूरी तरह धुल नहीं पायी। सूर्य के भीतर भी स्याही है जिसका 'आत्मा के स्याह घेरे' से गहरा संबंध है। उन्हें दिखाई देते हैं 'स्याह धब्बे सूर्य के भीतर बहुत विकराल' और इन धब्बों के विवर-तल से दल बाँध कर गिद्ध पृथ्वी पर (मुक्तिबोध के मन पर) झपटते हैं। जिस सहस्रार तक कुण्डलिनी पहुँचती है वह काला है, काले खून में डूबा हुआ है—

जल-खोहों से ऊपर उठ
लहरों से ऊपर चढ़
बनकर व ृहद एक
काला सहस्रदल सम्मुख उपस्थित है,
उसमें है कृष्ण रक्त!

(एक स्वप्नकथा)

कोई आश्चर्य नहीं कि मुक्तिबोध का काव्यात्मक फणिधर, जो 'प्रज्वलंत मन' है, 'तम विशेषज्ञ' भी है और वे उसका आह्वान करते हैं—'मेरी छाती से चिपक रक्त का पान करो।'

रहस्यवाद की इस उलटवाँसी का एक कारण मुक्तिबोध का यह विश्वास था कि समाज और ब्रह्माण्ड के रहस्य मनुष्य के उपचेतन में छिपे हुए हैं। सन् 47 के बाद उनके मन पर फ्रायड और युंग के मनोविश्लेषण शास्त्र का असर गहरा होता है, फलस्वरूप 'अंतर्मुख दशाएँ और दीर्घ और गहन होती गयीं।' उपचेतन का संसार अंधकारमय है। अंधे कुएँ, बावड़ी, समुद्र की तलहटी, पठारों के गड्ढे—वे तमाम बाह्य दृश्य जिन्हें आत्मसात् करके मुक्तिबोध वस्तु-सत्य बनाते हैं—उसी उपचेतन के प्रतीक हैं। मुक्तिबोध का काव्यात्मक फणिधर 'विश्लेषण करते हुए', 'स्वप्न देखते हुए' अपना पथ खोजता है। मनोविश्लेषण शास्त्रियों के अनुसार, मनुष्य का उपचेतन दमित इच्छाओं और अस्वीकृत, निषिद्ध भावनाओं का आगार है, तभी वहाँ ओराँग उटांग रहता है जो मानव-सभ्यता का शत्रु है, मुक्तिबोध के अनुसार यह उपचेतन सब मनुष्यों में बहुत कुछ एक-सा है। इसकी गुफाओं में जो रत्न मिलते हैं, वे मुक्तिबोध के ही नहीं, जनसाधारण के मानस के रत्न हैं। वह उपचेतन का साधारणीकरण करते हैं—

चुपचाप धँसाए गए, छिपाए गए रत्न मन के, जन के,
जो मूल्य सत्य हैं इस जग के परिवर्तन के!

(ओ काव्यात्मक फणिधर)

ज्वालामुखियों के भीतर जो अंगारी झीलें वे देखते हैं, वे 'जनमन के अंतस्तल' की झीलें हैं। सूर्यकन्या भी 'जन-जन्या', 'कर्मनिष्ठा जनकन्या' है।

मुक्तिबोध का उपचेतन जब समाज के उपचेतन से मूलतः भिन्न नहीं है, तब वहाँ जो रत्न प्राप्त होते हैं, वे अपनी तुष्टि के लिए ही नहीं, लोकहित के लिए भी हैं। ज्वालामुखियों के भीतर से जो ज्ञान संवेदन अकुलाते हुए बाहर निकलते हैं वे—

हमको हर घर में ले निकले
हमको हर घर में दे आए।

काव्यात्मक फणिधर के रत्नों का प्रकाश 'घर घर में पहुँचेगा फिर से।' क्रांतिकारियों का जलूस निकलता है, स्वभावतः उनकी मुट्ठियों में मुक्तिबोध के रत्न हैं—

मेरे ही विक्षोभ-मणियों को लिये वे,
मेरे ही विवेक-रत्नों को ले कर,
बढ़ रहे लोग अँधेरे में सोत्साह।

(अँधेरे में)

इस तरह आत्मग्रस्तता के बावजूद और उसको साथ लिए—आत्मग्रस्तता न हो तो, उपचेतन के मणि और रत्न कैसे उपलब्ध हों?—मुक्तिबोध का आत्मसंवेदन समाज के व्यापकतर छोर छूता है।

आत्मग्रस्तता का एक रूप और है।

शहर से दूर खँडहर की तरफ परित्यक्त सूनी बावड़ी में एक ब्रह्मराक्षस रहता है। भीतर पागल की-सी बड़बड़ाहट गूँजती रहती है। तन की मलिनता और 'पाप-छाया दूर करने के लिए' वह हाथ के पंजे देह पर दिन-रात घिसता है, फिर भी मैल दूर नहीं होता।

अस्तित्ववाद के पितामह किर्केगार्ड ने मनुष्य की भूलों, अपराध-भावना, पाप-संबंधी चेतना, आत्म-परिष्कार की तड़प, आत्म-संघर्ष द्वारा मुक्ति और ईश्वर-प्राप्ति की संभावना पर बड़ा बल दिया था। मनुष्य सांसारिकता में फँसा हुआ है, रोटी-रोजी और सुख-सुविधा के लिए ईमान बेच कर कदम-कदम पर समझौते करता है, भूल और पाप-भावना से आँखें चुराता है, आत्म-परिष्कार के जोखिम से बचता है। आदम ने ईश्वर की आज्ञा न मानकर ज्ञान का फल चखा था, तब से दुनिया में मृत्यु और दुख का साम्राज्य स्थापित हो गया। ईश्वर और शैतान—इन दो में से मनुष्य को एक चुनना है। सच्चे मन से अपने पाप के लिए दुखी होकर वह वेदना के अनमोल क्षणों में ईश्वर का साक्षात्कार कर सकता है।

मुक्तिबोध की एक कविता है—'भूल-गलती'। वह दिल के तख्त पर सुल्तान की तरह बैठी है। सामने कैदी है ईमान, जिसकी तेज निगाह के सामने बख्तरबंद समझौते सहम जाते हैं। कहीं दूर कोई फौज इकट्ठी कर रहा है, वह हमारी हार का बदला चुकाने आएगा और—

संकल्पधर्मा चेतना का रक्तप्लावित स्वर
हमारे ही हृदय का गुप्त स्वर्णाक्षर
प्रकट हो कर विकट हो जाएगा!!

मुक्तिबोध की एक कविता है—'शून्य'। भूल और गलती यहाँ भी है।

जगह जगह दाँतदार भूल,
हथियारबंद गलती है,
जिन्हें देख, दुनिया हाथ मलती हुई चलती है।

ये भूलें हथियारबंद क्यों हैं? मनुष्य उन्हें देखकर डरता क्यों है? इसलिए कि ये भूलें सांसारिक जीवन की भूलें नहीं हैं। ईश्वर को छोड़ कर जब मनुष्य शैतान के चंगुल में फँसता है, तभी वह ऐसी भूलें करता है। भीतर जो शून्य है, उसके एक जबड़ा है, जबड़े में मांस काट खाने के दाँत हैं। अर्थात् शैतान का दूसरा नाम है

शून्य। यह शून्य हर जगह करवत, कटार और दराँत उगाता है, मांस काट खाने के दाँत बढ़ाता है।

इसीलिए जहाँ देखो वहाँ
खूब मच रही है, खूब ठन रही है,
मौत अब नए-नए बच्चे जन रही है।

(शून्य)

शैतान ने आदम को लुभाया, धरती पर मृत्यु का आविर्भाव हुआ। आदम का पाप आज के आदमी का भी पाप है, वह आदमी है, इसलिए आदम के पाप से मुक्त हो नहीं सकता। मुक्तिबोध कहते हैं–

सदियों की खून रंगी भूलों के
किस्सों का किस्सा,
मेरी अंतरात्मा का अंश
मेरी जिंदगी का हिस्सा!!

(चंबल की घाटी में)

चंबल की घाटी के टीले पर एक महाकाय दस्यु बैठा है–काला, मोटा, नाटा, जंगली। टीला है मनुष्य का मन और उस पर बैठा हुआ डाकू है शैतान। हवा टीले को यह ज्ञान देती है कि उसकी छाती पर जो डाकू की चट्टानी सूरत बनी हुई है, वह 'तुम्हारी ही आकृति' है।–

दस्यु की चट्टानी आकृति बन कर
दबंग रौबीले ठाठ से बैठी,
छाती पर चढ़ी हुई वह दुष्ट सत्ता
मात्र बृहत्कृत बिंब है तुम्हारा,
तुम्हारे स्वरूप का मूर्त्त महत्कृत
रूप है वह तो।

शैतान मनुष्य के बाहर नहीं, उसके भीतर है; उसकी पाप करने की इच्छा ही शैतान है। मनुष्य जितना ही सामंजस्यों में फँसता है, 'उतनी ही बंजर बनती है दुनिया' वह खुद के बनाए शिकंजों से छूट नहीं पाता। लेकिन उस टीले में कहीं मुक्ति की चाह छिपी हुई है। पाषाणी नेत्रों में ब्रण हैं–

खून बहाते-से आँखों के घाव
घावों में सचाई की किरकिरी

कसकती!!
कसकते हैं खूनभरी आँखों में सत्यों के अणु-रेणु...

यह कसक बड़ी मूल्यवान है, क्योंकि मुक्ति इसी दुखानुभूति से संभव है। 'जड़ता के पंजे' जब तक मन को दबाए रहते हैं, तब तक लोग 'अनसुनी करते हैं आत्मा की आवाज।' पृथ्वी पर कहीं 'उदार चेतनाध्यक्ष की हत्या' होती है, कहीं 'आत्माध्यक्ष का खून' होता है। मनुष्य की पुण्य-चेतना का वध किया जाता है।

टीले के भीतर भयानक द्वंद्व होता है। वह टीला सांसारिकता के हाथों पूरी तरह बिका नहीं है। किसी अज्ञात लोक की हवा लगती है, 'पत्थरी ढाँचे में थरथरी' पैदा होती है। टीले का आर्द्र–

भीगा हुआ मन
चला जाता किसी दूर देश
खामोश सिसकियाँ भरने।

हवा टीले को सहलाती है, चोट भी करती है। पाप से मुक्ति पाना सुखद है लेकिन दुख झेले बिना मुक्ति नहीं, इसलिए दुखद भी है। हवा सलाह देती है कि छाती पर बैठे हुए दस्यु को लेकर लुढ़कते चले जाओ, वह टूटेगा; तुम भी टूटोगे, इस टूटने में ही मुक्ति है।

मुक्तिबोध नहीं कहते कि दुनिया लिजलिजी है, उसे देखकर उबकाई आती है, मैं सड़ रहा हूँ, देश सड़ रहा है, शरीर पर कनखजूरे रेंग रहे हैं, इत्यादि। वह सार्त्र की भावभूमि से अलग हटकर किर्केगार्ड और काफ्का के प्रदेश में विचरण करते हैं। इस अस्तित्ववाद से वह रहस्यवाद और मार्क्सवाद की पटरी कैसे बिठाते हैं?

चंबल की घाटी का टीला आधा अस्तित्ववादी है, आधा रहस्यवादी। खामोश सिसकियाँ भरने वाला मन–वह है अस्तित्ववादी। वह मन आंतरिक रहस्यमन प्रकाश से दीप्त भी हो उठता है–

मेरा यह टीला
अंतर-विवरों के केंद्रों में भीषण
भभक कर...
अग्निमान
अचानक अग्निमान!!
अंतर-ब्रह्माण्ड
स्याह लकीरों से कटा-पिटा, लेकिन
देदीप्यमान है पूरा का पूरा!!

देदीप्यमान होने और सिसकियाँ भरने की क्रियाएँ आगे-पीछे संपन्न होती हैं। एक साथ नहीं। अर्थात् मुक्तिबोध का मन बारी-बारी से रहस्यवादी और अस्तित्ववादी की भूमिकाएँ पूरी करता है। टीले को आंतरिक प्रकाश से जगमगाते देख कर मुक्तिबोध का मार्क्सवादी मन टोकता है।

टोकने का स्वर काफी तेज है, लगभग सर्वहारा वर्ग का लहजा है। इस मार्क्सवादी मन को शांत करना बहुत जरूरी है। मुक्तिबोध कहते हैं, भीतर के शैतान से लड़ो, बाहर के शैतान से भी लड़ो। जो छाती पर बैठा है, वह सचमुच का डाकू भी तो है। जो पीड़ित हैं, वे पाप से ही पीड़ित थोड़े हैं, शोषण से भी तो पीड़ित हैं। कहते हैं–

अपने ही दर्रों के
लुटेरे इलाकों में जोरदार
आज जो गिरोह हैं,
पीड़ित जनों को
जन-साधारण को उनकी ही टोह है।
पूर्ण विनाश अनस्तित्त्व का चरम विकास है।
इसलिए, ओ हृषद् आत्मन्
कट जाओ, टूट जाओ।
टूटने से विस्फोट शब्द जो होगा
गूँजेगा जग भर;
किंतु, अकेले की, तुम्हारी ही वह सिर्फ
नहीं होगी कहानी!!

इस तरह मुक्तिबोध अस्तित्ववाद, रहस्यवाद और मार्क्सवाद का समन्वय करते हैं। इस समन्वय में कई बातें स्पष्ट नहीं हैं। अनस्तित्त्व का विकास क्या होता है? जिसका अस्तित्व ही नहीं, उसका विकास कैसा? यह विकास भी किस काम का जब उसकी परिणति है पूर्ण विनाश? हृषद-आत्मन् टूटेंगे, विस्फोट का शब्द सारे संसार में गूँजेगा; इससे पीड़ित जनों को क्या लाभ होगा? टीले के टूटने की कहानी हर आदमी की कहानी क्यों बनेगी? शोषण से मुक्ति पाने के लिए आदमी का टूटना क्यों जरूरी है?

किन्हीं विशेष संप्रदायों की आस्थाएँ स्वीकार कर लेने पर मुक्तिबोध की बातें युक्तिसंगत हो जाती हैं किंतु जहाँ वे इन आस्थाओं का समन्वय सामाजिक क्षेत्र में शोषित वर्गों के मुक्ति-प्रयास से करते हैं, वहीं उनकी तर्क योजना खण्डित हो जाती है। समन्वय के ऊपरी ढाँचे के भीतर द्वंद्व बना रहता है।

'एक स्वप्नकथा' में मुक्तिबोध फिर मनोविश्लेषण शास्त्र, रहस्यवाद, अस्तित्ववाद और मार्क्सवाद में सामंजस्य स्थापित करने का प्रयत्न करते हैं। स्याह समुंदर के पांखी कहते हैं; सहस्त्रों वर्षों से जो सागर उफनता आया है, उसका भाष्य करो, सागर के अतल का निरीक्षण करो। मुक्तिबोध को यह सीख मनोविश्लेषण-शास्त्र से मिली है। सागर में पैठ कर वह उस पत्थर को खोजते हैं जो 'पूरे ब्रह्माण्ड की केंद्र क्रियाओं का तेजस्वी अंश हो।' यह हुआ रहस्यवाद। 'ग्लानिकर समुद्र में मुझे गश आता है,' उनके अंतःस्थित संवेदन उन्हीं पर कड़क उठते हैं, सतहों पर छटपटा कर गिरना, माथे पर चोट लगना, लहरों द्वारा रक्त का चूसा जाना—यह सब अस्तित्ववादी भावजगत् का कार्यक्रम है। कविता के अंत में समुद्र पर सर्चलाइट से रोशनी फेंकता हुआ एक जहाज आता है—

वह जहाज
क्षोभ विद्रोह भरे संगठित विरोध का
साहसी समाज है!!
भीतर व बाहर के पूरे दलिद्दर से
मुक्ति की तलाश में
आगामी कल नहीं, आगत वह आज है!!

बाह्य शोषण और आंतरिक पाप से एक साथ मुक्ति। अस्तित्ववाद और मार्क्सवाद का समन्वय। किंतु कविता में इस जहाज के आने की कोई संगति नहीं है। वह अकस्मात् आता है, अकस्मात् डूब भी सकता है।

निष्कर्ष यह कि मुक्तिबोध की अंतर्मुख दशाएँ हैं अंतश्चेतना में डूबने के उनके प्रयास। ये दशाएँ गहनतर होती हैं बाहर की दुनिया में मार खा कर अपने भीतर समाज और ब्रह्मांड का रहस्य ढूँढ़ने से। आत्मग्रस्तता का एक रूप है रहस्यवाद, दूसरा रूप है अस्तित्ववाद। आत्मग्रस्तता के बावजूद और उसे साथ लिये हुए मुक्तिबोध के आत्मसंवेदन समाज के व्यापकतर छोर छूते हैं—इसका अर्थ है, वह रहस्यवाद और अस्तित्ववाद से मार्क्सवाद का समन्वय करने का प्रयत्न करते हैं।

किंतु यह समन्वय हो नहीं पाता।

मुक्तिबोध साहित्य और राजनीति की प्रगतिशील परंपरा के प्रति अत्यंत जागरूक रहने वाले कवि थे। हिंदी के अलावा वे मराठी के संत वाङ्मय से भली भाँति परिचित थे, आधुनिक बांग्ला, मराठी और हिंदी काव्य साहित्य के वे प्रेमी थे। उनकी अस्तित्ववादी भावधारा इस परंपरा-बोध से टकराती थी। यह टक्कर जिस कविता में बहुत ही तीव्र रूप में प्रकट हुई है, उसका नाम है—'अँधेरे में।'

इस कविता में अनेक दृश्यों के बीच तिलक की मूर्ति दिखायी देती है। कवि जब पास पहुँचता है, तब मूर्ति हिलती है और उसके तन से अंगार झरते हैं। फिर

क्या देखते हैं कि मूर्ति की नाक से गर्म खून बह रहा है। अँगरखा खून के धब्बों से भर गया है, मानो अतिशय चिंता के कारण मस्तक-कोष ही फूट पड़ा हो।

जैसी दशा मुक्तिबोध की होने वाली थी, उसकी कल्पना मानो वे तिलक की मूर्ति में करते हैं। मस्तक-क्रोष फूट जाता है और नाक से खून बह चलता है। पत्थर की मूर्ति अपने क्षोभ का इससे बड़ा प्रमाण और क्या दे सकती थी? और कवि अपने और अपराध-भाव, उस महान् राजनीतिज्ञ के प्रति अपनी श्रद्धा का इससे बड़ा प्रमाण और क्या दे सकता था कि मन की तहों के नीचे छिपी मृत्यु की गुप्त आशंका वह प्रस्तर-मूर्ति पर आरोपित कर देता है? पिता, पिता, चिंता न करो, हम अभी जिंदा हैं, कहता हुआ वह मूर्ति के ठंडे पैरों से लिपट जाता है। उसे लगता है, स्वयं उसके हृदय में रक्त टपकता है–

आत्मा में बहता सा लगता
खून का तालाब।

परंपरा और देश के प्रति अपने दायित्व का जितना गहरा बोध है, उतना ही विकट मुक्तिबोध का हठ है। मन में कोई भयानक जिद जाग उठती है। यह ज़िद अपने दायित्व से हटने, एकांत में, समाज से अलग रहकर रहस्यवादी अथवा अस्तित्ववादी चिंतन करने की जिद है। जैसे कोई बालक अपने पिता की बात सच मानते हुए भी केवल अपनी स्वतंत्र सत्ता का मान रखने के लिए अपनी किसी गलत बात पर अड़ा रहे। पिता से घृणा होती तो कष्ट न होता, पिता से प्रेम की गहरी अनुभूति है, इसीलिए हठ और दायित्व बोध के द्वंद्व से भयानक कष्ट है। छाती में ठक्-ठक्, सिर में धड़-धड़ की आवाज सुनाई देती है। लगता है, हड्डी काटी जा रही है।

विवेक चलाता तीखा सा रंदा
चल रहा बसूला
छीले जा रहा मेरा यह निजत्व कोई।

विवेक–बहुत ही उपयुक्त शब्द है। साहित्य और राजनीति की परंपरा का बोध कवि के विवेक को तीव्र करता है। इस विवेक को मुक्तिबोध की आत्मग्रस्तता सह्य नहीं है। विवेक के रंदे से निजत्व छील कर–आत्मग्रस्तता दूर करके–मुक्तिबोध अपना नया व्यक्तित्व गढ़ने की कोशिश करते हैं।

तिलक के बाद गाँधी दिखायी देते हैं, सर्दी में बोरा ओढ़े हुए, काँपते हुए मानो प्राण निकलने को हैं। पास जाने पर जैसे कवि को बिजली का झटका लगता है और गाँधी जी कहते हैं–

भाग जा, हट जा
हम हैं गुज़र गए ज़माने के चेहरे
आगे तू बढ़ जा।

गुज़र गए ज़माने के चेहरे—यह है परंपरा का बोध। नयी कविता इस परंपरा को आगे बढ़ा रही है या उससे पीछे जा रही है?

वे कह रहे हैं—

'दुनिया न कचरे का ढेर कि जिस पर
दानों को चुगने चढ़ा हुआ कोई भी कुक्कुट
कोई भी मुरगा
यदि बाँग दे उठे जोरदार
बन जाए मसीहा।'

नयी कविता साहित्य और राजनीति की परंपरा को आगे नहीं बढ़ा रही, उससे पीछे जा रही है। मुक्तिबोध ने नयी कविता की बुनियादी कमजोरी का उल्लेख अपनी आलोचना में यों किया था, 'आज के युग के मूलभूत जीवन-तथ्यों के तर्क-संगत तथा अनुभव-सिद्ध निष्कर्षों और परिणामों की ओर न जा सकने के कारण, आज का कवि वर्तमान मानव-समस्याओं के प्रति भी उदासीन है।' (नयी कविता का आत्मसंघर्ष, पृष्ठ 35)। यही बात उन्होंने दूसरे ढंग से गाँधी जी से कहलाई है। यह मुक्तिबोध की स्वयं की आत्मालोचना भी है।

शहर में सैनिक शासन है। एक सिरफिरा पागल अचानक पागलपन से मुक्त होकर 'आत्मोद्‌बोधमय' गीत गाता है। उसके स्वर करुण, रसाल, हृदय के स्वर हैं। वे स्वयं मुक्तिबोध के विवेक के स्वर हैं।

दुखों के दागों को तमगों-सा पहना,
अपने ही खयालों में दिन-रात रहना,
असंग बुद्धि व अकेले में सहना,
जिंदगी निष्क्रिय बन गयी तलघर
अब तक क्या किया
जीवन क्या जिया!!
बताओ तो किस-किस के लिए तुम दौड़ गए,
करुणा के दृश्यों से हाय! मुँह मोड़ गए,
बन गए पत्थर,
बहुत बहुत ज्यादा लिया,

दिया बहुत-बहुत कम,
मर गया देश, अरे, जीवित रह गए तुम!!

आत्मभर्त्सना का ऐसा प्रखर स्वर हिंदी के किसी दूसरे कवि की रचनाओं में नहीं सुनायी देता। उसकी प्रखरता उत्पन्न होती है मुक्तिबोध के विवेक से। उन्हें लगता है कि 'मेरी निष्क्रिय संज्ञा' से ही शहर पर संकट आ गया है। किसी छायामूर्ति के सामने वह खड़े हो जाते हैं, बहस होने लगती है, और 'लगने लगे परस्पर तमाचे।' यह अपराध-भावना धार्मिक आस्थाओं के कारण, आदम ने ज्ञान का फल चख लिया, इस कारण—उत्पन्न नहीं होती। यह अपराध-भावना सामाजिक दायित्व-बोध और अपनी आत्मग्रस्तता के एहसास से उत्पन्न होती है।

एक जलूस उद्योगपतियों, मंत्रियों और फौज के बड़े-बड़े अफसरों का है। इसमें शहर के मशहूर गुंडे हैं, 'प्रकाण्ड आलोचक, विचारक जगमगाते कविगण' भी हैं। ये सब बिके हुए हैं। 'यह शोभा यात्रा है किसी मृतदल की'—उस व्यवस्था की जो ऊपर से देखने में जीवित है, भीतर से वास्तव में खोखली और मुर्दा है। कवि को लगता है कि जलूस के लोगों ने उसे पहचान लिया है, संगीनें उसकी ओर मुड़ गयी हैं। शोर होता है, इसे गोली मार दो।

भागता मैं दम छोड़,
घूम गया कोई मोड़!!
बंदूक धाँय धाँय
मकानों के ऊपर प्रकाश-सा छा रहा गेरुआ।

त्रास की यह भावना समाज में वास्तविक संघर्ष से—व्यवस्था के रक्षकों और व्यवस्था को बदलने वालों के बीच संघर्ष से—उत्पन्न हुई है।

एक कलाकार मारा जाता है। वह 'कार्य क्षमता से वंचित' था, वह जो सपने देखता था, वे 'शुचितर विश्व के मात्र थे सपने।' ज्ञान और जीवन के जो अनुभव उसके दिल में हलचल करते थे, उन्हें 'किसी को भी दे नहीं पाया था वह तो।' यानी अभिव्यक्ति का कार्य पूरा नहीं हुआ था। वह मानो अपनी आत्मसंभवा अभिव्यक्ति की तलाश करते मारा गया हो। यह कलाकार मुक्तिबोध का ही प्रतिरूप है। स्वयं कवि मारा नहीं जाता, पर गिरफ्तार कर लिया जाता है। एक बार हड्डियों पर विवेक का रंदा और बसूला चला था, इस बार दमनचक्र चलाने वाले अधिकारी सिर की हड्डी तोड़ते हैं, ढूँढ़ते हैं, 'मस्तक यंत्र में कौन विचारों की कौन-सी ऊर्जा' है, कहाँ प्रेस है, कहाँ से पर्चे छपते हैं :

इस संस्था के सेक्रेट्री को खोज निकालो,
शायद उसका ही नाम हो आस्था।

कवि छोड़ दिया जाता है। क्रांतिकारी संघर्ष की तैयारी होती है। जनता आत्मा के चक्के पर संकल्पशक्ति का मजबूत टायर चढ़ाती है। साहित्यिक चुप हैं, कवि जन निर्वाक् हैं, 'बौद्धिक वर्ग है क्रीतदास।' स्वयं कवि की स्थिति क्या है? वह 'रक्त-पायी वर्ग' के साथ नहीं है किंतु पूरी तरह जनता के साथ भी नहीं है।

विचित्र अनुभव!!
जितना मैं लोगों की पाँतों को पार कर
बढ़ता हूँ आगे,
उतना ही पीछे रहता हूँ अकेला।

निम्न मध्यवर्ग के औसत बुद्धिजीवी की यही स्थिति है।

मुक्तिबोध कल्पना करते हैं कि उनके विवेक-रत्नों को लेकर लोग अँधेरे में सोत्साह बढ़ रहे हैं।

किन्तु मैं अकेला
बौद्धिक जुगाली में अकेला।

पीछे से एक रेला लगने पर वे भीड़ के साथ हो जाते हैं। वे देखते हैं कि क्रांतिकारी संघर्ष के दौरान 'मेरे युवकों में होता जाता व्यक्तित्वांतर।' यह व्यक्तित्वांतर मुक्तिबोध की समस्या भी है।

रेला लगने पर वे भीड़ के साथ चलते हैं, क्रांति के अनेक मोहक दृश्य देखते हैं–'गगन में नाच रही कक्का की लाठी।' बच्चों की पेंपें उड़ती हुई, हवा में सलेट-पट्टी भी घूमती हुई दिखायी देती है। शहर में लाठी और सलेट-पट्टी से हथियारबंद दमनकारियों का मुकाबला नहीं किया जा सकता। इस तरह क्रांति की विजय हो नहीं सकती। मुक्तिबोध उसे दमन और आतंक से पराजित होते भी नहीं देखते। युवकों के व्यक्तित्वांतर से क्रांति का स्वप्न खत्म हो जाता है। वह स्वप्न ही था, इसलिए–

एकाएक फिर स्वप्नभंग
बिखर गए चित्र कि मैं फिर अकेला।

स्वप्न देखने से आत्मा में चमकीली प्यास भर गयी। उन्हें 'सुनहली तस्वीरें' दिखायी देती हैं। मानो स्वप्न में किसी ने बाँहों में कस लिया हो–

उस स्वप्न स्पर्श की, चुम्बन की याद आ रही है,
याद आ रही है!!
अज्ञात प्रणयिणी कौन थी, कौन थी?

तब स्वयं कवि के व्यक्तित्वांतर की क्रिया कैसे संपन्न होती? सुनहली तस्वीरों और स्वप्न के चुम्बनों से क्रांतिकारी संघर्ष की निष्ठुर वास्तविकता का क्या संबंध है? दायित्वबोध का शिशु लेकर वे कुछ दूर चले थे किंतु अकस्मात् वह कहीं चला गया और सूरजमूखी फूलों के गुच्छे रह गए जिनसे प्रकाश फूटकर कवि के शरीर पर और रास्ते पर फैल गया। सामाजिक दायित्वबोध जब यों रहस्यवाद में बदल जाएगा, तब व्यक्तित्वांतर की क्रिया कैसे पूरी होगी? इसीलिए कविता के अंत में वह अपनी अभिव्यक्ति ढूँढ़ते ही रह जाते हैं।

जो अभिव्यक्त हो चुका है, उसे ढूँढ़ना क्या? मुक्तिबोध का आशय यह है कि जिसे वह ढूँढ़ रहे हैं, वह पूरी तरह अभिव्यक्त नहीं हुआ, अर्द्ध अभिव्यक्त होकर अस्फुट-सा आँखों से ओझल हो गया है। नया व्यक्तित्व गढ़ने की क्रिया एक दिन में संपन्न नहीं होती, गढ़ने की क्रिया में विघ्न पड़ता है, जिस कल्पना-चित्र को देखकर वे मूर्ति गढ़ते हैं, वह कल्पना-चित्र ही आँखों से ओझल हो जाता है। इसीलिए उनकी अभिव्यक्ति 'खोई हुई' है, 'आत्मसंभवा' भी है। उसे वह गलियों, सड़कों पर देखते हैं–

अत्यंत उद्विग्न ज्ञान-तनाव वह
सकर्मक प्रेम की वह अतिशयता
वही फटेहाल रूप!!

यही मुक्तिबोध के व्यक्तित्व का आदर्श रूप है जिसमें ज्ञान का तनाव ही नहीं है, प्रेम की अतिशयता भी है और वह सकर्मक है।

किंतु यह मुक्तिबोध का ही आदर्श रूप नहीं है।

कविता के आरंभ में–जिंदगी के कमरों में अँधेरे–जो लगाता है चक्कर लगातार, वह कौन है? सुनायी देता है, दिखायी नहीं देता। भीतर से फूले पलस्तर गिरते हैं, पपड़ियाँ खिसकती हैं–मन साफ होता है–तब दीवाल पर एक बड़ा चेहरा बन जाता है। मुक्तिबोध पूछते हैं–कौन मनु?

शहर के बाहर तालाब में एक बड़ा चेहरा फैल जाता है, मुस्कराता है, पहचान बतलाता है, किंतु कवि उसे समझ नहीं पाता। तिलस्मी खोह के भीतर मशाल की रोशनी में वही 'रक्तालोक स्नात पुरुष' दिखाई देता है। यह व्यक्ति कवि की 'पूर्ण अवस्था' है, उसके 'परिपूर्ण का आविर्भाव' है, 'आत्मा की प्रतिमा' है। आधी रात को दरवाजे की साँकल खटकती है, फिर वही 'द्युतिमय मुख', वही 'प्रेमभरा चेहरा' दिखायी देता है। यह वही व्यक्ति है जो तिलस्मी खोह में दिखायी दिया था। कवि की सुविधाओं का खयाल न करके वक्त-बेवक्त वह प्रकट हो जाता है, 'हृदय को देता है बिजली के झटके।' इच्छा होती है कि उसे बाँहों में भर लें लेकिन कमजोरियों से लगाव है, इसलिए टालते हैं, कतराते हैं। उससे डरते हैं क्योंकि–

वह बिठा देता है तुंग शिखर के
खतरनाक, खुरदरे कगार तट पर।

कहता है, रस्सी के पुल से दूसरे कगार तक पहुँच जाओ। उसने कवि को 'भविष्य का नक्शा' दिया जिसकी चमक वह सह नहीं सकता, उसे छोड़ भी नहीं सकता। रात का पक्षी कहता है, वह तेरी पूर्णतम अभिव्यक्ति है, तेरा गुरु है, वह चला गया है, उसे तू खोज। कविता के अंत में वह व्यक्ति फिर दिखायी देता है—'वही जन जिसे मैंने देखा था गुहा में।'—फिर वही भीड़ में खो जाता है। यह व्यक्ति कौन है? मुक्तिबोध यह प्रश्न क्यों करते हैं?—"कौन मनु?" किस मनु के बारे में वह सोच रहे हैं?

मनुस्मृति के मनु यह नहीं हैं। जिस मनु से मुक्तिबोध सर्वाधिक परिचित थे, जिस पर उन्होंने सबसे ज्यादा लिखा था, वह कामायनी में है। नुकीली नाक, भव्य ललाट, दृढ़ हनु—यह मुक्तिबोध का रूप—आदर्शरूप भी—नहीं है। फिर उसके तेजो प्रभावमय ललाट, गौरवर्ण, दीप्तदृग, भव्य आजानुभुज रूप का वर्णन है।

अवयव की दृढ़ मांसपेशियाँ
ऊर्जस्वित था वीर्य अपार;
स्फीत शिराएँ, स्वस्थ रक्त का
होता था जिनमें संचार।

कामायनी के इस मनु से मुक्तिबोध की कविता के मनु की तस्वीर बहुत कुछ मिलती-जुलती है।

कामायनी के मनु को मुक्तिबोध की निगाह से देखें, तो वह स्वयं मुक्तिबोध से काफी मिलते-जुलते दिखायी देते हैं। अनेक दुर्गणों के अलावा 'ऐसा आत्मग्रस्त निबिड़ आत्मविश्लेषण जो पराजय से प्रसूत होकर पराजयों की ओर ले जाता है, मनु की विशेषता है।' (कामायनी : एक पुनर्विचार, पृ. 21)। यह विशेषता मुक्तिबोध की भी है और उनके आत्मविश्लेषण की इससे अच्छी व्याख्या किसी ने की नहीं है। किंतु इस आत्मग्रस्तता के बावजूद मनु का आत्मसंवेदन समाज के व्यापकतर छोर भी छूता है। कहते हैं—'सच तो यह है कि यद्यपि मनु गहन अहंवादी और व्यक्तिवादी है, किंतु उसमें व्यापक जीवन-क्षेत्र में विचरण करने की लालसा, सकर्मक साहसशीलता और गत्यात्मकता है।' (उप., पृ. 159)

मनु वह सब कुछ है जो मुक्तिबोध हैं और होना चाहते हैं। उनकी परम अभिव्यक्ति में सकर्मक प्रेम की अतिशयता है, मनु में भी सकर्मक साहसशीलता और गत्यात्मकता है, मनु हिमगिरि के उत्तुंग शिखर पर बैठे हैं, 'अँधेरे में' कविता का

रहस्यमय व्यक्ति मुक्तिबोध को तुंग शिखर के कगार पर बिठा देता है। इसी व्यक्ति के अनुरूप वह अपना निजत्व गढ़ते हैं। कविता की आंतरिक संगति इस बात में है कि उसकी शुरुआत जिस व्यक्ति के चित्रण से होती है, उसका अंत भी उसी के उल्लेख से होता है। आरंभ में वह मुक्तिबोध को जगाता है, कविता के अधिकांश में इस जागरण के संघर्ष की कथा है, अंत में वह जाग चुके हैं और उस परम अभिव्यक्ति को ढूँढ़ निकालते हैं अर्थात् अपने नए व्यक्तित्व के निर्माण में तत्पर होते हैं।

प्रसाद के साथ विश्व मानवतावाद के प्रतीक रूप तोल्स्तोय आ मिलते हैं—मुक्तिबोध के अनलिखे उपन्यास के 'केंद्रीय संवेदन' की तरह। तिलक, गाँधी, तोल्स्तोय और प्रसाद की मानवतावादी धारा मार्क्सवादी प्रभाव को साथ लेती हुई उनकी आत्मग्रस्तता से टकराती है। 'अँधेरे में' कविता का ताना-बाना इस आत्मसंघर्ष के सूत्रों से तैयार किया गया है और यह मुक्तिबोध का ही नहीं, उनकी पीढ़ी के और बहुत से लेखकों का आत्मसंघर्ष भी है।

इस संघर्ष में जब मुक्तिबोध का आत्मग्रस्त, आत्मसम्मोहित मन कष्ट पाता है, तब उनकी कविता में गहरी व्यथा प्रकट होती है। जब उनका विवेक इस मुग्ध मन की मान्यताओं पर प्रहार करता है, तब उनकी व्यंग्य-प्रतिभा निखर उठती है। जब उनका मन 'स्व' से हटकर परिवार और पड़ोस के लोगों का ध्यान करता है, तब वह स्नेह से द्रवित होकर प्रगीतों की सी कोमल संवेदनाओं का परिचय देता है। मोह की दशा छोड़कर जब वह ज्ञान-नेत्र खोलते हैं, तब अपने अंधविश्वासों और चमत्कारी मान्यताओं को ध्वस्त कर देते हैं।

मुक्तिबोध जब रहस्यवादी या अस्तित्ववादी चिंतन करते हैं, तब प्रायः अकेले होते हैं। जब वह सामाजिक संघर्ष और परिवर्तन की बात सोचते हैं, तब मित्रों को और तरह-तरह के लोगों को याद करते हैं। रहस्यवादी सपने नहीं, 'नयी गहरी विवेक-चेतना' इन मित्रों के पास है, समुद्र की तलहटी में करामाती पत्थर ढूँढ़ने के बदले—

वैज्ञानिक मानव-शस्त्रों से
मेरे सहचर हैं ढहा रहे
वीरान विरोधी दुर्गों की अखंड सत्ता

(जब प्रश्नचिह्न बौखला उठे)

विरोधी दुर्ग पुरानी समाज व्यवस्था के हैं। 'एक भूतपूर्व विद्रोही का आत्मकथन' में वे सामंती परिवार के आंतरिक उत्पीड़न, हत्या और बलात्कार का चित्र खींचते हैं। 'चाँद का मुँह टेढ़ा है' कविता में पूँजीवादी व्यवस्था की पोषक संस्कृति पर तीव्र व्यंग्य करते हैं, गलियों, गंदी बस्तियों में गरीब जनता अपना भाग्य बदलने के लिए जिस राजनीतिक कार्यवाही में संलग्न है, उसका सहानुभूति से चित्रण करते हैं। वे उन

पर हँसते हैं जो जनता से दूर रहकर अपने को ध्यानमग्न ब्रह्म, विराट् पुरुष की तरह अद्वितीय समझते हैं, जिनके लिए जनता अशिक्षित जनों की भीड़ मात्र है—

समुदाय, भीड़,
डार्क मासेज़, ये मॉब हैं।

(लकड़ी का रावण)

ऐसे लोग महज़ लकड़ी के रावण हैं।

मुक्तिबोध रूमानी सपने देखते हैं और इन सपनों पर व्यंग्य करते हैं। वह चंद्रमुख पर उल्का फूल फेंकते हैं, उनकी छाया दूर नेब्यूला में गिरती है—

'बस, तभी तलब लगती है बीड़ी पीने की'

(एक अंतःकथा)

यथार्थ के एक झटके से वह अपने आकाशी स्वप्न भंग कर देते हैं। माँ सूखी टहनियाँ बीनती है क्योंकि इनके भीतर आग है और वह आग खुलने को है। माँ की सीख से मन का वह विकृत आईना टूट जाता है जिसमें या तो चेहरा बहुत बड़ा दीखता था या विकलांग और छोटा दिखायी देता था। मुक्तिबोध में एक प्रवृत्ति थी—चीजों को बढ़ा-चढ़ाकर भव्य रूप में देखने की, दूसरी प्रवृत्ति थी, उन्हें छोटा, हीन और क्षुद्र बनाकर देखने की। इन दोनों प्रवृत्तियों से वह सतर्क होकर युद्ध करते हैं। माँ फटकारती है—

केवल जीवन-कर्त्तव्यों का
पालन न हो सके इसीलिए
निज को बहलाया करता है।

मुक्तिबोध प्रयास करते हैं कि वह निज को बहलाना बंद करें, विवेक की आँखों से यथार्थ को देखें। यथार्थ को बदलने की समस्या और स्वयं को बदलने की समस्या मुक्तिबोध के लिए एक-दूसरे से गुँथी हुई है—

समस्या एक—
मेरे सभ्य नगरों और ग्रामों में
सभी मानव
सुखी, सुंदर व शोषण-मुक्त
कब होंगे?
कि मैं अपनी अधूरी दीर्घ कविता में
उमग कर,

जन्म लेना चाहता फिर से,
कि व्यक्तित्त्वांतरित होकर,
नए सिरे से समझना और जीना
चाहता हूँ, सच!!

(चकमक की चिनगारियाँ)

वह इस बात को बार-बार दुहराते हैं कि 'सुकोमल व काल्पनिक तल पर नहीं है द्वंद्व का उत्तर' (अंतःकरण का आयतन)। 'मुझे याद आते हैं', 'मेरे लोग', 'चकमक की चिनगारियाँ' और 'जब प्रश्नचिह्न बौखला उठे' कविताओं में अनेक स्थल ऐसे हैं, जिनमें परिवार और पड़ोस के लोगों के प्रति—किसी काल्पनिक, अमूर्त्त जनता के प्रति नहीं—मुक्तिबोध का गहरा स्नेह आत्म-विह्वल गेयता के स्वरों में फूट पड़ा है। उनके जीवन में काफी दुख था, फिर भी परिवार और पड़ोस और देश के लोगों का मुँह देखकर उनका मन मस्ती से भर जाता था। वे उनको भूले नहीं—अपनी आत्मग्रस्तता के बावजूद—जिन्होंने अगरबत्ती की तरह स्वयं जलकर, अपने अंतर के अगरु-धूम के बादल-सी 'मुझको अथाह, मस्ती प्रदान की' (जब प्रश्नचिह्न बौखला उठे)।

निराला ने लिखा था—वह रहा एक मन और राम का जो न थका। यह मन निराला के पास था, मुक्तिबोध के पास भी। यह अपराजेय मन, स्नेह का संबल पाकर, वर्षों तक मृत्यु से जूझता रहा। मृत्यु से बीस वर्ष पहले उन्होंने लिखा था—

जलते अंगारे लाल बुझ चले
मन के।
ज्यों कभी यकायक वायु ठहर जाती है।
वन के उजले सूनेपन में
और घूरने लगते हैं बरगद पथराई आँखों से
फैले रीतेपन की विराट लहरों को,
त्यों मन के अंदर प्राण खो चले।

अंगारों के बुझने, वायु के यकायक ठहरने और मन के अंदर प्राणों के खो जाने की क्रिया उन्होंने वर्षों तक देखी थी। दुख और वेदना पर पिछले बीस साल में हिंदी कवियों ने बहुत लिखा है किंतु वे या तो कल्पना की गिरह लगाते हैं या भावुकता के फेन पर उतराते हैं। उनकी अनुभूति चाहे जितनी सच्ची हो, उनके लिखने में वह गहराई नहीं है, जो मुक्तिबोध की कविता में है। अंतर्मन से विश्व रहस्य प्रकट करने के लिए वह जो हीरे-मोती ढूँढ़ लाए, उनसे ज्यादा महत्त्वपूर्ण उनके साधारण मन की दशाएँ हैं, जो सुख-दुख, आशा-निराशा, आत्म-विश्लेषण और आत्म-उत्पीड़न की अवस्थाओं में बदलती रहती हैं और जिन्हें बहुत स्पष्ट मुक्तिबोध का अपराजेय

कवि-मन देखा करता है। मस्तिष्क तंतुओं में जब यथार्थों की वेदना जगती है, तब दिन में भी अँधेरा दिखायी देता है और कवि–

अपनी उठती-गिरती लौ की लीलाओं में
अपनी छायाओं की लीला देखता रहा।

(जब प्रश्नचिह्न बौखला उठे)

उनके आत्मग्रस्त होने के दो रूप हैं। एक वह जब अंतर्मन में वे पूर्ण ज्ञान की तलाश में पैठते हैं, दूसरा वह जब वे मन की विभिन्न क्रियाएँ देखते हैं। यह दूसरी तरह की आत्मग्रस्तता उनकी कविता के लिए बाधक नहीं साधक है। ये मन की दशाएँ वे परिवेश छोड़कर चित्रित नहीं करते। कविता में उनका मन अपने पूरे परिवेश के साथ अवतरित होता है।

अनेक रचनाओं में उनकी कला यूरोपीय साहित्य की 'अँलीगरी' से मिलती है। इस कला की विशेषता है, किन्हीं अमूर्त्त विचारों और भावनाओं के लिए मूर्त पात्रों की वस्तुओं को निश्चित करना। यह घटिया किस्म की कला है, क्योंकि वस्तुओं और पात्रों का वर्णन पढ़ते हुए जहाँ हम उन्हें यथार्थ समझना चाहते हैं, वहीं लेखक मन को धक्का देता है–ये सत्य नहीं है, ये तो अमुक विचारों और भावनाओं की बीजगणित मात्र है। काफ्का ने इस कला का यथेष्ट प्रयोग किया है। मुक्तिबोध जगह-जगह स्पष्ट करते चलते हैं, समुद्र पर आता हुआ जहाज साहसी समाज है, कंधे पर जिस मानव शिशु को वह अकसर बिठाकर चलते हैं, वह उनका दायित्वबोध, अनुभव अथवा मानव-परंपरा है, किंतु मुक्तिबोध का बीजगणित खटकता नहीं। इसका कारण यह है कि उनका बीजगणित सतही है। सतह के नीचे चित्र जहाँ से उभरकर ऊपर आते हैं, वह धरातल है अंतर्मन का।

मुक्तिबोध का मन जहाँ-जहाँ भटकता है, उन स्थलों में एक आंतरिक साम्य है। छाती पर जैसे कोई बोझ हो, दिल और फेफड़ों की हरकत में जैसे कोई बाधा पड़ रही हो, शरीर यंत्र में कहीं कोई कलपुर्जा बिगड़ गया हो, स्नायुतंत्र में असामान्य तनाव हो–ऐसे स्वप्न हैं मुक्तिबोध के। 'फैण्टेसी' उनके लिए अभिव्यंजना का माध्यम मात्र नहीं है, जिसे वह चाहे अपनाएँ, चाहे छोड़ दें। स्वप्न उनके मन की सहज वृत्ति है। यथार्थ को स्वप्नचित्रों में बदले बिना वह मानो उसे समझ नहीं सकते। इन चित्रों में वह उत्तुंग शिखर पर बैठते हैं, कोई उनसे कहता है कि रस्सी के पुल से दूसरे शिखर पर पहुँचो और वह मना करते हैं, वह समुद्र की सतह पर गिरते हैं। माथे से खून बहता है, समुद्र की तलहटी में पहुँच जाते हैं, वह अँधेरी बावड़ी और कुएँ में पड़े होते हैं, जीने में बार-बार चढ़ते-उतरते हैं, लेकिन बाहर नहीं निकल पाते या किसी पुरानी इमारत के गिरने से उसके नीचे दब जाते हैं। बाहर की दुनिया में जितना ही झटके खाए, उतना ही स्नायुतंत्र का तनाव बढ़ा। बीज रूप

में जो रोग विद्यमान था, उसने त्रास के सपनों की सृष्टि की। मुक्तिबोध का संवेदनशील मन शरीर की आंतरिक हलचल देखकर अपनी मृत्यु की—मस्तक के कोष फूटने की—भविष्यवाणी कर रहा था।

इसलिए उनकी वेदना के स्रोत बहुत गहरे हैं।

मुक्तिबोध कवियों के प्रिय रहे हैं और रहेंगे। उन्होंने जो नए कलात्मक प्रयोग किए हैं, उनमें सीखने-समझने के लिए बहुत कुछ है। उन्होंने 'फैण्टेसी' का प्रयोग व्यंग्य-उपहास से लेकर करुण भावों की अभिव्यक्ति तक के लिए किया है। ऊपर से अँधेरा-अँधेरा दिखने पर भी उनकी कविता में बड़ी विविधता है। यदि कभी उनकी तमाम असंकलित कविताओं का संग्रह प्रकाशित होगा, तो इस विविधता की जानकारी और भी अच्छी तरह हो सकेगी। वह रहस्यवादी हैं, क्रांतिकारी हैं, रोमांटिक भी हैं। भूल-गलती के सिलसिले में अलग़ज़ाली, इब्नेसिन्ना, अलबरूनी, कौन-कौन से आलिम फाज़िल, सिपहसालार उन्हें याद नहीं आते, ज्वालामुखियों के भीतर वह कौन-कौन से अद्‌भुत दृश्य नहीं देखते, पुस्तकें उनके रोमांटिक चित्रों का मुख्य स्रोत हैं। किंतु साधारण जीवन—खासतौर से निम्न मध्य वर्ग के शहरी जीवन—से जितने उपकरण उन्होंने लिए, उतने उनकी पीढ़ी के और किसी कवि ने नहीं बटोरे। उनकी रचनाओं में जगह-जगह भाषा और छंद की शिथिलता दिखायी देती है, किंतु जब वह 'मस्ती' में होते हैं, तब भाषा और छंद की गति साँचे में ढली हुई निकलती है।

मुक्तिबोध की कविता असुरक्षित जीवन की कविता है। उसमें भावबोध की अस्थिरता और विचारों की उलझन भी है। लेकिन यह सब किसमें नहीं है? इसलिए भी उनकी कविता में सीखने और समझने के लिए बहुत कुछ है—खासतौर से कवियों के लिए।

7

साहित्य के स्थायी मूल्यों की समस्या : कालिदास

साहित्य के स्थायी मूल्यों की छानबीन करते हुए कालिदास की चर्चा करना स्वाभाविक है। वह भारतीय साहित्य के सबसे स्थायी कवि हैं। शताब्दियों से सहृदय काव्य-मर्मज्ञ उन्हें कविकुलगुरु कहते आए हैं। जिस समाज व्यवस्था में उनका जन्म हुआ था, वह नष्ट हो चुकी है या नष्टप्राय है, फिर भी उनका काव्य-सौष्ठव न तो नष्ट हुआ है, न भविष्य में नष्ट होता दिखाई देता है। क्या इससे यह सिद्ध नहीं होता कि यह काव्य-सौष्ठव समाज-निरपेक्ष है, वह ऐसे शाश्वत सौंदर्य की व्यंजना है जो देश-काल की सीमाओं के परे है? क्या कालिदास की काव्य-महिमा इस बात के लिए प्रबल तर्क नहीं है कि साहित्यकार को सामाजिक उथल-पुथल से दूर रहकर सौंदर्य की एकांत साधना करनी चाहिए?

(1)

कालिदास जिस समाज-व्यवस्था से परिचित हैं और जिसे वह अपने साहित्य में प्रतिबिंबित करते हैं, वह चार वर्णों में विभाजित है। इसमें श्रेष्ठ वर्ण ब्राह्मणों का है जो सभी के पूज्य हैं। क्षत्रिय सभी की रक्षा करने वाले हैं। वैश्य व्यापार आदि कार्य करते हैं और शूद्र दूसरों की सेवा करते हैं। अपनी रक्षा के लिए प्रजा एक निश्चित कर राजा को देती है। यह व्यवस्था इतनी रूढ़ हो चुकी है कि वर्ण का निश्चय कर्म से नहीं, जन्म से होता है। शंबूक जन्म से शूद्र था, इसलिए उसे तप करने का अधिकार न था। उसके 'अपचार' से एक ब्राह्मण का पुत्र अकाल ही मृत्यु को प्राप्त हुआ, इसलिए तप करते हुए शंबूक का सिर काटकर राम ने उस ब्राह्मण के लड़के को जिला दिया (रघुवंश, सर्ग 15)। दुष्यंत अपने पुत्र के हाथ में चक्रवर्तियों के लक्षण देखते ही पहचान जाते हैं कि वह किसी राजा का

पुत्र है और चक्रवर्ती बनने के लिए पैदा हुआ है। सुदक्षिणा के गर्भ में लोकपालों के अंश विद्यमान हैं, इसलिए उसके पुत्र को चक्रवर्ती होना ही चाहिए (रघुवंश, सर्ग 3)। राजा लोग दो काम करते हैं—भोग और युद्ध। दोनों से छुट्टी मिलने पर योग साधते हैं। यद्यपि वे प्रकृति-रंजक, प्रजा को प्रसन्न रखने वाले हैं, फिर भी यह पृथ्वी उनके भोग के लिए है। रघु ने अज को पृथ्वी ऐसे सौंप दी, जैसे वह दूसरी इंदुमती हो (रघुवंश, सर्ग 8)। सीता को वनवास देने के बाद राम ने पृथ्वी का ही भोग किया (उप., सर्ग 15)। दुष्यंत प्रतिज्ञा करते हैं कि अनेक रानियों के रहते हुए उनके यहाँ दो ही की प्रतिष्ठा होगी—एक तो पृथ्वी की, दूसरी शकुंतला की। प्राचीन कवियों ने पृथ्वी को माता और अपने को उसका पुत्र कहा था। अब वह भोग की वस्तु बन गई है। कवि राजाओं के चाटुकार बन गए हैं। सरस्वती यह देखकर सिर धुनने और पछताने के बदले चारणों के कंठ में बैठकर रघु की स्तुति करती हैं (रघुवंश, सर्ग 4)।

समाज-व्यवस्था के प्रति कालिदास उदासीन नहीं हैं। उनका एक निश्चित दृष्टिकोण है जो प्रचलित समाज-व्यवस्था का पोषक है। यह व्यवस्था अभ्युदयशील न होकर काफी रूढ़ हो गई है। उसकी गहरी छाप कालिदास के काव्य पर है। यह छाप उनके काव्योत्कर्ष में सहायक न होकर एक बाधा बन गई है। कालिदास और उनके अनेक—संभवतः अधिकांश—सामयिक काव्य-प्रेमियों की सहृदयता को यह देखकर धक्का न लगा होगा कि पृथ्वी नारी के समान भोग्या है, सरस्वती राजाओं की स्तुति करती है और शूद्र के तप करने पर उसका सिर काट लिया जाता है। उस समय की सामाजिक परिस्थितियाँ ऐसी ही थीं, यह कहा जा सकता है। तब कालिदास की रचनाओं में इस तरह के प्रसंग साहित्य के स्थायी तत्त्व हैं या अस्थायी? यदि स्थायी हैं तो आज के कवि—साधारण कवि नहीं, रवींद्रनाथ, भारती, निराला जैसे कवि—उन पर क्यों रचनाएँ नहीं करते? यही नहीं कालिदास के दृष्टिकोण से विरोधी विचारधारा अपनाकर वे महान कृतियाँ कैसे दे सके हैं? यदि अस्थायी हैं; तो स्वीकार करना होगा कि कालिदास-साहित्य के सभी तत्त्व समान रूप से अस्थायी नहीं हैं, कुछ उनमें अस्थायी भी हैं और वे हमारे लिए अनुकरणीय नहीं हैं।

पृथ्वी भोगने के लिए युद्ध करना आवश्यक है। *रामायण* और *महाभारत* में युद्ध अन्याय के प्रतिकार के लिए था; राम, कृष्ण, अर्जुन आदि वीर इसलिए आदर्श पात्रों के रूप में चित्रित किए गए थे। लेकिन कालिदास के रघुवंशी राजा यश के लिए विजय प्राप्त करने चलते हैं (रघु., सर्ग 1)। युद्ध आदि के वर्णन में अतिरंजित चित्रों और कल्पना-चमत्कार का बाहुल्य रहता है। रघु जब दिग्विजय के लिए चलते हैं तो सबसे आगे उनका प्रताप चलता है, उसके बाद सेना का कोलाहल, उसके बाद धूल और सबसे पीछे सेना (रघु., सर्ग 4)। इंदुमती के साथ लौटते हुए अज अपने विरोधियों से युद्ध करते हैं, तब एक योद्धा सिर कटने पर देवता हो गया,

विमान पर चढ़कर स्वर्ग पहुँच गया और वहाँ से सुरांगना के साथ समर-भूमि में देखने लगा कि उसका धड़ अब भी नाच रहा है (रघु., सर्ग 7)। दो योद्धा एक साथ मारे जाकर स्वर्ग पहुँच गए और वहाँ एक ही अप्सरा के पीछे झगड़ा भी करने लगे (उप.)। *कुमारसंभव* में योद्धा हाथियों पर ऐसे बाण चलाते हैं कि हाथियों के सिर पहले गिरते हैं, बाण पीछे (सर्ग 16)। जिन योद्धाओं को हाथियों ने उछाल दिया, उनके प्राण ऊपर ही स्वर्ग चले गए, शरीर नीचे आ गिरा (उप.)। दो योद्धाओं ने एक-दूसरे का सिर काट दिया, स्वर्ग पहुँचकर वे अपने धड़ों का नाच भी देखने लगे (उप.)। कालिदास की महान प्रतिभा भी उनके युद्ध-वर्णन को प्रभावशाली नहीं बना सकी। युद्ध-वर्णन में उन्होंने परंपरा का निर्वाह-मात्र किया है। उनकी चमत्कार-प्रदर्शन की शैली उनकी प्रकृति-वर्णन की सहज शैली से एकदम भिन्न है। युग-विशेष की रूढ़ि का अनुसरण-भर उन्होंने किया है, उत्साह और तन्मयता का अभाव स्पष्ट है। यह भी उनके काव्य का स्थायी तत्त्व नहीं है, वरन् राजाश्रय-प्राप्त कविता की रूढ़ि से उत्पन्न दोष है।

युद्ध के बाद दूसरा और अधिक महत्त्वपूर्ण कार्य सुखभोग है। सुख का अर्थ है नारी। कालिदास के अधिकांश राजा अनेक पत्नियों वाले हैं, पतिव्रत-धर्म स्त्रियों के लिए है, पुरुष पत्नीव्रत से प्रायः मुक्त हैं। पुरुष भोक्ता है, नारी भोग्या है। इसलिए भोक्ता के लिए कोई बंधन नहीं है। विवाहिता पत्नियों के अतिरिक्त प्रमोद-नृत्य के लिए वारयोषिताएँ हैं। (रघु., सर्ग 3), यक्ष का संदेश ले जाने वाला मेघ पण्यस्त्रियों के साथ विहार करने वालों के उद्दाम यौवन की जानकारी प्राप्त करता हुआ जाता है।

यः पण्यस्त्री रतिपरिमलोद्‌गारिभिर्नागराणा-
मुद्दामानि प्रथयति शिलावेश्मभिर्यौवनानि।

और भी

वेश्यास्त्वत्तो नखपद सुखानूप्राप्य वर्षागबिंदू-
नामोक्ष्यंते त्वयि मधुकरश्रेणिदीर्घान् कटाक्षान्।

वेश्यावृत्ति इस नागरसंस्कृति का अभिन्न अंग है। उसके बिना उनके उद्दाम यौवन का संगीत अधूरा रहेगा। ये पण्य स्त्रियाँ थीं, पैसे के लिए उनका शरीर बिकता था। सहृदय रसिकों के दुर्भाग्य से साहित्य का यह स्थायी तत्त्व भी अब मिटता जा रहा है।

भोग के उत्कर्ष के लिए मद्यपान आवश्यक तत्त्व के रूप में ग्रहण किया गया है। रघु के सैनिक मदिरा के साथ शत्रु का यश पी जाते हैं। अज को देखने वाली स्त्रियों में मुँह से आसवगंध निकालने वाली देवियाँ भी हैं, अज इंदुमती के

लिए विलाप करते हुए याद करते हैं कि उसने अज के अधपिए मधु को पिया था, वसंत में अंगनाएँ स्मरसखा मधु का सेवन करती हैं (रघु., सर्ग 9)। यह कहना कठिन है कि कालिदास के समाज में (या उनकी कल्पना में) कौन अधिक पीता था—स्त्रियाँ या पुरुष। कालिदास ने मदविह्वल रमणियों का उल्लेख अधिक किया है। रति विलाप करते हुए इस बात पर क्षोभ प्रकट करती है कि अरुणनेत्र घुमाती और बोलने में अटपटाती प्रमदाओं का मद्यपान काम के बिना व्यर्थ जाएगा। *मालविकाग्निमित्र* में इरावती कहती है, लोगों की उक्ति है कि मद्यपान से स्त्रियों की शोभा विशेष रूप से बढ़ जाती है। इसलिए भगवान शंकर ने अनंगदीपन मद अंबिका को भी पिला दिया, रति-विलाप की महिलाओं की तरह 'घूर्णमाननयनं स्खलत्कथ', उनकी भी वैसी ही दशा हो गई। मद्यपान की अतिशयता भोगवाद की अतिशयता की ही सूचक है। मद्यपान और वेश्यावृत्ति में कौन श्रेष्ठ है और कौन निम्न है, इसका निर्णय पाठक करें, किंतु यदि घूर्णमान नयनों वाली प्रमदाओं का वर्णन कवि न करे तो क्या इसे साहित्य के एक स्थायी तत्त्व का अभाव माना जाएगा?

नारी भोग की वस्तु है, इसलिए शृंगार रस के सिद्ध कवि द्वारा नर-नारी के परस्पर-संबंध का वर्णन स्वाभाविक ही है। छहों ऋतुओं की सृष्टि इसीलिए हुई है कि भोगियों का रस-व्यापार एकरस न हो, विभिन्न प्रकृति परिवेशों में सरस बना रहे। गर्मी में 'नितंबबिंबैः' तथा 'स्तनैः', 'स्त्रियो निदाघं शमयंति कामिनाम्' (ऋतुसंहार, सर्ग 1)। वर्षा का तो कहना ही क्या? बिजली चमकते ही अपराधी प्रियों को भी देवियाँ क्षमा कर देती हैं। गुफाओं में विहार करते हुए किंपुरुषों और उनकी प्रेमिकाओं के लिए बादल पर्दे का काम करते हैं (कुमारसंभव, सर्ग 1)। यदि वर्षा की बूँदें नहीं हैं तो सुरतग्लानि दूर करने के लिए शिप्रावात है (मेघदूत)। कालिदास के कामीजन शृंगार रस में ऐसे डूबते हैं कि सिर उठाने का नाम नहीं लेते। उनके आदर्श भोगी भगवान शंकर हैं जो आदर्श योगी भी हैं।

समदिवस निशीथं संगिनस्तस्त्रशंभोः
शतमगमदृतूनां साग्रमेका निशेव।
न तु सुरत सुखेभ्यश्छिन्नतृष्णो बभूव
ज्वलन इव समुद्रांतर्गतस्तज्जलौघैः ॥

(कुनारसंभव, सर्ग 8)

दिन-रात भोग करते हुए सौ वर्ष एक रात की तरह बिता देने पर भी बड़वानल की तरह सुरत-सुख से वह छिन्नतृष्ण ही रहे।

शिव जी तो योगी थे, उनके लिए सब कुछ संभव था। लेकिन शिव जी के इस मार्ग पर चलने वाले रघुवंशी राजा अग्निवर्ण की बुरी दशा हुई। वह रमणियों से भरी हुई पानशाला में वैसे ही जाते थे जैसे कमलिनियों के बीच हाथी जाता

है। रमणियाँ उनका जूठा मद पीती थीं, वह रमणियों का। अंत में उन्हें क्षय रोग हो गया, वे दूसरों का सहारा लेकर चलने लगे। अंत में पुत्र का मुँह देखे बिना ही चल बसे। कालिदास ने भोगवाद का यह परिणाम दिखाया, यह अच्छा किया। किंतु यह उन्होंने रघुवंश में दिखाया है, उसके अंतिम सर्ग में। रघुवंश को उनकी अंतिम रचना माना जाता है। यदि यह सत्य है तो अग्निवर्ण का अंत कालिदास की अन्य रचनाओं में वर्णित भोगवाद पर अच्छी टिप्पणी है। यह रोग उस समाज-व्यवस्था में लग चुका था जिसमें एक अवकाशभोगी वर्ग दूसरों की अर्जित संपत्ति के बल पर भोग (और योग) के सिवा दूसरी बात सोच ही न सकता था। उस रोग का जो परिणाम हुआ, उसे भारतीय इतिहास का हर विद्यार्थी अच्छी तरह जानता है।

इस भोग के साथ योग का संसार है। योग के चमत्कार से असंभव बातें भी संभव हो जाती हैं। गुरु वशिष्ठ ने ध्यान लगाया और उन्हें मालूम हो गया कि दिलीप के पुत्र क्यों नहीं होता। कार्तवीर्य नाम के योगी युद्ध करने चलते थे तो उनके हजार हाथ निकल आते थे, इसलिए कोई राजा उनका सामना न कर सकता था (रघु., सर्ग 6)। एक महर्षि ऐसे थे जो हिरनों के साथ रहते थे और घास खाते थे (दर्भांकुरमात्रवृत्तिः) और इस 'तप' से इंद्र को भय हो गया था। जिस शंबूक ने तप करके वर्ण-व्यवस्था का उल्लंघन किया था, वह वृक्ष की डाल पर उलटा लटका हुआ था और उसके मुँह के नीचे आग जल रही थी। इस तरह के तप का अधिकार ब्राह्मणों के लिए सुरक्षित था। शरीर को इस तरह कष्ट देने से आध्यात्मिक उन्नति होती थी। कहाँ उपनिषदों का रहस्य-चिंतन और कहाँ यह उलटे लटकने की क्रिया! कालिदास की सामाजिक विचारधारा—राजा, प्रजा आदि के संबंध में—वाल्मीकि और व्यास से पिछड़ी हुई है, उसी तरह योग के विषय में उनका दृष्टिकोण उपनिषदों की तुलना में पिछड़ा हुआ है। आगे चलकर तुलसीदास ने इसी चमत्कारवाद का प्रबल विरोध करके अपना भक्ति-मार्ग प्रतिष्ठित किया था।

पशुबलि का अलग चलन था। निःसंदेह कालिदास को जीवमात्र से प्रेम था। उनके तपोवनों में पहुँचते ही राजा अपना धनुष अलग रख लेते हैं। लेकिन धार्मिक रूढ़ि के रूप में उन्हें पशुबलि स्वीकार थी। जिस धीवर को दुष्यंत की अंगूठी मिली थी, वह उन श्रोत्रियों का हवाला देता है जो पशुहत्या के दारुण कर्म में प्रवृत्त होते हैं।

कालिदास के समाज की विशेष धार्मिक उपज पुराण थे। पुराणों से महाकवि ने अपने काव्य-सौंदर्य की ही बहुत-सी सामग्री नहीं ली, उनसे उन्होंने कुछ ऐसी बातें भी ली हैं जो जहाँ-तहाँ काव्य को पुराण बना देती हैं और इससे काव्य-सौंदर्य घट जाता है। *रघुवंश* में देवताओं द्वारा विष्णु की स्तुति, *कुमारसंभव* में ब्रह्मा की स्तुति आदि ऐसे ही प्रसंग हैं। *रघुवंश* के अठारहवें सर्ग में कवि ने राजाओं के नाम गिनाकर पुराणों की तरह वंशावली लिख डाली है। पुराणवाद ने यहाँ उनके

काव्योत्कर्ष को प्रायः नष्ट ही कर दिया है। कालिदास का कलात्मक दृष्टिकोण एक कुशल चित्रकार का है। साधारणतः वह पुराणों से ऐसे तत्त्व लेते हैं जो सौंदर्यबोध को निखारने वाले होते हैं। लेकिन रूढ़ियों का पालन करते हुए उन्होंने छह दिन के षडानन से युद्ध ही नहीं कराया, ब्रह्मा के चार मुखों द्वारा षडानन के छह मुखों का चुंबन भी कराया है—

> **धनप्रमोदाश्रुतरंगिताक्षैर्मुखैश्चतुर्भिः प्रचुरप्रसादैः।**
> **अथो अचुंबद्विधिरादिवृद्धः षडाननं षट्सु शिरःसुचित्रम् ॥**

वैसे तो ब्रह्मा के लिए सब कुछ संभव है लेकिन देवताओं का जितना ही मानवीकरण हो, उतना ही वे काव्य के लिए उपयोगी होते हैं। अद्भुत रस का प्रसंग होता तो चित्र ठीक रहता। इस विचित्र व्यापार का कारण अनेक पौराणिक रूढ़ियों को स्वीकार कर लेना है जिससे काव्यकला की क्षति हुई है।

पौराणिक रूढ़ियों के अतिरिक्त कालिदास ने अनेक काव्यगत रूढ़ियों का अनुसरण भी किया है। उनके युद्ध-वर्णन का उल्लेख ऊपर हो चुका है। उनके अतिरंजित आलंकारिक वर्णन इसी रूढ़िवाद के अंतर्गत आते हैं। शुक्ल जी ने रीतिकालीन कवियों के जिस चमत्कारवाद का विरोध किया था, उसके बीज कालिदास में विद्यमान हैं। उनमें इस तरह का कल्पना-विलास मिलता है—हंस, तारे, कुमुद आदि देखकर लगता है कि ये रघु का यश हैं। शिव जी ने पार्वती जी की आँखों में लगाने के लिए अपने तीसरे नेत्र से ही काजल पार लिया। शिव जी के पुत्र षडानन अपना हाथ शिव जी के सिर पर बहती हुई गंगा में डाल देते हैं और जब ठंड लगती है तब उनके तीसरे नेत्र से उसे सेंक लेते हैं।

कालिदास की काव्य-कला का अध्ययन उनके समय की समाज-व्यवस्था से अलग करके नहीं किया जा सकता। उस व्यवस्था को भुलाकर एक महान कवि में उपर्युक्त चमत्कारवाद की व्याख्या करना कठिन हो जाएगा। कालिदास के समय में वह समाज-व्यवस्था पूरी तरह परिपक्व हो चुकी है, इतनी कि उसमें ह्रास के चिह्न स्पष्ट दिखाई देने लगे हैं। इस व्यवस्था ने महाकवि की चेतना को सीमित कर दिया है। राजाओं के संबंध में उनके विचार, उनके चरित्र-चित्रण पर प्रभाव डालते हैं। वाल्मीकि की तरह वह अपने आदर्श पात्रों के मानवत्व की घोषणा नहीं करते—'दैवसंपादितो दोषो मानुषेण मया जितः।' जो शिव के समान देवता हैं, षडानन के समान देव-पुत्र हैं, राम के समान अवतार हैं, उनके चमत्कारों का तो कहना ही क्या, दुष्यंत जैसे राजा भी इंद्र की सहायता करने पहुँच जाते हैं। राम को विजय प्राप्ति के लिए भगीरथ-प्रयत्न करना पड़ा था, वाल्मीकि के राम मानसिक अंतर्द्वंद्व से अपरिचित नहीं हैं। कालिदास के राजा बड़ी सरलता से विजय पा जाते हैं। उनमें *रामायण* और *महाभारत* के वीरों की प्रयत्नशीलता का अभाव है। युद्ध में अनेक

चमत्कार दिखाने वाले ये राजा वास्तव में निष्क्रिय लगते हैं। उनकी सक्रियता प्रायः भोग्या नारी को देखकर जाग्रत होती है, उनकी मुख्य मानसिक व्यथा विरहजन्य होती है। स्त्रियाँ और भी निष्क्रिय हैं। ओष्ठ रंगने और भ्रू संचालन में वे पटु होती हैं। नखक्षतों की पीड़ा वे जानती हैं। वे वात्स्यायन की प्रयोगशाला की सजीव मानव-मूर्तियाँ हैं। उनमें प्राचीन महाकाव्यों की वीर नारियों के-से दर्प और संघर्ष की क्षमता नहीं है। कालिदास के समाज में नारी का व्यक्तित्व दबा दिया गया है। वीर नारियों का स्थान वेश्याओं और अभिसारिकाओं ने ले लिया है। अन्य नारियाँ अधिकतर प्रेमिका मात्र रह गई हैं। चरित्र-चित्रण में कविकुलगुरु आदि-कवि से बहुत पीछे हैं और इसका कारण उस समय के सामाजिक वातावरण से उनकी कला का गहरा संबंध है।

सामंतों की आश्रय-प्राप्त कविता चमत्कार-प्रधान हो चुकी है। कालिदास की अद्‌भुत उत्प्रेक्षाओं में ही यह चमत्कारवाद नहीं दिखाई देता, उनके साधारण कथा-प्रवाह में भी यह प्रयत्न दिखाई देता है कि हर छंद में कोई विशेष आलंकारिक चमत्कार उत्पन्न किया जाए। इस कारण उनके कथावर्णन में वह ओजपूर्ण प्रवाह नहीं है जो वाल्मीकि की विशेषता है। उनकी कविता सुंदर है लेकिन उसमें उस गरिमा का अभाव है जो व्यास की विशेषता है, जो मनुष्य की चेतना को भावना के एक उच्च धरातल पर ले जाती है। चरित्र-चित्रण की दृष्टि से उनका काव्य-जगत् सीमित है, इसलिए उन्होंने मनुष्य के जिस भावजगत् का उद्‌घाटन किया है, वह तुलसीदास की तुलना में सीमित है। शृंगार-रस के अतिरिक्त वे जिस रस को छूते हैं उसमें उन्हें अपेक्षाकृत कम सफलता मिलती है। इसलिए पंडितों ने शृंगार को रसराज घोषित करके उनके सीमित भावजगत् को एकमात्र भावजगत् बना दिया। वाल्मीकि और तुलसी के साथ न्याय करने के लिए कालिदास की इन ऐतिहासिक सीमाओं को याद रखना आवश्यक है। निस्संदेह प्राचीन समाज-व्यवस्था से उन्होंने बहुत-कुछ पाया, किंतु यह भी सही है कि इस व्यवस्था की, उसकी धार्मिक और साहित्यिक रूढ़ियों की गहरी छाप उनके काव्य पर है और वह सदा उसके उत्कर्ष में सहायक नहीं हुई।

(2)

कालिदास का काव्य-साहित्य एक ओर पूर्ण विकसित प्राचीन समाज-व्यवस्था का प्रतिबिंब है, दूसरी ओर वह उसकी ह्रासोन्मुखी प्रवृत्तियों और निर्जीव रूढ़ियों की प्रतिक्रिया भी है। वर्गयुक्त समाज के अनेक महान साहित्यकारों की तरह कालिदास में भी अनेक प्रकार के अंतर्विरोध हैं। ये अंतर्विरोध उनके धार्मिक और दार्शनिक

विचारों में, उनके राजनीतिक और सामाजिक विचारों में, उनके सौंदर्यबोध और भावजगत् में सर्वत्र न्यूनाधिक मात्रा में मिलते हैं। इसीलिए कालिदास को सामंती व्यवस्था का चारण समझना बहुत बड़ा भ्रम है, किसी सामंत-विशेष का चारण समझना और भी बड़ा भ्रम है। कालिदास का साहित्य उस काल की समाज-व्यवस्था को प्रतिबिंबित करता है, साथ ही उसका बहुत बड़ा भाग उस व्यवस्था से मुक्त होकर एक कल्पनालोक की सृष्टि भी करता है। इसलिए कालिदास में जो कुछ भी मिले, उस सभी को हम उस युग का सामाजिक यथार्थ नहीं मान सकते।

कालिदास ने अनेक राजाओं के वैभव का वर्णन किया है, किंतु इन सभी के चित्र यथार्थ जीवन से नहीं लिये गए। अनेक पात्र आदर्श राजाओं के रूप में कल्पित किए गए हैं। राजा दिलीप के कारागारों में कोई भी बंदी न था जिसे वह पुत्र-जन्मोत्सव पर छोड़ते। राम लोभपराङ्मुख थे, इसलिए प्रजा अर्थवान हो गई। कालिदास ने रघुवंशी राजाओं को आसमुद्रक्षितीश कहा है। समग्र देश की एकता और उस पर एक ही चक्रवर्ती सम्राट् का शासन उनका आदर्श था। देश के सामने उन्होंने यथार्थ चित्रण के बदले एक आदर्श चित्र ही रखा था। दुष्यंत यह घोषणा कराते हैं कि राज्य में जिसका कुटुंबी न रहे, वह दुष्यंत को अपना कुटुंबी समझे। एक ओर राजा के लिए पृथ्वी भोग का साधन है, दूसरी ओर वह प्रजा का साधारण कुटुंबी भी है।

कालिदास ने राजाओं के वैभव का वर्णन किया है, किंतु मानो इससे संतोष न होने पर वह बराबर प्रकृति की ओर भागते हैं या कल्पना-लोक रचते हैं। यह आकस्मिक बात नहीं है कि दुष्यंत और शकुंतला का प्रेम नगर के बदले तपोवन में होता है। शिव और पार्वती के प्रेम की भूमि गंधमादन आदि अनेक पर्वत हैं। अलका विलास और वैभव का कल्पना-लोक है। वहाँ के फर्श मणियों से बने हुए हैं। यज्ञों के हर्म्य-स्थल सितमणिमय हैं। यक्षबालाएँ कनकसिकता फेंककर मणियों को छिपाती हैं और फिर उन्हें ढूँढ़ने का खेल खेलती हैं। अपने दुकूल खींचे जाने पर जब वे रत्नप्रदीपों पर चूर्ण फेंकती हैं तो वे बुझते नहीं हैं। उनकी सुरतजनित अंगग्लानि दूर करने के लिए चंद्रकांत मणियों से जलबिंदु टपकते हैं। उन्हें अपनी सारी श्रृंगार-सामग्री कल्पवृक्ष से प्राप्त हो जाती है। यक्ष के घर की वापी में स्वर्ण-कमल खिलते हैं। उसके उद्यान में इंद्रनाल-मंडित क्रीडाशैल है और वह 'कनक कदली वेष्टन प्रेक्षणीय' है। इस तरह के काल्पनिक वर्णन कालिदास में अन्यत्र भी हैं। आजकल की आलोचना की शब्दावली में हम कहेंगे कि कालिदास रोमांटिक कवि हैं। श्री भगवतशरण उपाध्याय ने *मेघदूत* के लिए लिखा है—"It my stand to proclaim the inauguration of a romantic era in Sanskrit poetry."(*India in Kalidasa,*पृ. 285)। संस्कृत काव्यजगत् में रोमांटिक युग का आरंभ कब हुआ, यह कहना कठिन है। असंदिग्ध बात यह है कि कालिदास एक महान रोमांटिक

कवि हैं और विश्व के प्रथम रोमांटिक कवियों में से हैं। उनकी रोमांटिक वृत्ति नर-नारी के प्रेम के वर्णन में, प्रकृति-चित्रण में, उनके सूक्ष्म इंद्रियबोध में और पौराणिक गाथाओं के सौंदर्यवादी उपयोग में सर्वत्र दिखाई देती है।

कालिदास की समाज-व्यवस्था के भोगवाद का उल्लेख ऊपर किया जा चुका है। यूरोप में 16वीं सदी के पहले जो काव्य लिखा गया, उसमें प्रेम की जगह अधिकतर वासना की प्रतिष्ठा है। यूरोप के प्राचीन (यूनानी) साहित्य की चर्चा करते हुए वैज्ञानिक समाजवाद के संस्थापक एंगेल्स ने राज्यसत्ता और व्यक्तिगत संपत्ति के उद्भव पर लिखे हुए अपने प्रसिद्ध ग्रंथ में यह मत प्रकट किया है कि यूनानियों के लिए भोग का इतना महत्त्व था कि उन्हें इसकी भी चिंता न रहती थी कि जिससे वे भोग कर रहे हैं, वह नारी है या नर। उनका संकेत यूनान में खुलेआम पुरुषों में प्रचलित अप्राकृतिक व्यभिचार की ओर था। यूरोप में नवजागरण (रिनेसेंस) के प्रथम कवि इटली के दांते ने व्यक्तिगत प्रेम को उच्च साहित्य में प्रतिष्ठित किया। उनसे अनेक शताब्दियों पहले महाकवि कालिदास ने भारतीय काव्य में व्यक्तिगत प्रेम की प्रतिष्ठा की थी। व्यक्तिगत प्रेम से तात्पर्य उस प्रेम से है जो एक पुरुष और एक नारी के बीच अक्षुण्ण रहता है। पुरुष के लिए अनेक तरुणियाँ अपने यौवन और सौंदर्य के कारण भोग्य नहीं होतीं, वरन् उसका हृदय केवल एक से प्रेम करता है।

कालिदास के नायक बहुधा अनेक पत्नियों वाले होते हैं, किंतु प्रेमी के रूप में वे एक से ही हार्दिक स्नेह करते हैं। दिलीप की अनेक पत्नियाँ हैं लेकिन वह प्रेमी सुदक्षिणा के हैं। यही हाल दुष्यंत का है। लेकिन इनसे भिन्न उनके अन्य प्रेमी पात्र हैं जो एकपत्नीव्रती हैं। यक्ष की अलका में विलास की सभी सामग्रियाँ हैं, लेकिन वासना से कलुष के घिरे होने पर भी वह केवल अपनी प्रिया से स्नेह करता है और वह प्रिया भी अलका के विलासमय वातावरण में पूर्वी क्षितिज पर हिमांशु की शेष कलामात्र-सी शय्या पर पड़ी रहती है। इसी प्रकार शिव और पार्वती का प्रेम है। इंदुमती के लिए अज की उक्ति साहित्य के इतिहास में अद्भुत है—

गृहिणी सचिवः सखी मिथः प्रिय शिष्या ललिते कलाविधौ।
करुणा विमुखेन मृत्युना हरता त्वां वद किं न मे हृतम्॥

यूरोप में प्रेम के सबसे बड़े नायक शेली तक में पत्नी तो क्या किसी प्रेमिका के लिए भी ऐसी उत्कट प्रेम-व्यंजना नहीं है। यूरोप की अधिकांश मध्यकालीन कविता में विवाह-संबंध से बाहर अवैध प्रेम का कीर्तन है। केवल मिल्टन ने अपने महाकाव्य *पैराडाइज लॉस्ट* में विवाहित प्रेम का अभिनंदन किया है। जब तक विवाह का आधार कुल, गोत्र और संपत्ति हैं, तब तक विवाह के साथ प्रेम का अस्तित्व दुर्लभ होता है, काव्य में दुर्लभ ही रहा है। किंतु भारत में नारी के लिए अपना प्रेमी चुनने

का आदर्श रहा है—कम-से-कम काव्य में वह आदर्श बना रहा है—इसलिए विवाह और प्रेम में कोई आधारभूत विरोध नहीं रहा।

इंदुमती ने अज को पिता के कहने से नहीं, स्वेच्छा से स्वीकार किया था। स्त्रियाँ कहती हैं कि स्वयंवर के बिना इंदुमती को आत्मतुल्य कांत कैसे मिलता। इसलिए वह गृहिणी, सचिव, सखी, शिष्या सभी-कुछ है। उसके न रहने से अज के लिए संसार सूना हो गया है। नारी स्वयं पति चुनती है, इसलिए कालिदास ने अनेक बार विवाह से पहले पुरुष और स्त्री के प्रेम का चित्रण किया है। इंदुमती ने अज को देखते ही उन्हें अपनी दृष्टि से वर लिया। अन्य रोमांटिक कवियों की तरह कालिदास में भी प्रथम दर्शन से ही प्रेम का अभ्युदय होता है। इंदुमती की तरह शकुंतला दुष्यंत को देखते ही उन पर मोहित हो जाती है। कालिदास ने इस प्रथम दर्शन से उत्पन्न प्रेम का वर्णन ही नहीं किया, दीर्घ साहचर्य के बाद स्थिर रहने वाले प्रेम की अभिव्यंजना भी की है। यक्ष और उसकी पत्नी दोनों ही विरह की आग में जलते हैं। शकुंतला और दुष्यंत दोनों ही बिछोह में कष्ट पाते हैं। अज अपनी पत्नी को सदा के लिए खो बैठने पर करुण विलाप करते हैं। प्रेम नर-नारी में असमानता का भेद नहीं करता। विरही पुरुष भी होता है, नारी भी। यह कहना कि भारतीय साहित्य नारी के विरह का ही वर्णन करता है, कालिदास को भारतीय साहित्य की परिधि से बाहर निकाल देना होगा।

अज का कहना है कि वह शाब्दिक रूप से क्षितिपति थे, उनका वास्तविक प्रेम इंदुमती से था। कालिदास के राजा शाब्दिक रूप से राजा हैं, अपने वास्तविक रूप में वे प्रेमी हैं। उनके राज्य-संचालन आदि का वर्णन कवि ने रूढ़ि का पालन करने के लिए किया है। उसका वास्तविक लक्ष्य उन्हें प्रेमी रूप में चित्रित करना है। फिर यक्ष और शिव तो सामंत नहीं हैं। नारद ने भविष्यवाणी की थी कि पार्वती शिव की एकमात्र पत्नी और उनके आधे शरीर की स्वामिनी बनेंगी—

समादिदेशैकवधूं भवित्रीं प्रेम्णा शरीरार्धहरां हरस्य।

पार्वती की सखियों ने उन्हें आशीर्वाद दिया, 'अखंडितं प्रेम लभस्व।' आदर्श प्रेम अखंडित ही होता है। यक्ष के लिए उसकी पत्नी 'जीवितं मे द्वितीयं' है। अनेक स्थलों में कालिदास ने संकेत किया है कि मानव-प्रेम इस जन्म से पहले और उसके बाद भी स्थिर रहता है। अज अपना शरीर छोड़ने पर स्वर्ग में इंदुमती से फिर मिलते हैं। काम के भस्म हो जाने पर भी रति उसे पुनः प्राप्त कर लेती है। पार्वती ने पूर्वजन्म में सती रूप में शिव से प्रेम किया था। सहस्रों राजाओं में इंदुमती ने अज को ही चुना, इसका कारण पूर्वजन्म की पहचान है। इस तरह के कथा-प्रसंगों में प्रेम की रहस्यवादी व्यंजना का संकेत मिलता है।

यह अनिवार्य था कि प्रेमी कवि कालिदास कहीं-न-कहीं रूढ़ियों से टकराते। उन्होंने भरसक रूढ़ियों की रक्षा की है, फिर भी शाप देने वाले दुर्वासाओं से वह सदा अपने प्रेमीजनों की रक्षा नहीं कर सके। यक्ष अपने प्रेम के कारण स्वाधिकार-प्रमत्त हो जाता है, शकुंतला अनन्यमनसा दुष्यंत का ध्यान करती हुई दुर्वासा का सत्कार नहीं कर पाती। यही नहीं, उसने गुप्त प्रेम किया है, दुष्यंत से गंधर्व-विवाह किया है। इस पर बाद में उसे ताने भी सुनने पड़ते हैं। स्पष्ट है कि कालिदास की सहानुभूति शकुंतला के प्रति है, न कि दुर्वासा के प्रति। किंतु दुर्वासा के शाप के कारण अभिशप्त यक्ष की तरह दुष्यंत और शकुंतला दोनों को यातना सहनी पड़ती है। शाप पाने वाली देवियाँ बहुधा अप्सराओं की कन्याएँ हैं। शकुंतला मेनका की कन्या है, उसके पिता कौशिक गोत्र के एक राजा थे। किंतु शकुंतला कौशिक-मेनका के विधिवत पाणिग्रहण का परिणाम न थी। क्या इस तरह की अविवाहित अप्सराओं की संतान से राजा को विवाह करना चाहिए? कालिदास का उत्तर विवाह के पक्ष में है। *विक्रमोर्वशीय* में पुरूरवा की प्रेयसी उर्वशी है। उर्वशी भी शापवश लता बन जाती है, क्योंकि वह स्त्रियों के लिए निषिद्ध वन में चली गई थी। अज की प्रिय पत्नी इंदुमती पूर्वजन्म में अप्सरा थी, जिसे ऋषि ने शाप देकर मनुष्यलोक में जन्म लेने के लिए बाध्य किया था। अप्सराओं या अप्सराओं की कन्या के प्रति यह प्रेम क्या महाकवि के जीवन की किसी विशेष घटना की ओर इंगित करता है? इतना निश्चित है कि इस तरह का प्रेम साधारण रूढ़ियों से दूर है।

यौवन और सौंदर्य से कालिदास के प्रेम का घनिष्ठ संबंध है। भोगवाद के अतिरिक्त उनमें भरे-पूरे जीवन की आनंदकामना है। जैसे रंग भरने से चित्र खिल उठता है, वैसे ही यौवनागम से नारी का सौंदर्य निखर जाता है (कुमारसंभव, सर्ग 1)। कोयल स्त्रियों को मान तजने की सीख देती है क्योंकि यौवन चला जाने पर फिर नहीं आता (रघुवंश, सर्ग 9)। मिल्टन ने ईव की सुंदरता का वर्णन करते हुए लिखा है कि शैतान उन्हें देखकर ठगा-सा रह गया और एक क्षण के लिए दूसरों का अमंगल करने की वृत्ति भूल गया। कालिदास ने भी उस रूप का वर्णन किया है जिससे मनुष्य चमत्कृत होकर पापवृत्ति भूल जाए। उमा का सौंदर्य 'पापवृत्तये न' था (कुमारसंभव, सर्ग 5)। शारीरिक सौंदर्य के वर्णन में कालिदास जहाँ विभिन्न अंगों की अलग-अलग सुंदरता की चर्चा करते हैं, वहाँ समग्र रूप का आभास देने के लिए वह उसे अपार्थिव कल्पनालोक की वस्तु बना देते हैं। शिव उमा के लिए कहते हैं—'त्रिलोकसौंदर्यमिवोदितं वपुः।' उमा के शरीर में मानो तीनों लोकों का सौंदर्य उदय हो गया था। यक्ष की पत्नी 'युवतिविषये सृष्टिराद्येव धातुः' है। विधाता ने अपनी प्रथम कृति के रूप में उसी को सँवारा था।

शकुंतला को देखकर दुष्यंत की समझ में आता है कि उद्यानलता और वनलता में क्या अंतर है। शकुंतला का सौंदर्य वनलता का-सा है। उसका वपु अव्याज मनोहर

है। वल्कल पहने हुए भी वह मनोज्ञ मालूम होती है। वह अनाघ्रात पुष्प है, अलून किसलय है, अनाविद्ध रत्न है, अनास्वादित नव मधु है, उसका अनघ रूप पुण्यों का अखंड फल है। प्रेमी की रूप-तल्लीनता उसे आत्मविभोर कर देती है। अन्य कवियों की भाँति कालिदास ने भी प्रकृति में नारीत्व का आरोप किया है। प्राकृतिक उपमानों से नारी की तुलना करते हुए वह रूपजन्य आनंदातिरेक की व्यंजना भी करते हैं। आभरण पहने हुए उमा नक्षत्रमंडित त्रियामा जैसी लगती हैं। रेशमी वस्त्र पहने हुए उमा 'क्षीरोद वेलेव सफेनपुंजा' लगती हैं। नारी के प्रसाधनों में प्राकृतिक वस्तुओं का महत्त्व ही अधिक है। उमा को देखकर जब शिव पहली बार विचलित हुए थे, उस समय वह कर्णिकार और साधारण पल्लवों से शृंगार किए हुए थीं। चंद्रमा की किरणें देखकर शिव कहते हैं कि वे जौ के अंकुरों के समान हैं और उनसे उमा के लिए कर्णपूर रचना हो सकती है। रोमांटिक शृंगार-भावना की यह चरम परिणति है।

अन्यत्र महाकवि ने तमाल के प्रवाल को अवतंस बनाकर सीता के 'यवांक रापांडुकपोल' को और भी सुंदर बना दिया है। इस तरह के उपमान असाधारण रूप से सुंदर तो हैं ही, उनसे कवि के सूक्ष्म इंद्रियबोध का भी पता चलता है। रूप, स्पर्श और गंध का एक साथ सम्मिश्रण 'प्रवालमादाय सुगंधि यस्य' में मिलता है। उनके लिए रूप जड़ मूर्ति की तरह प्राणहीन न होकर स्पंदनशील है। वह अपने उपमानों द्वारा मानो उसका सजीव स्पंदन ही प्रकट कर देते हैं। अंग्रेज कवि कीट्स के सौंदर्यबोध की उचित और यथेष्ट प्रशंसा की गई है। किंतु कीट्स के लिए मूर्त्त रूप उस तरह जीवित और स्पंदनशील नहीं है जैसे महाकवि कालिदास के लिए। मनुष्य के विचार बदल जाते हैं, उसके भावजगत् में भी यथेष्ट परिवर्तन होते हैं, किंतु उसका इंद्रियबोध इनसे अधिक व्यापक होता है। इंद्रियबोध के क्षेत्र में यह सदा संभव है कि सामाजिक विकास की दृष्टि से एक पिछड़ी हुई व्यवस्था का कवि शताब्दियों तक अपनी कोटि के रचनाकार के अभाव में अनामिका को सार्थक करता रहे। जौ के अंकुर कालिदास के प्रिय उपमान हैं। उनसे स्पर्श-मार्दव, नेत्र-सुखद रंग और जीवन-क्रिया—तीनों ही अभिव्यंजित हैं। कालिदास के लिए सप्राण प्रकृति और चेतन मनुष्य में घनिष्ठ संबंध है। उर्वशी शापवश लता हो जाती है और पुरूरवा जब उन्मत्त की-सी दशा में उसे भेंटता है, तो वह लता उर्वशी-रूप में परिवर्तित हो जाती है। कालिदास का हृदय प्रकृति की जीवन-क्रिया से तन्मय हो जाता है। प्राकृतिक परिवेश में प्रेमीजन मिलते हैं, उनके प्रेम का सहज स्फुरण लता-विटपों के मिलन जैसा लगता है। शकुंतला की प्रिय नवमालिका ने बालसहकार से स्वयंवर कर लिया है। जिस समय उमा ने शिव को किंचित्परिलुप्त धैर्य अपनी ओर निहारते देखा, उस समय स्फुरद् बालकदंब के समान अपने अंगों से भाव प्रकट किए। यह

प्रेम जीवन की वह स्वाभाविक क्रिया है जहाँ मनुष्य की संवेदना, भावना और विचार एक ही राग में झंकृत हो उठते हैं।

कालिदास के सौंदर्यबोध का मूलाधार उनका जीवन-प्रेम है। यह जीवन मनुष्य-पशु और वनस्पति में सर्वत्र है। इसका यह अर्थ नहीं कि वे विश्व में किसी अगोचर चेतना के दर्शन करते हैं। उनके लिए यह जीवन घोर गोचर है, वह इंद्रियबोध से अभिन्न है, उससे परे नहीं। विलास और वैभव का यह कवि धरती के इतना निकट है जितना कोई भौतिकवादी कवि नहीं हुआ। उसे वर्षा के बाद धरती से उठने वाली सोंधी सुगंध अत्यंत प्रिय है। गर्मी के अंत में वर्षा होने पर हाथी बार-बार तालों की मिट्टी सूँघते हैं (रघु., सर्ग 3)। वर्षा के कारण धरती से जो वाष्प निकली उससे कदली की खिली हुई लाल कलियाँ विवाह के समय हवन का धुआँ लगने से सीता की लाल आँखों जैसी हो जाती हैं (उप., सर्ग 12)। यक्ष के सखा मेघ के सहायकों में धरती से उठती हुई गंध सूँघने वाले हाथी भी हैं। देव गिरि की ओर जाते हुए मेघ को जो पवन थपकियाँ देगा, वह उसके निस्पंद से उच्छ्वसित वसुधागंध-संपर्क रम्य है। मेघ यक्ष के हृदयोच्छ्वास के साथ वसुधा का गंधोच्छ्वास भी लेकर अलका की ओर जाता है।

यह गंधोच्छ्वास भारत की ही धरती का है। मेघदूत में भारत के ग्राम-नगरों और प्रकृति के प्रति अपूर्व अनुराग प्रकट किया गया है। इंदुमती के स्वयंवर में राजाओं के परिचय के बहाने भारत के सभी भागों की प्रकृति का परिचय दिया गया है। कालिदास के मानववाद में देश भक्ति के बीज विद्यमान हैं।

जीवन का जो उभार प्रकृति में दिखाई देता है, वही मानव मात्र में यौवन बनकर झलकता है। जो पवन भरी बालों से झुके हुए धान के पौधों को हिलाता है, वही नवयुवकों के हृदय चंचल करता है (ऋतुसंहार, सर्ग 3)। पृथ्वी जैसे अपने गर्भ में बीज छिपाए रहती है, वैसे ही अग्निवर्ण की रानी अपने गर्भ में नया जीवन छिपाए रहती है। मानव और प्रकृति में जीवन-विकास की यह रहस्यमय क्रिया कालिदास को समान रूप से आकर्षित करती है। पाश्चात्य साहित्य में गर्भवती नारी को यह महत्त्व प्राप्त नहीं हुआ जो उसे भारतीय साहित्य में प्राप्त है। प्रभात शशि युक्त शर्वरी के समान लोध्रपांडु मुख वाली सुदक्षिणा सुंदर हैं। दशरथ की रानियाँ दानों से भरी हुई नाज की बालों के समान पीली पड़कर भी सुंदर हैं। नाज की भरी बालों के उपमान में केवल रंग की ओर संकेत नहीं है, वरन् उस स्वाभाविक जीवन-क्रिया की ओर भी संकेत है, जो प्रकृति और मानव के लिए समान है। रूप, रस, गंध, स्पर्श का सुख जीवन का ही सुख है। यह कालिदास की महत्ता है कि वह इस इंद्रियबोध के साथ मूलतः जीवन के प्रति अनुराग प्रकट करते हैं। वनस्पति-जगत् और पशुओं के प्रति जैसी सुकुमार सहानुभूति *अभिज्ञान-शाकुंतलम्* के चौथे अंक में प्रकट हुई है, वह अन्यत्र दुर्लभ है और उसका कारण प्रकृतिव्यापी

जीवन के प्रति कवि का असीम अनुराग है। वशिष्ठ के आश्रम में मृग उटज द्वार रोककर खड़े हो जाते हैं, क्योंकि उन्हें भी ऋषियों की संतान की तरह नीवार में भाग मिलता है (रघु., सर्ग 1)। कालिदास को तपोवन अत्यंत प्रिय हैं, क्योंकि यहाँ सभी जीव वीतभय हो गए हैं (रघु., सर्ग 14)। जिस हरिण पर दुष्यंत बाण चलाना चाहते हैं, उसके और राजा के बीच तपस्वी आकर खड़े हो जाते हैं। यही नहीं, जिस हरिण पर दशरथ बाण चलाना चाहते हैं, उसके और राजा के बीच हरिणी आकर खड़ी हो जाती है। न केवल जीवन के स्पंदन वरन् प्रेम के स्पंदन से भी पशु-जगत् वंचित नहीं है। इसलिए जब शकुंतला आश्रम से चलने लगती है, तब उसका पुत्रतुल्य पाला हुआ मृग आकर उसकी राह रोककर खड़ा हो जाता है। कालिदास की करुणा मानव ही नहीं, जीवमात्र को अपने अंदर समेट लेती है। इस करुणा का स्रोत दया नहीं है, इसका स्रोत व्यापक जीवन के प्रति गंभीर अनुराग है। पाश्चात्य रोमांटिक कवियों में रूप-रस-गंधमय मानवीय और प्राकृतिक सौंदर्य के प्रति अतिशय अनुराग है और कभी-कभी उसके साथ अतींद्रिय, अगोचर विश्वव्यापी चेतना की उद्भावना भी है। कालिदास के लिए रूप-रस-गंधमय सौंदर्य निर्जीव नहीं है, न वह अतींद्रिय चेतना की ओर ही काल्पनिक उड़ान भरते हैं। वह सूक्ष्म इंद्रियबोध और मार्मिक करुणा से समृद्ध जीवन के अद्वितीय कवि हैं। इस दृष्टि से उनकी रोमांटिक भावधारा एक अन्य और उच्च स्तर की है। गोचर जगत् के समृद्ध जीवन के प्रति यह सघन अनुराग अवश्य ही साहित्य का स्थायी तत्त्व है।

(3)

यहाँ कालिदास के जीवन-दर्शन का प्रश्न हमारे सामने आता है। प्रसिद्ध विद्वान डॉ. वासुदेवशरण अग्रवाल का मत है कि 'शिव के स्वरूप का यथार्थ ज्ञान ही कालिदास के दर्शन और साधना का ज्ञान है' (मेघदूत : एक अध्ययन)। उनका कहना है कि पार्वती सुषुम्ना नाड़ी का नाम है। मेरुदंड हिमालय है जिसके भीतर सुषुम्ना है। शिव जी ने मदन को भस्म किया, तदुपरांत उमा की तपस्या से सुषुम्ना नाड़ी द्वारा योग की साधना से शिव और पार्वती का विवाह हुआ, अर्थात् व्यक्ति की चिदात्मक शक्ति जो अधोमुखी थी, वह अंतर्मुखी होकर सहस्रदल में स्थित पर-बिंदु शिव से संयुक्त हो जाती है, फिर विषयों से उसे कोई भय नहीं रहता।

यहाँ कई शंकाएँ उत्पन्न होती हैं। पार्वती अर्थात् सुषुम्ना से विवाह होने के पहले ही *कुमारसंभव* के तीसरे सर्ग में शिव जी अक्षर ब्रह्म को अपनी आत्मा के अंदर देख चुके हैं। इसलिए जहाँ तक शिव का संबंध है, उन्हें कुंडलिनी जगाने की आवश्यकता नहीं है। यदि सुषुम्ना का कल्याण करना है तो शिव जी किंचितपरिलुप्तधैर्य

होकर उनके (पार्वती के) बिंबफलाधरोष्ठों को क्यों निहारने लगते हैं? और जब अपने विचलित होने का ज्ञान होता है तब 'स्त्री संनिकर्ष परिहर्तुमिच्छन्' सुषुम्ना का साथ छोड़कर अंतर्धान होने की आवश्यकता क्यों उत्पन्न होती है? काम को एक बार भस्म कर देने पर उसे फिर जिलाने की आवश्यकता क्या थी? जब विवाह पक्का हो गया, तब 'अद्रिसुता समागमोत्सुकः' (पार्वती-परिणयोत्सुकः—मल्लिनाथ) शिव के लिए तीन दिन काटना भी कठिन हो गया। इस पर महाकवि कहते हैं कि इस तरह के भाव यदि शिव को स्पर्श करते हैं, तब अन्य जन 'अवश' (इंद्रियपरतंत्रम्—मल्लिनाथ) हो जाएँ तो आश्चर्य क्या? पार्वती जी ने शिव को पाने के लिए तपस्या अवश्य की थी। शिव जी ने उन्हें अपनी शिष्या भी बना लिया, किंतु वह योगाभ्यास में शिष्या न थीं वरन्—

शिष्यांत निधुवनोपदेशिनः शंकरस्य रहसि प्रपन्नया।
शिक्षितं युवतिनैपुणं तया यत्तदेव गुरुदक्षिणीकृतम्॥

निधुवनोपदेशिनः का अर्थ है 'सुरतोपदेष्टुः'। ऐसे गुरु से पार्वती जी ने जो शिक्षा पाई थी, वह 'युवतिनैपुणम्' दक्षिणा के रूप में उन्हें अर्पित कर दी। हो सकता है, योग की बातें सुरत शब्दावली में समझाई गई हों, किंतु आगे चलकर कालिदास कहते हैं—

एवमिंद्रियसुखस्य वर्त्मनः सेवनादनुगृहीतमन्मथः।

इंद्रियसुख के मार्ग के सेवन से मन्मथ अनुगृहीत हुआ। इंद्रियसुख का अर्थ अतींद्रिय आनंद हो, मन्मथ का अर्थ सच्चिदानंद ब्रह्म हो, तभी डॉ. अग्रवाल की व्याख्या ठीक मानी जाएगी।

डॉ. अग्रवाल ने *मेघदूत* के संबंध में नम्रता के साथ लिखा है, 'यह भी सत्य है कि कालिदास के समान उस ग्रंथ का गंभीर किंतु प्रमोदपूर्ण पारायण आज तक कोई नहीं कर सका।' इसका कारण यह है—'काव्य में कांता-सम्मित उपदेश किया जाता है। इसीलिए *मेघदूत* के अध्यात्म-ज्ञान का ऊपर से कुछ पता नहीं चलता।' कवि ने स्थान-स्थान पर जो स्कंद, शिव और कैलास का उल्लेख किया है, 'इन सब बातों में एक ही अध्यात्मभाव दृष्टिगोचर होता है, जिसके द्वारा काम का कल्मष दूर होगा और वह शिव का सान्निध्य प्राप्त कर अंततः अध्यात्म विधि में विपरिणमित हो जाएगा।' ऐसा लगता है कि यक्ष ने अपना संदेश अपनी 'प्रिया के प्राणों को सहारा देने की इच्छा से' (डॉ. अग्रवाल की टीका) नहीं भेजा, वरन् कामरूप मेघ को अध्यात्मवाद सिखाने के लिए उसे 'कांतासम्मित' उपदेश दिया है। मेघ महाकाल के मंदिर में पहुँचेगा। उस पवित्र धाम के उपवन को 'कमलों के पराग से सुगंधित एवं जल क्रीड़ा करती हुई युवतियों के स्नानीय द्रव्यों से सुरभित गंधवती हवाएँ

झककोर रही होंगी।' इन हवाओं से अपना तन-मन शुद्ध करके जब वह संध्याकालीन आरती के समय धीर-गंभीर गर्जन करेगा, तब उसे अपनी इस भक्ति का पूरा फल मिलेगा। वह इस प्रकार, 'वहाँ प्रदोषनृत्य के समय पैरों की ठुमकन से जिनकी कटि-किंकिणी बज उठती हैं और रत्नों की चमक से झिलमिल मूठों वाली चौरियाँ डुलाने से जिनके हाथ थक जाते हैं, ऐसी वेश्याओं के ऊपर जब तुम सावन के बुंदाकड़े (वर्षाग्रबिंदून्) बरसाकर उनके नखक्षतों को सुख दोगे, तब वे भी भौंरों-सी चंचल पुतलियों से तुम्हारे ऊपर अपने लंबे चितवन चलाएँगी।'(डॉ. अग्रवाल की टीका)। यह फल पाकर वह रात में मिलने जाती हुई अभिसारिकाओं के लिए बिजली से प्रकाश कर देगा। महाकाल के दर्शन कराने के बाद ही यक्ष मेघ को यह परम ज्ञान का तत्त्व बतलाता है—

ज्ञातस्वादो विवृतजघनां को विहातुं समर्थः।

यह जानकर कि अलका में कुबेर के मित्र शिव बसते हैं, काम अपना धनुष चढ़ाने से डरता है, लेकिन 'कामी जनों को जीतने का उसका मनोरथ तो नागरी स्त्रियों की लीलाओं से ही पूरा हो जाता है, जब वे भौंहें तिरछी करके अपने कटाक्ष छोड़ती हैं तो कामीजनों में अचूक निशाने पर बैठते हैं।' इस प्रकार शिवसान्निध्य से मदन-व्यापार में जरा भी बाधा नहीं पड़ती। अंत में काम-कल्मष धुल जाने पर मेघ के लिए यक्ष जिस अध्यात्मविधि में विपरिणमित होने की कल्पना करता है, वह मेघदूत की अंतिम पंक्ति यह है—

माभूदेवं क्षणमपि च ते विद्युता विप्रयोगः।

"हे जलधर, तुम्हें अपनी प्रियतमा विद्युत से क्षण-भर के लिए मेरे जैसा वियोग न सहना पड़े।" प्रिया से सुखद संयोग की अवस्था ब्रह्मानंद तुल्य हो सकती है, किंतु साक्षात ब्रह्मानंद नहीं।

कालिदास अद्वैत सत्ता में विश्वास करते हैं, किंतु यह सत्ता गोचर संसार का तिरस्कार नहीं करती। *अभिज्ञान शाकुंतलम्* के आरंभ में कालिदास ने जिन शिव की वंदना की है वह जल, अग्नि, पृथ्वी, वायु, आकाश आदि आठ प्रत्यक्ष रूपों में सभी को दिखाई देते हैं। इसलिए वह विशुद्ध अप्रत्यक्ष सत्ता नहीं है।

द्रवः संघातकठिनः स्थूलः सूक्ष्मो लघुर्गुरुः।
व्यक्तोव्यक्तेतरश्चासि प्राकाम्यं ते विभूतिषु॥

(कुमार., सर्ग 2)

वह द्रव भी हैं, संघात कठिन भी (अशिव उपलाकार मंगल द्रवित जल नीहार—निराला);

वह स्थूल भी हैं, सूक्ष्म भी; वह व्यक्त भी हैं, अव्यक्त भी। कालिदास के लिए प्रकृति और पुरुष की सम्मिलित इकाई है—

त्वामामनंति प्रकृतिं पुरुषार्थप्रवर्तिनीम्।
तद्दर्शिनिमुदासीनं त्वमेव पुरुषं विदुः॥

(उप.)

शिव भोज्य और भोक्ता दोनों हैं, इसलिए महाकवि वर्तमान युग के अनेक अद्वैतवादियों की तरह जड़-चेतना के द्वैत से पीड़ित नहीं हैं। आधुनिक कवियों में उनके दार्शनिक दृष्टिकोण के सच्चे उत्तराधिकारी आनंदवादी जयशंकर प्रसाद थे, जिन्होंने लिखा था—'एक तत्त्व की ही प्रधानता, कहो उसे जड़ या चेतन।' कुमारसंभव के पाँचवें सर्ग में कवि ने शिव को विश्वमूर्ति कहा है और मल्लिनाथ ने 'विश्वं मूर्तिर्यस्य' कहकर उसकी व्याख्या की है। 'यह विश्व ही शिव की मूर्ति है' (चिति का विराट् वपु मंगलप्रसाद)।

कालिदास का यह दार्शनिक दृष्टिकोण साहित्य के लिए महत्त्वपूर्ण है। वह विश्व को शिवरूप मानते हैं, इसलिए उनकी सहानुभूति का क्षेत्र व्यापक है। वह मानव जीवन को क्षणभंगुर और संसार को नाशवान कहकर वैराग्य का उपदेश नहीं देते। अनेक राजाओं को बुढ़ापे में वैरागी बनाकर उन्होंने एक रूढ़ि का अनुसरण-मात्र किया है। शिव-साधना गृहस्थ-धर्म में भी संभव है। वह रहस्यवादियों की तरह परोक्ष सत्ता के गीत नहीं गाते; वह प्रकृति और मानव का प्राण-स्पंदन सुनते हैं और इस जीवन को अपनी कला का आधार बनाते हैं। इस अद्वैतवाद के कारण वह पौराणिक गाथाओं का काव्योचित उपयोग करते हैं और पुराणवादियों की तरह सैकड़ों देवताओं में अंधविश्वास उत्पन्न नहीं करते। उनके लिए गंगा भी 'शंभोरंभोमयी मूर्तिः' (शंभु की ही जलमयी मूर्ति) हैं और ब्रह्मा-विष्णु-महेश—'एकैव मूर्तिर्बिभिदे त्रिधा सा'—एक ही मूर्ति के तीन भेद हैं। इस कारण वह धार्मिक आग्रहों से मुक्त पूर्ण कवि हैं।

अपने दार्शनिक दृष्टिकोण के कारण कालिदास ने पौराणिक गाथाओं की रूढ़ियों से बचते हुए साधारणतः उनका कलात्मक उपयोग किया है। यक्ष, किन्नर, गंधर्व, देवता, अप्सराएँ आदि उनके काव्य का वैसे ही अभिन्न अंग हैं, जैसे यूनान की देवगाथाएँ वहाँ के प्राचीन काव्य का अंग थीं। इसके साथ ही उन्होंने अशोक और बकुल के फूलने आदि की किंवदंतियों का भी कलात्मक उपयोग किया है। सुंदरियाँ मदिरा की कुल्ली करती थीं तो बकुल फूल उठते थे। जहाँ शिव तप कर रहे थे, वहाँ काम के आने पर सुंदरियों के नूपुरसज्जित चरणों की अपेक्षा किए बिना ही अशोक खिल उठा। इसी तरह सुंदरी के मुख को कमल समझकर भौंरा उसके पास आएगा ही (चाहे वह मुख पार्वती का हो चाहे शकुंतला का) यह भी कालिदास के सौंदर्यशास्त्र का एक सूत्र है। प्रचलित विश्वासों के अतिरिक्त कालिदास प्रकृति

में मानवत्व का आरोप करके स्वयं नई रोचक गाथाएँ (myth) गढ़ लेते हैं। *मेघदूत* इसका श्रेष्ठ निदर्शन है। कालिदास का युग उस काल के बहुत बाद का है, जब मनुष्य ने भ्रम को सत्य मानकर प्रकृति-संबंधी अनेक चित्रमय उद्‌भावनाएँ की थीं। कालिदास रोमांटिक इसीलिए हैं कि वह उस बीते युग का स्वप्न देखते हैं। युग के अनुकूल महाकवि में एक तीक्ष्ण बौद्धिकता के दर्शन भी होते हैं। जिस चंद्रमा का कलंक देखकर अनेक कवियों ने कल्पना-चमत्कार दिखलाया था, उसके बारे में कालिदास को ज्ञान है कि चंद्रमा पर पृथ्वी की छाया पड़ती है। 'छाया हि भूमे शशिनो मलत्वे निरूपिता शुद्धिमतः प्रजाभिः' (रघु., सर्ग 14)। बाल चंद्रमा जब बड़ा होता है, तब वह सूर्य का तेज पाकर ही बड़ा होता है : 'पुपोष वृद्धि हरिदश्वदीधितेरनप्रवेशादिव बालचंद्रमाः' (उप., सर्ग 3)। इस प्रखर बौद्धिकता के कारण कालिदास की लोकोत्तर कल्पना के साथ यथार्थवादी प्रवृत्ति का मिश्रण हो गया है। सेंधा नमक चाटते हुए घोड़े (रघु., सर्ग 5), शुष्क कर्दम वाले सर को खोदते हुए सूर्य की किरणों से व्यथित वराहयूथ (ऋतुसंहार, सर्ग 1), मुँह से लार और फेन निकालते हुए तृषाकुल महिषीकुल (उप.), वर्षा का पहला गँदला पानी जो कीटरजस्तृणान्वित है (उप., सर्ग 2), सभी औषधियों को व्यर्थ करने वाला सन्निपात (कुमार., सर्ग 2)—ये सब भी उनके काव्य में हैं।

कालिदास की उपमाएँ प्रसिद्ध हैं। उनमें संसार की विभिन्न वस्तुओं का साम्य देखने के लिए वह सहज क्षमता विद्यमान है जिसके बिना कोई कवि नहीं हो सकता। उनके अधिकांश उपमान उनके सूक्ष्म इंद्रियबोध और सौंदर्यग्राहिका वृत्ति के परिचायक हैं। जहाँ-तहाँ उन्होंने बड़े साहस से मौलिक उपमानों का प्रयोग भी किया है। अज के शोक के बारे में लिखा है—

'तस्य प्रसह्य हृदयं किल शोकशंकुः प्लक्षप्ररोह इव सौधतलं बिभेद।' (रघु., सर्ग 8)। जैसे प्लक्षप्ररोह सौधतल भेदकर नीचे निकल जाते हैं, वैसे ही शोक ने अज के हृदय को बेध दिया था। अज की विजय से प्रसन्न इंदुमती के मुख के लिए लिखा है कि निश्वासवाष्प के दूर होने से जैसे दर्पण चमकने लगता है, वैसे ही उसका मुख प्रसन्न हुआ। स्नान की हुई पार्वती ऐसी लगती हैं जैसे पर्जन्य जल से अभिषिक्त प्रफुल्लकाशा वसुधा हो। उनके अधिकांश उपमान प्रकृति से लिये गए हैं जिससे यही परिणाम निकलता है कि नगर से अधिक उन्हें प्रकृति ही प्रिय है।

कालिदास का काव्योत्कर्ष उपमाओं तक सीमित नहीं है। उनकी कला का शृंगार उनकी सुकुमार संवेदनाएँ हैं। ये संवेदनाएँ वस्तुओं का रूप ही ग्रहण नहीं करतीं, वरन् उनके जीवन का स्पंदन भी सुनती हैं। उनकी सहानुभूति जगह-जगह सामंती व्यवस्था और सामंती काव्य-परंपरा की रूढ़ियों का खंडन करती चलती है। नारी का सम्मान करने में वह वाल्मीकि की परंपरा का अनुसरण करते हैं। दुष्यंत के पास गर्भवती शकुंतला को छोड़कर जाते हुए शारद्वत का कहना है कि पति

की प्रभुता सर्वतोमुखी है, वह चाहे पत्नी को छोड़े चाहे ग्रहण करे और शारंगरव उसे पति के घर में दासी बनकर रहने की सलाह देते हैं। शकुंतला क्रोध से दुष्यंत को फटकारती है—'अनार्य, दूसरों को अपने जैसा समझते हो। तृणों से ढके हुए कुएँ की तरह कौन तुम्हारे सिवा धर्म का ढोंग करेगा?' और भी, 'तुमने मुझे स्वच्छंदचारिणी बना डाला, सो ठीक किया। मैं पुरुवंश का विश्वास करके तुम जैसे व्यक्ति के हाथ पड़ गई, जिसके मुँह में मधु है और हृदय में विष है।' यहाँ कालिदास ने *महाभारत* की रोष-भरी शकुंतला की थोड़ी-सी झाँकी दी है।

गर्भवती सीता को जब लक्ष्मण वन में छोड़कर चलना चाहते हैं तब वह राम को राजा के रूप में स्मरण करती हैं—'वाच्यस्त्वया मद्वचनात्स राजा।' इससे बड़ी फटकार राम के लिए और क्या हो सकती थी? यह स्वाभाविक था कि रोती हुई सीता को ढाढस बँधाने वही महाकवि आते जिन्होंने विलाप करते हुए क्रौंच पक्षी को देखकर पहला श्लोक रचा था। 'शोकः श्लोकत्वमागतः' को स्मरण करते हुए कालिदास ने यह अनुपम छंद लिखा है—

तामभ्यगच्छद्रुदितानुसारी कविः कुशेध्माहरणा यातः।
निषाद विद्धांडजदर्शनोत्थः श्लोकत्वमापद्यत यस्य शोकः॥

'पुराणमित्येव न साधु सर्वं'—यह उक्ति वाल्मीकि के लिए नहीं है। किसी संचित पुण्यफल की भाँति सौंदर्यवादी कालिदास के हृदय में आदि कवि के लिए श्रद्धा बची हुई है। मानो वाल्मीकि से होड़ करते हुए कालिदास ने उनसे कहलाया है—

उत्खातलोकत्रयकंटकेपि सत्यप्रतिज्ञेप्यविकत्थनेपि।
त्वां प्रत्यकस्मात्कलुषप्रवृत्तावस्त्येव मन्युर्भरताग्रजे मे॥

राम ने तीनों लोकों के कंटक रावण का नाश किया, वह सत्य-प्रतिज्ञ हैं और आत्मप्रशंसा भी नहीं करते। फिर भी तुम्हारे प्रति अकारण निंदाव्यापार में प्रवृत्त होने वाले राम पर मैं क्रोध करता हूँ।

वाल्मीकि ही राम पर क्रोध कर सकते थे और कालिदास ही उसके बारे में यों लिख सकते थे।

वनवास ही नहीं, उससे पहले भी कालिदास की भक्ति राम से अधिक सीता में है। लंका से लौटने पर माताएँ आशीर्वाद देती हैं—

उत्तिष्ठ वत्से ननु सानुजोसौ वृत्तेन भर्त्ताशुचिना तवैव।
कृच्छं महत्तीर्ण इति प्रियार्हां तामूचतुस्ते प्रियमप्यमिथ्या॥

उन्होंने सीता से उठने को कहा और बोलीं—निश्चय ही भाई के साथ यह भर्ता तुम्हारे ही शुद्ध व्रत के कारण भारी संकट से पार हुए हैं। इस पर कालिदास की टिप्पणी है कि यह बात प्रिय भी थी और सत्य भी!

नारी-सौंदर्य के प्रशंसक कालिदास मातृत्व की वंदना करते हैं। पार्वती को पाकर मैना और भी शोभित हुईं। जब पार्वती ने अपने पुत्र को गोद में लिया तब वात्सल्य रस की अतिशयता से उनके स्तनों से दूध बह चला। अनेक स्थलों पर महाकवि ने संतान के प्रति इस ममत्व की अभिव्यंजना की है। इस प्रकार सौंदर्यवादी कवि मानवता की उच्चभूमि तक पहुँचते हैं। इस भूमि में प्रवाहित उनकी करुणा साहित्य का स्थायी तत्त्व है।

साहित्य किन्हीं विशेष सामाजिक परिस्थितियों में ही रचा जाता है। इन परिस्थितियों की छाप उस पर पड़ती है। किंतु साहित्य किसी समाज-व्यवस्था का यांत्रिक प्रतिबिंब नहीं होता। सामाजिक परिस्थितियाँ साहित्य रचने के उपकरण प्रस्तुत करती हैं, लेकिन इन वस्तुगत परिस्थितियों के साथ साहित्यकार का आत्मगत प्रयास भी आवश्यक होता है। यह बिल्कुल संभव है कि उपकरण श्रेष्ठ हों किंतु उनका समुचित उपयोग करने वाले कवि का अभाव रहे। एक ही समाज और एक ही वर्ग के व्यक्तियों की मेधा, सहृदयता, जीवन-दर्शन की क्षमता में भेद होता है। यह भेद बहुत-कुछ साहित्य का उत्कर्ष निश्चित करता है। अपने युग को प्रतिबिंबित करने में कालिदास निष्क्रिय नहीं हैं। उनकी अपनी मेधा, सहृदयता, जीवन-दर्शन की क्षमता अपना पूर्ण चमत्कार दिखलाती है। इसी कारण उस युग का और उस समाज-व्यवस्था का कोई भी कवि कालिदास को नहीं पाता। वाल्मीकि और व्यास ही इसके अपवाद हैं। उनकी तुलना में कालिदास का काव्यजगत् संकुचित है। वह उदात्त चरित्र-निर्माण में अक्षम हैं। यद्यपि उन्होंने नाटक रचे हैं, फिर भी उनकी प्रतिभा मुख्यतः एक सौंदर्योपासक 'लिरिक' कवि की है। मानव-जीवन के सर्वांगीण चित्रण के बिना कोई भी व्यास और वाल्मीकि की बराबरी नहीं कर सकता। मनुष्य का अपना अनुभव जितना समृद्ध होता है, उतना ही समृद्ध वह साहित्य भी चाहता है। कालिदास की रोमांटिक कल्पना, उनका सूक्ष्म सौंदर्यदर्शन हमारे लिए काफी नहीं है। तुलसीदास ने मध्यकालीन समाज के साधारणजनों की जिस व्यवस्था को पहचाना है और उसे वाणी दी है, उससे कालिदास स्वभावतः अपरिचित थे। *महाभारत* और *रामायण* में मनुष्य की विजय में जो उद्दाम आशा प्रकट की गई है, करुणा के साथ अन्यायी को दंड देने के लिए जो संघर्ष-प्रियता व्यंजित हुई है, शृंगार के अतिरिक्त मनुष्य जगत् का जो विविध और गंभीर चित्रण हुआ है, वह कालिदास के लिए सुलभ नहीं है।

वह एक युग-विशेष के कवि हैं और उसकी अनेक विशेषताएँ आज हमें प्रिय नहीं हैं। नर-नारी के यौन-संबंधों के वर्णन में उनकी रुचि बहुत जगह हमें

कुरुचिपूर्ण मालूम होती है। वैसे तो यह मानव का (और पशुओं का भी) सार्वजनीन व्यापार है जो सनातन काल से अभी तक तो चलता ही आया है (आगे आणविक शक्ति के प्रकोप से मनुष्य उसके अयोग्य हो जाए, वह दूसरी बात है), किंतु साहित्य का उत्कर्ष सार्वजनीन व्यापार के वर्णन से ही संभव नहीं होता। अपने सामाजिक विकास-क्रम में मनुष्य की साहित्यिक रुचि का भी परिष्कार होता चलता है। यह क्रम सामाजिक विकास से संभव होता है, किंतु उसका सीधा परिणाम नहीं है। इसलिए नहीं है कि मनुष्य का इंद्रियबोध उसे अपने जीवन के साथ मिला है, उसके आर्थिक संबंधों की भित्ति पर उसकी रचना नहीं हुई। उसका भावजगत् भी आर्थिक संबंधों के बदलने के साथ तुरंत और पूर्ण रूप से नहीं बदल जाता। इसका कारण यह है कि मनुष्य के भावों का संबंध प्रकृति से है, परिवार के लोगों से है, गाँव और नगर के मित्रों आदि से है। परिवार के संबंध बहुत-कुछ आर्थिक विकास से निश्चित होते हैं, किंतु वे उसका प्रतिबिंब नहीं हैं। सौंदर्येच्छा, यौन-प्रेम, संतान के प्रति स्नेह पशुओं में भी मिलता है, मानव समाज में वह सब विकसित होता है, कभी-कभी ह्रास की दिशा में भी चलता है जिससे मनुष्य पशुओं से नीचे गिर जाता है।

कालिदास के समय की अनेक धार्मिक, साहित्यिक और सामाजिक रूढ़ियाँ अब निरर्थक हो गई हैं। उन पर आधारित काव्यांश भी निर्जीव हो गया है। भोगवाद के लिए कवि का आग्रह सार्वजनीन होते हुए भी अनेक स्थलों पर अपरिष्कृत लगता है। यह सब होने पर भी वह महाकवि के रूप में उचित ही प्रतिष्ठित हैं। उनकी सौंदर्यवृत्ति कण्व के तपोवन, शिव के कैलास और यक्ष की अलका से ही संतुष्ट होती है। उद्यानलताओं के बदले वह वनलताओं के सौंदर्य पर अपने को उत्सर्ग कर देते हैं। वह रूप-रस-गंध-स्पर्शमय प्रकृति और मानव के समृद्ध जीवन के गायक हैं। प्रकृति और प्राणिमात्र के जीवन-स्पंदन साहित्य के स्थायी तत्त्व हैं। उमा का सौंदर्य, वाल्मीकि का सात्विक क्रोध, इंदुमती के लिए अज का शोक, भारत की धरती से कवि का प्रेम—ये सभी साहित्य के स्थायी तत्त्व हैं। इन्हें कवियों ने तुरंत नहीं पा लिया, इन्हें पाने के लिए उन्हें सामाजिक और सांस्कृतिक विकास का लंबा मार्ग तय करना पड़ा था। कालिदास ने उन मानव-मूल्यों को सहेजा और अनेक दिशाओं में उन्हें अधिक विकसित किया।

कालिदास के भोगवाद को रीतिकालीन कवियों ने अपनाया, किंतु वे उसकी छाया ही छू सके। कालिदास के सूक्ष्म सौंदर्यबोध को आज तक कोई नहीं पा सका। किंतु साहित्य के मूल्यवान तत्त्व समाज-निरपेक्ष नहीं हैं। हम उन्हें अपने सामाजिक विकास-क्रम में ही पाते हैं। आर्थिक और राजनीतिक संबंधों के अनुरूप मनुष्य के बहुत से विचार बदल जाते हैं, किंतु उसका इंद्रियबोध और भावजगत् परिवर्तनशील होते हुए भी आर्थिक और राजनीतिक संबंधों की प्रतिच्छवि नहीं है। राजा-प्रजा के

संबंध में, धार्मिक कर्मकांड और वर्ण-व्यवस्था के संबंध में कालिदास के भाव और विचार साधारणतः हमें आकृष्ट नहीं करते। किंतु उनकी यह कल्पना कि राज्य में कोई बंदी नहीं है, राजा के निर्लोभी होने से प्रजा अर्थवान होती है, उनके भावुक हृदय का परिचय देती है और उनमें बाद को आने वाले कवियों के लोक-प्रेम के बीज हम देखते हैं। नारी के प्रति उनकी सम्मान-भावना, मातृत्व का आदर, जीवमात्र से सहानुभूति, इस देश की प्रकृति से अगाध स्नेह, अपनी समग्र चेतना से व्यापक विश्व-जीवन का स्पंदन सुनने की शक्ति, उनकी आत्मविभोर गेयता, भाषा पर असाधारण अधिकार और उनकी चरित्रगत नम्रता जो उनकी कला के पीछे छिपी हुई है—ये सभी बातें आज भी अभिनंदनीय हैं, अनुकरणीय भी। यही कारण है कि रवींद्रनाथ पर कालिदास का गहरा प्रभाव है। और 'तुलसीदास' लिखते समय निराला महाकवि के अध्ययन में डूबे हुए थे।

कालिदास के काव्य-साहित्य के ये सब तत्त्व स्थायी ही नहीं हैं, वे आधुनिक भारतीय साहित्य में अंतर्धारा की भाँति प्रवाहित भी हैं।

8

तुलसी-साहित्य के सामंत-विरोधी मूल्य

दो तरह के लेखकों ने तुलसी-साहित्य का मूल्यांकन बहुत आसान बना दिया है। पहली तरह के लेखक वे हैं जो समझते हैं कि तुलसीदास ने रामचरितमानस लिखकर इस्लाम के आक्रमण से हिंदू धर्म की रक्षा कर ली और राम, सीता आदि के चरित्रों द्वारा हिंदू समाज और हिंदू संस्कृति के लिए अमर आदर्शों की प्रतिष्ठा कर दी। दूसरी तरह के आलोचक वे हैं जो समझते हैं कि तुलसीदास ने वर्णाश्रम धर्म के छिन्न-भिन्न होने के समय फिर ब्राह्मणवाद का समर्थन किया, नारी की पराधीनता आदर्श रूप में रखी और जनता को भक्तिरूपी अफीम की घूँटी देकर सुला दिया।

पहली तरह के आलोचक तुलसीदास को श्रद्धा की दृष्टि से देखते हुए उन्हें हिंदू धर्म का उद्धारक मानते हैं। दूसरी तरह के आलोचक उन्हें प्रतिक्रियावादी कहते हैं, उनकी कला का महत्त्व स्वीकार करते हुए भी उनकी विचारधारा को प्रगति-विरोधी मानते हैं। दोनों तरह के आलोचक—श्रद्धा के बावजूद—एक ही नतीजे पर पहुँचते हैं और वह यह कि तुलसीदास जर्जर होती हुई सामंती संस्कृति के पोषक थे, इसलिए आज की जातीय संस्कृति के निर्माण में—'ऊँची' जाति और 'नीची' जाति के हिंदुओं, मुसलमानों आदि की मिली-जुली संस्कृति के निर्माण में—उनकी विचारधारा कोई मदद नहीं कर सकती।

दोनों ही तरह के आलोचक भारतीय जनता को—खासकर हिंदीभाषी जनता को—तुलसीदास की सांस्कृतिक विरासत से वंचित कर देते हैं।

क्या इस तरह की धारणाएँ वैज्ञानिक हैं? क्या वे जनता के हित में, हमारी जातीय संस्कृति के विकास के हित में हैं?

सोलहवीं सदी या उससे कुछ आगे-पीछे भारत में भक्त कवियों की एक बाढ़ सी आ गई। न सिर्फ ब्रज, अवध आदि हिंदी प्रदेशों में बल्कि बंगाल, पंजाब, महाराष्ट्र आदि प्रदेशों में भी यह बाढ़ दिखाई दी। संत-साहित्य ने एक विराट् आंदोलन का रूप ले लिया। जनता की भाषा में ऐसी रचनाएँ होने लगीं जो गाँवों तक फैल

गईं। इन रचनाओं में प्रेम को सबसे ज़्यादा महत्त्व दिया गया, वर्ण और धर्म का भेद प्रेम में बाधक न समझा गया, अक्सर इस तरह के भेद की कड़ी आलोचना भी की गई। इन प्रेममार्गी कवियों में हिंदू, मुसलमान, सवर्ण और अछूत, सभी तरह के लोग हुए। उनमें कुछ सगुणवादी थे, कुछ निगुर्णवादी, कुछ कृष्ण के उपासक थे, कुछ राम के, कुछ यह सब कुछ एक साथ थे। मूल बात यह थी कि वे उपासना में प्रेम को मुख्य चीज़ मानते थे।

क्या यह भक्ति-आंदोलन आकस्मिक घटना थी? क्या वर्ण-व्यवस्था और धार्मिक कट्टरता के बंधन तोड़कर प्रेम की इस धारा का बहना दैवेच्छा से हुआ? मार्क्सवाद के अनुसार संस्कृति किसी समाज-व्यवस्था का मानसिक प्रतिबिंब है। आर्थिक व्यवस्था अगर नींव है तो संस्कृति उसके ऊपर की इमारत है। भक्ति-आंदोलन का आधार क्या था?

जो लोग समझते हैं कि सोलहवीं सदी में सामंती समाज का ढाँचा ज्यों-का-त्यों बना हुआ था, अपने भीतर पैदा होने वाली नई शक्तियों के प्रसार से चरमराने न लगा था, वे भक्ति-आंदोलन को या तो पुराने सामंती संबंधों का ही प्रतिबिंब मानेंगे या फिर उसे शुद्ध कल्पनाजन्य आंदोलन मानेंगे जिसकी जड़ें नए सामाजिक यथार्थ में गहरे न पैठी थीं। दोनों ही हालत में वे भक्ति-आंदोलन के ऐतिहासिक महत्त्व से इनकार करेंगे।

संत-साहित्य का प्रसार भारतीय संस्कृति के इतिहास में एक अनूठी घटना थी, इस बात से इनकार नहीं किया जा सकता। अचानक संस्कृत का प्रभुत्व, जो सैकड़ों साल से चला आ रहा था, खत्म होता दिखाई दिया। जनता की संस्कृति, जिसे पुरोहितों ने अब तक दबाया था, पुष्पित और पल्लवित होने लगी। जो लोग खुलकर पुरोहितों के खिलाफ एक शब्द न कह सकते थे, अब खुलेआम उन्हें चुनौती देने लगे। इसका कारण क्या था? क्या सामंती-व्यवस्था के कमजोर हुए बिना यह सब संभव था?

16वीं सदी के लगभग—शेरशाह और अकबर के शासनकाल में—उत्तर भारत में सामंती-व्यवस्था काफी कमज़ोर हुई। नहरें खुदने और सड़कें बनने से यातायात में उन्नति हुई, एक ही तरह की मुद्रा के चलन से व्यापार में सुविधा हुई, राज्य और काश्तकार में सीधा संबंध स्थापित होने से जनपदों का अलगाव कम हुआ, बारूद के इस्तेमाल से केंद्रीय राज्यसत्ता जागीरदारों की स्वच्छंदता कम करके उन्हें अपने मातहत कर सकी; यूरोप में भारत का व्यापार बहुत बड़े पैमाने पर आगे बढ़ा; उत्तर भारत में शहरों की संख्या ही नहीं बढ़ी, उनकी जनसंख्या और उनका व्यवसायी महत्त्व भी बढ़ा; जगह-जगह अपने अधिकारों के लिए जनता ने संघर्ष किए और इस तरह भी उसकी एकता बढ़ी। इन परिस्थितियों में सामंती ढाँचा जर्जर हुआ। उस ढाँचे के भीतर व्यापारियों द्वारा पैदा किए पूँजीवादी संबंध जन्म लेने

लगे। पुराने जनपदों का अलगाव काफी दूर हुआ और वे मिलकर एक जाति (राष्ट्र) के रूप में संगठित होने लगे। भक्ति-आंदोलन इस जातीय-आंदोलन का सांस्कृतिक प्रतिबिंब था।

इस जातीय-आंदोलन में भाग लेने वाले व्यापारी, जुलाहे, कारीगर, किसान आदि थे। इनकी एकता की चाह, सामंती अलगाव को दूर करके मिलने की चाह भक्ति-आंदोलन में प्रकट हुई। ऊपर से देखने में मालूम होगा कि भक्त कवियों की मूल समस्या संसार से मुक्ति पाने की समस्या थी, उनके सबसे बड़े शत्रु काम, क्रोध, मद, लोभ आदि उनके मनोविकार ही थे। गाँधीवादी विचारक संत-साहित्य को इसी दृष्टि से महत्त्वपूर्ण मानते हैं। लेकिन मज़दूर वर्ग और पूँजीपतियों के संघर्ष के पहले आमतौर से देखा यह गया है कि वर्गसंघर्ष एक धार्मिक लिबास में सामने आता है। उस लिबास के नीचे छिपे हुए ऐतिहासिक तथ्य को देखना हर वैज्ञानिक विचारक का कर्त्तव्य है।

पुरोहितों और राजाओं से दबे हुए लोगों ने जब सांसारिक बंधनों से मुक्ति पाने के लिए अपना अधिकार घोषित किया तब शासकवर्ग प्रसन्न नहीं हुआ। मुक्ति और धर्म पर वह अपना इजारा समझता था। हर वर्ण के लिए उसने धर्म-कर्म की व्यवस्था कर रखी थी, उसमें किसी तरह का हेर-फेर करने पर कठोर दंड देने की व्यवस्था भी थी। इसलिए सामंतों और पुरोहितों के खिलाफ जनता के संघर्ष ने अगर धार्मिक लिबास पहना तो वह एक अनिवार्य ऐतिहासिक आवश्यकता थी।

16वीं सदी के जातीय-आंदोलन का नेतृत्व बहुधा व्यापारी कर रहे थे। उस आंदोलन ने जहाँ-तहाँ सक्रिय संघर्ष का रूप भी लिया। उसके सांस्कृतिक प्रतिबिंब—भक्ति-आंदोलन—पर अकसर निष्क्रियतावाद का रंग चढ़ा दिखाई देता है। क्रांतिकारी मज़दूर वर्ग और उसके नेतृत्व के अभाव में यह रंग चढ़ना भी एक हद तक अनिवार्य था। आज उसके लिए किसी तरह का ऐतिहासिक समर्थन बाकी नहीं रह गया।

गोस्वामी तुलसीदास किस हद तक भक्ति-आंदोलन का प्रतिनिधित्व करते हैं? किस हद तक उनके विचार हमारे सांस्कृतिक विकास में आज सहायक हो सकते हैं?

रामचरितमानस में जहाँ-तहाँ विप्रपद पूजा को बहुत बड़ा धर्म बतलाया गया है और विशेष रूप से उत्तरकांड में शूद्रों के अपना वर्णधर्म त्यागने पर क्षोभ प्रकट किया गया है। इन पंक्तियों को अलग करके देखने से यह धारणा बन सकती है कि तुलसीदास अपने समय की सामंत-विरोधी गतिविधि से असंतुष्ट थे और वे पुरानी व्यवस्था को ही बनाए रखना चाहते थे। क्या हम वर्णधर्म के समर्थन को तुलसीदास के विचारों की ऐतिहासिक सीमा मानें जिससे उनकी मूल विचारधारा पर आँच नहीं आती?

यथार्थ यह है कि वर्णाश्रम धर्म के समर्थक पुरोहितों ने तुलसीदास को काफी सताया था और तुलसीदास ने भी उनका उचित उत्तर देने में आगा-पीछा न किया था।

तुलसीदास अपने जन्म के बारे में कहते हैं–

"जायो कुल मंगन बधावनो बजायो सुनि,
भयो परिताप पाप जननी जनक को।
बारे तें ललात बिललात द्वार द्वार दीन,
जानत हौं चारि फलचारि ही चनक को।"

यह समझने का कोई कारण नहीं दिखाई देता कि केवल अपनी दीनता से इष्टदेव को प्रभावित करने के लिए उन्होंने यह लिख दिया है। इसी तरह 'लालची ललात बिललात द्वार द्वार दीन, बदन, मलीन मन मिटै न बिसूरना' आदि में अत्युक्ति हो सकती है लेकिन तुलसी ने, निर्धन और अकुलीन बालक को जो अपमान सहना पड़ता है, उसे स्वयं सहा था इसमें संदेह नहीं। और यह अपमान बालकपन तक सीमित न था। जैसे-जैसे उनकी लोकप्रियता बढ़ती गई, वैसे-वैसे उनका विरोध भी बढ़ा। जब लोग उनकी जाति-पाँति की चर्चा करके उनका उपहास करते थे, तब तुलसीदास यही कहकर जवाब देते थे कि जो गोत्र राम का है, वही गोत्र उनके सेवक का है। कभी इन विरोधियों से उदासीन होकर वे कहते–"मेरे जाति पाँति न चहौं काहू की जाति पाँति, मेरे कोऊ काम को न हौं काहूके काम को।" लेकिन कभी-कभी जातिवादियों को चुनौती देते हुए वह कहते–

"धूत कहौ, अवधूत कहौ, रजपूत कहौ, जुलहा कहौ कोऊ।
काहू की बेटी सों बेटा न ब्याहब काहू की जाति बिगार न सोऊ।
तुलसी सरनाम गुलाम है राम कौ जाको रुचै सो कहै कछु ओऊ।
माँगि कै खैबो मसीत को सोइबो लेबे को एक न देबे को दोऊ।"

इस एक छंद में तुलसीदास के समूचे जीवन का संघर्ष चित्रित हो गया है। निःसंदेह उनके कार्यों से पुरोहित वर्ग आतंकित हो उठा था। वह उन्हें तरह-तरह के नाम देने लगा था और तुलसीदास को कहना पड़ा, तुम अपनी जाति लेकर खुश रहो, हमें तुमसे लेना एक है न देना दो।

जो लोग समझते हैं कि गोस्वामी तुलसीदास शूद्रों पर ब्राह्मणों के प्रभुत्व का समर्थन करते थे, वे भूल जाते हैं कि उन्होंने स्वयं इस प्रभुत्व का कटु अनुभव किया था। कवितावली के इन छंदों में महाकवि का एक निडर व्यक्तित्व हमारे सामने उभरकर आता है जो रामभक्ति का प्रचार करता हुआ वर्णवादियों के विरोध की ज़रा भी परवाह नहीं करता। समूचा तुलसी-साहित्य इस चित्र की सत्यता प्रमाणित करता है।

वर्ण और जाति की व्यवस्था को चुनौती देता हुआ तुलसी का व्यंग्यस्वर सुनिए–"कौन धौं सोमयागी अजामिल अधम कौन गजराज धौं बाजपेयी।"

इससे स्पष्ट है कि तुलसी की भक्ति सभी जातियों और वर्णों के लोगों को मिलाने वाली थी।

और जो लोग समझते हैं कि तुलसीदास ने इस्लाम से हिंदू धर्म की रक्षा की, वे कृपाकर उस पंक्ति पर विचार करें जिसमें महाकवि ने माँगकर खाने और मस्जिद में सोने की बात कही है। वर्ण-व्यवस्था के रक्षकों ने ही भारतीय जनता के हृदय सम्राट् तुलसीदास की यह दशा की थी। यदि तुलसीदास कुलीनता और जातिवाद के समर्थक होते तो उनकी आत्म-निवेदन वाली रचनाओं में बार-बार यह स्वर न सुनाई देता–"लोग कहैं पोचु, सो न सोचु न सँकोचु मेरे ब्याह न बरेखी जाति पाँति न चहत हौं।" तुलसीदास की रामभक्ति का एक प्रमुख कारण यह है कि उनके प्रभु ने जातिहीन व्यक्तियों को अपनाया था। दोहावली का यह दोहा देखिए–

"जातिहीन अघजनम महि, मुकुत कीन अस-नारि।
महामन्द मन सुख चहसि, ऐसे प्रभुहिं बिसारि॥"

पार्वती-मंगल में शिव-विवाह का वर्णन करते हुए वर की विशेषताओं में यह भी है–

"कहहु काह सुनि रीझिहु बरु अकुलीनहिं।
अगुन अमान अजाति मातुपितु हीनहिं॥"

अकुलीनता का जिक्र रामचरितमानस में भी है–

"निर्गुन निलज कुबेष कपाली।
अकुल अगेह दिगम्बर ब्याली॥"

भक्त कवियों का मूल मंत्र था–"जाति-पाँति पूँछै नहिं कोई, हरि का भजै सो हरि का होई।" तुलसीदास इस मंत्र को सिद्ध करने वालों की चर्चा बार-बार करते हैं। वह वाल्मीकि का हवाला देते हैं जो मरा-मरा कहकर भी मुनि हो गए–"जहाँ बालमीकि भये ब्याध ते मुनीन्द्र साधु, मरामरा जपे सुनि सिष ऋषि सात की।" और भी–

"जान आदि कवि तुलसी नाम प्रभाउ।
उलटा जपत कोल ते भे ऋषिराउ॥"

इसी तरह शबरी, गिध आदि का हवाला सभी संतों के साहित्य में मिलता है जिन्हें प्रेम के वश होकर राम ने मुक्ति दी।

"सबरी गीध सुसेवकनि, सुगति दीन्ह रघुनाथ।
नामु उधारे अमित खल, बेद बिदित गुनगाथ॥"

तुलसीदास की भक्ति वर्ण, जाति, धर्म आदि के कारण किसी का बहिष्कार नहीं करती। जो 'अति अघरूप' समझे जाते हैं, उन "**आभीर जवन किरात खस स्वपचादि**" के लिए भी वह कहते हैं कि राम का नाम लेकर वे भी पवित्र हो जाते हैं। इससे उनकी भक्ति का जनवादी तत्त्व अच्छी तरह प्रकट हो जाता है। जिन तमाम लोगों के लिए पुरोहित वर्ग ने उपासना और मुक्ति के द्वार बंद कर दिए थे, उन सबके लिए तुलसी ने उन्हें खोल दिया। तुलसी की जाति और कुलीनता पर पुरोहितों के आक्षेपों का यही कारण था।

जब राम चित्रकूट पहुँचते हैं, तब तुलसीदास कोल-किरातों को नहीं भूलते, "यह सुधि कोल किरातन्ह पाई। हरषे जनु नवनिधि घर आई।" बीस पंक्तियों में राम से उनकी भेंट का वर्णन करने के बाद तुलसी यह टिप्पणी देते हैं—"रामहिं केवल प्रेम पियारा। जानि लेउ जो जाननिहारा।" जब आप याद करेंगे कि मुगल बादशाहों के ज़माने में इन कोलकिरातों का आखेट होता था और जो पकड़े जाते थे, वे काबुल में बेच दिये जाते थे और ब्रिटिश साम्राज्यवाद के शासन में लाखों की तादाद में इन्हें जरायमपेशा करार दिया गया, तब तुलसीदास की प्रगतिशीलता समझ में आएगी।

केवट और निषाद के प्रसंग में तुलसीदास ने विशेष रूप से दिखलाया है कि ये 'नीची' जाति के लोग राम को प्यार करके भरत और लक्ष्मण का दर्जा पा जाते हैं। जब निषाद अयोध्या पहुँचता है तब सब लोग उसका इस तरह आदर करते हैं मानो लक्ष्मण आ गए हों।

"कहि निषाद निज नाम सुबानी।
सादर सकल जोहारी रानी॥
जानि लखन सम देहिं असीसा।
जिउहु सुखी सम लाख बरीसा॥
निरखि निषादु नगर नर-नारी।
भए सुखी जनु लखनु निहारी॥"

राम के अयोध्या लौटने पर जब निषाद विदा होता है, तब राम स्वयं कहते हैं—

"तुम्ह मम सखा भरत सम भ्राता।
सदा रहेहु पुर आवत जाता॥"

वास्तव में तुलसी के राम पर कुछ पक्षपात का दोष भी लगाया जा सकता है कि उच्च वर्णों में से किसी को उन्होंने न तो सखा कहा, न भरत सम भ्राता कहा! यह स्नेह मानो उन्होंने वर्णाधम लोगों के लिए ही रख छोड़ा था। तुलसी का राम-राज्य वर्णहीन नहीं है। लेकिन सरयू के राजघाट पर चारों वर्ण एक साथ स्नान जरूर करते हैं।

''राजघाट सब विधि सुंदर वर।
मज्जहिं तहाँ बरन चारिउ नर॥''

इस तरह के राजघाटों का आज भी कितना अभाव है, सभी लोग जानते हैं।

इसलिए जब उत्तरकाण्ड में हम तुलसी को इस बात पर क्षोभ प्रकट करते देखते हैं कि शूद्र ब्राह्मणों की बराबरी करने लगे हैं, तब हम इसी नतीजे पर पहुँचते हैं कि या तो उनके विचारों में अंतर्विरोध है या फिर यह पुरोहितों का चमत्कार है, जिन्होंने अपने काम की बातें मिलाकर रामचरितमानस को अपने अनुकूल बनाने की कोशिश की। यह काम उनके लिए कुछ नया भी न था; वह और भी ग्रंथों के साथ यह कांड कर चुके थे। तुलसी की भक्ति पुरोहितों का इजारा तोड़ने वाली थी। वह आभीर जवन किरात खस स्वपचादि सभी को गले लगाती थी, केवट और निषाद जैसे वर्णाधमों पर उसका स्नेह और भी ज्यादा था। वह भक्ति उस व्यवस्था का विरोध करती थी जो मनुष्य-मनुष्य को वर्णों के आचार-विचार की जंजीरों में जकड़े हुए थी। तुलसी स्वयं उन लोगों में से थे जिन पर जातिहीनता और अकुलीनता का आक्षेप किया जाता है। उन्होंने बड़ाई पाने के लिए पुरोहित वर्ग की खुशामद नहीं की, स्वयं कुलीन बनकर पैर नहीं पुजाए। उन्होंने समाज के इतर जनों का पक्ष लिया और राम के प्रेम के आधार पर उनकी समानता की घोषणा की। उनकी भक्ति का यह सामंत-विरोधी मूल्य है, जिसे हमें अपनाना चाहिए और समाज में ऊँच-नीच का भेद, आभीर जवन किरात खस स्वपचादि का भेद, सदा के लिए खत्म कर देना चाहिए। गोस्वामी तुलसीदास ने जो काम भक्ति द्वारा किया था, आज जनता वह काम मानववाद और जातीय पुनर्जागरण के द्वारा करती है।

पुरोहित वर्ग ने जो व्यवहार 'नीची' जातियों के साथ किया था, वही व्यवहार उसने स्त्रियों के साथ किया था। उपासना और उच्च शिक्षा से उन्हें वंचित किया गया था। उनके लिए एक ही धर्म था कि पति की सेवा करें। तुलसीदास ने स्त्रियों के लिए उपासना के द्वार खोल दिए। राम से मिलने, उनका स्वागत-सत्कार करने, उनका स्नेह पाने में स्त्रियाँ सबसे आगे रहती हैं। चाहे जनकपुर हो, चाहे अयोध्या हो, चाहे चित्रकूट का मार्ग हो, हर जगह इनकी भीड़-की-भीड़ दिखाई देती है। जितनी आत्मीयता तुलसी ने परस्पर ग्रामीण स्त्रियों और सीता में दिखाई है, उतनी राम, भरत या निषाद में भी नहीं दिखाई। ये ग्रामीण स्त्रियाँ ही पूछ सकती थीं, ''कोटि

मनोज लजावन हारे। सुमुखि कहहु को आहिं तुम्हारे।'' और सीता ही उनके प्रश्न का उत्तर दे सकती थीं—

''बहुरि बदन बिधु अंचल ढाँकी।
पियतन चितै भौंह करि बाँकी॥
खंजन मंजु तिरीछे नैननि।
निज पति कहेउ तिन्हहिं सिय सैननि॥''

और लोग राम के पैरों पड़ते हैं, उनसे भक्ति का वरदान माँगते हैं, ये स्त्रियाँ सीता के पैर तो पड़ती हैं लेकिन उल्टा उन्हें आशीष देती हैं।

''अति सप्रेम सिय पायँ परि, बहु बिधि देहिं असीस।
सदा सोहागिनि होहु तुम, जब लगि महि अहि सीस॥''

और जब राम अयोध्या लौटते हैं तो उनका स्वागत करने में स्त्रियाँ सबसे आगे हैं। रामचंद्र को उदय होते देखकर अयोध्या नगर में समुद्र की तरह ज्वार आ गया है और इस ज्वार की बढ़ती हुई तरंगें स्त्रियाँ ही हैं। रामचरितमानस में भी यह दोहा अद्‌भुत है—

''राकाससि रघुपति पुर, सिंधु देखि हरखान।
बढ़ेउ कोलाहल करत जनु, नारि तरंग समान॥''

दूसरी जगह राम के विरह का सूर्य अस्त होने पर तुलसी अयोध्या के सर में स्त्रियों को कुमुद की तरह खिला हुआ देखते हैं। इन सबको तुलसीदास अपावन समझते हों तो इससे ज्यादा आश्चर्य की बात क्या हो सकती है।

सूरदास की तरह तुलसी की स्त्रियाँ भी कृष्ण को देखने के लिए पति को भी छोड़कर भाग आती हैं, ''तुलसिदास जेहि निरखि ग्वालिनी भजीं नात पति तनय बिसारी।'' इससे यह तो नहीं मालूम होता कि पति ही ईश्वर है। लेकिन सामंती समाज में पति-भक्ति पर सबसे सुंदर टिप्पणी रामचरितमानस में है जहाँ उमा अपनी माँ से विदा होती हैं।

''जननी उमा बोलि तब लीन्ही। लै उछंग सुंदर सिख दीन्ही।
करेहु सदा संकर पद पूजा। नारि धरम पति देव न दूजा।
बचन कहत भरि लोचन बारी। बहुरि लाइ उर लीन्हि कुमारी।
कत बिधि सृजी नारि जग माहीं। पराधीन सपनेहुँ सुख नाहीं।
भै अति प्रेम बिकल महतारी। धीरज कीन्ह कुसमउ बिचारी।''

एक तरफ पति-सेवा का उपदेश, दूसरी तरफ पराधीन नारी के लिए स्वप्न

में भी सुख न मिलने पर क्षोभ; यह कला तुलसीदास को छोड़कर और कहीं नहीं है। जो लोग ''ढोल गँवार शूद्र पशु नारी'' वाली पंक्ति को वेदवाक्य समझते हैं, वे इन पंक्तियों पर विचार करें–

''कत बिधि सृजी नारि जग माहीं।
पराधीन सपनेहुँ सुख नाहीं॥''

तुलसीदास स्त्रियों को पराधीन जानते हुए भी उन्हें पशुओं की तरह ताड़न की अधिकारी कहें तो इससे अधिक निर्ममता और क्या हो सकती है? लेकिन जैसा ममतापूर्ण हृदय तुलसीदास ने पाया था, वैसा हृदय और किस कवि ने पाया है? ढोल गँवार वाली पंक्ति समुद्र की बातचीत में आई है जहाँ वह जल होने के नाते अपने को जड़ कहता है और इस नियम की तरफ इशारा करता है कि जड़-प्रकृति को चेतन ब्रह्म ही संचालित करता है। वहाँ एकदम अप्रासंगिक ढंग से यह ढोल गँवार शूद्र वाली पंक्ति आ जाती है। निःसंदेह यह उन लोगों की करामात है, जो यह मानने के लिए तैयार नहीं थे कि नारी पराधीन है और उसे स्वप्न में भी सुख नहीं है।

सामंती व्यवस्था में स्त्रियों के लिए एक धर्म है तो पुरुषों के लिए दूसरा है। तुलसी के रामराज्य में दोनों के लिए एक ही नियम है–

''एक नारिव्रतरत सब झारी।
ते मन बच क्रम पतिहितकारी॥''

इस तरह पुरुष के विशेषाधिकारों को न मानकर तुलसीदास ने दोनों को समान रूप से एक ही व्रत पालने का आदेश दिया था। लेकिन विशेषाधिकार वालों ने ढोल गँवार आदि जैसी पंक्तियाँ तो गढ़ लीं, और एक नारीव्रतरत होने की बात चुपचाप पी गए। वर्तमान समाज में भी नारी अधिकार-वंचित है। पराधीनता में उसे सुख नहीं है। तरह-तरह की मीठी बातों से उसे भुलावा दिया जाता है लेकिन उसकी दासता ढँकी नहीं जा सकती। तुलसीदास के समय में ऐसी परिस्थितियाँ नहीं थीं कि पराधीनता के पाश तोड़े जा सकें। वह केवल इस पराधीनता पर क्षोभ प्रकट कर सकते थे और एक ऐसे समाज का स्वप्न देख सकते थे जिसमें पुरुष भी एक-नारी व्रतधारी हों। राम के चरित्र में उन्होंने यही दिखाया। यह दूसरी बात है कि हिंदी आलोचना में जितनी चर्चा सीता के पतिव्रत की है, उतनी राम के पत्नीव्रत की नहीं। आज हम इस परिस्थिति में हैं कि तुलसी के स्वप्न को सत्य कर दिखाएँ।

सामंती समाज में साधारणतः विवाह पहले हो जाता है, प्रेम बाद में शुरू होता है। तुलसीदास ने राम और सीता के विवाह में यह दिखलाया है कि विवाह

प्रेम की परिणति है। यद्यपि सीता की प्रीति पुरातन है, फिर भी लोक-व्यवहार की दृष्टि से कंकन किंकिन नूपुरधुनि में राम का मदन दुंदुभी सुनना, सियमुख की तरफ नयन-चकोरों का देखना, और सीता द्वारा राम को हृदय में बिठाकर पलक-कपाट लगा देना आदि क्रियाओं का वर्णन तुलसी के मर्मी कवि हृदय का परिचय ही नहीं देता, उनके रूढ़ियों को तोड़ने वाले साहस का भी परिचय देता है। तुलसी केवल भक्त नहीं हैं, वे प्रेम और सौंदर्य के कवि भी हैं। विवाह-मंडप में सीता की तन्मयता का कितना सजीव और बारीक चित्र उन्होंने खींचा है–

''राम को रूप निहारति जानकी कंकन के नग की परछाहीं।
याते सबै सुधि भूलि गई कर टेकि रही पल टारति नाहीं॥''

और अपने बरवै छंदों में तो मानो तुलसीदास ने अवध के ग्राम-गीतों की सारी मिठास उँड़ेल दी है–

''का घूँघट मुख मूँदह नवला नारि।
चाँद सरग पर सोहत यहि अनुहारि॥
गरब करहु रघुनंदन जनि मन माँह।
देखहु आपनि मूरति सिय कै छाँह॥
उठी सखी हँसि मिस करि कहि मृदु बैन।
सिय रघुबर के भये उनींदे नैन॥''

तुलसीदास ने जनसाधारण के सौंदर्य-बोध की जैसी सुकुमार व्यंजना की है, वह हिंदी साहित्य में अनुपम है। वर्तमान अर्द्ध-सामंती व्यवस्था में मनुष्य की प्रेम और सौंदर्य की कोमल भावनाएँ बुरी तरह कुचली जाती हैं। विवाह का आधार है संपत्ति और कुलीनता, प्रेम करने के लिए प्रेयसी अलग होती है, बच्चे पैदा करने के लिए पत्नी अलग। सामंती बंधनों के खत्म होने पर सौंदर्य और प्रेम की भावनाएँ अपने सहज रूप में पल्लवित होंगी और नारी कवियों की नायिका-मात्र न रह जाएगी। वह श्रम करने वाली, समान अधिकार वाली नागरिक भी होगी।

तुलसीदास ब्रह्मचर्य पालन करके तपस्या द्वारा ज्ञान प्राप्त करने का आदर्श नहीं रखते। नारद में ब्रह्मचर्य पालन करने का दंभ पैदा हुआ था, सो वह बंदर का चेहरा पाकर नारी के पीछे दौड़ते फिरे। और विंध्याचल में जो व्रतधारी तप कर रहे थे, वे अहल्या का उद्धार करने वाले राम के आने की बात सुनकर बहुत प्रसन्न हुए कि अब सब शिलाएँ चंद्रमुखी हो जाएँगी, तुलसीदास के नायक साधारणजनों की तरह विवाहित जीवन बिताने वाले हैं। इसलिए तुलसीदास योगवादियों के सहज विरोधी बन जाते हैं। उनके लिए वह कहते हैं, ''जागैं जोगी जंगम जती जमाती ध्यान धरैं डरैं उर भारी लोभ मोह कोह काम के।'' काम, क्रोध, मद, लोभ को जीतने

वाले वीर लोग रात-भर ध्यान लगाए जागा करते हैं लेकिन **"सोवै सुख तुलसी भरोसे एक राम के।"** सूरदास जैसे कवियों की तरह तुलसीदास भी योग के मुकाबले में सगुण की सरस उपासना की हिमायत करते हैं। कृष्ण गीतावली में तुलसी की गोपियाँ भी कहती हैं–

"जोग जुगति अरु मुकुति बिविध विधि वा मुरली पर वारौं।"

हिंदी में अनेक ऐसे पुरानपंथी लेखक हैं जो योग के उद्धार में भारतीय संस्कृति का प्रसार देखते हैं। उन्हें याद रखना चाहिए कि तुलसी, सूर आदि कवियों ने चार सौ साल पहले ही भारतीय संस्कृति को चमत्कारवादियों के प्रभाव से मुक्त करने का बीड़ा उठाया था। कुंडलिनी जगाने की कितनी ही नवीन कोशिशें करें, यह अर्द्धसामंती समाज-व्यवस्था अब कुछ ही दिनों की मेहमान है।

जहाँ तक संसार के प्रति दृष्टिकोण का संबंध है, तुलसीदास और निर्गुणवादियों में एक सीमा तक कोई अंतर नहीं है। उनके लिए भी ब्रह्म व्यापक बिरज, अनीह और अभेद है। वेदांतियों की तरह एक जगह वह कहते हैं, 'सोहमस्मि इति वृत्ति अखंडा। दीपसिखा सोइ परम प्रचंडा॥' निर्गुनिये संतों की तरह वह कहते हैं, 'सून्य भीति पर चित्र उरेहे, तनु बिन लिखा चितेरे।' 'द्वैत जनित संसृति दुख' वह भी दूर करना चाहते हैं। तुलसीदास ने ये धारणाएँ प्राचीन भाववादी दर्शन से ली हैं। लेकिन इन स्थापनाओं पर उन्होंने अपनी तरफ से जो टीका-टिप्पणी की है, वह मूल स्थापनाओं को काफी बदल देती है। वह टीका-टिप्पणी ध्यान देने योग्य है।

गोस्वामी तुलसीदास नाम और रूप को ब्रह्म की दो उपाधियाँ मानते हैं। इनमें भी वह रूप को नाम के अधीन मानते हैं। उनका कहना है कि नाम के बिना रूप का ज्ञान नहीं होता।

'देखिअहिं रूप नाम आधीना। रूप ज्ञान नहिं नाम विहीना।
रूप बिसेष नाम बिनु जाने। करतलगत न परहिं पहचाने।'

नाम के माने भाषा, तुलसी के सिद्धांत का परिणाम यह निकलता है कि ज्ञान भाषा से परे नहीं है। वाणी और अर्थ की एकता की घोषणा करते हुए वह कहते हैं, 'गिरा अरथ जल बीचि सम, कहिअत भिन्न न भिन्न।' भाववादी दर्शन ज्ञान को भाषा से स्वतंत्र मानता है, वस्तुवादी दर्शन दोनों की एकता मानता है। तुलसीदास की स्थापना भाववादी दर्शन के प्रतिकूल है।

नाम के बिना निर्गुनपंथियों को भी निर्गुन ब्रह्म का पता नहीं लगता, इसलिए अगुन और सगुन के बीच तुलसीदास नाम की साखी मानते हैं, नाम के बिना ब्रह्म का ज्ञान नहीं होता, इसलिए वह नाम को ब्रह्म से भी बड़ा मानते हैं, 'कहेउँ नाम बड़ ब्रह्म राम तें।' सच्चिदानंद ब्रह्म नाम-निरूपण से ही प्रकट होता है। इस तरह

ब्रह्म को नाम से बाँधकर, नाम को ब्रह्म से भी बड़ा दिखाकर गोस्वामीजी ने ब्रह्म की अगोचरता पर प्रतिबंध लगा दिया है। वास्तव में उनका सारा दर्शन ब्रह्म की गोचरता पर निर्भर है, इसीलिए संसार में उसकी 'लीला' उनके लिए इतनी आकर्षक हो जाती है।

गोस्वामी तुलसीदास ने कई जगह माया की चर्चा की है लेकिन उससे यह नतीजा निकालना कठिन होगा कि वह संसार को मिथ्या मानते थे। उल्टा वह उन लोगों को फटकारते हुए दिखाई देते हैं जो संसार को मिथ्या कहते हैं।

तुलसीदास की रचनाओं में बहुत-से देवी-देवता मिलते हैं। उनका ऐसा सजीव चित्रण हुआ है कि पाठक यही समझता है कि गोस्वामीजी इन सबके अस्तित्व पर विश्वास करते होंगे। लेकिन वह 'व्यापकु एक ब्रह्म अविनासी' में भी विश्वास प्रकट करते थे और जहाँ अविनासी ब्रह्म एक है, वहाँ अनेक देवी-देवताओं का अस्तित्व भ्रम ही हो सकता है।

वास्तव में देवताओं को अपना काव्य-विषय बनाते हुए तुलसीदास ने पुराणों में बताई हुई उनकी रूपरेखा में काफी फेरफार किया है। उनका उद्देश्य स्पष्ट है, भिन्न मत वालों को राम की भक्ति के आधार पर एक करना। निर्गुण और सगुणवादियों को वह नाम के आधार पर एक करते हैं, शैवों, शाक्तों और वैष्णवों को एक करने के लिए शिव को राम का प्रेमी, सीता को जगदंबा का अवतार आदि कहते हैं। तमिलनाडु के मंदिरों में जैसे विष्णु और शक्ति की मूर्तियाँ एक साथ दिखाई देती हैं, वैसे ही रामचरितमानस में शैव, शाक्त और वैष्णव तीनों को संतुष्ट करने की सामग्री दी गई है। बहुदेवोपासना का यह रूप लौकिक व्यवहार से ही निश्चित हुआ है। कृष्ण के लिए उन्होंने कृष्ण गीतावली भी लिख दी। उनके समय में जातीय-आंदोलन की जो धारा एकता की तरफ बह रही थी, भिन्न मत वालों के इष्टदेवों के साथ यह उदार व्यवहार उसी का प्रतीक है।

लेकिन तुलसी-साहित्य का मूल्य इससे अधिक है। तुलसी की भक्ति मानववाद में डूबी हुई है। यह कवि मनुष्य का सबसे बड़ा उपासक है। तुलसी ने प्राचीन महाकाव्यों की मानववादी परंपरा को आगे बढ़ाया है। ''न मानुषात् श्रेष्ठतरं हि किंचित्'' पर रामचरितमानस मानो सजीव भाष्य है। अनेक बार तुलसी ने भक्त को भगवान से बड़ा बतलाया है, इससे अधिक वह मानव-प्रेम का प्रमाण क्या दे सकते थे?

राम के प्रति तुलसी का सेवक-भाव है। दरिद्रता और सामाजिक उत्पीड़न के बीच तुलसी राम की तरफ हाथ उठाते हैं, कितनी व्यथा के साथ, यह कवितावली और विनयपत्रिका के अनेक पदों में देखा जा सकता है। ऐसी पीड़ा, ऐसा उत्कट आत्मनिवेदन हिंदी-साहित्य में और कही प्रकट नहीं हुआ। तुलसीदास जानते थे ''नहिं दरिद्रसम दुख जग माहीं।'' उन्होंने अनुभव किया था, ''आगि बड़वागि ते बड़ी है आगि पेट की।'' उन्होंने राम से प्रार्थना की थी कि दरिद्रता के रावण ने

संसार को दबा रखा है, आकर रक्षा करो—'दारिद दसानन दबाई दुनी दीनबन्धु दुरित दहन देखि तुलसी हहा करी।' इसीलिए वह इतना व्यथित होकर राम से कहते हैं, "तुम जनि मन मैलो करो लोचन जनि फेरो।"

राम उनके लिए 'दारिद दोष दवानल हैं' जो औरों के सामने जाँचना खत्म कर देते हैं। जब वह सामंतों को गजशाला और पत्नीशाला से सुशोभित अपनी संपत्ति पर गर्व करते देखते हैं, तो कहते हैं, "ऐसे भये तो कहा तुलसी जुपै जानकीनाथ के रंग न राते।"

तुलसी के राम उनकी आशाओं के केंद्र ही नहीं हैं, मनुष्य में वह जिन तमाम नैतिक गुणों को प्यार करते थे, वह उनके प्रतीक भी थे। ब्रह्मरूप में भले ही वह निर्गुण निर्विकार हों, मानव-रूप में वह किसी देश-काल की सीमाओं में गतिशील समाज के मानव का ही प्रतिबिंब हो सकते हैं। तुलसी के राम भारतीय जनता के नैतिक गुणों का प्रतिनिधित्व करते हैं। उनके चरित्र में पितृभक्ति, भ्रातृप्रेम आदि पर बार-बार लिखा गया है लेकिन तुलसीदास का लक्ष्य परिवार में पिता के अधिकार की रक्षा करना न था। राम की मानवीय सहानुभूति माता, पिता, भाई, निषाद सभी के लिए है। विशेषता यह है कि जो जितना त्यागी है, निःस्वार्थ है और दलित है, राम का प्रेम उसके लिए उतना ही अधिक है। भरत और निषाद पर उनका प्रेम इसी कारण है। यह प्रेम पारिवारिक संबंधों पर ही निर्भर नहीं है; उसका आधार व्यापक सामाजिक संबंध है। समाज में चाहे दुखी-दीनों और निःस्वार्थ सेवकों को कोई न पूछे, राम उन्हें पूछने वाले हैं।

तुलसी के राम न्याय-अन्याय के संघर्ष में तटस्थ नहीं हैं। वह न्याय का सक्रिय पक्ष लेते हैं। लक्ष्मण के मुकाबले में वह ज्यादा धैर्य दिखलाते हैं लेकिन उनके धैर्य की एक सीमा है। वह सीमा पार होने पर वह शस्त्र उठाने में जरा भी आगा-पीछा नहीं करते। यह गुण हमारी जनता का विशेष गुण है। वह बड़ी सहनशील है लेकिन एक सीमा तक ही। उस सीमा के पार होने पर वह अन्यायी को दण्ड देने के लिए उठ खड़ी होती है। रासलीला वाले कृष्ण की अपेक्षा तुलसी को धनुर्धर राम अधिक प्रिय हैं; इसका यही कारण है, "राजिव नयन धरे धनुसायक। भगत बिपति भंजन सुखदायक।"

जब परशुराम का क्रोध सीमा पार कर जाता है, तब राम उन्हें दृढ़ चेतावनी देते हैं—

> **"देव दनुज भूपति भट नाना। समबल अधिक होइ बलवाना।**
> **जौं रन हमहिं प्रचारै कोऊ। लरहिं सुखेन काल किन होऊ॥"**

इसी तरह जब समुद्र राम को रास्ता नहीं देता, समझाने और विनती करने पर भी नहीं पसीजता, तब तुलसी कहते हैं—

"विनय न मानत जलधि जड़, गए तीन दिन बीति।
बोले राम सकोप तब, भय बिनु होय न प्रीति॥
संधाने प्रभु बिसिख कराला।
उठी उदधि उर अंतर ज्वाला॥"

इसी तरह रावण का अन्याय देखकर पहले दूत द्वारा राम उसे समझाने की कोशिश करते हैं लेकिन जब वह नहीं मानता, तब उसका हृदय-परिवर्तन करने के लिए वह सत्याग्रह नहीं करते, उससे युद्ध छेड़ देते हैं। राम का सारा चरित्र आत्म-पीड़ा द्वारा निष्क्रिय प्रतिरोध का खंडन करता है। कहना न होगा, यह बहुत ही महत्त्वपूर्ण नैतिक मूल्य है जिसे हमें अपनाना चाहिए।

रामचरितमानस में, विशेष रूप से अयोध्या-कांड में, जो वेदना का सागर लहराता हुआ दिखाई देता है, वह सामंती समाज में मनुष्य की वास्तविक पीड़ा से ही उत्पन्न हुआ है। माता-पिता से विदा होती हुई लड़कियाँ, घर में पुत्र-वियोग सहती हुई माता आदि के चित्र तुलसी ने समाज से ही लिये हैं। लेकिन इस करुणा में भी सुख-सौंदर्य की चाह बादलों में बिजली की तरह कौंध जाती है। तुलसी का व्यंग्य और हास्य भारतीय जनता की कभी न मिटने वाली ज़िंदादिली से पैदा हुआ है। वह कठिनाइयों पर हँसना जानती है, जब कठिनाई बढ़ जाती है, तब व्यंग्य और भी पैना हो जाता है। क्रोधी परशुराम के सामने लक्ष्मण का व्यंग्य, रावण की सभा में राक्षसों से घिरे हुए अंगद का व्यंग्य इसी तरह का है। तुलसी का व्यंग्य अन्यायियों, अत्याचारियों के लिए है, दलितों और पीड़ितों के लिए, स्त्रियों और बालकों के लिए उनके हृदय में केवल सहानुभूति है। राम के बाल-रूप का वर्णन करके, कौसल्या और भरत के प्रेम का वर्णन करके एक तरफ वह हमारी मानवीय सहानुभूति को और निखारते हैं, तो राम के चरित्र से वह शूरता और धीरता के भावों को पुष्ट करते हैं। इस तरह तुलसी मानव-आत्मा के एक कुशल शिल्पी साबित होते हैं।

तुलसी की मानवीय सहानुभूति का आधार सामाजिक यथार्थ है। तत्कालीन समाज का जैसा भरा-पूरा चित्र उनकी रचनाओं में मिलता है, वैसा उस समय के और किसी कवि की रचनाओं में नहीं मिलता। जनता की दरिद्रता, उसके क्लेशों का वर्णन उन्होंने बड़े ही यथार्थवादी ढंग से किया है, "खेती न किसान को भिखारी को न भीख बलि बनिक को बनिज न चाकर को चाकरी।" बड़ी स्पष्टता से उन्होंने समाज में सामंतों के कुशासन का सवाल उठाया है।

राजा और प्रजा के संघर्ष में तुलसी प्रजा के साथ हैं। रामचरितमानस में वह प्रजा को सताने वाले राजाओं के लिए कहते हैं—

"जासु राज प्रिय प्रजा दुखारी। ते नृप अवसि नरक अधिकारी॥"

और भी, दोहावली में वह उन राजाओं के पतन की भविष्यवाणी करते हैं जो प्रजा को सताते हैं–

"राज करत बिनु काज ही, करैं कुचालि कुसाज।
तुलसी ते दसकंध ज्यों, जइहैं सहित समाज॥"

तुलसी ने दुष्ट राजाओं की निंदा ही नहीं की, भारतीय जनता की आशाओं को मूर्त रूप देते हुए समता के आधार पर एक सुखी समाज की कल्पना भी की है।

"अल्प मृत्यु नहिं कवनिउँ पीरा।
सब सुंदर सब बिरुज सरीरा॥
नहिं दरिद्र कोउ दुखी न दीना।
नहिं कोउ अबुध न लच्छन हीना॥"

यह सुखी समाज स्वर्ग में नहीं बना वरन् इसी जीवन में, इसी धरती पर बना है। तुलसी का रामराज्य स्वर्ग में नहीं, अवध में है और राग कहते हैं–

"जद्यपि सब बैकुंठ बखाना। बेद पुरान बिदित जग जाना।
अवध सरिस प्रिय मोहिं न सोऊ। यह प्रसंग जाने कोउ कोऊ॥"

तुलसीदास ने एक सुखी समाज की कल्पना ही की थी जिसमें दरिद्रता-विषमता मिट गई हो। अब हम अपनी आँखों से देख रहे हैं कि मनुष्य अपने प्रयत्न से ऐसा समाज रच सकता है। तुलसीदास का स्वप्न श्रमिक जनता के लिए धरोहर है जिससे प्रेरित होकर वह समाजवाद के लिए मंजिल-दर-मंजिल बढ़ती जाएगी।

तुलसी का मानव-प्रेम उनकी कविता का स्रोत है। उनके लिए साहित्य न तो सामंतों के मनोरंजन का साधन है, न निरुद्देश्य प्रयोग है।

उनकी कविता अलंकारशास्त्र के उदाहरण पेश करने के लिए नहीं रची गई, वह प्रेम और आनंद की नदी की तरह बह चलती है। लेकिन रोमांटिक कवियों की तरह तुलसीदास कविता को स्वतःस्फूर्त प्रवाह नहीं मानते। उसमें विचार और चिंतन का योग होता है। उन्होंने एक सुंदर रूपक में विचारों के महत्त्व की ओर यों संकेत किया है :

"हृदय सिंधु मति सीप समाना।
स्वाती सारद कहहिं सुजाना॥
जो बरखै बर बारि बिचारू।
होंहि कबित मुक्ता मनि चारू॥"

तुलसीदास की यह स्थापना साहित्य के प्रति सामंती विचारधाराओं से ही

लड़ने में मदद नहीं देती, वह पूँजीवादी साहित्य-सिद्धांतों से भी लड़ने में मार्ग-दर्शन करती है। कला कला के लिए या सामाजिक उत्तरदायित्व से मुक्त होकर प्रयोग करने की स्वाधीनता की गुहार मचाने वाले साहित्यकारों का दिल टटोलिये। हृदय-सिंधु की जगह इनका दिल सड़े हुए पानी से भरी हुई गड़ही की तरह है, उसमें जनता से प्रेम के बदले देश की तरफ से उदासीनता और साम्राज्य-भक्ति के बगूले उठते हैं। ये लोग 'फॉर्म' की रट लगाकर साहित्य में उच्चकोटि के विचारों के महत्त्व को अस्वीकार करते हैं। इनकी मति सीप के समान नहीं है जिससे मोती निकले, वह घोंघे की तरह है जो सेक्स के लिए मुँह फैलाकर अपने अंदर सिमट जाता है। जन-संस्कृति, ग्राम-गीतों, प्राचीन साहित्य से उनकी सरस्वती नहीं जाग्रत होती, न विदेश के जनवादी लेखक इन्हें अच्छे लगते हैं, इनकी प्रेरणा का स्रोत एज़रा पाउंड, टी.एस. इलियट, स्पेंडर आदि लेखक हैं जो जन-शिविर के विरोधी हैं। ऐसे लेखकों का विरोध करना, जनता के हित में अपनी संस्कृति का विकास करना उन तमाम साहित्यकारों का कर्त्तव्य है जो तुलसी की विरासत पर गर्व करते हैं।

यहाँ मेरा उद्देश्य तुलसी के सभी विचारों का मूल्यांकन करना या उनकी कला का विवेचन करना नहीं है। मेरा उद्देश्य वर्णाश्रम, नारी-समस्या, राजा-प्रजा संबंध को लेकर कुछ वामपंथी लेखकों में फैली हुई गुमराहियों का निराकरण करना है। कोई भी लेखक अपने समय के सामाजिक यथार्थ को गहराई से देखे और अपनी रचनाओं में उसे प्रतिबिंबित किए बिना महान् साहित्यकार नहीं हो सकता। तुलसी का साहित्य उनके विचारों को अलग करके महत्त्वपूर्ण नहीं माना जा सकता है।

तुलसी के समय का सामाजिक यथार्थ क्या है? उनके समय का सामाजिक यथार्थ जर्जर होती हुई सामंती व्यवस्था है। तुलसी इस व्यवस्था के रक्षक नहीं हैं। और सामंतों के उत्पीड़न के विरुद्ध उनकी सहानुभूति साधारण जनों और स्त्रियों के साथ है। उन्होंने स्वयं इस उत्पीड़न का अनुभव किया था। इसलिए यह धारणा कि तुलसी नारी की पराधीनता के हामी थे, ब्राह्मणों के खिलाफ शूद्रों की बग़ावत में वह ब्राह्मणों के साथ थे, उनके समूचे साहित्य के अध्ययन से साबित नहीं होती।

तुलसी की भक्ति समाज के लिए अफीम नहीं थी। वह जन-जागरण का एक साधन थी। भक्त तुलसीदास मूलतः मानववादी हैं और उनके साहित्य की महत्ता वास्तविक सामाजिक संबंधों का वर्णन करने में है, जनसाधारण की वेदना और उससे मुक्ति की कामना का, जनता के नैतिक गुणों का चित्रण करने में है, न कि सेवक-भाव से कृपा की भिक्षा माँगने में।

तुलसी का ब्रह्मवाद, बहुदेवोपासना, "स्वांतस्तमः शांतये" रचना करना एक धार्मिक आवरण है जो सामंती व्यवस्था के भीतर पुष्ट होने वाले जातीय आंदोलनों पर पड़ा हुआ दिखाई देता है। यह आवरण मूल्यवान नहीं है, मूल्यवान है वह सामाजिक

तत्त्व जो उसके भीतर छिपा हुआ है।

तुलसी हमारे जातीय जन-जागरण के सर्वश्रेष्ठ कवि हैं। उनकी कविता की आधारशिला जनता की एकता है। मिथिला से लेकर अवध और ब्रज तक चार सौ साल से तुलसी की सरस वाणी नगरों और गाँवों में गूँजती रही है। हमारी जातीय एकता और उसके पुनर्जीवन का काम अभी अधूरा है। साम्राज्यवादी, सामंती अवशेष और बड़े पूँजीपतियों के शोषण से हिंदी भाषी जनता को मुक्त करके उसकी जातीय संस्कृति को विकसित करना है। हमारे जातीय संगठन के मार्ग में सांप्रदायिकता, ऊँच-नीच के भेद-भाव, नारी के प्रति सामंती शासक का रुख आदि अनेक बाधाएँ हैं। तुलसी का साहित्य हमें इनसे संघर्ष करना सिखाता है। तुलसी का मूल संदेश है, मानव-प्रेम। मानव-प्रेम को सक्रिय रूप देना, सहानुभूति को व्यवहार में परिणत करके जनता के मुक्ति-संघर्ष में योग देना हमारा कर्त्तव्य है।

तुलसी का साहित्य कला की शिक्षा देने के लिए अक्षय निधि है। उनसे हमें बार-बार सीखना चाहिए, कैसे उनकी वाणी जनता को इतनी गहराई से आंदोलित कर सकी। उनसे हमें गंभीर मानव-सहानुभूति और उच्च विचारों की शिक्षा लेनी चाहिए जिनसे साहित्य महान् होता है।

तुलसी की ऐतिहासिक सीमाओं की बात करके माफी माँगने की जरूरत नहीं है। जरूरत है तुलसी पर गर्व करने की, इस बात पर दृढ़ विश्वास करने की कि जिस जाति ने तुलसी को जन्म दिया है वह अजेय है, इस बात पर रोष करने की कि तुलसी की संतान आज संसार की सबसे पिछड़ी हुई, बिखरी हुई, निर्धन और दलित जातियों में से है। जिस सामंती व्यवस्था ने तुलसी जैसे सहृदय कवि को अपार कष्ट दिए थे, उसकी तरफ कभी तटस्थ न रहना चाहिए। जनता की एकता हमारा अस्त्र हो, संघर्ष हमारा मार्ग और ऐसा समाज हमारा लक्ष्य हो जिसमें पीड़ित और अपमानित मनुष्य को हताश होकर रहस्यमय दैव की तरफ फिर हाथ न उठाना पड़े। इस कार्य में एक चिरंतन प्रेरणा की तरह तुलसीदास हमेशा हमारे साथ रहेंगे।

[1955]

9

भारतेंदु हरिश्चंद्र

आज से पच्चासी वर्ष पहले 27 सितंबर, 1880 के 'सारसुधानिधि' में यह प्रस्ताव छपा था कि हरिश्चंद्र को भारतेंदु की उपाधि दी जाए। समस्त हिंदी-संसार ने इस प्रस्ताव का स्वागत किया। हरिश्चंद्र सदा के लिए हिंदी भाषी जनता के भारतेंदु बन गए। इस उपाधि का जो मूल्य था, वह नोबेल पुरस्कार से बढ़कर था। यह जनता की दी हुई उपाधि थी। यह उपाधि सरकार और उसके समर्थकों के लिए चुनौती के रूप में थी। सरकार ने राजा शिवप्रसाद को सितारेहिंद बनाया, जनता ने हरिश्चंद्र को भारतेंदु बनाया।

हिंदी साहित्यकारों और हिंदी-प्रेमियों का जैसा प्रेम भारतेंदु हरिश्चंद्र ने पाया, वैसा प्रेम हिंदी के दूसरे साहित्यकारों को नहीं मिला। अन्य भाषाओं में उनसे बड़े कलाकार पैदा हुए हैं, किंतु पूर्ण चंद्र की तरह जन-समुद्र में प्रेम का ज्वार उठाने वाला व्यक्तित्व उन्हीं का था। इसके दो कारण थे। एक तो यह कि उन्होंने देश और समाज की महान ऐतिहासिक आवश्यकता पहचानी और उसे पूरा किया। दूसरा यह कि उन्होंने जो कुछ किया, वह निःस्वार्थ भाव से, देश और जनता के लिए, हिंदी भाषा और साहित्य के लिए, अपने अहंकार की तुष्टि के लिए नहीं, अपना वंदन-अभिनंदन कराने के लिए नहीं।

भारतेंदु से पहले साहित्य में खड़ी बोली का वह रूप विकसित हुआ था, जिसे हम उर्दू कहते हैं। कुछ लोग इसे हिंदू और मुस्लिम संस्कृतियों के मिलन का प्रतीक मानते हैं। यदि ऐसा होता तो बंगाल और महाराष्ट्र के हिंदू-मुसलमान उर्दू ही बोलते, बंगला-मराठी भाषाओं का व्यवहार न करते।

भारत में तुर्की, पश्तो आदि भाषाएँ बोलने वाली जातियों के लोग आए और बस गए। कश्मीर, सिंध, बंगाल आदि प्रदेशों में उन्होंने वहीं की भाषाएँ अपनाईं। हिंदी क्षेत्र में मलिक मोहम्मद जायसी, रसखान, रहीम आदि ने यहाँ की प्रचलित साहित्यिक परंपराओं को अपनाया। उस समय उत्तर भारत के मुसलमान इस बात का इंतज़ार न करते रहे थे कि मुश्तर्का ज़बान का जन्म हो जाए, तब हिंदुओं से वार्तालाप आरंभ करें।

मुगल साम्राज्य के पतनकाल में खड़ी बोली के साहित्यिक रूप उर्दू का विकास हुआ। इस भाषा का ढाँचा खड़ी बोली का था, किंतु साहित्य की उच्च शब्दावली के लिए उसने केवल अरबी और फ़ारसी को आधार बनाया था। उत्तर-प्रदेश में तो मुसलमान चौदह फीसदी के लगभग ही थे। बंगाल में जहाँ वे लगभग पचास फीसदी थे, वहाँ ऐसी बंगला का विकास न हुआ, जिसकी उच्च साहित्यिक शब्दावली केवल अरबी-फ़ारसी से ली गई हो। उर्दू का विकास भारत की समस्त भाषाओं से भिन्न दिशा में हो रहा था।

बहुत से उर्दू-प्रेमी मित्र यह मानते आए हैं कि हिंदी-आंदोलन सांप्रदायिक आंदोलन था। उसने उस मिली-जुली भाषा के प्रसार में भारी रुकावट पैदा की, जो पढ़े-लिखे हिंदुओं और मुसलमानों के व्यवहार में आती थी। इस तरह की धारणाएँ आज भी प्रचलित हैं और वर्तमान भाषा-संबंधी समस्याओं से उनका गहरा संबंध है। इसीलिए भारतेंदु का ऐतिहासिक महत्त्व समझने के लिए उस समय की परिस्थितियों पर विचार करना आवश्यक है।

फ़ारसी उत्तर भारत में लगभग छह सौ वर्ष तक राजभाषा रही। दिल्ली के मुसलमान बादशाह अपने घरों में फ़ारसी न बोलते थे। फ़ारसी उनकी मातृभाषा न थी। मुगल साम्राज्य के संस्थापक बाबर की मातृभाषा तुर्की थी। तुर्की या पश्तो बोलने वाले बादशाहों ने फ़ारसी को वैसे ही राजभाषा बनाया, जैसे वर्तमान शासक वर्ग ने–सांस्कृतिक प्रभाव के कारण–अंग्रेज़ी को राजभाषा बना रखा है।

मुसलमान शासकों की मातृभाषा फ़ारसी थी, यह समझना उतना ही बड़ा भ्रम है, जितना यह समझना कि वर्तमान शासकों की मातृ या पितृभाषा अंग्रेज़ी है।

ईरानियों ने कभी भारत को नहीं जीता। अरबों ने कभी दिल्ली पर अपना झंडा नहीं फहराया। फिर भी यह धारणा बहुतों में फैली हुई है कि बाहर से जो मुसलमान आए, उनकी मातृभाषा फ़ारसी थी।

फ़ारसी के सैकड़ों शब्द न केवल हिंदी में वरन् बंगला, मराठी, गुजराती आदि भाषाओं में घुलमिल गए। इसका कारण यह नहीं था कि आम मुसलमानों की भाषा फ़ारसी थी। कारण यह था कि फ़ारसी राजभाषा थी। नौकरी के लिए हर हिंदू-मुसलमान के लिए उसका ज्ञान ज़रूरी था। फ़ारसी के ज्ञान से मनुष्य विद्वान् समझा जाता था, समाज में उसका आदर होता था। फ़ारसी जानने वाले वर्ग ने जब खड़ी बोली में साहित्य-रचना की, तो स्वभावतः उसने उच्च शब्दावली फ़ारसी से ली। जो क्षेत्र दिल्ली से दूर थे, वहाँ के साहित्य पर फ़ारसी शब्दावली का प्रभाव कम पड़ा। जो साहित्य दिल्ली और लखनऊ में रचा गया, उसमें फ़ारसी शब्दावली का आधिक्य रहा।

क्या ऐसी साहित्यिक भाषा, जो अपनी उच्च शब्दावली केवल अरबी-फ़ारसी से लेती हो, उज्जैन, पटना और दिल्ली के बीच फैले हुए विशाल प्रदेश की सामाजिक-सांस्कृतिक आवश्यकताएँ पूरी कर सकती थी?

संभव है, शहर के उच्च वर्ग अपनी आवश्यकताएँ इस साहित्यिक भाषा से पूरी कर लेते। किंतु ब्रज, अवध, बुंदेलखंड, भोजपुरी आदि क्षेत्रों के गाँवों में एक दूसरी तरह की शब्दावली का प्रचार था। यह शब्दावली मिलती है रामचरितमानस में, सूर और मीरा के पदों में, बिहारी के दोहों में, देव-मतिराम-पद्माकर के सवैया-कवित्तों में, कबीर-जायसी-रहीम-रसखान-आलम आदि मुसलमान कवियों की रचनाओं में। इनकी शब्दावली ग़ालिब, इकबाल की साहित्यिक शब्दावली से भिन्न है। तुलसी-सूर की साहित्यिक शब्दावली के हज़ारों शब्द बंगला-मराठी में मिलेंगे, उर्दू में वे मतरूक हैं।

यदि उर्दू वास्तव में मुश्तर्का ज़बान होती तो कोई शक्ति उसके मुकाबले में हिंदी को प्रतिष्ठित न कर पाती। आधुनिक हिंदी के समर्थ आंदोलन का रहस्य यह था कि एक ओर साहित्यिक हिंदी तुलसी-सूर-रसखान की परंपरा से संबद्ध थी, दूसरी ओर वह जनपदीय बोलियों के बहुत नज़दीक थी।

आधुनिक हिंदी के जन्मदाताओं ने अपने को इस संकीर्णता से बचाया कि वे फ़ारसी के प्रचलित शब्दों को अपने गद्य से निकाल दें। भारतेंदु, प्रतापनारायण मिश्र, बालमुकुंद गुप्त आदि उर्दू के अच्छे ज्ञाता थे, उर्दू में जब-तब लिखते भी थे और उनके हिंदी गद्य में फ़ारसी के सरल शब्दों का बहिष्कार नहीं किया गया। बीसवीं सदी के हिंदी गद्य को सँवारने में आचार्य महावीरप्रसाद द्विवेदी का बहुत बड़ा हाथ था। उन्होंने अपनी भाषा-नीति के बारे में श्री कालिदास कपूर को 15 फरवरी 1918 के पत्र में लिखा था—"अरबी-फ़ारसी के जो शब्द प्रचलित हैं, उन्हें हिंदी ही के शब्द समझता हूँ। मेरे लेख इस बात के प्रमाण हैं। पहले लोग निंदा करते थे। कहते थे, यह हिंदी को बिगाड़ रहा है। पर अब नहीं बोलते। और लोग भी सरस्वती की अब नकल करने लगे हैं।"[1]

हिंदी के तमाम समर्थ साहित्यकार द्विवेदीजी की इसी उदार नीति के अनुगामी रहे हैं। इसीलिए हिंदी आंदोलन को सांप्रदायिक कहना इतिहास के साथ अन्याय करना है।

भारतेंदु इस आंदोलन के जन्मदाता थे।

हिंदीभाषी प्रदेश की जनता के सांस्कृतिक विकास के लिए यह आवश्यक था कि यहाँ ऐसी साहित्यिक भाषा का प्रसार हो, जो जनपदीय बोलियों के निकट हो, जो सूर और तुलसी की साहित्यिक शब्दावली को अपने में समेट ले, जो अपना विकास बंगला, मराठी आदि की तरह संस्कृत के सहारे करे, जो उच्च शब्दावली के लिए एकमात्र फ़ारसी पर निर्भर न हो।

भारतेंदु की भाषा-नीति इस ऐतिहासिक आवश्यकता के अनुकूल थी। इसीलिए उन्हें अपने कार्य में सफलता मिली। उन्होंने लिखा था—"हिंदी नई चाल में ढली, सन् 1873 ई.।"

---

1. सरस्वती, अप्रैल, 1942

1873 को अभी सौ साल भी नहीं हुए। जैसी बहुमुखी, अप्रतिहत, विराट् प्रगति एक शताब्दी में हिंदी ने की है, वैसी प्रगति संसार की शायद ही किसी भाषा ने की हो।

आज से सौ वर्ष पहले हिंदी की परिस्थिति बिल्कुल भिन्न थी। हिंदी में न उल्लेखनीय गद्य था, न पद्य था। ब्रजभाषा, अवधी, मैथिली आदि में उच्च कोटि का प्रचुर साहित्य था। यह भी हिंदी का साहित्य था, हिंदी के व्यापक अर्थ में। किंतु खड़ी बोली हिंदी साहित्य का समर्थ माध्यम न बनी थी। अंग्रेजों ने कचहरियों में फारसी की जगह उर्दू का चलन किया था। गाँव से लेकर शहर तक कोई भी सरकारी काम उर्दू-अंग्रेजी की जानकारी के बिना न हो सकता था। ब्रिटिश सरकार 'फूट डालो और राज करो' की नीति के अनुसार अल्पसंख्यकों को बढ़ावा देती थी। वह हिंदी के प्रसार में रुकावटें डालती थी। उर्दू-प्रेमी साहित्यकार नई हिंदी को अपने लिए बहुत बड़ा खतरा समझते थे। इनके अतिरिक्त हिंदी के रूढ़िवादी साहित्यकार पुरानी काव्य-परंपराओं से चिपके हुए थे। वे आधुनिक हिंदी में गद्य के विकास के प्रति उदासीन थे।

भारतेंदु ने इन तमाम बाधाओं पर विजय पाई। उन्होंने अपनी व्यक्तिगत संपत्ति हिंदी की सेवा में लगा दी। उन्होंने 'कविवचनसुधा', 'हरिश्चंद्र-चंद्रिका' आदि पत्रिकाएँ निकालीं। बनारस को केंद्र बनाकर उन्होंने साहित्यकारों का विशाल दल तैयार कर लिया। उनकी प्रेरणा से अनेक केंद्रों से नए पत्र निकलने लगे। भारतेंदु युग के लेखकों ने जनता में हिंदी-प्रेम जाग्रत किया, बड़े ही अध्यवसाय और लगन से उन्होंने हिंदी गद्य को सँवारा और हज़ारों नए पाठकों तक अपना साहित्य पहुँचाया। उनकी साधना अमर है। उसी साधना के बल पर आज हिंदी हमारी जातीय भाषा है। सरकार और राजनीतिक पार्टियों के नेता कुछ भी कहें, भारत के जन-साधारण की व्यावहारिक राष्ट्रभाषा हिंदी ही है।

भारतेंदु की हिंदी आदर्श हिंदी मानी जाती थी। उनके समकालीन लेखकों में बालकृष्ण भट्ट, प्रतापनारायण मिश्र और राधाचरण गोस्वामी जैसे लोग थे। ये स्वतंत्रचेता, प्रतिभा के धनी, दूसरों का लोहा न मानने वाले साहित्यकार थे। भारतेंदु कितने बड़े लेखक थे, इसका सबसे बड़ा प्रमाण यह है कि उस युग के महान् साहित्यकार उनकी गद्य शैली को आदर्श मानते थे।

उस गद्य में अक्सर शहरी नफ़ासत की कमी है। उसमें भदेसपन है, 'सियनि सुहावनि टाट पटोरे' का मजा है। जिंदादिली में उसका मुकाबला नहीं है। नींद से उठने वाली एक नई जाति का जयघोष उसमें सुनाई देता है।

भारतेंदु ने कविता, नाटक, उपन्यास आदि साहित्य की सभी विधाओं पर ध्यान दिया। इन सबमें उस युग की अपनी साहित्य की सबसे विकसित विधा है—निबंध। भारतेंदु और प्रतापनारायण मिश्र के निबंधों का रूप अंग्रेज़ी की देन नहीं है। वह हिंदी की अपनी सहज विकसित विधा है।

गद्य की जो विशेषताएँ निबंधों में हैं, वे नाटकों में भी मिलती हैं। विशेष रूप से प्रहसनों में व्यंग्य और हास्य खूब निखरा हुआ है।

भारतेंदु ने नाटक पर एक विस्तृत निबंध लिखकर आधुनिक हिंदी आलोचना को जन्म दिया।

भारतेंदु हरिश्चंद्र केवल साहित्यिक हिंदी भाषा के निर्माता नहीं थे, वे आधुनिक हिंदी साहित्य के निर्माता भी थे। उन्होंने ब्रजभाषा की पुरानी कविता में नई जान डाली। उनकी शृंगार और भक्ति की रचनाएँ पुराने कवियों की रचनाओं से होड़ करती हैं। उन्होंने खड़ी बोली में भी अनेक पद्य रचे। इनमें उनकी लावनी सबसे सफल है। साहित्य को उनकी देन है—राष्ट्रीय विचारधारा। 'भारत-दुर्दशा' जैसे नाटकों में, 'जातीय संगीत' जैसे निबंधों में उन्होंने देश की दशा पर ध्यान केंद्रित किया है।

इस प्रकार उन्होंने साहित्य की विषयवस्तु में युगांतकारी परिवर्तन किया। भारतेंदु घर में बैठकर मात्र मनोविनोद के लिए साहित्य रचने वाले जीव न थे। उन्होंने कलकत्ता और पुरी के अलावा हिंदी-क्षेत्र के गाँवों की यात्रा भी की थी। उन्होंने खानदेश के बाढ़-पीड़ितों से लेकर फ्रांस के दुखियों तक के लिए चंदा इकट्ठा किया था। वे स्वदेशी के प्रथम प्रचारकों में थे। बंग-भंग और गाँधीजी के आंदोलनों से बहुत पहले उन्होंने ऐसी संस्था बनाई थी, जिसके सदस्य स्वदेशी वस्त्रों का ही व्यवहार करते थे। वे मेलों में जाकर नाटक कर सकते थे, वे जनता के बीच भाषण देते थे। इस जनसंपर्क के कारण ही उनका साहित्य इतना सजीव है।

भारतेंदु की लोकप्रियता का कारण यह है कि उन्होंने समाज और साहित्य की आवश्यकताओं को पहचाना, उन्हें पूरा किया। उनकी लोकप्रियता का दूसरा कारण उनका व्यक्तित्व है, चंद्रमा के समान प्रकाशमय, दूसरों के सामने अपने कलंक भी प्रकट कर देने वाला। उन्होंने अपनी प्रेमिका के बनाए पदों को अपने संग्रहों में स्थान दिया। वे रईस घराने में पैदा हुए थे, खर्चीले स्वभाव के थे। उनकी यह प्रतिज्ञा प्रसिद्ध थी—"इस धन ने मेरे पूर्वजों को खाया है, अब मैं इसे खाऊँगा।"

वे प्रसिद्ध सेठ अमीचंद के घराने में पैदा हुए थे। उनके पिता और पितामह अंग्रेज़ों के विश्वासभाजन थे। 'कुछ आप बीती कुछ जगबीती' में उन्होंने अपने यहाँ के मुसाहबों का इस प्रकार चित्रण किया है—

"कोई कहता था आपसे सुंदर संसार में नहीं, कोई कसम खाता था, आप-सा पंडित मैंने नहीं देखा, कोई पैगाम देता था, चमेलीजान आप पर मरती हैं, आपके देखे बिना तड़प रही हैं, कोई बोला, हाय! आपकी फलानी कविता पढ़कर रात-भर रोते रहे।"

इस वातावरण से ऊपर उठना, प्राचीन रूढ़ियाँ तोड़कर नए युग के अनुकूल

साहित्य रचना अपूर्व चरित्रबल से ही संभव था। भारतेंदु ऊपर से बड़े कोमल थे। उनमें चरित्र की असाधारण दृढ़ता थी। इसीलिए वे इतना काम कर सके।

वे अंग्रेज़ी के अलावा बंगला, उर्दू आदि अनेक भारतीय भाषाएँ अच्छी तरह जानते थे। उनमें ज्ञान की अदम्य पिपासा थी। उन्होंने नाटक से लेकर पुरातत्त्व तक अनेक विषयों पर कलम चलाई थी। उनके जो नाटक, पद्य और निबंध संकलित किये गए हैं, उनका परिमाण काफी है। किंतु इनसे बहुत बड़े परिमाण में उनका वह गद्य है, जो 'कविवचनसुधा' आदि पत्रिकाओं में है किंतु असंकलित है। उन्होंने हज़ारों पत्र लिखे थे, जिनमें कुछ बचे रहे हैं, शेष नष्ट हो गए हैं। यह सब उन्होंने 34 वर्ष की छोटी उम्र में ही कर डाला। उनका-सा परिश्रम करने वाले हिंदी में बिरले ही हुए हैं।

बनारस की एक खास अदा—सादगी और मस्ती—उनके चरित्र की विशेषता थी। वे 'पैदल धूप में गर्म रेती पर सरजू के किनारे' घूम सकते थे। वे गुड़ जैसी बर्फी, भूर के लड्डू और काठ के टुकड़े जैसी बालूशाही की तारीफ कर सकते थे। वे अवध के किसानों में घुल-मिल सकते थे। "चूल्हे जल रहे हैं, सैकड़ों अहरे लगे हुए हैं, कोई गाता है, कोई बजाता है, कोई गप हाँकता है।" वे गंगा की फुहारों का आनंद लेते हुए हरिद्वार में शिला पर बैठकर भोजन कर सकते थे। "एक दिन मैंने श्री गंगा के तट पर रसोई करके पत्थर ही पर जल के अत्यंत निकट परोसकर भोजन किया, जलके छलके पास ही ठंडे-ठंडे आते थे, उस समय पत्थर का भोजन का सुख सोने के थाल के भोजन से कहीं बढ़के था।" ऐसे सहज आनंदी स्वभाव के व्यक्ति पर लोग क्यों न रीझते?

व्यंग्य और परिहास उनकी नस-नस में भरा था। पहली अप्रैल को उन्होंने लोगों को यह कहकर इकट्ठा कर लिया था कि एक मेम खड़ाऊँ पहनकर गंगा पार करेगी।

वे समाज-सुधारक थे, विधवा-विवाह के समर्थक थे, स्त्री-शिक्षा के प्रबल पक्षपाती थे। उनके विरोधियों की संख्या कम न थी। सरकारी क्षेत्रों के अलावा रूढ़िवादी समाज के ठेकेदार उनके कट्टर शत्रु थे। उन्हें दृढ़ विश्वास था कि इन शत्रुओं का महत्त्व कीड़ों से अधिक नहीं है। वे नष्ट हो जाएँगे, भविष्य में लोग भारतेंदु को ही याद करेंगे।

'प्रेमजोगिनी' में सूत्रधार भारतेंदु को लक्ष्य कर के कहता है, "क्या हुआ जो निर्दय ईश्वर तुझे प्रत्यक्ष अपने अंक में रखकर आदर नहीं देता और खल लोग तेरी नित्य एक नई निंदा करते हैं और तू संसारी वैभव से सूचित नहीं है; तुझे इससे क्या, प्रेमी लोग जो तेरे और तू जिन्हें सरबस है, वे जब जहाँ उत्पन्न होंगे, तेरे नाम को आदर से लेंगे और तेरे रहन-सहन को अपनी जीवन-पद्धति समझेंगे...स्मरण रखो ये कीड़े ऐसे ही रहेंगे और तुम लोक-बहिष्कृत होकर भी इनके सिर पर पैर

रख के विहार करोगे, क्या तुम अपना वह कवित्त भूल गए—कहैंगे सबै ही नैन-नीर भरि-भरि पाछो प्यारे हरीचन्द की कहानी रह जायगी।"

भारतेंदु के प्रेमी उनका नाम आदर से लेते हैं। नैनों में नीर भरकर उनकी कहानी कहते हैं। वे विरोधियों के सामने शिला की तरह कठोर थे, दुखी-जनों के लिए कुसुम से भी कोमल थे। अँगूठी से लेकर दुशाले तक जो सामने हुआ, उसे उन्होंने याचक को दे डाला। कर्ज के भार से दबे रहे, लेकिन मरने से पहले सब का कर्ज चुका गए।

मौत को देखकर उनकी ज़िंदादिली मुर्झायी नहीं। 34 वर्ष की आयु में अकाल मृत्यु का परिहास करते हुए उस वीर ने कहा था, "हमारे जीवन के नाटक का प्रोग्राम नित्य नया-नया छप रहा है—पहले दिन ज्वर की, दूसरे दिन दर्द की, तीसरे दिन खाँसी की सीन हो चुकी, देखें लास्ट नाइट कब होती है।"

ऐसा था युग-प्रवर्त्तक भारतेंदु हरिश्चंद्र का व्यक्तित्व। उसकी छाप हिंदी साहित्य पर, हिंदी-साहित्यकारों के हृदय पर चिरकाल तक रहेगी। हरियाने के बालमुकुंद गुप्त, ब्रज के राधाचरण गोस्वामी, अवध के प्रतापनारायण मिश्र, सभी उनके भक्त थे।

राधाचरण गोस्वामी ने अपने जीवनचरित में भारतेंदु के बारे में लिखा था, "उनके लेख-ग्रंथ हमको वेद-वाक्यवत् प्रमाण और मान्य थे, उनको मानो ईश्वर का एकादश अवतार मानते थे। हमारे सब कार्यों में वे आदर्श थे, उनकी एक-एक बात हमारे लिए उदाहरण थी।"

इन वाक्यों से भारतेंदु के प्रति समकालीन लेखकों की श्रद्धा का अनुमान किया जा सकता है।

1950 में भारतेंदु की जन्मशती उत्सव में भाषण करते हुए हिंदी के महास्वाभिमानी कवि निराला ने कहा था, "मैं उनके दरबार का दरबान मात्र हूँ।"[1] जो शीश किसी के सामने न झुका था, वह भारतेंदु के आगे नत था। नवजागरण के अग्रदूत भारतेंदु ने हमें यह मंत्र सिखाया था, "परदेशी वस्तु और परदेशी भाषा का भरोसा मत रक्खो, अपने देश में अपनी भाषा में उन्नति करो।"

भारतेंदु की बड़ी इच्छा थी कि एक हिंदी की यूनिवर्सिटी स्थापित हो। उनकी यह इच्छा अभी पूरी नहीं हुई। देश में अंग्रेजी का प्रभुत्व बना हुआ है। इस समय दक्षिण के हिंदी-प्रेमियों की वैसे ही पूछ नहीं है जैसे सन् '47 में राष्ट्रवादी मुसलमानों की पूछ नहीं थी। मुसलमानों के प्रतिनिधि बन गए थे मुस्लिम लीगी। वैसे ही दक्षिण की महान् भाषाओं के प्रतिनिधि बन गए हैं, अंग्रेजी-प्रेमी-अवसरवादी राजनीतिज्ञ।

किंतु आज भारतेंदु युग की तुलना में देश की परिस्थितियाँ हिंदी के बहुत

1. भारत, 18 सितंबर, 1950

अनुकूल हैं। अब हमारी भाषाओं का दमन करने वाले अंग्रेज़ नहीं हैं। राज्यसत्ता देशवासियों के हाथ में है। अब हिंदी में आधुनिक साहित्य का अभाव नहीं है। उसके लेखक भारत के अन्य प्रदेशों में और भारत के बाहर ख्याति प्राप्त कर चुके हैं। कमी है तो केवल संगठन की।

भारतेंदु ने भाषा और साहित्य में जिस आंदोलन का सूत्रपात किया था, वह राष्ट्रीय और जनतांत्रिक था। जो उसे सांप्रदायिक कहते हैं, वे अपना ही अहित करेंगे। हिंदी भाषी जनता संगठित होकर भारतेंदु का स्वप्न साकार कर सकती है। जिस दिन हम अपने प्रतिनिधियों को बाध्य कर सकेंगे कि वे लोकसभा में हिंदी बोलें, उस दिन भारत में विशाल अंग्रेज़ी-विरोधी मोर्चा बनेगा, तभी केंद्रीय राज-भाषा अंग्रेज़ी से दबी हुई प्रादेशिक भाषाएँ नई शक्ति से फलें-फूलेंगी, तभी हम देखेंगे कि दक्षिण में राष्ट्रभाषा-प्रेमी विद्यमान हैं—और अंग्रेज़ी के लिए शोर मचाने वाले अवसरवादी दक्षिण के सच्चे प्रतिनिधि नहीं हैं। हिंदी को राष्ट्रभाषा बनाने में निर्णायक भूमिका हिंदीभाषी जाति की है। भारत में अंग्रेज़ी का प्रभुत्व खत्म करके ही हम भारतेंदु के प्रति सच्ची श्रद्धांजलि अर्पित करने के अधिकारी हो सकते हैं।

[1965]

10

प्रेमचंद

प्रेमचंद का युग समाप्त हो गया है या समाप्ति पर है। उनके युग की राजनीति आज बड़ी तीव्र गति से बदल रही है; पुराने आदर्श कसौटी पर कसे जा रहे हैं और नयी-नयी शक्तियाँ रंगभूमि में आकर नेतृत्व की चेष्टा कर रही हैं। सन् '20 और '30 से सन् '40 में बहुत बड़ा अंतर है। यह हमारी प्रगति का चिह्न है कि एक-एक दशक में एक-एक पीढ़ी-जैसा परिवर्तन होता दिखायी देता है। राजनीति में युग को समाप्त होते देर भी लगती है क्योंकि जिनके हाथ में अधिकार है, वे उसे कठिनता से छोड़ते हैं, परंतु साहित्य में पुराने नेताओं में से कुछ तो नए आगंतुकों का नेतृत्व करने के लिए स्वयं उत्सुक रहते हैं, कुछ अपना कार्य कर चुकने पर यों भी पीछे पड़ जाते हैं। प्रेमचंद के युग को देखते हुए हम कह सकते हैं कि क्या राजनीति में, क्या साहित्य में, उस समय उन्हीं का व्यक्तित्व सबसे अधिक क्रांतिकारी था।

अपने उपन्यासों में उन्होंने सामाजिक संघर्ष के चित्र दिए हैं। प्रेमाश्रम का आधार किसान-ज़मींदार का संघर्ष है; गोदान की समस्या किसान-महाजन की है। कर्मभूमि में अछूत और लगान—बंदी-आंदोलनों और रंगभूमि में नए उद्योगधंधों से गाँवों में परिवर्तन का चित्रण किया गया है। समाज के इतने विभिन्न स्तरों का व्यापक ज्ञान संसार के बहुत कम साहित्यिकों में मिलेगा। प्रेमचंद के विचार बहुत स्पष्ट नहीं थे परंतु उनमें कलाकार की सच्चाई की कमी न थी; युग की निर्धनता, दासता और पीड़ितों की आर्त वेदना को जैसा उन्होंने अनुभव किया था, वैसा दूसरे ने नहीं। आज के साहित्यिक के विचार बहुत कुछ स्पष्ट हो गए हैं परंतु उसके पास प्रेमचंद का अनुभव नहीं है, उनकी-सी सच्चाई भी कम है। प्रेमचंद की कृतियों का हमारे लिए यह संदेश है कि हम जनता में जाकर रहें और काम करें—अपनी रचनाओं में जनता-जनता कम चिल्लाएँ।

'हंस' के एक लेख में आज की सभ्यता का विश्लेषण करते हुए प्रेमचंद ने उसे 'महाजनी सभ्यता' कहा था। इस युग के पहले जागीरदारी सभ्यता थी, जिसमें

अनेक दोष होते हुए काफी गुण भी थे। बलवान भुजाएँ और मज़बूत कलेजा तब जीवन की आवश्यकताओं में थे। 'राजा और सम्राट् जनसाधारण को अपने स्वार्थ-साधन और धन शोषण की भट्ठी का ईंधन न समझते थे। लेकिन नयी सभ्यता में पैसे का स्थान सर्वोपरि है। साम्राज्यवाद के आवश्यक गुण मज़बूत कलेजा और बलवान भुजाएँ नहीं हैं, उसके लिए बुद्धि का धन-संचय के लिए उपयोग तथा मौन आज्ञा-पालन आवश्यक है। इस सभ्यता ने समाज को दो अंगों में बाँट दिया है, जिनमें एक हड़पने वाला है, दूसरा हड़पा जाने वाला। इस महाजनी सभ्यता का अंत हुआ है केवल रूस देश में और जो समाज-व्यवस्था उस देश के लिए हितकर हुई है, वह हिंदुस्तान के लिए भी हो सकती है।'

प्रेमचंद ने आधुनिक सभ्यता को महाजनी सभ्यता के नाम से कुछ रूस या समाजवाद पर दो-चार पुस्तकें पढ़कर न पुकारा था। उन्होंने बहुत पहले अनुभव किया था कि किसी समाज की सभ्यता उसकी भीतरी व्यवस्था पर निर्भर रहती है। यह संतोष की बात है कि उन्होंने जिन सामाजिक कुरीतियों की आलोचना की है उसकी जड़ भी उन्होंने सामाजिक व्यवस्था में ही खोज निकाली है। इसीलिए प्रेमचंद का विश्लेषण छिछला और सुधारवादी न होकर क्रांतिकारी और सामाजिक व्यवस्था की जड़ पर ही आघात करने वाला हो जाता है। उन्होंने बहुत पहले 'सेवासदन' में वेश्याओं के बारे में लिखते हुए इस महाजनी सभ्यता पर, जिसके कारण आज का पतित वेश्या-जीवन संभव हुआ है, चोटें की थीं। उन्होंने कुँअर अनिरुद्धसिंह के मुँह से कहलाया था—'हमें वेश्याओं को पतित समझने का कोई अधिकार नहीं। यह हमारी परम धृष्टता है। हम रात-दिन जो रिश्वतें लेते हैं, सूद खाते हैं, दीनों का रक्त चूसते हैं, असहायों का गला काटते हैं, कदापि इस योग्य नहीं हैं कि समाज के किसी अंग को नीच या तुच्छ समझें। सबसे नीच हम हैं, सबसे बड़े पापी, दुराचारी, अन्यायी हम हैं, जो अपने को शिक्षित, सभ्य, उदार और उच्च समझते हैं। हमारे शिक्षित भाइयों ही की बदौलत दाल-मंडी आबाद है, चौक में चहल-पहल है, चकलों में रौनक है। यह मीना बाजार हम लोगों ने ही सजाया है, ये चिड़ियाँ हम लोगों ने ही फँसाई हैं, ये कठपुतलियाँ हमने ही बनाई हैं। जिस समाज में अत्याचारी ज़मींदार, रिश्वती राजकर्मचारी, अन्यायी महाजन, स्वार्थी बंधु आदर और सम्मान के पात्र हैं, वहाँ दालमंडी क्यों न आबाद हो? हराम का धन हरामकारी के सिवा और कहाँ जा सकता है? जिस दिन नजराना, रिश्वत और सूद-दर-सूद का अंत होगा, उसी दिन दालमंडी उजड़ जाएगी, ये चिड़ियाँ उड़ जाएँगी—पहले नहीं।'

यही महाजनी सभ्यता है। ज़मींदार अत्याचारी है, राजकर्मचारी रिश्वतखोर है, महाजन अन्यायी है और भाई-भाई का गला काटने के लिए तैयार है। प्रेमचंद ने महाजनी सभ्यता के इन स्तंभों को, ज़मींदारों, राजकर्मचारियों और महाजनों

को उधेड़-उधेड़कर हमारे सामने उनकी बीभत्सता में खड़ा कर दिया है जिससे हम अपनी सभ्यता की इमारत ढहाकर उसकी जगह एक नयी इमारत बनाने के लिए बाध्य हों।

समाज के जाल में मोटी-मोटी गाँठों से बँधे छोटे और बड़े ज़मींदार हैं जिनका निर्धन वर्गों से निकट का संबंध है और जो नयी महाजनी सभ्यता के संपर्क में आकर एक नया रूप धारण कर चुके हैं। गोदान के रायसाहब इस वर्ग के सुंदर प्रतिनिधि हैं। जागीरदारी सभ्यता की देन के साथ नयी अंग्रेजी सभ्यता से भी उन्होंने अपने मतलब की बहुत-सी बातें ग्रहण की हैं जिससे वह एक नयी और विचित्र सभ्यता के निदर्शन हो गए हैं। प्रेमचंद ने रायसाहब का जो चित्र बनाया है, उससे मिलते-जुलते मॉडेल आज की सामाजिक व्यवस्था में पचासों देखने को मिलते हैं।

पहली बात देखने योग्य यह है कि रायसाहब धार्मिक व्यक्ति हैं। 'अपने पिता से संपत्ति के साथ-साथ उन्होंने राम की भक्ति भी पायी थी;' इसलिए प्रतिवर्ष वह धनुष-यज्ञ का अनुष्ठान किया करते हैं। काम सब बेगार में होता है। चपरासी आकर कहता है, बेगारों ने काम करने से इनकार कर दिया क्योंकि उन्हें खाने को नहीं मिलता। रायसाहब के माथे में बल पड़ जाते हैं। कहते हैं—'जब कभी खाने को दिया नहीं गया, तो आज यह नयी बात क्यों? एक आने रोज के हिसाब से मजूरी मिलेगी, जो हमेशा मिलती रही है और इस मजूरी पर काम करना होगा, सीधे करें या टेढ़े।' रुपए की जो कमी होती है, वह गाँवों से चंदे के नाम पर वसूल होती है। इस तरह धनुष-यज्ञ होता है जिसमें हाकिम-हुक्काम, यार-दोस्त सब सम्मिलित होते हैं और धार्मिक होने का पुण्य लूटते हैं।

इसके अतिरिक्त रायसाहब ने राजनीतिक आंदोलन में भाग लिया है। जनता को आंदोलन से फायदा हुआ हो चाहे न हुआ हो, इस ज़मींदार वर्ग को अवश्य हुआ है, 'आमदनी और अधिकार में जौ भर भी कभी न होने पर भी उनका यश मानो बढ़ गया था।' जेल जाने से असामियों की उन पर श्रद्धा हो गयी थी। जाबते का काम वैसे ही चलता था, बेगार वैसे ही ली जाती थी। इस सबका कलंक मुख्तारों के सिर जाता, रायसाहब दूर पर वैसे ही अकलंक चमका करते। राष्ट्रवादी होना हाकिमों को डालियाँ भेजने या कर्मचारियों को दस्तूरियाँ देने में बाधक न था। जो कुछ कमी थी उसे साहित्य और संगीत ने पूरा कर दिया था। अच्छे लेखक, अच्छे वक्ता, संगीत-प्रेमी! आदर्श सभ्य और शिक्षित मनुष्य! शिक्षा और सभ्यता द्वारा यदि असामियों का गला दबाया जा सके तो कोई असभ्य और अशिक्षित क्यों बने? 'सिंह का काम तो शिकार करना है, अगर वह गरजने और गुर्राने के बदले मीठी बोली बोल सकता, तो उसे घर बैठे मनमाना शिकार मिल जाता। शिकार की खोज में उसे जंगल में न भटकना पड़ता।'

जागीरदारी सभ्यता के पुराने और नए प्रतिनिधियों के बीच का अंतर रायसाहब स्वयं बताते हैं—'मेरे स्वर्गवासी पिता असामियों पर इतनी दया करते थे कि पाले या सूखे में कभी आधा और कभी पूरा लगान माफ कर देते थे। अपनी बखार से अनाज निकालकर असामियों को खिला देते थे। घर के गहने बेचकर कन्याओं के विवाह में मदद देते थे, मगर उसी वक्त तक, जब तक प्रजा उनको सरकार और धर्मावतार कहती रहे।' धर्मावतार कहने पर इतनी सहायता मिल तो जाती थी, आत्मगौरव की भावना संतुष्ट होने पर सहृदयता में परिणत हो जाती थी। लेकिन आज का ज़मींदार धर्मावतार कहलाने से नहीं पिघलता। उसके निकट आत्मगौरव नहीं, पैसे का महत्त्व है। वह साम्यवाद पर व्याख्यान दे सकता है लेकिन अपना स्वार्थ छोड़ने में अपनी विवशता दिखाता है। आत्मगौरव का स्थान निर्लज्जता ने ले लिया है। सब जानते-बूझते हुए भी नए युग का ज़मींदार अपनी स्वार्थपरता छोड़ने के लिए तैयार नहीं है।

मेहता से पूँजीवाद की निंदा करते हुए रायसाहब कहते हैं—'किसी को भी दूसरों के श्रम पर मोटे होने का अधिकार नहीं है। उपजीवी होना घोर लज्जा की बात है। समाज की ऐसी व्यवस्था, जिसमें कुछ लोग मौज करें और अधिक लोग पिसें और खपें, कभी सुखद नहीं हो सकती।' मेहता ने रायसाहब की प्रभावपूर्ण वक्तृता पर उचित ही टिप्पणी की—'आपकी जबान में जितनी बुद्धि है, काश उसकी आधी भी मस्तिष्क में होती।'

जागीरदारी सभ्यता का यह नया प्रतिनिधि बातें बनाना खूब जानता है। उसके तर्क की भित्ति स्वार्थ है और तर्क का जगड्वाल खड़ा करके वह अपनी हृदयहीनता की रक्षा करता है। धर्म और राजनीति को वह अपने स्वार्थ-साधन का यंत्र बनाता है। उसने पुरानी शोषण-क्रिया के लिए नए अस्त्रों का प्रयोग करना सीखा है। वह कह सकता है कि जब तक किसानों को ये रिआयतें अधिकार के रूप में न मिलेंगी, तब तक केवल सद्भावना के आधार पर उनकी दशा नहीं सुधर सकती, क्योंकि वह जानता है कि जब तक वह अपनी असद्भावना के आसन पर मज़बूती से बैठा है, तब तक किसानों को न रिआयतें मिल सकती हैं, न अधिकार!

ज़मींदार-वर्ग के विचित्र नमूने सबसे अधिक प्रेमाश्रम में देखने को मिलते हैं। ज्ञानशंकर का चरित आज की सामाजिक व्यवस्था पर गहरा व्यंग्य है। उनका जीवन छल-कपट, ईर्ष्या-लोभ में बीतता है, फिर भी अंत कितना सुखद! लोक-परलोक दोनों न बिगड़े। राजा और प्रजा दोनों ही वाहवाही करें! पिता के मरने पर उन्होंने श्राद्ध से ही कंजूसी करना शुरू किया। फिर इलाके के प्रबंध में चाचा प्रभाशंकर से संघर्ष हुआ। असामियों पर इजाफा-लगान के उन्होंने दावे किए। अपने भतीजे दयाशंकर को जेल भिजवाना चाहा पर जब डिप्टी ज्वाला सिंह ने उन्हें छोड़ दिया तो प्रभाशंकर के आगे उन्हें छुड़ाने के लिए वाहवाही स्वयं लूटनी चाही। राय कमलानंद

की संपत्ति पर दाँत लगाए उन्होंने उनके विलास आमोद की निंदा की जबकि वह स्वयं गायत्री के प्रेमपाश में बँधे हुए थे। प्रेमशंकर के अमरीका से लौटने पर, इस भय से कि कहीं इलाके में हिस्सा न माँगे, उन्होंने उन्हें जाति से भी अलग करा दिया। गायत्री के इलाके में जाकर वह मैनेजर हुए और वहाँ किसानों पर अत्याचार करके मनमाना रुपया पैदा किया, कहने को गायत्री के लिए, पर वास्तव में अपने लिए क्योंकि गायत्री की जायदाद हथियाने का प्रपंच उन्होंने रच लिया था! डिप्टी ज्वालासिंह से मन न मिलने पर वह उन्हें पत्रों में बदनाम करने से नहीं चूके, यद्यपि ज्वालासिंह उनके सहपाठी थे और अपनी गरज पर वह ज्वालासिंह की बीवी तक के आगे गिड़गिड़ाने से नहीं सकुचाए। घर में नित ही कलह रही, अपने घर वालों का स्नेह या श्रद्धा उन्हें कभी न मिली। दुनिया को ठगना आसान था, घर वाले अधिक निकट थे। रायसाहब कमलानंद को जहर दिया, फिर उन्हीं की लड़की गायत्री को राधा बनाकर स्वयं कृष्ण-रूप धर के उससे प्रेम-निवेदन किया।

इस सबके अतिरिक्त निरीह किसानों पर अत्याचार की एक लंबी कथा है जो उनके उत्थान की जड़ में है। एक ओर उनका मान-सम्मान है, लखनऊ की ताल्लुकदार सभा के मंत्री बन जाते हैं, अपनी बिरादरी के सम्मेलन में वक्तृता देते हैं, अधिकारियों में मान-प्रतिष्ठा बढ़ जाती है, दूसरी ओर प्रजा के साथ उनका व्यवहार निर्दयतापूर्ण है, 'असामियों पर अखराज बकाया और इजाफे की नालिशें धूम से हो रही थीं, उनके पट्टे बदले जा रहे थे और नजराने बड़ी कठोरता से वसूल किए जा रहे थे।' तारीफ यह कि प्रजा इतने पर भी असंतुष्ट न थी। यह महाजनी सभ्यता में पला ज़मींदार कच्चा खिलाड़ी नहीं है। वह शोषण की मशीन में हमेशा रोशनाई डाला करता है कि उसकी गति सहज चिकनी बने रहे। गायत्री की बरसी में उन्होंने कंबल बाँटे, ब्राह्मणों को भोज दिया, होली के दिन जलसे कराए, असामियों को भाँग पिलायी।

ज्ञानशंकर प्रेमचंद की तमाम रचनाओं में सबसे दुष्ट नायक है। साधारण झूठ बोलने से लेकर मनुष्य-हत्या तक उसने सभी कुछ किया परंतु सारे कृत्यों की परिणति हुई जाकर ईश्वर के प्रति श्रद्धा में। उसकी इस विजय में प्रेमचंद ने आज की विदेशी सभ्यता के संपर्क में आने वाली धूर्त और स्वार्थी ज़मींदारी प्रथा को विजयी होता दिखाया है। वह स्वार्थ के लिए अपनी मर्यादा का झंडा गाड़ती है, स्वार्थ के लिए राधाकृष्ण की मूर्ति बनाकर पूजती है और स्वार्थ के लिए धीरे-धीरे किसान का रक्त पीती है। उसके सिर पर रक्षा के लिए विदेशी शासक है, वह उसे खुश रखती है, नीचे किसान है, उसे दबाकर वह अपनी खुशी के साधन जुटाती है और उसी को दबाकर वह सर के ऊपर शासक को भी खुश रखती है। किसान की गर्दन पर सवार होकर भी वह उसके कान में गीता का पाठ करती है और उसकी जीभ को गुड़ चटाया करती है। मनुष्य की जितनी भी पतित वृत्तियाँ हो सकती

हैं, उन पर वह इतना भव्य महल बनाती है कि उसके विरोध में किसी को कुछ कहने का साहस नहीं होता। लोक और परलोक दोनों ही सधते हैं। ज्ञानशंकर की समृद्धि और अंत में उसकी आत्मतुष्टि देखकर हठात् कहने को जी चाहता है, जैसे तुम्हारे दिन बहुरे, वैसे सबके दिन बहुरें।

ज्ञानशंकर ने लखनपुर के असामियों पर इजाफा-लगान का दावा किया। गाँव वालों को बड़ा क्रोध आया। कादिर आदि जो नरम दल के लोग थे, वे भी उग्र हो उठे। सबने तय किया कि डटकर ज़मींदार का विरोध करना चाहिए। इसी समय ईश्वर ने भी ज़मींदार का साथ दिया और गाँव में प्लेग फैल गया। नदी को लाशें ले जाना और कचहरी भी पहुँचना—गाँव वालों की बुरी दशा थी।

कुछ ज्ञानशंकर से वैमनस्य के कारण, कुछ लखनपुर की दशा देखकर ज्वालासिंह ने मुकदमा खारिज कर दिया, यद्यपि ज्ञानशंकर ने अपनी जीत के लिए ज्वालासिंह पर हर तरह का दबाव डालने में कोई कसर न उठा रखी थी। ज्वालासिंह की अदालत से ज्ञानशंकर ने हाईकोर्ट में अपील की। वह अपील भी खारिज हो गयी। गाँव वालों की विजय हुई परंतु इस लंबी लड़ाई में वे चूर हो गए। प्लेग से तमाम घर उजड़ चुके थे। आग, चोरी, आँधी, पाला आदि अन्य व्याधियाँ थीं जिनसे असामी पीड़ित थे। कर्ज का अब कोई सहारा न था, स्त्रियों के गहने सब निकल चुके थे। गाँव में सुक्खू चौधरी रुपए दे सकते थे परंतु वह ज़मींदार के विरुद्ध देना न चाहते थे। जब ज्ञानशंकर की अपील खारिज हो गयी तो उन्होंने गाँव वालों को उनकी विजय का मजा चखाने का निश्चय किया।

पहले कारिंदा गौसखाँ ने अपना क्रोध उन झोंपड़ियों पर ही उतारा जिन्हें प्लेग के कारण गाँव छोड़कर लोगों ने ज़मींदार के बाग में बनाया था। इनमें आग लगा दी गयी और लोगों को विवश होकर गाँव में लौट आना पड़ा। इसके बाद ज़मींदार के ताल का पानी रोक दिया गया। गर्मी के दिनों में कुओं का पानी पाताल चला गया था और गढ़े और तालाब सूख गए थे। पशुओं और मनुष्यों को ज़मींदार के इस ताल का ही सहारा था। पानी रोकने पर गाँव वाले फिर इकट्ठे हुए और अब की सुक्खू चौधरी को भी ताव आ गया। उन्होंने गौसखाँ पर दावा कर दिया और जीत भी गए। ताल पर पक्के घाट की नींव पड़ गयी।

इसका बदला गौसखाँ ने दूसरी तरह लिया। नए दरोगा नूरआलम से प्रेम-परिचय पैदा करके उसने सुक्खू के यहाँ कोकीन बरामद करायी और सुक्खू को दो साल की सजा हो गयी। इसी वक्त लखनपुर में पुलिस के एक बड़े अफसर का आगमन हुआ। वह इतने बड़े थे कि स्वयं तहसीलदार उनके लिए रसद का प्रबंध करने आए। चमार घोड़ों के लिए घास छीलने लगे; कहार कर्मचारियों की सेवा में लग गए। गाँव में जो ऊँची जाति के लोग थे, वे घास छीलकर टेनिस क्लब बनाने के लिए बुलाए गए। घास तो किसी तरह छिल गयी; फिर टेनिस कोर्ट लीपने

को कहा गया। कादिर डोल लेकर कुएँ की तरफ चले, पर दुखरन भगत घर की तरफ बढ़े। तहसीलदार से कहा-सुनी हुई। नतीजा यह हुआ, चपरासी ने धक्का देकर उन्हें जूते लगाना शुरू किया। कादिरखाँ कुएँ से दौड़कर आए और चपरासी के आगे अपना सिर कर दिया। चपरासी ने उन्हें भी धक्का दिया और मारने के लिए जूता उठाया। अहिंसावाद का नाटक एक भयानक पलटा खाने ही वाला था कि इक्के पर से प्रेमशंकर ने चपरासी को ललकारा। इसके बाद तहसीलदार से दो-चार तेज़ बातें हुईं। इतने में वे चमार भी इकट्ठे हो गए जिन्हें मजूरी न मिली थी। प्रेमशंकर की बातचीत का फल यह हुआ कि सिपाहियों ने बंदूकों के कुंदों से चमारों को मारा। प्रेमशंकर को जब कुछ न सूझा तब विवश होकर लोगों की जान बचाने के लिए उन्होंने सलाह दी कि काम करो। लोगों ने इतना अपमान सहा, मार खायी, फिर हाकिम का काम भी किया। तहसीलदार ने दया करके दुखरन भगत को, प्रेमशंकर के कहने से, घर जाने की आज्ञा दे दी। दुखरन ने घर आकर अपना क्रोध सालिगराम की बटिया पर उतारा। उठाकर उसे एक ओर फेंक दिया। सवेरे जब खेमा उठा तो तहसीलदार ने मुस्कराकर प्रेमशंकर से कहा—"हम लोग एक तौर पर आपके मददगार हैं, रिआया को सताकर, पीसकर मज़बूत बनाते हैं और आप जैसे कौमी हमदर्दों के लिए मैदान साफ करते हैं!"

गौसखाँ के लिए यह सब दैवी सहायता थी। इसके बाद ज़मींदार की ज़मीन में लोगों को गोरू चराने से रोका गया। यहाँ से लखनपुर के असामियों ने अपने नाटक का दूसरा अंक आरंभ किया। मनोहर की स्त्री गोरू लिए चरावर आ रही थी कि चपरासियों ने रोका। बिलासी ने विरोध किया। इतने में वहाँ गौसखाँ भी आ गया। बिलासी से कहा-सुनी हुई और गौसखाँ ने जानवरों को घेरकर कानी हौज भेजने का हुक्म दिया। बिलासी ने रास्ता रोक दिया और बोली—'कहे देती हूँ, इन जानवरों के पीछे लोहू की नदी बह जाएगी। माथे गिर जाएँगे।' फैजू चपरासी ने कहा—'हटती है या नहीं चुड़ैल?' बिलासी ने उसी तरह जवाब दिया—'तू हट जा, दाढ़ीजार!' इसके बाद फैजू ने अपनी सम्मान-रक्षा के लिए बिलासी को पकड़कर जोर से धक्का दिया और वह ज़मीन पर गिर पड़ी। पुत्र और पति के पास बिलासी रोती हुई आयी। बलराज लट्ठ लेकर उसी समय चलने को खड़ा हुआ परंतु मनोहर ने उसे रोका। उसने अपमान का बदला लेने के लिए और भी दृढ़ संकल्प किया। दो पहर रात बीत जाने पर उसने बलराज से कहा—'अच्छा, तो अब राम का नाम लेकर तैयार हो जाओ। डरने या घबराने की कोई बात नहीं। अपनी मरजाद की रक्षा करना मर्दों का काम है। ऐसे अत्याचारों का हम और क्या जवाब दे सकते हैं? बेइज़्ज़त होकर जीने से मर जाना अच्छा है।' बलराज ने मनोहर को बहुतेरा मना किया। वह स्वयं जान पर खेल कर बाप को बचाना चाहता था, इसके विपरीत मनोहर मरजाद की वेदी पर अपने को होम करके पुत्र को बचाना चाहता था। बलराज

के पैर काँप रहे थे। मनोहर ने समझाया–'कोई परवाह नहीं, कुल्हाड़ा हाथ में लोगे तो सब ठीक हो जाएगा। तुम मेरे बेटे हो, तुम्हारा कलेजा मज़बूत है। तुम्हें अभी जो डर लग रहा है, वह ताप के पहले का जाड़ा है। तुमने कुल्हाड़ा कंधे पर रक्खा, महावीर का नाम लेकर उधर चले तो तुम्हारी आँखों से चिनगारियाँ निकलने लगेंगी।'

किसान ज़मींदार-संघर्ष का यह क्लाइमैक्स था, यहीं से नाटक की घटनाएँ तेज़ी से एक ओर बढ़ चलती हैं। मनोहर की प्रतिहिंसा का फल वही हुआ जिसकी चेतावनी कोई भी नेता उसे पहले से दे सकता था। प्रतिहिंसा से अत्याचार कम न होकर बढ़ता ही है। शत्रु अपनी पूरी शक्ति से दमन आरंभ करता है और उस समय निरीह प्राणियों के नाश के अतिरिक्त उनका कुछ भला नहीं हो सकता। मनोहर ने यह सब अपनी आँखों देखा और गाँव वालों की विपत्ति देखकर उसकी सरल आत्मा ने उसे धिक्कारा भी। ज्ञानशंकर ने पुलिस को मिलाकर एक विशाल षड्यंत्र खड़ा कर दिया। महाजन बिसेसर साह ने झूठी मुखबिरी की। ज्ञानशंकर के प्रलोभन देने पर डाक्टर ने रिपोर्ट दे दी कि हत्या कई आदमियों ने की है। गाँव वालों का क्रोध उतरा मनोहर पर। औरों की तो बात ही क्या, बलराज ने भी कहा–'न जाने उनके सिर कौन-सा भूत सवार हो गया। गुस्सा हमें भी आया था लेकिन उनको तो जैसे नशा चढ़ जाय।' तब गाँव के सबसे कम उग्र व्यक्ति कादिरखाँ ने न्याय का पक्ष लेकर लोगों की स्वार्थ-वृत्ति की निंदा की–'यारो! ऐसी बातें न करो। बेचारे ने तुम लोगों के लिए, तुम्हारे हक की रक्षा करने के लिए यह सब कुछ किया। उसके जीवट और हियाव की तारीफ तो नहीं करते और उसकी बुराई करते हो! हम सब के सब कायर हैं, वही एक मर्द है।'

लोगों के ताने मनोहर के हृदय में छिद गए। वह गाँव वालों से दूसरे व्यवहार की आशा करता था। निराश होकर अपनी स्त्री की यंत्रणा का विचार करके उसने आत्महत्या कर ली। गाँव में मनोहर की स्त्री बिलासी को सबके ताने सुनने पड़ते थे। पर एक दिन एक आदमी उसे भी सांत्वना देने आया। सुक्खू चौधरी जिनके घर में कोकीन खोजकर पुलिस ने जाली मुकदमा खड़ा किया था जेल से छूट आए थे। वीतराग संन्यासी सुक्खू चौधरी के मुँह से प्रेमचंद ने फिर मनोहर के कार्य की प्रशंसा करायी–'इस मंदिर में अब उसकी समाधि बनेगी और उसी की पूजा होगी। उसको बुरा वही कह सकता है जिसकी आत्मा मर गयी है, जो बेहया हो गया है। गाँव के दस-पाँच पुरुष फाँसी चढ़ जाएँ तो कोई चिंता नहीं। यहाँ एक स्त्री के पीछे लाखों सिर कट गए हैं।'

मुकदमे का फ़ैसला हुआ। बलराज और कादिर को काला पानी हुआ, बाकी अभियुक्तों को सात-सात वर्ष की कड़ी क़ैद। गाँव के आदमी जेल में थे। घर के लोगों का बुरा हाल था। फ़ैजुल्लाहखाँ नए कारिंदा बने थे। उनका विरोध करने वाला कोई था नहीं, गाँव उनका, उनके बाप का। बिलासी पर उन्होंने बकाया लगान

का दावा किया और वही गोरू जिनके पीछे बिलासी ने सारा आंदोलन खड़ा किया था, कुड़क कर लिए गए। यही नहीं, स्वयं बिलासी, जिसके जमीन पर गिरने से मनोहर ने एक आदमी का खून कर दिया था, वह बिलासी भी चपरासियों द्वारा बुरी तरह पीटी गयी। जिस मरजाद के लिए मनोहर ने आत्महत्या की, उसी की बहू की मरजाद उतारने के लिए चपरासी उसके घर में घुसे। एक मनुष्य जो अपनी स्त्री की मरजाद बचाना चाहता है, उसे कुचलने के लिए ज़मींदार वर्ग की शक्ति, और डाक्टर, वकील और अदालत और पुलिस—महाजनी सभ्यता की कितनी बड़ी सेना एक साथ सक्रिय हो उठती है।

गाँव की फसल सूख गयी थी। लगान के लिए फ़ैजुल्लाह लोगों को धूप में खड़ा करता, किसी को मुश्कें कसकर पिटवाता, स्त्रियों में किसी की चूड़ियाँ तोड़ी जातीं, किसी के जूड़े नोचे जाते। फ़ैजुल्लाह जानता था, इनके पास पैसे नहीं हैं परंतु अत्याचार से उसकी पशुवृत्ति संतुष्ट होती थी। इन अत्याचारों के सामने किसानों को असहाय देखकर प्रेमचंद ने लिखा—'इन अत्याचारों को रोकने वाला अब कौन था? सत्याग्रह में अन्याय को दमन करने की शक्ति है, यह सिद्धांत भ्रांतिपूर्ण सिद्ध हो गया।' और इस परिणाम के साथ यह नाटक एक तरह से समाप्त हो जाता है। यदि प्रेमाश्रम संवत् 1978 में न लिखा जाकर बारह बरस बाद लिखा गया होता तो शायद वह उसी वाक्य से समाप्त हो जाता परंतु प्रेमचंद को उसे सुखांत बनाना था। अभियुक्त अपील में जेल से छूट जाते हैं, उनका जुलूस निकलता है और बाद में मायाशंकर अपनी रियासत छोड़ देते हैं, सहकारिता में किसानों के लिए रामराज हो जाता है। प्रेमचंद की महत्ता इसमें है कि उन्होंने ज़मींदार वर्ग की नृशंसता का इतना बृहत् और सर्वांग चित्र खींचा है। चपरासी से लेकर मालिक ज्ञानशंकर तक एक भारी यंत्र जैसे किसानों की छाती पर शासन कर रहा है, और प्रेमचंद ने उसके सभी कलपुर्जों की क्रिया की ओर हमारा ध्यान आकर्षित किया है। उसकी अमानुषिकता और बर्बरता को उन्होंने छिपाया नहीं है। यह मानना पड़ेगा कि आदर्शवादी अंत के होते हुए भी उन्होंने ज़मींदारी से समझौता नहीं किया। लोग सुख की साँस तभी लेते हैं जब उसका समूल नाश हो जाता है।

कर्मभूमि में प्रेमचंद ने लगान बंदी आंदोलन का वर्णन किया है। इसके किसान-नेता आज की किसान-सभा के नेताओं से बहुत-कुछ मिलते-जुलते हैं। सन् '29 की मंदी से देश के सभी वर्ग आर्थिक संकट में थे, किसानों की तो और भी दुर्दशा थी। चीज़ें सस्ती हो गयी थीं, रुपए का माल तिहाई-चौथाई में बिक रहा था, लगान चुकाना असंभव था, महंत-ज़मींदार के अमलों ने प्रजा पर अत्याचार करना शुरू किया। प्रजा ने विद्रोह किया और उसे कुचलने के लिए ज़मींदार ने राज्य-शक्ति का सहारा लिया। राज्य-शक्ति ने उच्चवर्ग से सहानुभूति दिखाते हुए शांति की

रक्षा के लिए अपनी बर्बरता का और भी क्रूर प्रदर्शन किया।

किसान-नेता आत्मानंद का तर्क बहुत सीधा था—'तुम्हारी थाली की रोटी तुमसे कहे मुझे न खाओ तो तुम मानोगे? जब रोटी की बात न मानोगे तो ज़मींदार भी तुम्हारी बात क्यों मानने लगे? ज़मींदार ज़मींदार इसलिए है कि तुम लगान देने वाले किसान हो।' आत्मानंद ने कहा, किसानों को महंतजी का ठाकुर द्वारा घेर लेना चाहिए और जब तक वह लगान बंद न करें, उनका कोई उत्सव न होने दिया जाए। दूसरे नेता अमरकांत ने इसका विरोध किया और पहले महंतजी से प्रार्थना करना उचित समझा। महंतजी ने कहा, सरकार जितनी मालगुजारी छोड़ देगी, उतना ही लगान वह छोड़ देंगे। लोगों ने इस आश्वासन पर थोड़ा बहुत लगान देना शुरू किया परंतु छूट का कहीं नाम नहीं। लोग ऊबने लगे और फिर सभाएँ होने लगीं। अंत में अमरकांत को भी लगान बंदी के लिए आवाज लगानी पड़ी।

अमरकांत के पिता लाला समरकांत जब इस इलाके में गए तब वहाँ का बुरा हाल था। सिपाहियों और सवारों का राज्य था। पाँच आदमी से .ज्यादा एक जगह जमा न हो सकते थे, न आठ बजे के बाद रात में कोई घर से निकल सकता था। न जाने कितने घर जला दिए गए थे और किसान बेचारे पेड़ों के नीचे बाल-बच्चों के साथ पड़े हुए थे। स्वामी आत्मानंद अधजली पाठशाला में डेरा डाले थे। आदमी इकट्ठे होते, सवारों को आता देखकर इधर-उधर भाग जाते। लाला समरकांत का आदमियों ने स्वागत किया। कोई खटका न रहने से पुलिस आज विश्राम कर रही थी, इसलिए आदमी घरों से निकल आए। किसी के सिर में पट्टी बँधी थी, किसी के हाथ में। कई लँगड़ा रहे थे। गूदड़ ने बताया, सरकार, बारह आने वसूल करने पर लगी है; किसान कहते हैं, हैं ही नहीं, दें कहाँ से? बहुत लोग गाँव छोड़कर भाग गए हैं। एक बुढ़िया थी, सलोनी। जब लोगों पर हंटर पड़ रहे थे, तब इस बुढ़िया से न रहा गया। कुछ न बना तो अफसर के मुँह पर थूक दिया। अफसर ने इतने हंटर जमाए कि वह अचेत होकर गिर पड़ी और वह जब तक गिर न पड़ी, तब तक हर हंटर पर गाली देती रही। समरकांत ने देखा, सलोनी की सारी देह सूज उठी है और साड़ी पर लहू के दाग़ सूखकर कत्थई हो गए हैं। दमन का यह चित्र देखकर सूदखोर समरकांत का भी दिल दहल उठा। उन्होंने अपना क्रोध ईश्वर पर उतारा। अगर उसकी यही लीला है, तो वह पशु से भी गया-बीता है।

घटनाचक्र में पड़कर अमरकांत के मित्र सलीम को सरकारी नौकरी से इस्तीफा देना पड़ा। नौकरी छोड़ने पर स्वभावतः वह जनता का नेता बन बैठा और क्रमशः जनता की ओर से उसे वह सब कुछ करना पड़ा जिसके लिए पहले वह जनता पर हंटर चलाता था। सलीम के बाद एक बंगाली सिविलियन घोष ने चार्ज लिया। इन्होंने गाँव-भर के जानवरों को कुड़क करने की घोषणा की, कसाई भी बुला लिए। लोग समझे यह धमकी-भर है पर शीघ्र ही उनका भ्रम दूर हो गया। गाँव के मदरसे

के सामने गोरू इकट्ठे किए गए, किसानों की आँखों के सामने कसाइयों ने उनकी जाँच-पड़ताल शुरू कर दी। सलीम और घोष में अभी कानूनी शास्त्रार्थ हो रहा था कि अहीरों के महाल में लाठी चल गयी। संगीन चढ़ाए सिपाही उधर लपके। इधर सलीम ने कसाइयों को समझाना शुरू किया। समझाते-समझाते हाथापाई की नौबत आ गयी। सलीम ने एक को गिरा दिया, तब कसाई के दो साथी जो तमाशा देख रहे थे, सलीम पर टूट पड़े। इतने में उधर से बुढ़िया सलोनी निकली। सलीम से उसने मार खायी थी पर अब सलीम गाँव का नेता था। उसे मार खाते देखकर सलोनी ने कसाइयों पर पीछे से लाठी चलायी। एक ने सलोनी को धक्का दिया, तब तक सलीम ने दूसरे को घूँसों से नीचे गिरा दिया। जिसने सलोनी को धक्का दिया था, वह जान बचाकर भागा। सलीम ने जानवरों की रस्सियाँ खोल दीं और वे पूँछ उठाकर भाग खड़े हुए।

इतने में आत्मानंद उधर से आए और सलीम को अहिराने ले गए। उत्तेजित वह इतना थे कि सलीम से रिवाल्वर माँग रहे थे। आत्मानंद अहिराने पहुँचे तो देखा, एक युवती सिर खोले, अस्त-व्यस्त, कपड़े खून से तर, सलीम के पैरों से लिपट गयी। उसके घर में सिपाही घुस गए थे, आत्मरक्षा के लिए उसने गड़ासे से दो को घायल कर दिया था। अब भी उसके बाल पकड़कर एक सिपाही उसे घर के भीतर ले जाना चाहता था। सलीम के धमकाने पर उसने उसे छोड़ा। इसके बाद घोष बाबू आए, सलीम से कहा-सुनी हुई और सलीम ने उनकी टाँग पकड़कर उन्हें घोड़े पर से खींच लिया और घूँसों से उनका मुँह चूर कर दिया।

इसके बाद वही हुआ जो अहिंसावादी नाटकों में होता है। समरकांत तेज़ बहादुर सप्रू बने, समझौते की कमेटी बनी। किसानों से कहा गया कि उनके प्रतिनिधि भी कमेटी में रहेंगे। क्या इस कमेटी का मत सरकार को मान्य होगा, मुन्नी के इस प्रश्न का जवाब समरकांत या अमरकांत किसी के पास न था। एक भयानक दुःखांत नाटक पर जैसे किसी ने पनछुट रंगों से लीपा-पोती करने की कोशिश की हो, इस तरह कर्मभूमि का अंत होता है। लेकिन प्रेमचंद देश की राजनीति से बाध्य थे। इसके अतिरिक्त दूसरा अंत वह दिखा न सकते थे क्योंकि किसानों को इसी तरह फुसलाया गया है। प्रेमचंद की क्रांतिकारी यथार्थता व्यक्त हुई है दमन के चित्रण में। अहिंसावाद की पुस्तकों में, दमन सहने पर, शत्रु के हृदय-परिवर्तन की जैसी भव्य कथा हम पढ़ते हैं, उससे यह यथार्थ कितना भिन्न है! लगानबंदी आंदोलन में परिस्थिति कितनी भयंकर हो सकती है, प्रेमचंद ने इसका खाका खींच दिया है। क्या लगानबंदी के अतिरिक्त किसानों के लिए और भी कोई मार्ग था? प्रेमचंद ने उत्तर दिया है, नहीं। न खाने को था, न देने को। आंदोलन छोड़कर उनके पास कोई चारा नहीं था।

प्रेमाश्रम में जैसे गाँव के विध्वंस का अंतिम चित्र हमारे हृदय पर अंकित

रह जाता है, वैसे ही यहाँ भी एक गाँव का नाश बार-बार हमारी आँखों के सामने सजीव हो उठता है। 'अँधेरा हो गया था। आतंक ने सारे गाँव को पिशाच की भाँति छाप दिया था। लोग शोक से मौन और आतंक के भार से दबे, मरने वालों की लाशें उठा रहे थे। किसी के मुँह से रोने की आवाज़ न निकलती थी। ज़ख़्म ताज़ा था, इसलिए टीस न थी।' प्रेमचंद की चित्रण-शक्ति यहाँ अपनी चरम सीमा को पहुँची हुई है। थोड़े-से शब्द, जैसे विष में बुझे हुए, हृदय में घाव कर देते हैं। शब्दों में चित्रांकन की अद्‌भुत क्षमता है और जो चित्र आँका जाता है, वह अपने भाव-गांभीर्य में अपूर्व है। सबेरे घोष बाबू डाक बँगले गए और उन्होंने उस अहीर-युवती को कांस्टेबिलों के साथ सदर भेज दिया। सिपाहियों को घायल करके ऐसे सस्ते छूट जाती तो दमन ही क्या! पहर रात जाते चार अर्थियाँ गंगा की ओर चलीं। आगे वही बुढ़िया सलोनी गाती हुई चली—सैंया मोरा रूठा जाए, सखी री। किसानों की इसे विजय समझिए चाहे पराजय, सलोनी के गाने पर चाहे हँसिए चाहे रोइए—कर्मभूमि का वास्तव में यहीं अंत हो जाता है।

किसानों के चित्रण में प्रेमचंद हमें भारतीय जन-आंदोलन के बीचोंबीच ला खड़ा करते हैं। यही वह स्थल है जहाँ दमन अपने क्रूरतम रूप में निःसहाय निर्बल किसानों को चूर करता हुआ चलता है। यही वह प्रेरणा-केंद्र भी है जो समग्र जन-आंदोलन को बल देता है। किसानों का ही वह वर्ग है जिसके लिए आंदोलन की समस्त शक्तियाँ एकत्र होकर गतिशील होनी चाहिए। प्रेमचंद ने गाँव का सारा वातावरण पाठक के आगे सजीव कर दिया है। निर्धनता और अंधविश्वास, पर इनके साथ सहनशीलता और सहृदयता—किसानों के इस सरल और दुखी संसार में नवीन सभ्यता आकर पुराने चक्र में जैसे बिजली डाल देती है और ये किसान छिन्न-भिन्न होकर इधर-उधर बिखर जाते हैं। प्रेमचंद हमें निराश नहीं करते। आत्मबल पर विश्वास करके संगठित होकर समाज-यंत्र पर आघात करने का हमें संदेश देते हैं। उनकी आशा उथली नहीं है। उसके नीचे परिस्थिति की भयंकरता का पूरा ज्ञान है। उन्होंने यथार्थ की निष्ठुरता को तिल-भर भी घटाकर चित्रित नहीं किया। बीसवीं शताब्दी की अमानुषिकता की कठोर कहानी उन्होंने पूरी-पूरी कह दी है।

[1941]

11

साहित्य में लोक-जीवन की प्रतिष्ठा और जयशंकर प्रसाद

(1)

यह संसार मिथ्या है, सत्य इस भौतिक जगत् से परे है—यह प्रचार पूर्व और पश्चिम में शताब्दियों से होता चला आ रहा है। बीसवीं सदी में भारतीय संस्कृति से इसका संबंध विशेष रूप से जोड़कर लोक-जीवन को सुखी बनाने के प्रयत्नों का विरोध करने के लिए इस तरह के प्रचार से सहायता ली गई है। स्वाधीनता-प्राप्ति के बाद भारतीय जनता के संगठित होते हुए प्रतिरोध का मुकाबला करने के लिए निहित स्वार्थों ने यह राग खूब अलापा है और भारतीय संस्कृति का ठेका लेकर जनता का पक्ष लेने वालों को खूब कोसा है। उनका प्रचार कितना निराधार है, इसका एक समर्थ प्रमाण स्वर्गीय जयशंकर प्रसाद का साहित्य है। प्रसादजी भारतीय संस्कृति से प्रेम करते थे, इस बारे में किसी को दुविधा नहीं है। लेकिन प्रसाद-साहित्य में जिस सत्य का उद्‌घाटन किया गया है, उसका सामना करने का साहस आज निहित स्वार्थों के प्रतिनिधियों में नहीं है। वे या तो उसकी ओर से उदासीन रह सकते हैं, या उसे 'गंभीर' और रहस्यात्मक बनाकर उसकी मूल स्थापनाओं पर पर्दा डालने का प्रयत्न कर सकते हैं। इसलिए प्रसाद-साहित्य की स्थापनाओं का मूल्यांकन करना एक सामयिक कर्त्तव्य होगा। एक लेख में समूचे प्रसाद-साहित्य की न तो आलोचना संभव है, न वैसी आलोचना करना इस लेख का उद्देश्य है। प्रसादजी इस संसार को सत्य मानते थे, या मिथ्या, साहित्य में जिस सौंदर्य की प्रतिष्ठा करना उनका लक्ष्य था, वह इस संसार में था, या इससे परे, भारतीय समाज में वह वर्ग-संघर्ष का अस्तित्व स्वीकार करते थे या अस्वीकार, वे लोक-जीवन से उदासीन थे या उसे सुखमय बनाना चाहते थे, वहाँ इन्हीं प्रश्नों का उत्तर देना यथेष्ट होगा।

प्रसादजी छायावाद के प्रमुख कवियों में से हैं और वह रहस्यवाद के समर्थक भी हैं। उनमें और दूसरे रहस्यवादी कवियों में एक अंतर है। वह अंतर इस भौतिक

जीवन के प्रति दृष्टिकोण में है। 'यथार्थवाद और छायावाद' नाम के निबंध में उन्होंने इस धारणा का खंडन किया है कि "प्रकृति विश्वात्मा की छाया या प्रतिबिंब है, इसलिए प्रकृति को काव्यगत व्यवहार में ले आकर छायावाद की सृष्टि होती है।" (काव्य और कला तथा अन्य निबंध, चौथा संस्करण, पृष्ठ 128) इस सिद्धांत को उन्होंने 'भ्रामक' कहा है। 'काव्य और कला' नाम के निबंध में उन्होंने कुछ ग्रीक विचारकों की इस धारणा का खंडन किया है कि "मानव-स्वभाव सौंदर्यानुभूति के द्वारा विकास करता है और स्थूल से परिचित होते-होते सूक्ष्म की ओर जाता है।" (उप., पृ.35) स्थूल और सूक्ष्म का यह भेद, जड़ और चेतन, वास्तविक और काल्पनिक का भेद है। प्रसादजी इस द्वैतवाद को नहीं मानते। आचार्य शुक्ल की तरह वह भी सौंदर्य की निरपेक्ष अरूप सत्ता नहीं मानते। यूरुप के भाववादी विचारकों और प्रसादजी में यह मौलिक भेद है। भाववादी लेखक सौंदर्य को भौतिक जगत् से परे, एक अरूप सत्ता मानकर कला में उसकी छाया प्रतिष्ठित करने या संसार में उसकी छाया देखने की बात करते हैं। प्रसादजी का कहना है, "सीधी बात तो यह है कि सौंदर्य-बोध बिना रूप के हो ही नहीं सकता।" (उप., पृ. 35)

ईसाई धर्म की ओर संकेत करके उन्होंने इस बात की व्याख्या की है कि कुछ लोग "कलुषित और मूर्त्त संसार निम्नकोटि में, अमूर्त्त और पवित्र ईश्वर का स्वर्ग इससे परे और उच्चकोटि में" क्यों समझते हैं। (उप., पृ.35) कहना न होगा कि प्रसादजी के लिए न तो सत्य इस संसार के परे है और न मनुष्य का सुख। सत्य कहाँ है, इसकी व्याख्या करते हुए प्रसादजी ने यह सार्थक वाक्य लिखा है : "वह सत्य प्राकृतिक विभूतियों में जो परिवर्तनशील होने के कारण अमृत नाम से पुकारी जाती हैं, ओत-प्रोत है।" (उप., पृ. 37) सत्य प्रकृति ही में है। उसी में सौंदर्य है जो अरूप नहीं है। भौतिक जगत् सत्य है, इसलिए अगोचर सत्य और अरूप सौंदर्य निराधार कल्पनामात्र है।

अध्यात्मवादी लेखक भौतिकवादियों पर यह दोष लगाते हैं कि वे जड़ प्रकृति में विश्वास करते हैं, इसलिए उनका दर्शन एकांगी है। वास्तव में एकांगी दर्शन अध्यात्मवादियों का है जो जड़ और चेतन का नकली भेद करते हैं। भूत से परे चेतना की सत्ता नहीं है, चेतना भूत का ही गुण है। इसलिए भूत की सत्ता मानने का अर्थ चेतना को अस्वीकार करना नहीं होता। प्रसादजी अद्वैतवादी हैं लेकिन वेदांती नहीं। उनका अद्वैतवाद जड़ और चेतन के द्वैत को अस्वीकार करता है, प्रकृति को माया कहकर या शून्य को सत्य मानकर वह यथार्थ जीवन को अस्वीकार नहीं करते। 'कामायनी' के आरंभ में ही उन्होंने लिखा है :

"एक तत्त्व की ही प्रधानता
कहो उसे जड़ या चेतन।"

'रहस्यवाद' नाम के निबंध में उन्होंने शून्यवाद और मायावाद का दृढ़ता से विरोध किया है। उन्होंने भारतीय चिंतन में दो धाराओं का उल्लेख किया है–एक है आनंदवादी और दूसरी दुःखवादी। प्रसादजी के अनुसार दुःखवाद विवेक और तर्क का परिणाम है, आनंदवाद सहृदयता का। उन्होंने 'कामायनी' में विवेक और सहृदयता का समन्वय किया है। वास्तव में उनका विरोध एक विशेष प्रकार के विवेक से ही है, उन्होंने उस सहृदयता का भी विरोध किया है जो उच्छृंखल-भोगवाद का रूप ले लेती है। तीर्थंकरों के विवेक का उल्लेख करते हुए वह कहते हैं कि उनका बुद्धिवाद "दार्शनिकों की उस विचारधारा को अभिव्यक्त कर सका जिसमें संसार दुःखमय माना गया और दुःख से छुटकारा ही परम पुरुषार्थ समझा गया। दुःखनिवृत्ति दुःखवाद का ही परिणाम है। फिर तो विवेक की मात्रा यहाँ तक बढ़ी कि बुद्धिवादी अपरिग्रही, नग्न दिगंबर, पानी गरम करके पीने वाले और मुँह पर कपड़ा बाँधकर चलने वाले हुए।" (उप., पृ. 51)

वेदांतियों के मायावाद के बारे में प्रसादजी कहते हैं, "पौराणिक धर्म का दार्शनिक स्वरूप हुआ मायावाद। मायावाद बौद्ध अनात्मवाद और वैदिक आत्मवाद के मिश्र उपकरणों से संगठित हुआ था। इसीलिए जगत् को मिथ्या, दुःखमय मानकर सच्चिदानंद की जगत् से परे कल्पना हुई।" (उप., पृ. 60) मायावाद और शून्यवाद में कितना घनिष्ठ संबंध है, इसका उल्लेख भी प्रसादजी ने किया है। उनके शब्दों में "वह पहले के लोगों से भी छिपा नहीं रहा।" (उप., पृ. 61)

इस तरह चाहे बौद्धों का तर्क हो, चाहे वेदांतियों का योग, तप या समाधिज्ञान हो, जो भी संसार को मिथ्या कहता है, प्रसादजी उसका विरोध करते हैं। संत कवियों में जहाँ उन्हें मायावाद दिखा है, उन्होंने उसकी आलोचना की है।

मायावाद और शून्यवाद के विरोध में छांदोग्य आदि उपनिषदों और शैवागमों का हवाला देते हुए प्रसादजी अद्वैतवाद का समर्थन करते हुए कहते हैं–"संसार को मिथ्या मानकर असंभव कल्पना के पीछे भटकना नहीं पड़ता था। दुःखवाद से उत्पन्न संन्यास और संसार से विराग की आवश्यकता न थी।" (उप., पृ. 57)

भौतिकवाद को नित्य कोसने वाले सज्जन 'असंभव कल्पना'–इस टुकड़े पर ध्यान दें। छायावाद के श्रेष्ठ कवि पंतजी ने इधर की रचनाओं में भारतीयता के नाम पर भौतिकवाद को काफी कोसा है। यही नहीं, अध्यात्मवाद को भारतीय संस्कृति की मूल निधि कहकर जनता को भौतिक जीवन के संघर्षों से विमुख होने की सलाह भी दी है। इसके विपरीत प्रसादजी संसार को मिथ्या मानने वालों से अनुरोध करते हैं कि वे 'असंभव कल्पना' के पीछे न दौड़ें।

एक दिलचस्प बात यह है कि प्रसादजी ने एकेश्वरवाद को असुर दर्शन कहा है। उसके विरोध में आत्मवाद की चर्चा की है। इसका कारण क्या है? वेदांत के अनुसार ब्रह्म और आत्मा का भेद माया है। प्रसादजी न तो वेदांतियों के ब्रह्म में

विश्वास करते हैं, न उनकी आत्मा में। उनके लिए आत्मा मनोमय वाङ्मय और प्राणमय है। यह स्थापना भी उन्होंने बृहदारण्यक के आधार पर की है। वे आत्मा की तीन क्रियाएँ मानते हैं मनन शक्ति, वाक्शक्ति और प्राणशक्ति। इसलिए उनके आत्मवाद से वेदांतियों की आत्मा या ब्रह्म का कोई संबंध नहीं है। उनका आत्मवाद मनुष्य के चिंतन, भाषण और उसकी सजीवता का ही दूसरा नाम है। आत्मवाद और एकेश्वरवाद में भेद करते हुए प्रसादजी कहते हैं—"आत्मा में आनंद-भोग का भारतीय आर्यों ने अधिक आदर किया। उधर असुर के अनुयायी आर्य एकेश्वरवाद और विवेक के प्रतिष्ठापक हुए।" (उप., पृ. 57)

राम मनुष्य हैं या लोकातीत हैं, इस विवेचन में उलझने वाली काव्यधारा की चर्चा करके प्रसादजी कहते हैं—"मानव ईश्वर से भिन्न नहीं है, यह बोध, यह रसानुभूति विवृत नहीं हो सकी।" (उप., पृ. 116) जो रसानुभूति वहाँ विवृत न हो सकी थी, उसे प्रसादजी ने 'कामायनी' में यों प्रकट किया है—

"अपने दुख-सुख से पुलकित
यह भूत विश्व सचराचर;
चिति का विराट् वपु मंगल
यह सत्य सतत चिर सुंदर।"

सत्य क्या है? सुंदर क्या है? चिति का विराट् वपु यह मूर्त्त विश्व ही सत्य और सुंदर है। यहाँ न मायावाद है, न शून्यवाद है, विश्व की मूर्त्त सत्ता की घोषणा है। लेकिन है यह भी भारतीय संस्कृति।

(2)

मूर्त विश्व की सबसे महिमामयी मूर्ति मानव है। प्रसादजी का मानववाद उनके अद्वैतवाद का सहज विकसित सामाजिक रूप है। 'कामायनी' की भूमिका में उन्होंने मनु को 'देवों से विलक्षण, मानवों की संस्कृति' प्रतिष्ठित करने वाला कहा है। 'कामायनी' की विषयवस्तु अध्यात्म-चिंतन न होकर इस भौतिक जगत् के मानव की ही संस्कृति है। कामायनी अशरीरी भाव सौंदर्य की प्रतीक न होकर कामगोत्रजा है। "श्रद्धा काम गोत्र की बालिका है, इसीलिए श्रद्धा नाम के साथ उसे कामायनी भी कहा जाता है।" कामायनी को निष्काम गोत्र की बनाना, उसे अगोचर सत्य की प्रतीक मानना प्रसादजी की स्पष्ट स्थापना का उल्लंघन करना होगा। काम शब्द की व्याख्या उनके 'रहस्यवाद' नाम के निबंध में पढ़ी जा सकती है। वहाँ उन्होंने कहा है कि "काम का धर्म में अथवा सृष्टि के उद्गम में बहुत बड़ा

प्रभाव ऋग्वेद के समय में ही माना जा चुका है—कामस्तदग्ने समवर्तताधि मनसो रेतः प्रथमं यदासीत्। यह काम प्रेम का प्राचीन वैदिक रूप है और प्रेम से वह शब्द अधिक व्यापक भी है।'' मनुष्य की सहृदयता, उसकी लोकमंगल की भावना का नाम ही कामायनी है—

> **''वह कामायनी जगत् की**
> **मंगल कामना अकेली।''**

यह मंगल कामना संसार को दुःखमय कहकर उससे भागने में चरितार्थ नहीं होती। मनु संसार को दुःखमय कहकर जब उससे भागते हैं, तब कामायनी उन्हें रास्ते पर लाती है। मनु कभी तो वैराग्य और तप की राह अपनाते हैं, कभी उच्छृंखल भोगवाद की ओर चल पड़ते हैं। वास्तव में वैराग्य और भोगवाद दोनों का ही उद्‌गम एक है—संसार को क्षणभंगुर मानना। कोई क्षणभंगुरता के विचार से बैरागी हो जाता है, कोई क्षण के आनंद में ही सब कुछ भूल जाना चाहता है। अक्सर आज जो भोगवादी है, कल वही बैरागी भी बन जाता है। प्रसादजी ने ये दोनों व्यापार एक ही व्यक्ति में दिखाकर उनके एक ही उद्‌गम की ओर संकेत किया है।

कामायनी 'तपस्वी' मनु के दुःखवाद का खंडन करते हुए कहती है—

> **''दुःख के डर से तुम अज्ञात**
> **जटिलताओं का कर अनुमान,**
> **काम से झिझक रहे हो आज**
> **भविष्यत् से बनकर अनजान।''**

और भी—

> **''तप नहीं केवल जीवन सत्य**
> **करुण यह क्षणिक दीन अवसाद।''**

वह मनु को दया, ममता और विश्वास देती है, संसृति की बेल को पुष्पित और पल्लवित करने को कहती है, उनसे 'शक्तिशाली हो, विजयी बनो' का जयगान सुनने को कहती है। वह चाहती है कि मानवता की कीर्ति फैले, वह प्रतिकूल परिस्थितियों पर विजयी हो—

> **''जलधि के फूटें कितने उत्स**
> **द्वीप, कच्छप डूबे उतराएँ;**
> **किंतु वह खड़ी रहे दृढ़ मूर्ति**
> **अभ्युदय का कर रही उपाय।''**

मनु श्रद्धा को छोड़कर इड़ा से प्रेम करने लगते हैं। इड़ा विवेकवादियों के तर्कजाल का प्रतीक है। उसके सौंदर्य के आगे गर्भ में नया जीवन पालने वाली श्रद्धा को मनु भूल जाते हैं। प्रसादजी ने श्रद्धा के मातृत्व का सुंदर चित्रण करके अपनी कला द्वारा इड़ा के सौंदर्य को फीका दिखा दिया है–

''केतकी गर्भ सा पीला मुँह
आँखों में आलस भरा स्नेह;
कुछ कृशता नई लजीली थी
कंपित लतिका सी लिये देह।''

गर्भवती श्रद्धा, और आगे चलकर उसके पुत्र के वर्णन में प्रसादजी ने उसी मानव-प्रेम का परिचय दिया है जिसके लिए सूर और तुलसी भारतीय जनता के कंठहार हैं।

मनु के उच्छृंखल भोगवाद का परिणाम यह होता है कि प्रजा विद्रोह कर देती है। मनु इड़ा पर पूर्ण अधिकार चाहते हैं। प्रजा के सेवक न रहकर वह उसके कठोर शासक बन गए हैं। वह उसे दंड-भय से दबाना चाहते हैं लेकिन वह दबती नहीं है। प्रजा के विद्रोह का कारण क्या है, यह ध्यान देने योग्य है। जनता कहती है–

''प्रकृति शक्ति तुमने यंत्रों से सबकी छीनी!
शोषण कर जीवनी बना दी जर्जर झीनी!
और इड़ा पर यह क्या अत्याचार किया है?
इसलिए तू हम सबके बल यहाँ जिया है?''

प्रसादजी ने जनता में यह चेतना दिखाई है कि वह शोषण-व्यापार समझती है, वह जानती है कि इड़ा पर अत्याचार करने वाला राजा जनता के बल पर ही जीता है। अपनी शक्ति पहचानकर वह गरजकर चुनौती देती है–

''ओ यायावर! अब तेरा निस्तार कहाँ है?''

'स्वर्णधूलि' की एक कविता में पंतजी ने राजा के विरुद्ध प्रजा का विद्रोह दिखाकर उसे गाँधीवादी ढंग से शांत करा दिया है और राजभवन की वंदना की है। इसके विपरीत प्रसादजी ने श्रद्धा को बीच में लाकर, उससे बिचवानी का काम कराके या उसकी बलि देकर, राजा-प्रजा में मेल कराने का प्रयत्न नहीं किया। प्रजा मनु को घायल कर देती है और उनसे राजभवन छोड़कर भागते ही बन पड़ता है।

मनु और प्रजा का संघर्ष ही यह सूचित नहीं करता कि प्रसादजी के अनुसार भारतीय समाज में वर्ग-संघर्ष था। उन्होंने वर्गों का निर्माण और उनके संघर्ष का स्पष्ट उल्लेख भी किया है :

''अधिकारों की सृष्टि और उनकी वह मोहमयी माया,
वर्गों की खाई बन फैली कभी नहीं जो जुड़ने की।''

और भी,

''श्रम भाग वर्ग बन गया जिन्हें,
अपने बल का है गर्व उन्हें;
नियमों की करनी सृष्टि जिन्हें,
विप्लव की करनी वृष्टि उन्हें;
सब पिये मत्त लालसा घूँट,
मेरा साहस अब गया छूट।''

प्रसादजी की स्थापना उन लोगों का खण्डन करती है जो कहते हैं कि भारतीय समाज का विकास निराले ढंग से हुआ है; वर्ग-संघर्ष यूरुप में हुआ हो तो हुआ हो, भारत से उसका क्या संबंध? वास्तव में जहाँ श्रम का विभाजन हुआ है, वहाँ वर्ग भी बने हैं, वर्गों के रहने पर उनमें परस्पर संघर्ष भी हुआ है और यह संघर्ष विरोधी वर्गों में शांति कायम करके खत्म नहीं किया जा सकता वरन् शोषण मिटाकर और मानव-श्रम को मानव-हित के लिए संगठित करके ही दूर किया जा सकता है।

गाँधीवादी वर्ग-शांति के विपरीत प्रसादजी एक ऐसे समाज की कल्पना करते हैं, जहाँ सभी जन समान और स्वतंत्र हों। इड़ा जब मनु से मिलने जाती है, तब कहती है–

''हम एक कुटुंब बनाकर यात्रा करते हैं आए।''

और मनु

बोले ''देखो कि यहाँ पर कोई भी नहीं पराया।
हम अन्य न और कुटुंबी–हम केवल एक हमी हैं;

शापित न यहाँ है कोई तापित पापी न यहाँ है;
जीवन वसुधा समतल है समरस है जो कि जहाँ है।

सबकी सेवा न पराई वह अपनी सुख-संसृति है;

मानव कह रे! 'यह मैं हूँ'
यह विश्व नीड़ बन जाता।''

यहाँ वर्ग नहीं हैं, न वर्गों के बीच शांति स्थापित की गई है। यहाँ समतल जीवन-वसुधा पर सबकी सेवा में सुखी मनुष्य है। यहाँ धर्म, वर्ग और जाति की दीवारें नहीं हैं। मनुष्य अपने विश्व-नीड़ में प्रतिष्ठित है।

वर्ग-संघर्ष का कैसे अंत होगा, प्रसादजी के सामने यह स्पष्ट नहीं था। परंतु वर्ग हैं, वर्ग-संघर्ष है, इस संघर्ष का अंत करके वर्गहीन समाज में मनुष्य की प्रतिष्ठा होनी चाहिए, यह सब उनके सामने स्पष्ट था।

आचार्य शुक्ल ने 'कामायनी' की चर्चा में इस अस्पष्ट साम्यवादी आकांक्षा की ओर संकेत किया है। "वर्गहीन समाज की साम्यवादी पुकार की भी दबी-सी गूँज दो-तीन जगह है।" (हिंदी साहित्य का इतिहास, सं. 1997, पृष्ठ 835)

(3)

जो गूंज प्रसाद में दबी-सी सुनाई दी थी, वह आज और मुखर हो उठी है। विश्व-संस्कृति का विकास वर्गहीन समाज की प्रतिष्ठा की ओर हो रहा है। विभिन्न देशों और जातियों की संस्कृतियाँ अपनी अलग-अलग विशेषताओं के साथ इसी लक्ष्य की ओर बढ़ रही हैं। इस प्रगति को रोकने के लिए तरह-तरह के नारे लगाए जा रहे हैं—व्यक्ति की स्वाधीनता खतरे में है, भारतीय संस्कृति का नाश हो जाएगा, रूस आकर खा जाएगा, इत्यादि। प्रसाद-साहित्य के अध्ययन से पता चलता है कि भारतीय संस्कृति का सहज विकास वर्गहीन समाज में शोषण-मुक्त मानव की प्रतिष्ठा की ओर है।

जिस समय प्रसादजी ने अपना साहित्य रचा था, देश के जन-आंदोलन की बागडोर पूँजीवादी नेताओं के हाथ में थी। मजदूर-वर्ग असंगठित था और राष्ट्रीय आंदोलन में उसकी क्रांतिकारी भूमिका स्पष्ट न हुई थी। इसलिए प्रसादजी के साहित्य में कहीं-कहीं भाववाद (आइडियलिज्म) की छाप हो तो आश्चर्य नहीं। प्रसादजी भौतिक जगत् को सत्य मानते हैं लेकिन उनके लिए चेतना भूत या पदार्थ का ही एक गुण नहीं है जैसे कि वह द्वंद्वात्मक भौतिकवादियों के लिए है। यह मूर्त्त विश्व 'चिति का विराट वपु मंगल' है; इस स्थापना में चिति की स्वतंत्र और अखंड सत्ता की ओर संकेत है। 'काव्य और कला' नाम के निबंध में सत्य की शाश्वत सत्ता घोषित करते हुए लिखा है—'सत्य अथवा श्रेय ज्ञान कोई व्यक्तिगत सत्ता नहीं, वह एक शाश्वत चेतनता है या चिन्मयी ज्ञानधारा है, जो व्यक्तिगत स्थानीय केंद्रों के नष्ट हो जाने पर भी निर्विशेष रूप से विद्यमान रहती है।' लेकिन इसी निबंध में प्रसादजी ने सत्य को परिवर्तनशील प्राकृतिक विभूतियों में ओत-प्रोत भी बतलाया है। यदि सत्य परिवर्तनशील प्रकृति में है तो वह प्रकृति से भिन्न अपरिवर्तनशील

शाश्वत चेतनता नहीं हो सकता। द्वंद्वात्मक भौतिकवाद के लिए प्रकृति परिवर्तनशील ही नहीं, विकासमान है। प्रसादजी के लिए वह परिवर्तनशील तो है लेकिन विकासमान नहीं। इसी दार्शनिक स्थापना के अनुरूप सामाजिक क्षेत्र में प्रसादजी के लिए वर्गों की भूमिका स्पष्ट नहीं है, यह स्पष्ट नहीं है कि श्रमिक वर्ग अपने नेतृत्व में शेष जनता का संगठन करके मुक्त मानव-समाज की रचना कर सकता है। इसी कारण प्रसादजी मनु के नगर में नए समाज की स्थापना नहीं दिखाते वरन् उसका अस्पष्ट चित्र कैलास पर दिखाते हैं। प्रसादजी के चिंतन की ये सीमाएँ उनके युग की सीमाएँ हैं।

इन सीमाओं के बावजूद यह समझना भ्रम होगा कि प्रसादजी का चिंतन पूँजीपति वर्ग के सांस्कृतिक मार्ग गाँधीवाद पर चल रहा था। गाँधीवाद जहाँ जनता के क्रांतिकारी उभार को दबाकर वर्ग-शांति और समझौते की राह पर चलता है, वहाँ प्रसादजी वर्ग-शांति के बदले वर्गहीन समाज का आदर्श सामने रखते हैं, गाँधीवाद जहाँ प्राचीन भारतीय समाज में वर्ग-संघर्ष अस्वीकार करता है, वहाँ प्रसादजी ने राजा-प्रजा के रक्तमय संघर्ष का चित्र खींचकर उसे स्वीकार किया है। सबसे महत्त्वपूर्ण बात यह कि गाँधीवाद जहाँ निष्क्रिय प्रतिरोध की बात करता है, स्वयं कष्ट सहकर अन्यायी के हृदय-परिवर्तन की बात करता है, वहाँ प्रसादजी ने सक्रिय प्रतिरोध का आदर्श रखा है, शस्त्र उठाकर आततताइयों का विरोध करने का चित्र खींचा है।

'स्कंदगुप्त' में प्रसादजी ने दिखाया है कि हूणों के आक्रमण से त्रस्त और बिखरी हुई जनता में फिर से साहस-संचार करके स्कंदगुप्त और उसके साथियों ने हूणों को समरभूमि में पराजित किया और उन्हें सिंधु पार खदेड़ दिया। ब्रिटिश साम्राज्य से आक्रांत देश में यह नाटक लिखकर प्रसादजी ने सामयिक राजनीति की भी एक गुत्थी सुलझाई थी। पर्णदत्त कहता है, "देश के बच्चे भूखे हैं, नंगे हैं, असहाय हैं, कुछ दो बाबा!" पर्णदत्त कैसी भीख चाहता है? क्या भीख माँगने से देश का उद्धार होगा? पर्णदत्त कहता है, 'जो दे सकता हो अपने प्राण, जो जन्मभूमि के लिए उत्सर्ग कर सकता हो जीवन, वैसे वीर चाहिए; कोई देगा भीख में?' पर्णदत्त की याचना के उत्तर में पहले स्कंदगुप्त और फिर जनता में से बहुत से वीर देशरक्षा के लिए आगे आ जाते हैं। जनता का संगठन करने में साहित्यकार अपनी विशेष भूमिका पूरी करते हैं। विजया महाकवि कालिदास से कहती है, "आश्चर्य और शोक का समय नहीं है। सुकवि शिरोमणि! गा चुके मिलन-संगीत, गा चुके कोमल कल्पनाओं के लचीले गान, रो चुके प्रेम के पचड़े। एक बार वह उद्‌बोधन गीत गा दो कि भारतीय जनता अपनी नश्वरता पर विश्वास करके अमर भारत की सेवा के लिए सन्नद्ध हो जाय!" कालिदास काव्य द्वारा ही जनता को संगठित नहीं करते, वह स्त्रियों को घसीटने वाले अत्याचारी हूणों का तलवार उठाकर विरोध भी करते हैं। प्रसाद के श्रेष्ठ नाटक 'स्कंदगुप्त' के कालिदास महाकवि ही नहीं, वीरकवि

भी हैं। हूणों को ललकारते हुए वह कहते हैं, "इन निरीहों के लिए प्राण उत्सर्ग करना धर्म है। कायरो! स्त्रियों पर यह अत्याचार!!"

प्रसादजी के लिए कलाकार सामाजिक संघर्ष में तटस्थ नहीं रहता। वह जनता और देश के प्रति सहानुभूति ही नहीं प्रकट करता, वह संघर्ष में भाग भी लेता है। और यह संघर्ष निष्क्रिय प्रतिरोध के मार्ग पर नहीं बढ़ता, उसका रास्ता सक्रिय प्रतिरोध का है। इससे स्पष्ट है कि प्रसादजी ने अपने साहित्य में पूँजीवादी नेताओं की कार्यनीति को आदर्श नहीं माना।

आचार्य शुक्ल की तरह प्रसादजी के लिए भी कला सोद्देश्य है। 'नाटकों में रस का प्रयोग' नाम के निबंध में वह कहते हैं–"इसमें लोकमंगल की कल्पना प्रच्छन्न रूप से अंतर्निहित है।" उनकी कामायनी 'जगत् की मंगलकामना' है। यहाँ पूर्व और पश्चिम के शुद्ध कल्पनावादियों से उनकी भिन्नता स्पष्ट दिखाई देती है। जिस तरह आचार्य शुक्ल ने अध्यात्मवाद को साहित्य से बाहर कर देने की घोषणा की थी, उसी तरह प्रसाद ने दुःखवाद, निराशावाद, भोगवाद से साहित्य को मुक्त रखने का आह्वान किया था। उपर्युक्त निबंध में वह दुःखवाद के लिए कहते हैं, "साहित्य में उसे स्वीकार नहीं किया गया।" आचार्य शुक्ल की तरह प्रसाद भी केवल माधुर्य के उपासक नहीं हैं। भीषणता और कमनीयता की द्वंद्वात्मक एकता भी संभव है। 'कामायनी' में वे कहते हैं–

"नर्तन में निरत प्रकृति गलकर,
उस कांति-सिंधु में घुल मिलकर,
अपना स्वरूप धरती सुंदर,
कमनीय बना था भीषणतर।"

प्रसादजी के लिए साहित्य सोद्देश्य है, इसीलिए साहित्य में मूलवस्तु अनुभूति है, न कि अभिव्यक्ति। सूर और तुलसी की तुलना करते हुए वह कहते हैं–"जहाँ आत्मानुभूति की प्रधानता है, वहीं अभिव्यक्ति अपने क्षेत्र में पूर्ण हो सकी है।... अभिव्यक्ति सहृदयों के लिए अपनी वैसी व्यापक सत्ता नहीं रखती, जितनी कि अनुभूति।" (काव्य और कला, पृ. 45) पूर्व और पश्चिम के अभिव्यंजनावादियों से प्रसादजी का यह मौलिक मतभेद है। साहित्य अभिव्यंजनामात्र नहीं है, इसकी श्रेष्ठता मूलतः बात कहने के ढंग में नहीं है वरन् बात में है। भाषा और विचारों का संबंध रूप और विषयवस्तु का है। "जो कुछ हम अनुभव करते हैं, वाणी उसका रूप है।" (उप., पृ. 41) भाववादी लेखक जहाँ भाषा से स्वतंत्र विचारों की निराकार सत्ता मानते हैं, वहाँ प्रसादजी बृहदारण्यक के आधार पर यह स्थापना करते हैं, "जो कुछ जाना जा सका वही वाणी है, वाणी उसका स्वरूप धारण करके उस ज्ञान की रक्षा करती है।" (उप., पृ. 41)

प्रसादजी ने इड़ा को बुद्धि और तर्क का प्रतीक बनाया है। 'रहस्यवाद' नाम के निबंध में भी उन्होंने बुद्धि और तर्क को दुःखवाद का कारण कहा है। 'कामायनी' में उन्होंने मन, कर्म और ज्ञान के क्षेत्रों की अराजकता का चित्रण किया है लेकिन अंत में इड़ा और श्रद्धा दोनों मनु के पास पहुँचती हैं। प्रसादजी एक विशेष प्रकार की तर्क-पद्धति या बौद्धिकता का विरोध करते हैं, बुद्धिमात्र का नहीं। वर्गयुक्त समाज में शासकों के मन में कुछ होता है, कर्म कुछ होते हैं, मुँह से वे कहते कुछ और हैं। मन-वचन-कर्म की एकता संपत्तिशाली वर्गों में कम देखी जाती है। श्रद्धा कहती है–

> **''ज्ञान दूर कुछ, क्रिया भिन्न है**
> **इच्छा क्यों पूरी हो मन की;**
> **एक दूसरे से न मिल सके**
> **यह विडंबना है जीवन की।''**

कामायनी ज्ञान, कर्म और इच्छा के तीनों लोकों को संबद्ध कर देती है। इसलिए प्रसाद का दर्शन बुद्धिवाद विरोधी नहीं है वरन् वह ज्ञान को मानव की सहृदयता से संबद्ध करता है।

प्रसादजी ने अपने समाज-संबंधी विचारों को 'तितली' उपन्यास में और भी मूर्त रूप दिया है। सन् '30 के बाद हिंदी कथा-साहित्य में जिस नए यथार्थवाद की लहर आई थी, 'तितली' उसी की देन है। इसमें हम भारतीय किसानों का शोषण ही नहीं देखते, भारत और ब्रिटेन के जनसाधारण को सताने वालों की झाँकी भी पाते हैं। लंदन में गरीबों और अमीरों की दो दुनिया हैं–एक ओर सुगंध जल के फौवारे छूटते हैं, बिजली से गरम कमरों में जाते ही कपड़े उतार देने की आवश्यकता होती है–दूसरी ओर बर्फ और पाले में दूकानों के चबूतरों के नीचे अर्ध-नग्न दरिद्रों का रात्रि-निवास। (तितली, छठा संस्करण, पृ. 18) इंद्रदेव सोचता है, दूसरे देशों से लूट का माल लाकर भी ये अपने यहाँ की दरिद्रता क्यों नहीं दूर कर सके। ब्रिटेन में भी गरीब हैं, हिंदुस्तान में भी गरीब हैं, इनको सताने वाले एक हैं। हिंदी कथा-साहित्य में यह चेतना पहली बार प्रकट हुई थी।

बूढ़ा रामनाथ अकाल की कहानी सुनाता हुआ कहता है–'बिना वस्त्र के सैकड़ों नर-कंकाल, इंजिन के सामने लाइन पर खड़े, पड़े और गिरे हुए, मृत्यु की आशा में टक लगाए थे।' (उप., पृ. 60) इनमें वे लोग भी हैं जिनकी भूमि बिक चुकी थी। बंगाल के अकाल को अभी दस साल बाकी थे, फिर भी अंग्रेजी राज ने अकाल को ऐसी साधारण वस्तु बना दिया था कि प्रसादजी के वर्णन से लगता है, मानो बंगाल के अकाल पर ही लिख रहे हों।

'तितली' में किसान अपनी ज़मीन के लिए लड़ते हैं। रामजस अपनी लाठी पटककर कहता है–''पैसे के बल पर धर्म और सदाचार का अभिनय करना भुलवा दूँगा। मैंने जो कुछ पढ़ा-लिखा था, सब झूठा था। आज-कल क्या, सब युगों में लक्ष्मी का बोलबाला था। भगवान भी इसी के संकेतों पर नाचते हैं। मैं तुम्हारे इस झूठे पाप-पुण्य की दुहाई नहीं मानता।' (उप., पृ. 170)

देश का किसान जाग उठा था। वह अपना अधिकार और अपनी शक्ति पहचान रहा था। शासक वर्ग का भय और आतंक ढह रहा था, उससे भी दृढ़ धार्मिक रूढ़ियों और अंधविश्वासों की दीवारें ढह रही थीं। यह प्रसाद की महत्ता है कि छायावाद के प्रमुख कवि होते हुए भी उन्होंने इस नए जागरण को पहचाना और उसे चित्रित किया।

रामजस और मधुबन घिर जाते हैं लेकिन बहादुरी से लड़ते हैं। 'इधर दो उधर दस। जमकर लाठी चलने लगी। मधुबन और रामजस जब घिर जाते तो लाठी टेककर दस-दस हाथ दूर जाकर खड़े हो जाते। छह आदमी गिरे और रामजस भी लहू से तर हो गया।' (उप., पृ. 177)

गाँवों के वर्ग-संघर्ष का यह नग्न रूप है जो प्रसादजी ने चित्रित किया है। जीत ज़मींदार की होती है लेकिन किसान अपनी ज़मीन आसानी से नहीं छोड़ता।

'कर्मभूमि' के महंत की तरह 'तितली' में भी एक महंत हैं जो 'भक्तों की भेंट और किसानों का सूद दोनों ही समभाव से ग्रहण करते हैं।' (उप., पृ. 178) गरीब माधो–जिसके 'घर की स्त्रियाँ रात को साग खोंटकर ले आती हैं, वही उबालकर नमक से खाकर सो रहती हैं'–महंत की निर्दयता देखकर चकित रह जाता है। उसे मंदिर के भगवान में कहीं करुणा दिखायी नहीं देती। महंत जी निःसहाय स्त्री पर हाथ उठाते नहीं हिचकते। प्रेमचंद ने 'प्रेमाश्रम' में जैसे गौसखाँ को अपने किए का फल पाने दिया है, वैसे ही यहाँ मधुबन महंत जी के काम-विकार दूर कर देता है।

'तितली' में कोयला मजदूरों के जीवन की एक झाँकी है। पूँजीवादी समाज ने किस गंदगी में उन्हें पशुओं से भी गया-बीता जीवन बिताने के लिए मजबूर किया है, इसकी तीव्र अनुभूति यहाँ मिलेगी।

यद्यपि 'तितली' का अंत एक सुखी गाँव के चित्र से हुआ है, जहाँ सबके पास काम लायक ज़मीन है, फिर भी स्वयं तितली पूँजीवादी भूमि-सुधारों में विश्वास नहीं करती। वह नहीं भूल पाती–'ज़मींदार ने मेरी पुरखों की डीह ले ली। मुझे माफी पर भी लगान देना पड़ रहा है।' (उप., पृ. 239) वह ज़मींदार के रहते हुए चकबंदी की योजना से कोई लाभ नहीं देखती। 'ज़मींदार साहब के रहते वह सब कुछ नहीं हो सकेगा।...यदि आप लोग वास्तविक सुधार करना चाहते हों, तो खेतों के टुकड़ों को निश्चित रूप में बाँट दीजिए और सरकार उन पर मालगुजारी लिया

करे।—कहते हुए तितली ने व्यंग्य से इंद्रदेव की ओर देखा।' (उप., पृ.239) इंद्रदेव को अभिमान है कि उन्होंने त्याग किया है लेकिन तितली कहती है, 'हाँ, आप ज़मींदार नहीं हैं तो क्या, आपने त्याग किया होगा। किंतु उससे किसानों को तो लाभ नहीं हुआ।' (उप., पृ. 240) ऐसा लगता है, प्रसादजी ने ये बातें बीस साल पहले न लिखकर आज लिखी हों। कहने को ज़मींदार नहीं हैं, ज़मींदारी प्रथा मिट गयी है। लेकिन किसानों को तो लाभ नहीं हुआ। तितली के ये शब्द पूँजीवादी भूमि-सुधारों की खरी आलोचना है।

तितली से वाट्सन कहता है—'किंतु तुम तो ऐसा स्वप्न देख रही हो जिसमें आँख खुलने की देर है।'

तितली जवाब देती है—'यह ठीक है कि मरने वाले को कोई जिला नहीं सकता। पर उसे जिलाना ही हो, तो कहीं अमृत खोजने के लिए जाना पड़ेगा।' (उप., पृ. 240)

इसका अर्थ यह है कि बुनियादी भूमि-सुधार बिना किसान की समस्या हल नहीं हो सकती। हल करने में चाहे जितना समय लगे, लेकिन ज़मींदारों के त्याग (आज के भूदान) से वह समस्या हल होने वाली नहीं है।

इस तरह प्रसाद जी ने हिंदी साहित्य में लोक-जीवन की प्रतिष्ठा की है। उन्होंने हमें सिखाया है कि इस संसार को मिथ्या मानकर असंभव कल्पनाओं के पीछे भटकने की जरूरत नहीं है। मनुष्य का सुखी या दुखी जीवन यहीं बीतता है। सत्य इसी परिवर्तनशील प्रकृति में है। सौंदर्य की कोई अरूप सत्ता नहीं है। संसार को दुख का कारण मानकर निराश होने की आवश्यकता नहीं है। मनुष्य का कल्याण न तो वैराग्य में है, न भोगवाद में। समाज में वर्ग हैं, वर्गों का परस्पर-संघर्ष भी है। उसे दूर करके वर्ग हीन समाज में मनुष्य को सुखी जीवन बिताना है।

सामाजिक जीवन में कलाकार तटस्थ नहीं है। वह जनता के प्रति सहानुभूति रखता है, उसका पक्ष लेता है। प्रसाद के कालिदास अस्त्र उठाकर हूणों से स्त्रियों की रक्षा करते हैं। अन्याय का सक्रिय प्रतिरोध करना मनुष्य का कर्त्तव्य है।

प्रसादजी ने 'तितली' में पराधीनता और निर्धनता के नए चित्र दिए हैं। उन्होंने दिखाया है कि विदेशी शासकों ने किस तरह भारत को नरकंकालों का कारागार बना दिया है। दुनिया के गरीबों को सताने वाले एक हैं। इसलिए दुनिया के गरीब एक हैं। वह गाँवों में वर्ग-संघर्ष के यथार्थ चित्र देते हैं। इस संघर्ष में हिंदुस्तानी किसान की वीरता और धीरता प्रकट होती है।

'तितली' का यथार्थवाद हिंदी कथा-साहित्य के विकास में एक महत्त्वपूर्ण कदम है। न केवल प्रेमचंद, वरन् प्रसाद, निराला आदि भी उसी मार्ग पर बढ़ रहे थे। यह यथार्थवाद स्वाधीनता ही न चाहता था, वह सामाजिक न्याय भी चाहता

था। वह देश की उस नयी चेतना को प्रकट करता है जो समाज के पुराने ढाँचे को ही बदलना चाहती थी। यह हिंदी की अपनी जातीय परंपरा है।

प्रसाद-साहित्य हिंदी भाषी जनता की मूल्यवान विरासत है। उसके आधार पर हम कह सकते हैं कि इस संसार को सत्य समझना, पीड़ित जनता का समर्थन करना, अन्याय का सक्रिय विरोध करना, साहित्य में उदासीन और तटस्थ न रहकर सामाजिक विकास में सक्रिय योग देना—यह सब भारतीय संस्कृति के अनुकूल ही है, उसका सहज विकास है। प्रसाद जी की रचनाएँ दुःखवाद, मायावाद, शुद्ध कलावाद, भारतीय इतिहास में वर्गों को अस्वीकार करने आदि के विरोध में सजग लेखक के हाथों में सबल अस्त्र हैं। वे भारतीय जनता की विजय में विश्वास दृढ़ करती हैं क्योंकि उनके मधुबन, रामजस, तितली आदि अपना स्वत्व पहचान चुके हैं और उनका शोषण करते जाना अब किसी के लिए संभव नहीं है। प्रसाद-साहित्य के मूल्यों को पहचानकर आज का हिंदी-साहित्य और भी साहस से जनता की सेवा कर सकेगा।

[1954]

12

रामविलास शर्मा का प्रथम प्रकाशित लेख 'निराला' जी की कविता

मैंने 'अभ्युदय' (जुलाई 23, 1934) में श्री ज्योतिप्रसाद मिश्र 'निर्मल' का उक्त कवि के ऊपर लिखा हुआ लेख पढ़ा। लेख एक पार्टी प्रोपेगैण्डा था; कवि की कविता का कोई विशेष निरूपण न था। इन पार्टियों में कौन सत्य पर या कौन असत्य पर है, इससे मुझे कुछ सरोकार नहीं। 'निराला' जी की पार्टी पॉलिटिक्स की और व्यक्तिगत नीति की मुझे यहाँ विवेचना नहीं करनी है। पर उनकी कविता पर दुरूहता, नीरसता, अर्थहीनता तथा छंदों के ऊटपटाँगपन के आक्षेप नए नहीं हैं। एक हिंदी-प्रेमी और विशेषकर कविता-प्रेमी के नाते मुझे यह आक्षेप खटकते अवश्य हैं। यदि वे किसी बात के परिचायक हैं तो कवि की नहीं, वरन् जनता की अक्षमता के ही। किसी नए कवि की कविता का तुरंत ही जनप्रिय हो जाना सुकर नहीं। जब शेली और कीट्स जीवित थे तब इने-गिनों को छोड़ उनकी प्रतिभा को कोई न जानता था। उस समय बायरन और टॉम मूर की तूती बोलती थी। पर इस समय मूर और बायरन को शेली की बराबरी करने का कौन दावा करता है? शेली और कीट्स के ऊपर समालोचकों ने उस समय कैसे कठोर आक्रमण किए, यह किसी अंग्रेजी साहित्य से संपर्क रखने वाले से छिपा नहीं। आजकल के इसी भाँति की दुरूहता के आक्षेपों से निराला जी का काव्य-सौंदर्य भी सदा के लिए छिपा न रहेगा।

निराला जी की कविता नए युग की आँखों से यौवन को देखती है। नायक-नायिकाओं की रसरीति के बहुत-से वर्णन हुए, पर यहाँ एक नवीन सौंदर्य है। यौवन का ज्वार हृदय-सीमाओं के ऊपर उफन रहा है और सामने कवि-संसार की चिरपरिचिता और चिरपूजिता नारी एक नवीन सौंदर्य को लेकर अवतरित हुई है। इस कविता में वियोगी की गर्म आहें नहीं हैं, आँसुओं की वृष्टि नहीं है; वियोग में भी मिलन के लिए उद्दाम वासना है। शेली की कविता में मिलन में भी आँसू हैं। कांता से मिलते ही कवि का हृदय टूक-टूक हो जावेगा। अपनी प्रेमिका से

कवि कहता है कि इस हृदय को फिर अपने हृदय से लगा ले, जहाँ यह अंत में टूट जावेगा—

> **Oh press it to thine own again,**
> **Where it will break at last.**

कीट्स की कविता में इनके विपरीत संसार-सौंदर्य के प्रति उल्लास है। वही हम निराला जी की कविता में पाते हैं। निराला जी के लिए यह लिखना—

> **विरह अहह कराहते इस शब्द को,**
> **किस कुलिश की तीक्ष्ण चुभती नोक से,**
> **निठुर विधि ने आँसुओं से है लिखा।**

उतना ही दुर्लभ है, जितना पंत जी के लिए यह लिखना कि—

> **बहने दो,**
> **रोक-टोक से कभी नहीं रुकती है,**
> **यौवन-मद की बाढ़ नदी की**
> **किसे देख झुकती है?**

यह नहीं कि निराला जी ने विरह, मृत्यु आदि विषयों पर लिखा न हो। जहाँ लिखा है वहाँ खूब लिखा है।

जीवन का दिन बीत चुका। शरीर के अंगों से प्राण-शक्ति निकल ा चाहती है। उसी का कितना सजीव चित्र है—

> **हमारा डूब रहा दिनमान!**
> **विकल डालियों से झरने ही पर है पल्लव प्राण—**
> **हमारा डूब रहा दिनमान।**

'निराश यौवन का शेष' नाम की कविता में अद्‌भुत चित्रण है। वसंत बीत गया और नायिका अब पछता रही है कि हाय—

> **सुमन भर न लिए सखि वसन्त गया!**

जब प्रियतम साथ था तब—

> **विवश नयनोन्मादवश हँसकर तकी,**
> **देखती ही देखती री मैं थकी,**
> **अलस पग, मग में ठगी-सी रह गई,**

मुकुल-व्याकुल श्री सुरभि वह कह गई—
सुमन भर न लिए, सखि वसन्त गया!
हर्ष-हरण-हृदय नहीं निर्दय क्या?

इस प्रकार की निराला जी की कविताएँ बहुत नहीं। उनकी अधिकांश सुंदर कविताओं में तो यौवन और सौंदर्य अनेक-अनेक रूप धारण कर हिलोरें लेते हैं। पहले की इनकी शैली के प्रत्यक्ष वर्णन देखिए। यहाँ अनंग-सौंदर्य का नहीं, वरन् सुंदर वस्तु का चित्रण है—

देख यह कपोत-कंठ
बाहु बल्ली कर सरोज
उन्नत उरोज पीन क्षीण कटि—
नितम्बभार-चरण सुकुमार—
गति मन्द-मन्द
छूट जाता धैर्य ऋषि मुनियों का;
देवी-भोगियों की तो बात ही निराली है।

यह पंचवटी-प्रसंग में सुंदरी के रूप में शूर्पणखा की युक्ति है।

निशा का देखिए कितना सजीव वर्णन है। निःशरीर की भी कवि सशरीर के रूप में कल्पना करता है—

भूषण वसन सजे गोरे तन,
प्रीति भीति काँपे पग डर मन,
बाजे नूपुर रुन-रिन रन-झन,
लाज विवश सिहरी।
खड़ी सोचती नमित नयन-मुख,
रखती पग उर काँप पुलक-मुख
हँसि अपने ही आप सकुच धनि
गति मृदु मन्द चली।
निशा के उर की खिली कली।

प्रियतम के पास पहुँचने पर उसी अभिसारिका को देखिए—

मूँद पलक प्रिय की शय्या पर
रखते ही पग, उर धर-धर-धर
काँप उठा वन में तरु-मर्मर
चली पवन पहली।
निशा के उर की खिली कली।

पहली दो लाइनों में नायिका अपने प्रिय की शय्या पर पग रखती है। इसके आगे का वर्णन कवि नहीं करता। प्रेमी-प्रेमिका एक-दूसरे से मिल अपने-आपको भूल जाते हैं। कानों में केवल दूर पत्रों का मर्मर शब्द सुनाई देता है और अंग में मधुर वायु का झोंका लगता है। सहसा हवा का झोंका लगने से, बादल गरजने से, और दूर कहीं संगीत की ध्वनि कान में पड़ने से प्रेमी-प्रेमिका एक-दूसरे से और सट जाते हैं। कवि ने उसी बात को प्रत्यक्ष न कह इस लाक्षणिक ढंग से कहा है।

कवि जो उपमाएँ देता है, उनके जीवित चित्र खींच देता है। नव-विवाहिता वधू–

वह नव वसन्त की किसलय कोमल लता,
किसी विटप के आश्रय में मुकुलिता
और अपनता।
उसके खिले कुसुम संभार
विटप के गर्वोन्नत वक्षःस्थल पर सुकुमार।
मोतियों की मानो है लड़ी
विजय के वीर हृदय पर पड़ी

जिस प्रकार शेली की कविताओं में कभी-कभी उपमाओं की भरमार हो जाती है, इसी प्रकार 'तुम और मैं' नामक कविता में भी उपमाओं का ताँता लगा कर कवि ने तुम और मैं को विश्वमय कर दिया है।

तुम प्रेममयी के कंठहार
मैं वेणी काल नागिनी
तुम कर-पल्लव झंकृत सितार
मैं व्याकुल विरह रागिनी।
तुम पथ हो मैं हूँ रेणु
तुम हो राधा के मनमोहन
मैं उन अधरों की वेणु।

इस तरह के चित्र कवि की प्रायः प्रत्येक कविता में मिलेंगे। अतः अधिक उदाहरणों की आवश्यकता नहीं।

ऊपर कहा जा चुका है कि निराला जी ने यौवन और सौंदर्य की कविता की है। उनका प्रेम न वासना ही है न वासनाहीन प्रेम ही। दो सुंदर युवक-युवतियों में जो प्रेम होता है, उनके हृदय में वासना और त्याग के जो भाव उठते हैं, कवि

ने उन्हीं के अनेक पहलुओं को देखा है। कवि के प्रेम का आदर्श वही है जो शेली और कीट्स का है–

The Fountains of our deepest life shall be
Confused in passion golden purity
As mountain–springs under the morning sun,

—Epipsychidion (Shelley)

(हमारे जीवन के अंतरतम स्रोत प्रेम की स्वर्णिम पवित्रता में एक हो जावेंगे, जैसे कि प्रातःकाल सूर्य के प्रकाश में पर्वतीय झरने एक-दूसरे से मिल जाते हैं–'शेली')

In to her dream he melted, as the rose
Blendeth its odour with the violet,

—Eve of St. Agnes—(Keats)

(वह उसके स्वप्न में मिल गया, जैसे कि रोज अपनी सुगंधि वायोलेट की गंध से मिला देता है–'कीट्स')

यहाँ हम शरीर और मन की एकता देखते हैं। जैसा कि कीट्स का सिद्धांत था, मनुष्य शारीरिक प्रेम की सीढ़ी पर चढ़ वासनाहीन प्रेम को प्राप्त करता है। इस भाव को निराला जी ने अपने भ्रमर-गीत में अमर लेखनी से अंकित कर दिया है। भ्रमर अपनी प्रेयसी कविता को देखकर कहता है–

मिल गए एक प्रणय में प्राण,
मौन, प्रिय, मेरा मधुमय गान!

प्रेम की एकता में जब प्राण एक हो गए, तो कवि का गान बंद हो गया। कली की सुगंधि से ही वह पहले आकर्षित हुआ था और उसके सौंदर्य को देखकर उसके हृदय से संगीत फूट पड़ा था–

खिली थीं जब तुम, प्रथम प्रकाश,
पवन कम्पित नवयौवन हास,
वृन्त पर टलमल उज्ज्वल प्राण
नवल यौवन कोमल, नव ज्ञान
सुरभि से मिला आशु आह्वान
प्रथम फूटा प्रिय, मेरा गान।

अब उसकी अनैसर्गिक छवि को भी देखिए। सारा संसार उसके रूप-रस को

पीता है। भ्रमर भी उसकी नग्न सुंदरता को देख उसी के प्राणों से अपने प्राणों को मिला देता है—

> **वन्य-लावण्य-लुब्ध संसार**
> **देखता छवि रुक बारंबार**
> **सहज ही नयन सहस्र अजान**
> **रूप विधु का करते मधुपान।**
> **मनोरंजन में गुंजन लीन**
> **लुब्ध आया, देखा आसीन**
> **रूप की सजल प्रभा में आज**
> **तुम्हारी नग्न कांति, नव लाज।**
> **मिल गए एक प्रणय में प्राण**
> **रुक गया, प्रिय, तब मेरा गान।**

यह तो हुई प्रेम के आदर्श की बात। पर उठता यौवन और उसकी भावनाओं का जैसा चित्रण निराला जी ने किया है वैसा बड़े-बड़े कवियों में ढूँढ़ने पर ही मिलेगा।

> **बंद कंचुकी के सब खोल दिए प्यार से**
> **यौवन-उभार ने**
> **पल्लव-पर्यङ्क पर सोती शेफालिके।**
> **मूक आह्वान भरे लालसी कपोलों के**
> **व्याकुल विकास पर**
> **झरते हैं शिशिर से चुंबन गगन के।**

रूप की एक-एक रेखा बोल रही है। इसी भाँति—

> **विजन-वन-वल्लरी पर**
> **सोती थी सुहाग भरी—स्नेह स्वप्न मग्न—**
> **अमल-कोमल-तनु तरुणी जुही की कली,**
> **दृग बन्द किए, शिथिल-पत्राङ्क में।**

और भी—

> **काँप उठी विटपी यौवन के**
> **प्रथम कम्प मिस मन्द पवन से**
> **सहसा निकल लाज चितवन के**
> **भाव सुमन छाये।**

दूरस्थ नायक के पास अभिसारिका निशि का जाना हम ऊपर देख चुके हैं। अब सुप्त नायिका के पास दूर से नायक का आना देखिए। दूसरे उद्धरण के आगे–

वासंती निशा थी,
विरह-विधुर प्रिया संग छोड़
किसी दूर देश में था पवन
जिसे कहते हैं मलयानिल।
आई याद बिछुड़न से मिलन की वह मधुर बात

(An' I'll come to thee again my love though it were ten thousand miles.)

–*Burns*

आई याद चाँदनी की धुली हुई आधी रात,
आई याद कांता की कंपित कमनीय गात,
फिर क्या? पवन
उपवन-सर-सरित गहन-गिरि-कानन
कुंज लता-पुंजों को पार कर
पहुँचा जहाँ उसने की केलि कली खिली साथ।

वन-उपवन, कुंज-लता-पुंजों को पार करते हुए आतुर पवन के चित्र की सुंदरता पर ध्यान दीजिए। अब उस सोती नायिका के इस उत्कृष्ट वर्णन को देखिए–

सोती थी,
जाने कहो कैसे प्रिय-आगमन वह?
नायक ने चूमे कपोल,
डोल उठी वल्लरी की लड़ी जैसे हिंडोल।
इस पर भी जागी नहीं, चूक क्षमा माँगी नहीं
निद्रालस बंकिम विशाल नेत्र मूँदे रही–
किंवा मतवाली थी यौवन की मदिरा पिये, कौन कहे?

नायक नहीं जानता कि वह सचमुच सो रही है अथवा उसका आना जान, जान-बूझ कर आँखें मूँदे हुए है। दोनों ही प्रकार की क्रियाएँ हुआ करती हैं। पर वह अपने आवेग को नहीं रोक सकता–

निर्दय उस नायक ने
निपट निठुराई की

कि झोंकों झड़ियों से
सुंदर सुकुमार देह, सारी झकझोर डाली
मसल दिए गोरे कपोल गोल,

इस पर तो नायिका जाग पड़ी, किंवा जागने का बहाना किया–

चौंक पड़ी युवती,
चकित चितवन निज चारों ओर फेर,
हेर प्यारे को सेज पास,
नम्र मुखी हँसी-खिली,
खेल रंग, प्यारे संग।

सदियों की वही पुरानी बात पर कवि के अनुभव की सजीवता ने कविता की रग-रग में स्पंदन भर दिया है।

प्रेमिका आनंदमय जीवन के आलोक में स्नान करने के लिए अपने सोते प्रियतम को बुलाती है।

वासना प्रेयसी बार-बार
श्रुति-मधुर मंद स्वर में पुकार
कहती, प्रतिदिन के उपवन के
जीवन में, प्रिय, आई बहार,
बहती इस विमल वायु में
बह चलने का बल तोलो–
मुदित दृग खोलो।

एक दूसरी प्रभाती में भी तोरूलता दक्ष की भाँति–

Still barred thy doors
प्रेमिका पुकारती है–
बन्द तुम्हारा द्वार!
मेरे सुहाग शृंगार!
द्वार यह खोलो!
हृदय-रत्न में, बड़े यत्न से आज
कुसुमित कुंज-द्रुमों से सुरभित साज
संचित कर लाई, पर कब से वंचित!
ले लो, प्रिय, ले लो, हार नहीं,

यह नहीं प्यार का मेरे,
कोई अमूल्य उपहार!

एक तीसरी नायिका की पुकार सुनिए—

सहृदय समीर जैसे
पोंछो प्रिय नयन नीर,
शयन शिथिल बाँहें
भर स्वप्निल आवेश में,
आतुर उर वसन मुक्त कर दो
सब सुप्ति सुखोन्माद हो;
छूट छूट अलस
फैल जाने दो पीठ पर
कल्पना से कोमल
ऋजु-कुटिल प्रस्तर कामी के केशगुच्छ।
तन मन थक जाएँ—

यह दिमाग से जबरदस्ती निकाल कर लिखी गई कविता नहीं। इसमें यौवन का स्वाभाविक आवेश और सौंदर्य है। शृंगार की कविता तब हानिकारक होती है, जब कवि में निर्जीव वासना मात्र रह जाती है। ब्रजभाषा के अंतिम काल के कवियों ने जैसे अपने अथवा अपने पोषकों के मन में काम-भावनाएँ जाग्रत करने के लिए कविता लिखी, उसके विपरीत मन की आकुल तरंगों के सीमा तोड़ने पर यह कविता कवि-हृदय से फूट निकली है—जैसे किसी नायिका का संगीत अंतःपुर को पार करता हुआ दूर सुनाई देता है।

Music sweet as love which overflows her bower—Shelley.

निराला जी की प्रकृति विषयक जो कविता है, उसमें भी वैसे ही भाव हैं, जो प्रकृति को देख एक मत्त कवि हृदय में उठेंगे। उठते हुए श्याम घन को देख कवि अपने गान को हृदय में ही दबाकर नहीं रख सकता—

आज श्याम-घन श्याम, श्याम छवि,
मुक्त कण्ठ है तुम्हें देख कवि
अहो कुसुम-कोमल कठोर पवि!
शत-सहस्र-नक्षत्र-चन्द्र रवि संस्तुत
नयन मनोरंजन
बने नयन अंजन

बरसते हुए बादल को देख कवि किसी दर्शनशास्त्र, मनोविज्ञान आदि के चक्कर में नहीं पड़ता। बरसते मेघ को देख उसका हृदय भी आनंद से नाच उठता है और मेघ से केवल यही प्रार्थना करता है—वाह! खूब बरसा, और बरस।

झूम-झूम मृदु गरज-गरज घनघोर!
राग-अमर अम्बर में भर निज रोर!
अरे वर्ष के हर्ष!
बरस तू बरस-बरस रसधार!

नदी, नाले तथा सर्वत्र पानी बहता देख कवि की स्वाभाविक उक्ति है—

देख-देख नाचता हृदय
बहने को महा विकल-बेकल,

आसमान से उभरती हुई संध्या के चित्र को देखिए—

अलसता की-सी लता
किन्तु कोमलता की वह कली,
सखी नीरवता के कंधे पर डाले बाँह
छाँह-सी अम्बर पथ से चली।

संध्या के सौंदर्य को देख कर भी कवि का गान रोके नहीं रुकता—

कवि का बढ़ जाता अनुराग,
विरहाकुल कमनीय कण्ठ से
आप निकल पड़ता तब एक विहाग।

इस प्रकार की निराला जी की कविताओं का अनूठापन यही है कि उनमें सच्चा प्रकृति-जन्य आनंद है। एक उत्कृष्ट प्रकृति-प्रेमी के हृदय में किसी सुंदर दृश्य को देख कर जो भाव उदय होंगे, उन्हें ही हम यहाँ पाते हैं। इनमें वर्ड्सवर्थ की भाँति कोई प्रकृतिवाद नहीं है। पर इनकी स्वाभाविकता तथा भावावेग मनुष्य को बरबस प्रकृति के सामने ला खड़ा करेंगे। एक उदाहरण और लीजिए। प्रातःकालीन प्रकृति की शोभा देख कवि का हृदय पुलकित हो उठता है। वह अपने हृदय को अपने आराध्य के चरणों पर अर्पित करना चाहता है। पहले वह अरुण किरणों की छवि देखता है। फिर—

मार पलक परिमल के शीतल
छन छन कर पुलकित धरणीतल,

बहती है वायु, मुक्त कुन्तल,
अर्पित है चरणों पर मेरा यह हृदय-हार–
मेरे जीवन पर, प्रिय, यौवन-वन के बहार!

सुगंधित वायु पृथ्वी के हृदय को पुलकित करती है, साथ ही कवि-हृदय को भी। यहाँ कौन बड़ा कौन छोटा, कौन चेतन कौन अचेतन? पृथ्वी, कवि, वायु, सब एक ही संसार के एक दूसरे की भाषा समझने वाले प्राणी हैं। शेली में प्रकृति के प्रति जो अभेद तन्मयता देखते हैं, वही यहाँ है।

ऊपर दिए गए उद्धरणों से पाठक देखेंगे कि निराला जी की कविता समझने के लिए किसी रहस्यवाद, छायावाद और फिलॉसफी में पारंगत होने की आवश्यकता नहीं। कविता हृदय की भाषा है। उसको समझने के लिए अधिक आवश्यकता भावुकता की है, न कि फिलॉसफी की। उसका रस लेने के लिए भावों को सभ्य बनाना चाहिए, अपने कविता के स्वाद को सुशिक्षित बनाना चाहिए। जिस प्रकार खान-पान में सभी का स्वाद एक समान ऊँचा और बारीक नहीं होता, उसी प्रकार कविता के सूक्ष्म भावों की सुंदरता जाँचने की शक्ति भी सब में समान नहीं रहती। 19वीं शताब्दी के सुप्रसिद्ध लेखक मैथ्यू आर्नोल्ड ने अपने एक लेख में 'टेस्ट' (स्वाद) को सुशिक्षित करने की सलाह दी है। इसके लिए उन्होंने एक तरीका भी बताया है कि प्रसिद्ध कवियों के प्रसिद्ध-प्रसिद्ध काव्य-स्थलों पर निशान लगा लो। फिर पढ़ो और देखो कि तुम्हें अन्यत्र से वहाँ अधिक आनंद आता है कि नहीं। जितनी ही अधिक अच्छी कविता पढ़ो, 'टेस्ट' उतना ही सुसंस्कृत होता जाएगा। परिमल की कविताओं से कहीं गिरी कविताओं को मैंने लोगों को बार-बार पढ़ते देखा है और परिमल को ऊटपटाँग बताते सुना है, इससे जनता के गिरे टेस्ट का ही पता चलता है। इसका उत्तर कवि को गालियाँ देना नहीं, वरन् स्वयं काव्य-मनन कर उसे समझने की शक्ति उत्पन्न करना है।

अंग्रेज कवि डॉन और ब्राउनिंग ने अपनी कविता को अधिकांश में जिस प्रकार दुरूह बना दिया है, वैसा निराला जी ने नहीं किया। यदि हम उनके भावों को नहीं समझते तो इसलिए नहीं कि कवि ऊटपटाँग बोलता है, वरन् इसलिए कि वह हमसे अधिक ऊँचाई पर है। इसके लिए कवि नीचे उतर कर न आवेगा, हमें ही ऊपर चढ़ना पड़ेगा।

जिस प्रकार हम किसी बड़े कवि की किसी लाइन पर अटक, उसी के रस-सिंधु में गोते लगाते रह जाते हैं, वही बात यहाँ भी है। ऊँचे काव्य की यही निशानी है। कवि कहे थोड़ा, पर उसमें इतना रस हो कि पढ़ने वाला उसी में डूबता-उतराता रहे। भौंरा फूल के पास जा उसके सौरभ पर मस्त हो गूँजता रह जाता है।

देख पुष्प-द्वार,
परिमल-मधु-लुब्ध मधुप करता गुंजार।

ऐसी ही कविता को अंग्रेजी में Suggestive Poetry (लाक्षणिक कविता) कहते हैं।

निराला जी ने अपने छंदों के विषय में स्वयं बहुत कुछ लिखा है। उनके विषय में अधिक न कह भाषा के विषय में इतना कहूँगा कि शब्द चुने हुए और प्रसादरस से पूर्ण होते हैं।

आँखें अलियों-सी, किन मधु की गलियों में फँसी,
बन्द कर पाँखें पी रही हैं मधु मौन

अथवा

सोहैं कमल-कोरकों में? बन्द हो रहा गुंजार–
जागो फिर एक बार!

यदि एक भी कर्कश शब्द हो तो बताइए! क, म, प आदि कोमल अक्षरों की आवृत्ति से कितना माधुर्य आ गया है। इसी प्रकार का शब्द-माधुर्य ऊपर के अन्य उद्धरणों में भी मिल सकता है। आधुनिक कवियों में मैं निराला जी को सबसे मधुर भाषा लिखने वालों में से समझता हूँ।

[चाँद, अक्तूबर, 1934]

–श्री भारत यायावर के सौजन्य से प्राप्त

13

महादेवी वर्मा और आलोचना-साहित्य की समस्याएँ

श्रीमती महादेवी वर्मा के साहित्य पर इतना लिखा जा चुका है और उन्होंने स्वयं साहित्य की समस्याओं पर इतना लिखा है कि आज उनके संबंध में और कुछ लिखना आलोचना-साहित्य की समस्याओं का उल्लेख किए बिना संभव नहीं है। महादेवी जी छायावाद के मध्याह्नकाल से, और अपने जीवन के उषःकाल से, साहित्य-रचना करती आयी हैं; छायावाद और महादेवी जी के साहित्य में घनिष्ठ संबंध होना स्वाभाविक है। इस संबंध की रूपरेखा क्या है, किस हद तक छायावाद उनके साहित्य से बल-संबल पा सका है या निर्बल हो गया है, यह आधुनिक आलोचना-साहित्य की नगण्य समस्या नहीं है। इस समस्या पर हिंदी के गण्यमान्य आलोचक एकमत हैं—ऐसा भी नहीं कहा जा सकता। इस संबंध में यहाँ दो-एक उदाहरण देना अप्रासंगिक न होगा।

छायावादी-साहित्य और महादेवी जी की रचनाओं के परस्पर संबंध पर प्रकाश डालते हुए नगेंद्र जी कहते हैं—

"जैसा मैंने एक और स्थान पर भी कहा है, महादेवी के काव्य में छायावाद का शुद्ध अमिश्रित रूप मिलता है। छायावाद की अंतर्मुखी अनुभूति, अशरीरी प्रेम जो बाह्य-तृप्ति न पाकर अमांसल सौंदर्य की सृष्टि करता है, मानव और प्रकृति के चेतन संस्पर्श, रहस्य चिंतन (अनुभूति नहीं), तितली के पंखों और फूलों की पंखुड़ियों से चुराई हुई कला, और इन सबके ऊपर स्वप्न-सा पुरा हुआ एक वायवी वातावरण, सभी तत्त्व जिसमें घुले मिलते हैं, वह है महादेवी की कविता। महादेवी ने छायावाद को पढ़ा नहीं है, अनुभव किया है। अतएव साहित्य का विद्यार्थी उनकी विवेचना को आप्त वचन के समान ही आदर करेगा।" (विचार और अनुभूति, पृ. 130) इस धारणा के विपरीत श्री नंददुलारे वाजपेयी का विचार यह है—

"हिंदी में महादेवी जी का प्रवेश छायावाद के पूर्ण ऐश्वर्यकाल में हुआ था, किंतु आरंभ में ही उनकी रचनाएँ छायावाद की मुख्य विशेषताओं से प्रायः एकदम

रिक्त थीं। मानव अथवा प्रकृति के सूक्ष्म किंतु व्यक्त सौंदर्य में आध्यात्मिक छाया का भान मेरे विचार से छायावाद की एक सर्वमान्य व्याख्या होनी चाहिए। इस व्याख्या में आए 'सूक्ष्म' और 'व्यक्त' इन अर्थ-गंभीर शब्दों को हम अच्छी तरह समझ लें। यदि वह सौंदर्य सूक्ष्म नहीं है, साकार होकर स्वतंत्र क्रियाशील है और किसी कथा या आख्यायिका का विषय बन गया है तो हम उसे छायावाद के अंतर्गत नहीं ले सकेंगे।'' ('यामा' का दार्शनिक आधार)

नगेंद्र जी और वाजपेयी जी की धारणाओं का अंतर स्पष्ट है। नगेंद्र जी को महादेवी जी के काव्य में छायावाद का शुद्ध रूप मिलता है, वाजपेयी जी को उनकी रचनाएँ छायावाद की मुख्य विशेषताओं से प्रायः रिक्त दिखायी देती हैं।

इसे हम साधारण मतभेद कहकर टाल नहीं सकते।

वाजपेयी जी ने छायावाद की जो व्याख्या की है, उसके अनुसार अंग्रेज कवि स्कॉट और बायरन छायावाद के सीमांत पर दिखायी देते हैं तो वर्ड्सवर्थ भी छायावाद के दूसरे सीमांत पर ठहरा हुआ प्रकृत छायावादी नहीं मालूम होता। अंग्रेजी साहित्य में वाजपेयी जी के अनुसार प्रकृत छायावादी केवल शेली है जो 'प्राकृतिक सूक्ष्म सौंदर्य भावना का एकमात्र अधिष्ठाता' है (उप.)। लेकिन वाजपेयी जी ने जिस कारण स्कॉट और बायरन को छायावाद के सीमांत पर रखा है, उस पर विचार करने से शेली का भी आधे से .ज्यादा साहित्य उसी सीमांत पर ठहरेगा।

बायरन और स्कॉट छायावाद के सीमांत पर इसलिए हैं कि उनका सौंदर्य सूक्ष्म नहीं है बल्कि 'साकार होकर स्वतंत्र क्रियाशील है और किसी कथा या आख्यायिका का विषय बन गया है।' इस दृष्टि से शेली की अनेक कथाएँ और आख्यायिकाएँ भी छायावाद के सीमांत पर ठहरेंगी।

अंग्रेजी साहित्य के इतिहासकार रोमांटिक साहित्य की परिधि इससे .ज्यादा विशद आँकते आए हैं। इतिहास ने रोमांटिक साहित्य की विशेषताएँ निश्चित कर दी हैं; अब यह माँग करना दुराग्रह होगा कि रोमांटिक साहित्य हमारी धारणा के अनुसार यों होना चाहिए था।

अंग्रेजी के रोमांटिक साहित्य और हिंदी के छायावादी साहित्य में महत्त्वपूर्ण भेद है। शेली और वर्ड्सवर्थ के रचनाकाल से पहले 16-17 वीं सदी में शेक्सपियर, मिल्टन आदि सामंती विचारधारा के खिलाफ एक क्रांति कर चुके थे। 19वीं सदी के आरंभ में औद्योगिक पूँजीवाद के प्रसार से मज़दूर वर्ग का जीवन-संघर्ष तीव्र हो उठा था और उस समय की प्रगतिशील विचारधारा पूँजीवादी शोषण से टक्करें लेने लगी थी। रोमांटिक साहित्य में जहाँ पलायन है, वहाँ वह इस पूँजीवादी शोषण से संघर्ष न करने या उससे समझौता करने का फल है। हिंदी का छायावादी साहित्य सामंत-विरोधी औद्योगिक क्रांति के बाद का साहित्य नहीं है। वह साम्राज्यवाद के

विरुद्ध भारतीय जनता के संघर्ष काल का साहित्य है। उसमें सबसे सशक्त स्वर देश की स्वाधीनता और जनतंत्र प्राप्त करने की आकांक्षा का स्वर है।

अंग्रेजी रोमांटिक साहित्य के सबसे प्रगतिशील कवि शेली की विचारधारा अपना अग्रसर रूप मज़दूरों का आह्वान करते हुए प्रकट करती है कि वे पूँजीवादी सत्ता के बदले अपनी सत्ता स्थापित करें। 'मास्क आफ ॲनार्की' नाम की रचना में शेली कहता है–

> **"Rise like lions from your slumber,**
> **In unvanquishable number;**
> **Shake to earth your chains like dew,**
> **Which in sleep had fallen on you,**
> **Ye are many, they are few."**

("नींद छोड़कर शेरों की तरह उठो, अजेय संख्या में उठो। नींद में जो जंजीरें तुमने पहन ली थीं, उन्हें झटककर धरती पर गिरा दो। तुम बेशुमार हो, वे मुट्ठी भर हैं।")

शेली की चेतना समाजवाद की ओर उन्मुख थी। जैसा कि मार्क्स ने शेली के बारे में लिखा था, वह जीवित रहता तो समाजवादी होता।

हिंदी के छायावादी कवियों में सबसे आगे बढ़ी हुई चेतना साम्राज्य-विरोधी सामंत-विरोधी क्रांति की ओर उन्मुख है। निराला के 'बादल-राग' में वह यों प्रकट हुई है–

> **'रुद्ध कोष, है क्षुब्ध तोष,**
> **अंगना-अंग से लिपटे भी**
> **आतंक-अंक पर काँप रहे हैं**
> **धनी, वज्र-गर्जन से बादल!**
> **त्रस्त नयन-मुख ढाँप रहे हैं।**
> **जीर्ण बाहु, है शीर्ण शरीर,**
> **तुझे बुलाता कृषक अधीर,**
> **ऐ विप्लव के वीर!**
> **चूस लिया है उसका सार,**
> **हाड़मात्र ही हैं आधार,**
> **ऐ जीवन के पारावार!'**

अंग्रेजी रोमांटिक साहित्य का एक सीमांत समाजवादी विचारधारा को छूता है तो दूसरा भाववाद (Idealism) की विभिन्न धाराओं में डूबा हुआ है। हिंदी के

छायावादी साहित्य का एक सीमांत साम्राज्य-विरोधी सामंत-विरोधी विचारधारा को छूता है तो दूसरी ओर सामंतवाद का समर्थन करने वाली अनेक भाववादी धाराओं में डूबा हुआ है। इनके अतिरिक्त छायावादी या रोमांटिक साहित्य के दूसरे सीमांत निर्धारित करना एक इतिहास-विरोधी कार्य होगा।

वाजपेयी जी ने अंग्रेजी के रोमांटिक साहित्य और हिंदी के छायावादी साहित्य के महत्त्वपूर्ण भेद का उल्लेख नहीं किया। उन्होंने जो सीमांत निश्चित किए हैं, वे भी विज्ञान-सम्मत नहीं हैं। 'मुझे आशा नहीं है कि छायावाद की मेरी यह व्याख्या निकट भविष्य में सर्वमान्य हो सकेगी।' उनका यह भय निराधार नहीं है।

नगेंद्र जी के लिए सीमांतों का झगड़ा नहीं है। अंतर्मुखी अनुभूति, अमांसल सौंदर्य, मानव और प्रकृति के चेतन संस्पर्श, रहस्य-चिंतन, पंखों और पंखुड़ियों से चुरायी हुई कला, वायवी वातावरण—ये महादेवी जी के काव्य की विशेषताएँ हैं।

ये विशेषताएँ किस तरह उत्पन्न हुईं, इस संबंध में नगेंद्र जी लिखते हैं—''सामयिक परिस्थितियों के अनुरोध से जीवन से रस और मांस न ग्रहण कर सकने के कारण वह एक तो वांछित शक्ति का संचय नहीं कर पायीं, दूसरे एकांत अंतर्मुखी हो गयीं। इस प्रकार उसके आविर्भाव में मानसिक दमन और अतृप्तियों का बहुत बड़ा योग है, इसको कैसे भुलाया जा सकता है?''

अगर मानसिक दमन और अतृप्तियों से ऐसी कविता रची जा सके जो सुंदर हो और साथ ही शुद्ध छायावादी भी, तो दमन और अतृप्तियों का स्वागत क्यों न किया जाए?

अगर छायावादी कविता की विशेषताएँ मानसिक दमन और अतृप्तियों से उत्पन्न हुई हैं तो छायावादी आलोचना की विशेषताओं का क्या कोई दूसरा स्रोत है?

नगेंद्र जी पहले तो यह मानते हैं कि महादेवी जी की कविता के आविर्भाव में मानसिक दमन और अतृप्तियों का बहुत बड़ा योग है, फिर उनकी धारणा यह भी है कि महादेवी जी के काव्य में हमें छायावादी कविता का शुद्ध अमिश्रित रूप मिलता है। तीसरे इस अतृप्तिवाद को और विराट् रूप देते हुए वह समस्त काव्य और ललित कलाओं को उसी के अंदर समेट लेते हैं। अतृप्त कामवासना और साहित्य के संबंध में उनकी उक्ति है :

''और वास्तव में सभी ललित-कलाओं के, विशेषतः काव्य के और उससे भी अधिक प्रणय-काव्य के मूल में अतृप्त काम की प्रेरणा मानने में आपत्ति के लिए स्थान नहीं है।'' ('दीपशिखा')

इस तरह नगेंद्र जी के लिए न सिर्फ दीपशिखा, न सिर्फ महादेवी जी का साहित्य, न सिर्फ छायावादी काव्य, वरन् तमाम ललित-कलाएँ और समूचा प्रणय-काव्य अतृप्त काम-प्रेरणा से उत्पन्न होता है।

यूरुप में एक वर्ग ऐसे अवकाश-भोगी लोगों का है जो जीवन में कर्म से विमुख हैं। उसका अधिकार दूसरों के कर्मफल पर है, कर्म करने का उत्तरदायित्व वह अपने लिए नहीं मानता। इस वर्ग ने ऐसा जीवन-दर्शन उत्पन्न किया है जिसके अनुसार मनुष्य की तमाम सामाजिक और साहित्यिक क्रियाएँ कामवासना से प्रेरित दिखायी देती हैं। यह वर्ग सामाजिक विकास की शक्तियों और उत्पादन करने वाले श्रमिक वर्ग का ऐसा बैरी बन गया है, श्रम से वह इतनी दूर जा पड़ा है कि सिवा काम-वासना और उसकी तृप्ति के लिए उसके जीवन में कोई महान उद्देश्य नहीं रह गया। हिंदुस्तान में साम्राज्यवाद के समर्थक वर्गों द्वारा पोषित लेखक यूरोप की इस पतित पूँजीवादी विचारधारा को यहाँ के सामंती नायिका-भेद से मिला देते हैं और कहते हैं—देखिए, दोनों में कितना गहन मनोविज्ञान है। अतृप्त काम-वासना से सत्यम्, शिवम्, सुंदरम् सुलभ होते हैं। सब तज हरि भज। अतृप्ति के बिना साहित्य का निर्माण असंभव है।

इस व्याख्या में लगे हाथ एक और लाभ यह है कि वह शाश्वत है और साम्राज्यवाद, सामंतवाद, इस तरह के किसी अशाश्वत वाद-विवाद के झमेले में पड़ने की जरूरत भी नहीं रहती।

निस्संदेह अतृप्ति की भावना छायावादी कविता में मिलती है और वह महादेवी जी की रचनाओं में भी विद्यमान है, लेकिन क्या छायावाद काव्य की मूल प्रेरणा वही है? यदि मूल प्रेरणा वही हो और छायावादी कविता वायवी वातावरण के स्वप्न बुनने के अलावा और कुछ न दे तो वह अवकाश भोगी वर्गों के अलावा कामकाजी जनता के लिए.ज्यादा लाभदायक सिद्ध न होगी। क्या महादेवी जी की समूची कविता इसी तरह की है?

महादेवी जी के काव्य-साहित्य का मूल्यांकन करते हुए हिंदी आलोचकों ने साधारणतः उसके पीड़ावादी, पलायनवादी तत्त्वों पर दृष्टि केंद्रित की है। कोई इन तत्त्वों को शाश्वत काव्य-वस्तु सिद्ध करता है, कोई उन्हें लोक मंगल के अनुकूल बतलाता है, कोई उन्हें समाज-विरोधी कहता है। उन तत्त्वों के मूल्यांकन में अंतर है। लेकिन इस बारे में सभी एकमत मालूम होते हैं कि महादेवी जी की काव्य वस्तु का निर्माण इन्हीं पीड़ावादी पलायनवादी तत्त्वों से हुआ है।

श्री विनयमोहन शर्मा महादेवी जी की अंतर्मुखी वृत्ति का उल्लेख करते हुए लिखते हैं—

''छायावाद ने महादेवी को जन्म दिया और महादेवी ने छायावाद को जीवन। प्रगतिवाद (साम्यवाद) के नारे से प्रभावित हो जब छायावाद के मान्य कवियों ने अपनी आँखें पोंछकर भीतर से बाहर झाँकना प्रारंभ कर दिया और अनंत की ओर से दृष्टि फेरकर मार्क्स पर उसे केंद्रित कर दिया तब भी महादेवी की आँखें भीगती रहीं, हृदय सिहरन भरता रहा, ओठों की ओट में आहें सोती रहीं और मन 'किसी

निष्ठुर' की आरती उतारता ही रहा। दूसरे शब्दों में वे अखंड भाव से अंतर्मुखी बनी रहीं।" (नयी धारा, वर्ष 2, अंक 1)

विनयमोहन जी के अनुसार, महादेवी जी की काव्य-वस्तु का निर्माण भीगी आँखों, सिहरन भरते हृदय, सोती हुई आहों और निष्ठुर की आरती से हुआ है। दूसरे शब्दों में महादेवी-काव्य का मतलब है, पीड़ा और पलायन। इसके सिवा वहाँ दूसरी वस्तु नहीं है।

श्री देवराज का मत है, 'महादेवी जी ने अपनी कविता में कहीं भी युग-जीवन अथवा स्वयं जीवन के संबंध में विचार प्रकट करने की चेष्टा नहीं की है, उनके आलोचक के लिए यह बड़े संतोष की बात है।' (साहित्य-चिंता, पृ. 202)

इसका यही अर्थ हो सकता है कि महादेवी जी की कविता जीवन और युग-जीवन दोनों से परे है। ऐसी हालत में या तो वह मृत्यु का प्रतिबिंब होगी या ऐसे किसी तत्त्व का जो न जीवन है न मृत्यु!

श्री लक्ष्मीनारायण सुधांशु महादेवी जी के रहस्यवाद को जीवन से परे नहीं मानते। दोनों का परस्पर संबंध दिखलाते हुए वह कहते हैं—"महादेवी वर्मा ने अपनी सारी मनोभावनाओं को एक अप्राप्तव्य आराध्य के उपलक्ष्य से अभिव्यक्त करने की चेष्टा की है। अतृप्त इच्छाएँ ही प्रलुब्ध होती हैं। इतना होने पर भी जगत् और जीवन के संबंध को हम विध्वंस नहीं कर सकते। उसी के अंतर्गत रहकर हम जीवन में उत्तीर्ण हो सकते हैं और वस्तुतः जीवन की यही सच्ची साधना है। क्षुद्र से विराट् तथा नश्वर से शाश्वत होने के लिए अंश में ही पूर्णता तथा सीमा ही में पूर्णता तथा सीमा में ही असीमता उपलब्ध करना पड़ेगा। अपनी सारी चेतना के साथ देखने से बद्ध भी अबद्ध मालूम पड़ता है। जीवन के विषाद तथा अवसाद चेतना की अंतर्ज्योति से स्वतः दीप्तिमय होकर आनंद तथा उल्लास में परिवर्तित हो जाते हैं।" (जीवन के तत्त्व और काव्य के सिद्धांत, पृ. 321-22)

सुधांशु जी के अनुसार महादेवी जी का आराध्य अप्राप्तव्य है। आराध्य अप्राप्तव्य तभी हो सकता है जब वह जीवन से परे हो। इच्छाएँ अतृप्त हैं, इसलिए प्रलुब्ध हैं। शायद ये अतृप्त इच्छाएँ कभी भी तृप्त नहीं हो सकतीं क्योंकि आराध्य अप्राप्य है। सारी 'चेतना' के साथ देखने से बद्ध भी अबद्ध मालूम पड़ेगा। इस प्रकार महादेवी जी की काव्यवस्तु अप्राप्तव्य की अतृप्तिजन्य साधना ठहरती है।

श्री अमृत राय महादेवी के काव्य का परिचय इस प्रकार देते हैं।

"महादेवी ने स्वयं अपनी कविता का सबसे अच्छा परिचय दिया है :

मैं नीर भरी दुख की बदली

उनकी इसी एक पंक्ति को मन में रखे हुए आप उनके संपूर्ण काव्य-साहित्य का अवलोकन कर डालिए। आप तुरंत जान लेंगे कि यही भाव शिराओं में बहने

वाले रक्त के समान उसमें सर्वत्र प्रवाहित हो रहा है।'' (नया साहित्य, भाग 4)

महादेवी जी की काव्यवस्तु का निरूपण करने में श्री अमृत राय और दूसरे आलोचकों में कोई अंतर नहीं है। अमृत राय जी भी और सभी आलोचकों की तरह उस काव्यवस्तु को पीड़ावादी पलायनवादी तत्त्वों से निर्मित मानते हैं। अंतर है, उन तत्त्वों के मूल्यांकन और उनके विवेचन में। लेकिन यदि महादेवी वर्मा के काव्य-साहित्य में कहीं कोई सामंत-विरोधी जनवादी स्वस्थ जीवन के पोषक तत्त्व आए हैं, तो अमृत राय जी उतनी ही दृढ़ता से उन्हें अस्वीकार करते हैं जितनी दृढ़ता से नगेंद्र जी या देवराज जी।

एक दूसरे लेख में वह कहते हैं–''महादेवी वर्मा की कविता की पंक्ति-पंक्ति आँसुओं से गीली है, यहाँ तक कि उनका एक 'आँसुओं का देश' ही है, सबसे अलग। उनकी सारी कविताओं को एक में पिरोने वाली लड़ी आँसुओं की लड़ी ही हो सकती है। उन्हें आँसुओं से मोह है और उनसे वे अपना सिंगार करती हैं क्योंकि उन्हें अपनी व्यथा से मोह है।'' ('नयी समीक्षा', पृ. 147)

एक बार यह निश्चय कर लेने पर कि महादेवी जी का काव्य पीड़ा और पलायनवादी तत्त्वों से ही निर्मित है, आलोचक इसका विश्लेषण आरंभ करते हैं कि ये तत्त्व उनके काव्य में क्यों मौजूद हैं। नगेंद्र जी का मत हम ऊपर देख चुके हैं जिसके अनुसार ये तत्त्व अतृप्त काम-वासना का फल हैं। कुछ लोग अतृप्ति को मानते हुए उसे आध्यात्मिक अनुभूति से जोड़ देते हैं। जो लोग काव्य को सामाजिक परिस्थितियों से परे मानते हैं, वे स्वभावतः इस पलायन का कारण सामाजिक संबंधों में न देखकर कवयित्री के व्यक्तिगत जीवन में ढूँढ़ते हैं या उनके व्यक्तिगत जीवन को ही आध्यात्मिक स्तर पर प्रतिष्ठित मान लेते हैं।

श्री गंगा प्रसाद पांडेय उनके व्यक्तित्व के बारे में लिखते हैं–''महादेवी जी का व्यक्तित्व आध्यात्मिक है, इसमें संदेह नहीं।'' और–''महादेवी जी के व्यक्तित्व से तुलना करने के लिए हिमालय ही सबसे अधिक उपयुक्त भी जान पड़ता है। उनके व्यक्तित्व का वही उन्नत और दिव्य रूप, वही विराट और विशाल प्रसार, वही अमल-धवल तथा अचल-अटल धीरता-गंभीरता, वही करुणा एवं तरलता और सबसे बढ़कर वही सुखकर शुभ्र हास। यही तो महादेवी हैं।'' ('आजकल', जुलाई 1955)।

इसके विपरीत सुधांशु जी का मत है–''महादेवी वर्मा के जीवन की शुष्कता ने उन्हें लोक विमुख वैराग्य देकर लोकोत्तर आलंबन की ओर प्रेरित किया है जिसके अनुसंधान में कभी तृप्ति नहीं।''

(जीवन के तत्त्व और काव्य के सिद्धांत, पृ. 320)

और नगेंद्र जी का विचार है–''महादेवी जी का एकाकी जीवन उनके काव्य

में स्पष्ट रूप से प्रतिबिंबित है। किसी प्रभाव ने ही उनके जीवन को एकाकिनी बरसात बना दिया है, सुख और दुलार के आधिक्य ने नहीं।'' ('दीपशिखा')

एकाकीपन की चर्चा करते हुए श्री अमृत राय 'दीपशिखा' के बारे में लिखते हैं—''इस तरह पुस्तक की एक टेक है एकाकीपन और दूसरी एक ज़िच। किसी भी साहित्यिक रचना के दो पक्ष होते हैं—एक सामाजिक और दूसरा वैयक्तिक और इसी नाते प्रकारांतर से सामाजिक। पहले पक्ष के विवेचन के लिए फ्रायडीय प्रणाली का उपयोग आलोचना के क्षेत्र में होता है। इस कविता के एक सुसंबद्ध फ्रायडीय विवेचन के लिए पुस्तक में अकूत सामग्री मिलेगी।'' ('नयी समीक्षा', पृ. 147)

अमृत राय जी कविता के दो पक्ष करते हैं—सामाजिक और वैयक्तिक। वैयक्तिक पक्ष 'प्रकारांतर से' सामाजिक ठहरता है। पहले पक्ष के विचेचन के लिए (उनका मतलब वैयक्तिक पक्ष के विवेचन से है) आलोचना क्षेत्र में फ्रायडीय प्रणाली का उपयोग होता है। यहाँ पर यह कह देना ज़रूरी है कि फ्रायडीय प्रणाली के अलावा भी व्यक्ति और उसके व्यक्तित्व की परख की वैज्ञानिक पद्धतियाँ मौजूद हैं और जो लोग फ्रायडीय प्रणाली का उपयोग करके व्यक्ति की समस्याओं को परखते हैं, वे कम-से-कम साहित्य के क्षेत्र में क्रांति-विरोधी साबित हुए हैं।

अमृत राय जी एकाकीपन और ज़िच का ज़िक्र करने के बाद इनका सामाजिक विश्लेषण इस तरह करते हैं :

''अब हम एकाकीपन के सामाजिक पक्ष पर विचार करेंगे।

पूँजीवादी व्यक्ति और व्यक्ति के बीच के सहज मानवोचित रिश्ते को हटाकर उसके स्थान पर एक ऐसे संबंध की प्रतिष्ठा करता है जिसमें मनुष्य एक पण्यवस्तु के सिवा और कुछ नहीं रह जाता। और इस प्रकार मानव और मानव के बीच का संबंध एक नए बिंदु पर पहुँच जाता है जहाँ मानव-संबंधों में फिर किसी प्रकार का रस नहीं रह जाता। इस तरह एक ऐसी सामाजिक परिस्थिति पैदा होती है जिससे सहृदय व्यक्तियों के मन को ठेस लगना स्वाभाविक है। यह ठेस ही उन्हें मानसिक इच्छा पूर्ति (wish fulfilment) का मार्ग ढूँढ़ने पर विवश करती है। श्रीमती महादेवी वर्मा का वेदनामूलक रहस्यवाद भी ऐसी ही मानसिक इच्छापूर्ति है।'' ('नयी समीक्षा', पृ. 148)

ये वाक्य पढ़ने पर मन में कई प्रश्न उठते हैं। पूँजीवाद मनुष्यों के सहज मानवोचित रिश्तों को हटाता है। पूँजीवाद से पहले के सामंती संबंध क्या सहज मानवोचित रिश्ते हैं?

पूँजीवादी संबंधों से उत्पन्न होने वाली सामाजिक परिस्थिति में सहृदय व्यक्तियों के मन को स्वाभाविक रूप से ठेस लगती है और ठेस लगने पर वे मानसिक इच्छापूर्ति का मार्ग ढूँढ़ने पर 'विवश' होते हैं। पूँजीवाद जिस पलायनवादी साहित्य का नशा जनसाधारण में बाँटता है, क्या वह ठेस और विवशता का साहित्य है? यह साहित्य

व्यक्ति की मानसिक इच्छापूर्ति का साहित्य है या एक वर्ग की भौतिक इच्छाओं—मज़दूर वर्ग को गुलाम बना रखने की इच्छाओं—का साहित्य है?

यदि महादेवी जी का साहित्य यूरुप के मानसिक इच्छापूर्ति वाले साहित्य जैसा है तो क्या हिंदुस्तान में वही परिस्थितियाँ मौजूद हैं जो यूरुप में हैं? अथवा उन परिस्थितियों के अभाव में क्या वह यूरुप के साहित्य का प्रभाव मात्र है?

ये प्रश्न करते ही मालूम हो जाता है कि श्री अमृत राय के विश्लेषण में शब्दावली समाजशास्त्रीय है; उसका तत्त्व दरअसल कोई ठोस विश्लेषण प्रस्तुत नहीं करता।

उसी निबंध में वह आगे कहते हैं—

"जैसा हमने अभी ऊपर देखा कि पूँजीवादी सामाजिक प्रणाली में हर व्यक्ति दूसरे को मनुष्य नहीं बल्कि एक वस्तु समझता है जिसका वह क्रय-विक्रय कर सकता है क्योंकि पूँजीवादी उत्पादन प्रणाली में हर व्यक्ति को यह बुनियादी आजादी होती है कि वह अपनी उत्पादक शक्ति को मोल पर चढ़ाए। इस तरह सामाजिक बंधन रोज-बरोज ढीले होते जाते हैं क्योंकि वे अब व्यक्ति और व्यक्ति के संबंध नहीं हैं, और उनका आधार भी सहयोग न होकर होड़ है। होड़ पर टिकने वाले संबंध स्थायी नहीं हो सकते। इस आत्मीयता की कमी के कारण कल्पना-विलासी व्यक्ति को स्वनिर्मित आत्मीयों का पल्ला पकड़ना पड़ता है। महादेवी जी ने व्यथा में ऐसा आत्मीय पाया है।" (उप., पृ. 148-49)

यदि पूँजीवादी प्रणाली में हर व्यक्ति दूसरे को पण्य-वस्तु समझे जिसका वह क्रय-विक्रय कर सके तो ऐसे समाज में हर व्यक्ति एक साथ ही पूँजीपति भी होगा और मज़दूर भी। वास्तव में इस प्रणाली के अंतर्गत एक 'वर्ग' खरीदने वालों का होता है और दूसरा 'वर्ग' खरीदे जाने वालों का होता है। इसीलिए पूँजीपतियों में होड़ एक-दूसरे को हड़पने और विनाश की ओर बढ़ने की वृत्ति उत्पन्न करती है, वहाँ वह मज़दूरों में, खरीदे जाने वालों में, ऐसी ज़बर्दस्त आत्मीयता उत्पन्न करती है जिसकी मिसाल पहले के इतिहास में नहीं मिलती। श्री अमृत राय ने अपने अवैज्ञानिक विश्लेषण से वर्गों के संबंध को मनुष्य मात्र का संबंध बना दिया है और मज़दूर वर्ग की आत्मीयता, परस्पर भाई-चारे को भुला दिया है। कहना न होगा कि यह समूचा विश्लेषण हिंदुस्तान की परिस्थितियों पर बहुत ही आंशिक रूप से लागू हो सकेगा।

इसमें संदेह नहीं कि महादेवी जी के काव्य में पीड़ावादी, पलायनवादी तत्त्व मौजूद हैं लेकिन इनकी उत्पत्ति और स्थिति का सही कारण तब हम अच्छी तरह जान सकेंगे जब हम इनके विरोधी तत्त्वों पर भी दृष्टिपात करेंगे और दोनों के परस्पर संबंध को जानने की कोशिश करेंगे।

महादेवी जी और उनकी कविता का परिचय केवल 'नीर भरी दुख की बदली'

या 'एकाकिनी बरसात' कहकर नहीं दिया जा सकता। उन्हीं के शब्दों में उनका परिचय देना हो तो मैं यह पंक्ति उद्धृत करूँगा–

'रात के उर में दिवस की चाह का शर हूँ।'

निराला को छोड़कर किसी भी छायावादी कवि में जीवन की इतनी चाह नहीं है, जितनी महादेवी में। निराशावाद की अँधेरी रात में जीवन प्रभात की यह चाह महादेवी की रचनाओं में बार-बार दीप्त हो उठती है। और जितना ही यह अँधेरा घना होता है, उतनी ही यह चाह और भी तीव्र हो जाती है। महादेवी जी ने अलंकृत शब्दावली और मनोहर रूपकों में जीवन और सौंदर्य की इस आकांक्षा को बार-बार व्यक्त किया है।

''कंटकों की सेज जिसकी आँसुओं का ताज,
सुभग! हँस उठ, उस प्रफुल्ल गुलाब ही सा आज,
बीती रजनि प्यारे जाग!''

क्या जीवन से पराङ्मुख कोई भी व्यक्ति ऐसी सुंदर पंक्तियाँ लिख सकता है? क्या स्थूल के प्रति सूक्ष्म का विद्रोह कहने से उस ठोस जीवन आकांक्षा, मानवीय प्रेम, मानवीय सौंदर्य की आकांक्षा की व्याख्या हो जाती है जो इन पंक्तियों में व्यक्त हुई है?

महादेवी जी अपने गीतों में 'देवी' के रूप में नहीं, एक मानवी के रूप में दर्शन देती हैं। वह अपनी भाव-व्यंजना में इस धरती पर काम करने वाली मनुष्य नामक प्राणी ही नहीं है वरन् उसका एक भेद नारी भी है। उनका नारीत्व सामाजिक सीमाओं के अंदर विकास के लिए पंख फड़फड़ाता है; उसकी यह व्याकुलता अनेक सांकेतिक रूपों में उनकी कविताओं में प्रकट होती है। नारीत्व के इन तत्त्वों को निकाल दीजिए, उनका काव्य-साहित्य उतना ही नीरस और निर्जीव हो जाएगा जैसा उन कवियों का जो पुरुष होकर रमणी-कंठ की नकल करते हुए कहते हैं–

'लाई हूँ फूलों का हार।
लोगी मोल, लोगी मोल!'

महादेवी जी की नारी प्रकृति की एक सरस विशेषता उनका हठ है। उनके प्राण 'पागल' हैं तो हठीले भी हैं।

''उन्हीं तारक फूलों में देव!
गूँथता मेरे पागल प्राण–
हठीले मेरे छोटे प्राण!''

'अध्यात्मवादी' महादेवी का अभिमान देखने योग्य है जो निजत्व देने में असमर्थ होकर प्रिय से मिल नहीं सकतीं।

''मिलन-मंदिर में उठा दूँ जो सुमुख से सजल गुंठन,
मैं मिटूँ प्रिय में मिटा ज्यों तप्त सिकता में सलिलकण।
सजनि मधुर निजत्व दे
कैसे मिलूँ अभिमानिनी मैं!''

जीवन से पराङ्मुख कहलाने वाली इस कवयित्री की शृंगार-भावना अद्भुत है। 'कुमारसंभव' के रचयिता ने सुंदरियों के चरणस्पर्श की राह न देखकर स्वयं खिलने वाले जिस अशोक का वर्णन किया था, मानो उसी को याद करके महादेवी जी लिखती हैं–

'रंजित कर दे यह शिथिल चरण ले नव अशोक का अरुण राग,
मेरे मंडन को आज मधुर ला रजनीगंधा का पराग,
यूथी की मीलित कलियों से
अलि दे मेरी कबरी सँवार!''

इतनी शृंगार-प्रियता, फिर भी असफलता! एक बार उनकी समझ में नहीं आता कि शृंगार में कौन-सी त्रुटि रह गयी जिससे वह विफल-मनोरथ रहीं।

''क्यों आज रिझा पाया उसको
मेरा अभिनव शृंगार नहीं?''

और जब उन्हें भासित होता है कि मिलन-क्षण आ पहुँचा, तब उनकी विह्वलता और भाव-व्यंजना नारी-सुलभ शंका और उत्सुकता से चित्रमय हो उठती है।

''नित सुनहली साँझ के पद से लिपट आता अँधेरा;
पुलकपंखी विरह पर उड़ आ रहा है मिलन मेरा;
कौन जाने है बसा उस पार
तम या रागमय दिन!''

महादेवी जी की कविता में नारी-सुलभ शृंगार-भावना ही नहीं है, प्रेम की विह्वलता और कष्ट सहने का साहस भी है। वह अपने एकाकी मन को चुनौती देते हुए कहती हैं–

''जिसको पथ शूलों का भय हो
वह खोजे नित निर्जन, गह्वर;

प्रिय के संदेशों के वाहक,
मैं सुख-दुख भेटूँगी भुजभर;
मेरी लघु पलकों से छलकी
इस कण-कण में ममता बिखरी!''

जो अपनी भुजाओं में सुख-दुख भेंटने के लिए समान रूप से तत्पर हो, उसके लिए यह नहीं कहा जा सकता कि उसकी हर पंक्ति आँसुओं से गीली है। कभी-कभी दुख और सुख का अनुपात ही बदल जाता है और दुख घेरने वाला न बनकर स्वयं सुख से घिर जाता है।

''सुख की परिधि सुनहली घेरे
दुख को चारों ओर,
भेंट रहा मृदु स्वप्नों से
जीवन का सत्य कठोर।
चातक के प्यारे स्वर में सौ-सौ मधु रचते रास!''

कहने वाले कह सकते हैं कि यह सब सौंदर्य और जीवन की कल्पना है; वास्तव में इस कल्पना का स्रोत तो अतृप्ति ही है। यह भी एक तरह की मानसिक इच्छापूर्ति है जो कुंठित व्यक्तित्व से उत्पन्न हुई है।

यदि जीवन और सौंदर्य की चाह प्रकट करने वाली कविता दमित इच्छाओं के ही कारण हो तो जितने भी जीवन और सौंदर्य के कवि हैं, वे सब दमित इच्छाओं के शिकार साबित हों और जितने भी मृत्यु और कुरूपता के कवि हैं, वे सब तृप्त इच्छाओं वाले समझे जायें।

महादेवी जी के व्यक्तित्व में नारी-हठ के साथ कहीं पत्थर जैसी दृढ़ता भी छिपी है, यह उनके कई गीतों से स्पष्ट हो जाता है। उनके अंदर यह क्षमता है कि वह पीड़ा और आँसुओं के व्यापार को ही समाप्त कर दें, तितलियों के पदों की रंगीनी और मधुप की गुनगुन छोड़कर वीर नारी के समान दर्प के साथ चुनौती दें—

''बाँध लेंगे क्या तुझे यह मोम के बंधन सजीले?
पंथ की बाधा बनेंगे तितलियों के पर रंगीले?
विश्व का क्रन्दन भुला देगी मधुप की मधुर गुनगुन,
क्या डुबा देंगे तुझे यह फूल के दल ओस-गीले?
तू न अपनी छाँह को अपने लिए कारा बनाना!
जाग तुझको दूर जाना!''

क्या यह कोरी डींग है? क्या यह भी एक तरह की सांकेतिक शब्दावली है

जिसका सारतत्त्व पलायन है और बाहरी अलंकार ही संघर्ष के हैं? क्या महादेवी वर्मा को जीवन में कठिनाइयों का, विशेषकर सामाजिक विरोध और अपवाद का, सामना नहीं करना पड़ा? मेरी समझ में ऐसी बात नहीं है। महादेवी जी की कर्मठता, समाज सुधार और जनसंपर्क की सीमाएँ हैं लेकिन इनका एकांत अभाव हो, ऐसी बात नहीं है। 'शृंखला की कड़ियाँ,' 'स्मृति की रेखाएँ,' 'अतीत के चलचित्र' आदि पुस्तकें इस बात का प्रमाण हैं। महादेवी जी का कवि और गद्यकार एक-दूसरे से जुड़े हुए हैं, वे दो बिखरी हुई विरोधी इकाइयाँ नहीं हैं।

महादेवी जी के व्यक्तित्व को 'अध्यात्मवादी' मानने वाले उनके सबसे अधिक प्रशंसक गंगाप्रसाद जी पांडेय की यह भौतिकवादी बात सही मालूम होती है—

"परित्यक्त तथा उपेक्षित नारियों के पति-क्रीत-मुख भारतीय समाज में, काले हिंदू लॉ के समक्ष उन्होंने स्वस्वीकृति के बिना विवाह को, डंके की चोट के साथ समाज तथा संसार के कटुतम व्यंग्य प्रहार सहते हुए भी चुनौती देकर ही अपने जीवन-क्रम की नींव धरी है। उन्होंने जो उचित समझा सो किया, हठ के साथ किया। संसार का कोई भी प्रलोभन या भय उससे उन्हें विमुख नहीं कर सकता।" ('आजकल', जुलाई '55)

महादेवी जी की अनेक रचनाओं से उनके संबंध में पांडेय जी की यह धारणा पुष्ट होती है। उसमें संदेह करने का कोई कारण नहीं दिखायी देता। उनके व्यक्तित्व के बारे में इससे भिन्न एक पराजित नारी की कल्पना विशेष आधार पर टिकी नहीं जान पड़ती।

फिर क्या कारण है कि उनकी रचनाओं में पीड़ा का इतना बाहुल्य है, वे छायावाद की परिधि लाँधकर नये साहित्यिक और सामाजिक आंदोलनों से घनिष्ठ संबंध कायम नहीं कर सकीं?

इसका कारण यह है कि संसार के प्रति उनका दृष्टिकोण विज्ञानसम्मत नहीं है और उनके मनोबल और कर्म-संबंधी इच्छा-शक्ति की अपनी सीमाएँ हैं। इस पर कुछ और कहने के पहले यहाँ यह प्रश्न करना अनुचित न होगा कि अधिकांश आलोचकों ने महादेवी जी के साहित्य में पीड़ावाद ही क्यों देखा है और उसे बढ़ा-चढ़ाकर अध्यात्मवाद का रूप क्यों दिया है? आज के भारतीय समाज में नारी परतंत्र है, यह कहने की बात नहीं है। उसकी परतंत्रता का कारण सामंती संबंधों के अवशेष और समाज-संचालकों के सामंती संस्कार हैं। नारी की पराधीनता को यदि पीड़ावाद का रूप दे दिया जाय तो इससे सामंती बंधनों और सामंती संस्कारों की रक्षा होती है। नारी की दासता और परवशता के सहारे जिस 'अध्यात्मवाद' की रचना हुई है, वह ढह पड़े अगर नारी इन सामंती बंधनों को तोड़ने के लिए कटिबद्ध हो जाय। आज हिंदुस्तान में सामंती अवशेष साम्राज्यवादी हितों के साथ घनिष्ठ रूप से जुड़े हुए हैं, इसीलिए नारी की स्वाधीनता का प्रश्न भारतीय जनसाधारण की स्वाधीनता

की समस्या का ही एक अंग है। इसलिए जो लोग सेक्स में क्रांति की बातें करते हैं, वे इस समस्या को सुलझाने के बदले और उलझाते हैं और सामंती हितों को पुष्ट करते हैं। भारतीय-नारी सदियों की सामंती दासता से तभी मुक्त हो सकेगी जब वह शेष जनता के साथ साम्राज्य-विरोधी, सामंत-विरोधी स्वाधीनता आंदोलन में आगे बढ़कर हिस्सा लेगी। इससे इतर मार्ग से उसकी मुक्ति संभव नहीं है।

सामंती संबंधों की परिधि में पुरुष का एक अपना निहित स्वार्थ होता है। मज़दूर वर्ग से बाहर अन्य वर्गों का पुरुष—जिनमें नारी स्वतंत्र श्रमिक नहीं है—सामंती साम्राज्यवादी बंधनों से पीड़ित होते हुए भी, स्वयं नारी का स्वामी बनकर, उसके श्रम का फल आत्मसात् कर लेता है। इसलिए ऐसे लेखक, जो सामंत-विरोधी सामाजिक और सांस्कृतिक आंदोलनों से दूर हैं, स्वभावतः पीड़ावाद के समर्थक बन जाते हैं। यही कारण है कि इस पीड़ावाद के खिलाफ जहाँ किसी नारी की रचनाओं में प्रेम, सौंदर्य, जीवन और विद्रोह के तत्त्व उभर आते हैं, वे एक बार उन्हें देखकर भी नहीं देखते।

यह आकस्मिक बात नहीं है कि जहाँ प्रायः सभी पुरुष-आलोचकों ने महादेवी जी के काव्य में पीड़ावादी पलायनवादी तत्त्वों को ही देखा है, उनका नामकरण भले ही भिन्न-भिन्न हो, वहाँ एक स्त्री-आलोचिका ने उसके द्वंद्व को, परस्पर विरोधी भावधाराओं के संघटन को, बड़ी खूबी से निर्दिष्ट किया है। अंग्रेज़ कवयित्री क्रिस्टिना रोज़ेटी और महादेवी जी की तुलना करते हुए श्रीमती शचीरानी गुर्टू अपनी पुस्तक 'साहित्य दर्शन' में लिखती हैं, "एक ओर वैराग्य मिश्रित हलकी प्रतिध्वनि उठती है, दूसरी ओर क्रूर नियति के प्रति विवशता का क्रंदन। कहीं प्रेम शृंखलाओं में जकड़े मनुष्य की सी बाध्यता है, कहीं दारुण दुख और क्लेशों से विरत होकर अंतश्चेतना की विश्वासमय निर्बाध गति। उनके हृदय में व्यथा की घटाटोप सघनता है, जिसे वे अपनी आंतरिक स्फूर्ति और उद्दीप्त आत्मचेतना से विच्छिन्न करके अचिन्त्य आलोक से भरना चाहती हैं। कभी दीन-हीन खोयी सी वेदना में डूब जाती हैं, गर्वीले स्वाभिमान से सजग होकर वे लौकिक प्रेम की अवज्ञा करती हुई अलौकिक भाव जगत् में पैठने का प्रयास करती हैं।"

इस द्वंद्व से निकलने का एक ही मार्ग है—भारत में सामंती अवशेषों और साम्राज्यवादी हितों को समाप्त करना। इस मार्ग की तरफ बढ़ने में उनका वह दृष्टिकोण बाधक होता है जिस पर बौद्ध दर्शन, गाँधीवाद और अन्य ऐसी विचारधाराओं का प्रभाव है जो सामंतवाद से समझौता करना सिखाती हैं।

महादेवी जी में जनसाधारण के प्रति बौद्धिक सहानुभूति ही नहीं है, उन्हें पीड़ित जनता से हार्दिक सहानुभूति है। पंत जी 'ग्राम्या' में बौद्धिक सहानुभूति की रेखा तक आकर वापस लौट गये। महादेवी जी अपने गद्य में इस ओर उनसे कहीं अधिक आगे बढ़ी हैं। छायावादी कवियों में केवल 'चतुरी चमार' और 'बिल्लेसुर

बकरिहा' का रचयिता निराला उनसे इस बात में आगे हैं। महादेवी जी की यह सहानुभूति बड़ी मूल्यवान है। उसके बल पर वे समाज में पीड़ित जनों के अनेक मर्मस्पर्शी चित्र दे सकी हैं। फिर भी इस सहानुभूति की सीमाओं को न पहचानना और नारी-समस्या के प्रति उनके दृष्टिकोण की लेनिन के दृष्टिकोण से तुलना करना अपने को और दूसरों को धोखा देना है। (देखिए, श्री अमृत राय का लेख—गद्यकार महादेवी और नारी-समस्या, नया साहित्य, भाग 4)। लेनिन ने नारी-समस्या को हल करने में सोवियत सफलता का रहस्य एक वाक्य में यों बतलाया था—''रूस में हमें स्त्री और पुरुष की समता स्थापित करने में सफलता केवल इसलिए मिली कि 7 नवंबर 1917 को हमारे यहाँ मजदूरों का राज्य स्थापित हुआ।'' महादेवी जी और उनके साथ अमृत राय जी भी अपने लेख में इस निष्कर्ष पर नहीं पहुँचे कि भारत में नवीन जनवादी प्रजातंत्र कायम हुए बिना नारी-समस्या हल नहीं हो सकती। महादेवी जी छायावाद की प्रतिनिधि कवि हैं। उनमें छायावाद का निराशावादी पलायनवादी पक्ष है तो जीवन और सौंदर्य की आकांक्षा का स्वस्थ मानव प्रेमी और सौंदर्यवादी पक्ष भी है। उनके अंदर एक विद्रोही आत्मा सोती है जो दृष्टिकोण और मनोबल की सीमाओं के कारण अपना पूरा चमत्कार नहीं दिखा सकी। उन्हें जनता से हार्दिक सहानुभूति है और वे उससे सम्पर्क स्थापित करती रही हैं—यह उनका सबसे बड़ा संबल है। जिस दिन यह सहानुभूति सक्रिय रूप लेगी, उनके द्वंद्व का भी उस दिन अंत हो जाएगा। महादेवी जी अपने साहित्यिक रचनाकाल में मध्याह्न वेला तक पहुँच गयी हैं। यदि वे पंत जी की तरह पीछे कदम हटाकर अंतश्चेतनावाद की तरफ लौट चलती हैं, तो उनके कृतित्त्व का अंत इस तरह होगा कि भविष्य में नारी-जाति क्षोभ के साथ उनका स्मरण करेगी। यदि वे अपनी सहानुभूति को तर्कसंगत परिणाम तक ले जाती हैं और सक्रिय रूप से नारी स्वाधीनता और जनसाधारण की स्वाधीनता के आंदोलन के साथ आगे बढ़ती हैं, तो उनकी वाणी सतेज होकर वैसे ही मुखर हो उठेगी जैसे 'बंगदर्शन' की भूमिका में या 'सान्ध्य गीत' की उन अनुपम पंक्तियों में ('जाग तुझको दूर जाना' आदि)। महादेवी जी का भावी उज्ज्वल कृतित्त्व उन्हीं के हाथ है। उनकी काव्य-साधना से भारत-भाग्य काँटों की सेज पर सोते हुए गुलाब की तरह जागे, आलोचक यही मंगलकामना कर सकता है।

कंटकों की सेज जिसकी आँसुओं का ताज,
सुभग! हँस उठ, उस प्रफुल्ल गुलाब ही सा आज,
बीती रजनि प्यारे जाग!

[1954]

14

अज्ञेय और नव रहस्यवाद

छायावाद के औपचारिक रूप से दिवंगत होने के बाद जिस कवि ने छायावादी भावधारा को हिंदी काव्य-भूमि में सबसे अधिक प्रवाहित किया है, वह हैं अज्ञेय। अनेक आलोचकों ने अज्ञेय के छायावादी भाव बोध को लक्ष्य किया है। विजयदेव नारायण साही ने अज्ञेय को प्रसाद की परंपरा से बाँधकर बड़ी सूझ-बूझ का परिचय दिया, किंतु उनका विकास वैपरीत्य की दिशा में दिखाकर उस मौलिक सूझ का महत्त्व उन्होंने काफी कम कर दिया। अज्ञेय की अनेक रचनाओं ('चुप हो जग के रौरव नाद' आदि) पर प्रसाद के भावबोध, छंद-कौशल और शब्द-शिल्प का प्रभाव है। इनके अलावा उन्होंने जहाँ छायावाद का विकास किया है, वह सदा वैपरीत्य की दिशा में नहीं है। इस विकास का एक चरण वह उत्तर छायावादी काव्य है जो दमित कामेच्छाओं की अभिव्यक्ति के कारण नरेन्द्र-बच्चन-गिरिजाकुमार के भावबोध के निकट है और जिसका निदर्शन 'तार सप्तक' की अनेक रचनाओं में और अन्यत्र भी प्राप्त है। दूसरा चरण वह है जो ऊपर के आवेष्टन आवरण बदलता हुआ मूलतः रहस्यवाद की भूमि पर जमा हुआ है।

अज्ञेय का रहस्यवादी रुझान काफी पुराना है—'तार सप्तक' के प्रकाशन से पहले का। अक्तूबर 41 की 'विश्ववाणी' में उनका लेख 'चेतना का संस्कार' इस बात का प्रमाण है। उस लेख में उन्होंने गाँधीवादी विचारकों की तरह इस बात पर चिंता प्रकट की थी कि संसार में स्थूल उपकरण बहुत बढ़ गये हैं, किंतु व्यक्तिगत आचार मनुष्य के नियंत्रण में नहीं है। उनकी समझ में यह वैषम्य इतना तीव्र हो गया है कि "यह शंका होने लगती है कि शायद भौतिक विकास के साथ-साथ हमारा आध्यात्मिक ह्रास होता गया है।" मानव-विकास सोद्देश्य होना चाहिए और यह सोद्देश्यता परमपिता, ब्रह्म या अनादि चेतना को किसी रूप में माने बिना सिद्ध नहीं होती। विकास सोद्देश्य क्यों है—"आधुनिक जीव-विज्ञान के पास इस प्रश्न का उत्तर नहीं है।"

अज्ञेय यह जानते थे कि पश्चिम के अनेक वैज्ञानिक विकास की गुत्थी

सुलझाने के लिए रहस्यवाद का सहारा ले रहे हैं। यह रहस्यवाद विकास की सोद्देश्यता ही सिद्ध न करता था, वह चेतना के ऊर्ध्वगामी संचरण की ओर भी संकेत करता था। अज्ञेय ने चेतना के इस संस्कार को वैज्ञानिकों के रहस्यवाद से जोड़ते हुए लिखा था, "मानव की 'अधिक विकसित चेतना' किस ओर उन्मुख होगी? चेतना है, तो उसका कोई विषय होना अनिवार्य है, जिसकी चेतना वह हो सके। अर्थात् चेतना के ऊँचे या नीचे स्तर की परख उसके विषय की सूक्ष्मता अथवा स्थूलता से ही हो सकती है। निस्संदेह ऐसी विचारधारा हमें एक प्रकार के नूतन रहस्यवाद की ओर ले जाती है, और अनेक प्रमुख आधुनिक वैज्ञानिकों के विचारों में रहस्यवाद का पुट है भी।"

पंत अरविंद-दर्शन की ओर खिंचे दूसरे महायुद्ध की समाप्ति के समय, अज्ञेय उसकी ओर खिंचे थे उसके शुरू होने के समय। जुलाई-अगस्त 39 का 'हंस' अरविंद-अंक था। इस विशेषांक के प्रकाशन से उस समय अरविंद-दर्शन के प्रति भारतीय बुद्धिजीवियों की दिलचस्पी सिद्ध होती है। अप्रैल 39 के 'हंस' में अज्ञेय की एक कविता छपी है—'रहस्यवाद'। इसके आरंभ में उन्होंने कहा है, "मेरा रहस्यवाद ईश्वर की ओर नहीं है।" ईश्वर का नाम लेने या न लेने से कोई फर्क नहीं पड़ता। मूल बात यह है कि अज्ञेय अपने सीमित अहम् की शक्ति को असीम शक्ति से जोड़ देना चाहते हैं—

शक्ति असीम है,
मैं शक्ति का एक अणु हूँ,
मैं भी असीम हूँ।
एक असीम बूँद—
असीम समुद्र को अपने भीतर प्रतिबिंबित करती है,
एक असीम अणु—
उस असीम शक्ति को जो उसे प्रेरित करती है
अपने भीतर समा लेना चाहता है।

मेरे सीमित अणु में विराट् की शक्ति निहित है, यह रहस्यवादी कल्पना अज्ञेय ने अपनी बाद की रचनाओं में अनेक बार दोहरायी है।

रहस्यवादी कवि पहुँचे हुए होते हैं, उन्हें ब्रह्म या किसी परोक्ष सत्ता का साक्षात्कार हुआ है जो साधारणजनों के लिए संभव नहीं है—इस तरह की धारणा युगों से इस देश में चली आयी है। छायावादियों के खिलाफ यह प्रचार किया जाता था कि वे रहस्यवादी कविताएँ तो लिखते हैं, पर उनमें अनुभूति की सच्चाई नहीं होती। कुछ विद्वान् आलोचकों की राय यह मालूम होती है कि अनुभूति की सच्चाई अज्ञेय में तो है, प्रसाद में नहीं है। विजयदेवनारायण साही कहते हैं, "प्रसाद जी का सत्य

एक दार्शनिक सत्य है, जो 'मान्य' अथवा 'आस्था-सम्मत' मूल्यों की तरह हमारे मानस में सूक्ष्म रूप से वर्तमान रहता है।'' (नयी कविता, 60-61)। इसका अर्थ यह हुआ कि प्रसाद का रहस्यवाद पुरानी मान्यताओं पर टिका हुआ है, उसमें उनकी अपनी अनुभूति की सच्चाई नहीं है। इसके विपरीत ''अज्ञेय का सत्य 'साक्षात्कार' का एक क्षण है, एक द्वीप है, जिसे हम अपने भीतर जड़ और चेतन के संकल्पित संयोग से अनुभूत करते हैं।'' (उप.)

सिद्ध हुआ कि पहुँचे हुए रहस्यवादी अज्ञेय हैं, जड़ और चेतन—ब्रह्म और माया, पुरुष और प्रकृति—के संकल्पित (अथवा कल्पित) संयोग से साधु-संत जिस सत्य को अनुभूत करते आये हैं, वह अज्ञेय के पास है, प्रसाद के पास नहीं। प्रसाद की मान्यता वैसे भी यह थी कि ''एक तत्त्व की ही प्रधानता, कहो उसे जड़ या चेतन।'' जब जड़ और चेतन का भेद ही मिट गया, तब दोनों का संयोग कहाँ संकल्पित होगा?

यह भी स्वतः सिद्ध है कि साही के अनुसार नयी कविता में रहस्यवाद की भूमिका अत्यंत महत्त्वपूर्ण है। उन्होंने अपना कविता-संग्रह 'मछलीघर' अज्ञेय को समर्पित किया है। ''जिन्होंने हिंदी कविता को एक बार फिर संभव बनाया।'' हिंदी कविता अर्थात् नयी कविता को अज्ञेय ने संभव बनाया सत्य के साक्षात्कार से, अपने नव रहस्यवाद से।

आगे चलकर प्रसाद और अज्ञेय का अंतर स्पष्ट करते हुए साही कहते हैं, ''कामायनी में जो अनुभूति दर्शन में परिवर्तित हो जाती है, उसे अज्ञेय फिर दर्शन से अनुभूति में परिवर्तित करते हैं।'' यह क्रिया काफी कठिन है, प्रायः असंभव, फिर भी वह संभव हो गयी है।

यदि अनुभूति दर्शन में परिवर्तित होती है तो शुरुआत अनुभूति से हुई। प्रसाद के पास आस्था-सम्मत मूल्यों से पहले अनुभूति मौजूद होनी चाहिए। इस अनुभूति को वे दर्शन में बदल देते हैं। तब अज्ञेय इस दर्शन को, जो अनुभूति का ही बदला हुआ रूप है, पुनः अनुभूति का रूप देते हैं।

चतुर कवि यही करते हैं। अनुभूति किसी की हो, दार्शनिक सत्य किसी का हो, वे उसे उतार लाते हैं अपनी अनुभूति के स्तर पर। विद्वान् आलोचक कहते हैं, यह साक्षात्कार के क्षण का सत्य है। कहीं वेदांत, कहीं जैन-बुद्धिज्म, कहीं अस्तित्ववाद, जहाँ से भी वह धारणा उतारें, आपको आभास होगा साक्षात्कार के क्षणों का ही।

अज्ञेय की एक कविता है 'सोन मछली'। यह कविता नगेंद्र को पसंद है, क्योंकि बहुत कम शब्दों में अत्यंत सजीव चित्र प्रस्तुत किया गया है, जिससे बिंबवाद का खंडन होता है, रस-सिद्धांत का समर्थन होता है। कारण यह कि ''बिंब को जीवंत करने वाला तत्त्व तो मानव-चेतना का स्पर्श ही है, और उसी का नाम रस है।''

'सोन मछली' नामवर सिंह को भी पसंद है, क्योंकि उससे नगेंद्र का रस सिद्धांत खंडित होता है और यह सिद्ध होता है कि छायावादी काव्य की रचना प्रक्रिया तो भीतर से बाहर की ओर है, किंतु 'नयी कविता की रचना-प्रक्रिया बाहर से भीतर की ओर है।' (कविता के नये प्रतिमान, पृ. 25)

बाहर है एक अंग्रेजी कविता—'गोल्ड फिश ऐट ऐन ऐंगल'—मार्च सन् 55 के 'एनकाउण्टर' में प्रकाशित, लेखक हैं ऐलन रिडेल। कविता इस प्रकार है—

फिश इन दि बोल हैव नो डेप्थ ऐट आल
टु माई आइज ऐट दिस ऐंगल।
ऐंड ईविन हेड ऑन
क्यूरिअसली दे फ्लैटन
देमसेल्व्ज़ अँगेंस्ट ग्लास अँगेंस्ट आइज़
अँगेंस्ट दि वर्ल्ड, फेंस्ड
राउंड दे आर, यट नॉट
राउंड बट फ्लैट
दे आर
देयर।

यहाँ तक बाहर। अब बाहर से भीतर की ओर। 'सोन मछली' कविता इस प्रकार है—

हम निहारते रूप,
काँच के पीछे
हाँप रही है मछली।
रूप-तृषा भी
(और काँच के पीछे)
है जिजीविषा।

अंग्रेजी कविता में दस पंक्तियाँ हैं, हिंदी कविता में केवल छह। अंग्रेजी कविता में अनेक सोन मछलियाँ हैं, हिंदी कविता में केवल एक। अंग्रेजी कविता में मछलियाँ केवल 'हैं।' 'दे आर देयर,' हिंदी कविता में सोन मछली हाँफती है। अंग्रेजी सोन मछली 'बोल' में है, हिंदी सोन मछली काँच की टंकी में (देखें, 'आत्मने पद')। अंग्रेजी कविता में जड़-प्रकृति को चेतन ब्रह्म का स्पर्श प्राप्त नहीं हुआ, हिंदी कविता की तीन पंक्तियों में बिंब है और शेष तीन में मानव-चेतना का स्पर्श।

'सोन मछली' अज्ञेय को भी पसंद है। उनकी व्याख्या से यह बात स्पष्ट है। व्याख्या इस प्रकार है—"जीवन को सीधे न देखकर हम एक काँच में से देखते हैं,

तो हम उन रूपों में ही अटक जाते हैं जिनके द्वारा जीवन अभिव्यक्ति पाता है। काँच की टंकी में पाली हुई सोन मछली पर एक कविता में यही कहा गया है।'' ('आत्मने पद' से 'कविता के नये प्रतिमान' में नामवर सिंह द्वारा उद्धृत)

'सोन मछली' मुझे भी पसंद है क्योंकि वह जड़ाऊ कविता का श्रेष्ठ उदाहरण है।

'तार सप्तक' के प्रथम खुरदुरे संस्करण में, सुंदर सजावट के साथ छपने वाली कविता-पुस्तकों की चर्चा करते हुए, अज्ञेय ने लिखा था कि 'तार सप्तक' की कविता 'वैसी जड़ाऊ कविता नहीं है।' सुंदर सजावट वाली छपाई में 'पल्लव' पहले ही एक कीर्तिमान स्थापित कर चुका था जिसे न 'तार सप्तक' का पहला संस्करण छूता है, न दूसरा। पर अज्ञेय की कविता एक दूसरे अर्थ में जड़ाऊ कविता है। माल तो दूसरे भी इधर-उधर से उड़ाकर लाते हैं, लेकिन कारीगरी की तारीफ तब है जब पढ़ने वाले को लगे कि यह साक्षात्कार का सत्य है। नगेंद्र के शब्दों में वैसा सजीव चित्र प्रस्तुत कर देना 'सधे हुए कलाकार' का काम है। 'अरी ओ करुणा प्रभामय' नाम के कविता-संग्रह में अज्ञेय ने कुछ जापानी कविताओं के अनुवाद दिये हैं। अज्ञेय की मौलिक रचनाओं के साथ वे अनुवाद उद्धृत कर दिए जाएँ तो पता लगाना मुश्किल हो जाएगा कि किस कविता की अनुभूति हिंदुस्तानी है, किसकी जापानी। जड़ाऊ कविता की यही विशेषता है।

यह प्रश्न गौण है कि अंग्रेजी की 'गोल्ड फिश' पहले रची गयी, या हिंदी की 'सोन मछली'। अपने जड़ाऊ काम में 'सोन मछली' गोल्ड फिश से घटकर नहीं है—महत्त्वपूर्ण बात यह है।

अज्ञेय का हुनर शब्दों की सजावट में ही नहीं, प्रतीकों और उपमानों के चुनाव में भी दिखायी देता है। उन्होंने लिखा था—

ये उपमान मैले हो गये हैं।
देवता इन प्रतीकों के कर गये हैं कूच।

कुछ लोगों ने इन पंक्तियों का गलत अर्थ लगाया है कि अज्ञेय की कविताओं में प्रतीक और उपमान सब नये हैं। इससे यह भ्रम भी फैला है कि अज्ञेय भारतीय काव्य-परंपरा से कटे हुए हैं। बात इससे ठीक उल्टी है। अज्ञेय के अधिकांश उपमान और प्रतीक परंपरागत हैं।

राजा जनक सुख-संपदा से घिरे होने पर भी संसार में कैसे रहते थे? वैसे ही जैसे जल में कमल-पत्र रहता है। अज्ञेय की सलाह है—''दामन हमेशा पाक रखना, पंकज-सा पंक में, कंजपत्र में सलिल-सा'' (इन्द्रधनु रौंदे हुए ये)। सलिल में कंजपत्र की जगह 'कंजपत्र में सलिल' लिखने से उपमान के परंपरागत मूल्य में विशेष अंतर नहीं पड़ता।

कबीरदास के समय से भाँवरें पड़ने, डोली पर चढ़कर दुलहिन के जाने की विशेष चर्चा हुई। अज्ञेय कहते हैं, ''अरी ओ आत्मा री, कन्या भोली क्वाँरी, महाशून्य के साथ भाँवरें तेरी रची गयीं।'' (आँगन के पार द्वार) और–''चढ़ डोले पर चली जा रही काल की दुलहिन'' (इंद्रधनु)।

रवींद्रनाथ ने निर्झर वाले प्रतीक को खूब लोकप्रिय बना दिया। 'निझरिर स्वप्न-भंग' में उनका निर्झर शिलाखंडों का भार व्यर्थ करके अंधकार से प्रकाश में बह निकलता है। अज्ञेय कहते हैं–''तुम पर्वत हो अभ्रभेदी शिलाखंडों के वरिष्ठ पुंज, चाँपे इस निर्झर को रहो।'' (बावरा अहेरी)। निर्झर की आकांक्षा है कि पर्वत उसे चाँपे रहे। यह नये रहस्यवाद की विशेषता है। पुराने रहस्यवादियों का निर्झर पत्थरों को तोड़कर बह निकलता था। इससे तुलनीय है यह आकांक्षा कि आलोक की अनी कवि के खँडहर की शिराएँ छेद दे (बावरा अहेरी) अथवा यह कुंठा-भाव कि जो दे न पाया, उसी की नोक बेबस सालती रह जाएगी बिद्ध जीवन की अनी से (इंद्रधनु)।

छायावादी कविता की सबसे बड़ी कमजोरी यह थी कि उसके रचयिताओं को बहुत आसानी से और सर्वत्र प्रकाश की वर्षा होती दिखायी देती थी। जग के उर्वर आँगन में बरसो ज्योतिर्मय जीवन–उनकी प्रार्थना का मूल स्वर यही था। अज्ञेय के इस रहस्यवाद में इस प्राचीन छायावादी आलोक की अजस्र वर्षा हुई है। उनकी आँखें उलझी रही हैं 'उस तेजोमय प्रभापुंज से जिससे झरता कण-कण उस मिट्टी को कर देता था कभी स्वर्ण तो कभी शस्य' (कल्पना, नवंबर, 58)। इसे पंतजी की 'स्वर्णधूलि' का नया संस्करण समझिए। अज्ञेय सत्य का सुरभिपूत स्पर्श चाहते हैं, जिससे कि 'एक क्षण उसके आलोक से सम्पृक्त हो विभोर हम हो सकें' (इन्द्रधनु)। उन्होंने रुंधे दर्द की दीवार में एक रन्ध्र फोड़ा और 'उससे फूटा जो आलोक उसे–छितरा जाने से पहले–निर्निमेष आँखों से देखा' (अरी ओ करुणा प्रभामय)। रन्ध्र फोड़ने की क्रिया के समानांतर शब्द और सत्य के बीच खड़ी हुई दीवार में सेंध लगाने की बात है जिससे शब्द और सत्य किसी 'आलोक स्फुरण में' एक दूसरे से मिल सकें (उप.)। दीवार में सेंध लगे चाहे न लगे, आँगन के पार और द्वार हैं, द्वार के आगे और द्वार, भले ही उनके पार कुछ न हो, किन्तु 'हर बार मिलेगा आलोक झरेगी रसधार' (उप.)। जब न द्वार रहा न सेंध लगी, तब भी 'अँधेरे अकेले घर में' 'झरते रहे आलोक के सोते अवदात' (उप.)। उनकी चेतना 'प्रभा में निमजती है', वह 'उस ज्योति से अभिषिक्त' सजते हैं, उनके चलने की प्रतिज्ञा है कि 'पहुँच सकूँगा मैं प्रकाश के पारावार तक' (उप.)। प्रमुख छायावादी कवियों में किसी ने भी प्रकाश की ऐसी बारहमासी झड़ी नहीं लगायी जैसी अज्ञेय ने। उनकी बाद की कविताओं में पुनरावृत्ति का यह दोष आ गया है।

मौन रहने के महत्त्व पर भी प्राचीन काल से रहस्यवादी कवि प्रकाश डालते आये हैं। अज्ञेय को इस महत्त्व का ज्ञान है। जब वे सन्नाटे में आते हैं तब खूब मुखर होते हैं, यद्यपि कहते यही हैं–

वन के सन्नाटे के साथ मौन हूँ, मौनू हूँ।

(आँगन के पार द्वार)

झील का किनारा और 'वह सहसा छाये सन्नाटे का एक क्षण हमारा' परम आत्मसमर्पण की स्थिति में—'कहना सब सुनना है, स्वर केवल सन्नाटा', वातायन खोलकर बाहर देखना, 'वह सन्नाटा तो नहीं—झरोखे से तो बाहर ईश्वर गाता था।' (उप.) विशेष आकर्षक है वह सन्नाटा, जिसमें चिकनाई है—'एक चिकना मौन जिसमें मुखर तपती वासनाएँ दाह खोती, लीन होती हैं।' (उप.)

अज्ञेय ने क्षण के महत्त्व पर बहुत कुछ लिखा है। किंतु वे क्षणवादी नहीं हैं, वे क्षण में अखंड काल की सत्ता वैसे ही देखते हैं जैसे वस्तुओं के सीमित रूप में अरूप की सत्ता :

रूपों में एक अरूप सदा खिलता है,
गोचर में एक अगोचर, अप्रमेय,
अनुभव में एक अतींद्रिय,
पुरुषों के एक हर वैभव में ओझल,
अपौरुषेय मिलता है। (उप.)

इसी परंपरागत मान्यता के अनुरूप अज्ञेय की रचनाओं में नदी, लहर, सागर, नाव, पथ, पथिक, मंजिल, सेतु, दीप, अंधकार, प्रकाश, नक्षत्र, चाँदनी आदि काफी घिसे हुए प्रतीकों का प्रयोग बहुतायत से मिलेगा। तुम तरी को छोड़ दो बहती लहर पर, मेरी मंजिल अनजानी है, सरि, सागर, सोते निर्झर-सा उमड़े जीवन, बड़ी लंबी राह, पनाह इस पर नहीं, झरते रहे आलोक के सोते अवदात—आदि वाक्यांशों से विदित होगा कि पुराने प्रतीक पुराने ढंग से ही इस्तेमाल किये गये हैं।

अज्ञेय की अपनी भंगिमा यह है कि किरण-विद्ध होने के अलावा उनमें समर्पण की उद्दाम लालसा है, मानो पार्थिव इच्छाओं का अपार्थिव उदात्तीकरण हुआ हो।

यह दीप अकेला स्नेहभरा
है गर्व-भरा मदमाता, पर
इसको भी पंक्ति को दे दो।

आत्मदान की इस भावना से आत्म-उत्पीड़न और आत्म विसर्जन का घनिष्ठ संबंध है।

व्यथा सब की,
निबिड़तम एकान्त
मेरा...बलि मेरी

(आँगन के पार द्वार)

दो, दो, खुले हाथ से दो।
कि अस्मिता-विलय
एक मात्र कल्याण है।

(इंद्रधनु.)

मैं अपने ही नहीं, तुम्हारे भी सलीब का वाहक हूँ।

(उप.)

जीवन निस्संग समर्पण है
जीवन का
एक यही तो सत्य है।

(उप.)

आत्मसमर्पण और आत्मदान मानो काफी नहीं है, इसलिए अज्ञेय कहते हैं–लो, यह सागर मैंने तुम्हें दिया, वह सवत्सा कामधेनु मैंने तुम्हें दी, यह अनुभव अद्वितीय, जो केवल मैंने जिया, सब तुम्हें दिया। नव रहस्यवाद में एक नयी रूढ़ि कायम हुई। कैलाश वाजपेयी ने कहा–लो, मैं तुम्हें अकृत रचना की सारी संभावनाएँ देता हूँ। और सर्वेश्वरदयाल के मन में इच्छा हुई, रात में यह वर्षा तुम्हें देना चाहता हूँ। भारतभूषण अग्रवाल ने प्रतिज्ञा की–दूँगा मैं, नहीं, नहीं हिचकूँगा। लो यह पराग।

अज्ञेय की वेदना का एक कारण यह है कि सागरदान और अनुभवदान के बावजूद दान-क्रिया कभी पूर्णतः संपन्न नहीं होती। शब्द सब व्यर्थ हैं क्योंकि तलाश है शब्दातीत अर्थ की–

तभी तो, जो अभी और रहा, वह
कहा नहीं गया।

(आँगन.)

जो मेरा है
वह बार-बार मुखरित होता है
पर जो मैं हूँ
उसे वाणी नहीं दे पाता।

(इन्द्रधनु.)

व्यथा मेरी अनकही
आनंद की संभावना के
मनश्चित्रों से परचती रही।

(अरी ओ करुणा.)

नव रहस्यवाद में एक और रूढ़ि कायम हुई। इसके लिए दोषी अज्ञेय नहीं। जो बात उन्होंने दो-चार बार कही, उसे दूसरों ने पंद्रह-बीस बार कहा। इन कहने वालों में वे भी हैं जो अज्ञेय को नयी कविता का कुलपति स्वीकार नहीं करते। यथा गिरिजाकुमार माथुर—

एक आग है जो धधक रही है
एक लपट है जो रुक नहीं पाती।
एक शब्द है जो घुमड़ रहा है
एक गंध है जो बँध नहीं पाती....
यह इन सब की विवशता नहीं
नहीं उस आग की
उस गंध की
उस शब्द की भी
सिर्फ मेरी है।

(जो बँध नहीं सका)

गिरिजाकुमार ने यहाँ अज्ञेय की कविताओं का भाष्य लिखा है।

किसी समय रहस्यवाद ने साहित्य और समाज में बड़ी क्रांतिकारी भूमिका पूरी की थी। मनुष्य में ब्रह्म के दर्शन कर के कवि ने मनुष्य मात्र की समानता की घोषणा की थी, धर्म, संप्रदाय, वर्ण, मत-मतांतर आदि के भेदों का विरोध कर के मानवता की प्रतिष्ठा की थी। पुरोहित वर्ग और देववाणी के दर्प से आतंकित न हो कर उसने लोक-भाषाओं को साहित्य के सिंहासन पर बिठाया था, दरबारों की रीतिबद्ध कविता के मुकाबले नये भावों, विचारों और कलात्मक सौंदर्य से भारतीय काव्य को समृद्ध किया था। अंग्रेजी राज में यह रहस्यवादी धारा राष्ट्रीय आत्मसम्मान की भावना और सांस्कृतिक नवजागरण के अनुकूल प्रवाहित हुई थी। किंतु वर्तमान भारत में सामाजिक परिस्थितियाँ इतनी विषम हो गयी हैं कि पुराने समाधान काम नहीं देते।

अंकुरित धरा से क्षमा
व्योम से झरी रुपहली करुणा—

यह दृष्टि सन् 20-30 में भी मिथ्या थी, आज भी है। अंतर यह है कि सन् 20-30 की रहस्यवादी दृष्टि सामाजिक यथार्थ से हमेशा कतराती नहीं थी, पुरानी कविता में संघर्ष की कठोरता और सामाजिक तथा व्यक्तिगत पीड़ा की तीव्र अनुभूति भी है। इसके विपरीत अज्ञेय का रहस्यवाद बहुत ही सुरक्षित किस्म का रहस्यवाद है। वह जिंदगी के धूल-धक्कड़ से दूर रहता है, वह पंकज-सा पंक में दामन पाक रखता है,

सामाजिक जीवन से पलायन करने की प्रवृत्ति उसमें पुरानी छायावादी कविता से कहीं अधिक प्रबल है।

इस रहस्यवाद के अनुकूल, और वैसा ही सुरक्षित, अज्ञेय का प्रकृति से वह रागात्मक संबंध है जो उनके काव्य की श्रेष्ठ उपलब्धि है। प्रकृति प्रेम उनमें नैसर्गिक है, खेतों-खलिहानों से दूर साधारणतः उनका मन ऐसे प्राकृतिक दृश्यों में रमता है जो सामान्य हिंदी पाठकों के लिए असाधारण होते हैं। शब्दों और उपमानों की तरह वह इस तरह के दृश्य भी काफी अनुसंधान के बाद प्राप्त करते हैं। वर्ड्सवर्थ का प्रकृति-चित्रण काफी सुरक्षित किस्म का माना जाता है। फिर भी वर्ड्सवर्थ निर्जन प्रकृति का कवि नहीं है, वह प्रकृति के संसर्ग में निर्धन, पीड़ित, संघर्षरत मनुष्यों को भी देखता है। पर अज्ञेय की प्रकृति को मनुष्य का अस्तित्व गंदा नहीं करता। उनके लिए पर्वतों में मनुष्यों की बस्तियाँ नहीं हैं, बस प्रकृति है और हैं अज्ञेय।

चाहे प्रकृति-प्रेम हो, चाहे नव रहस्यवाद—उसकी सीमित सार्थकता है जड़ाऊ कविता के रूप में। अज्ञेय परिश्रमी कवि हैं, कुशल शिल्पकार हैं। जगदीश गुप्त को छोड़ कर जिन कवियों ने अज्ञेय का अनुसरण किया है, वे न परिश्रमी हैं, न कुशल। उन्होंने अज्ञेय से सीखा नहीं है, सिर्फ नकल की है। जहाँ न अनुसरण है, न अनुकरण, वहाँ ऐसा आभास होता है कि गद्य लिखना भले कठिन हो, नयी कविता से आसान दूसरी विधा नहीं है। यह इसलिए भी कि शब्दों, मुहावरों, प्रतीकों, प्रतिमानों और कुछ सिद्ध सूत्रों की इतनी आवृत्ति नयी कविता में होती है कि उसमें नया क्या है, यह जानना साधारण पाठक का काम नहीं। इस आवृत्तिगत दोष के अपवाद भी अवश्य हैं, किंतु वे अपवाद ही हैं। मैं यहाँ प्रवृत्ति की बात कर रहा हूँ।

इस परिस्थिति में जड़ाऊ कविता का महत्त्व स्पष्ट है। अनुभूति सच्ची होगी तो कविता अपने आप रच जाएगी—यह रूमानी भावना अधिकांश नयी कविता के लेखकों को प्रेरित करती है। उन्होंने जो कुछ भोगा है, जो कुछ सहा है, उसे ज्यों-का-त्यों शब्दों में उतार दें—उनकी यह साध छिपी नहीं है, इसलिए काव्यशिल्प अब उनके लिए साधना का विषय नहीं रहा। एक अनुभूति पुरानी हो गयी, फिर नयी अनुभूति की तलाश, बदहवास लोगों की सी एक बेतहाशा दौड़। सच्ची अनुभूति तलाशने वाली नयी कविता से यह जड़ाऊ कविता ज्यादा टिकाऊ है। इस क्षणभंगुर संसार में कविता भी क्षणभंगुर हो, यह आवश्यक नहीं। अमर न हो, कुछ समय के लिए टिकाऊ तो हो। अज्ञेय की कविता जड़ाऊ है, टिकाऊ भी।

15

शमशेर बहादुर सिंह का आत्मसंघर्ष और उनकी कविता

अज्ञेय और मुक्तिबोध की तरह—लेकिन उनके कई वर्ष बाद—शमशेर बहादुर सिंह जी रहस्यवाद की ओर आकृष्ट हुए। लिखा है—

नक्षत्र वहाँ कभी हमारा पार नहीं पायेंगे,
उनसे मुक्त हम जहाँ घुल-मिलकर,
अपना ही स्वत्व हैं :
ज्ञानातीत संज्ञा से आगे,
और वही है जो कुछ है,
है—है से आगे और पार,
जो कि है का है का है का है....
'है'।

छायावादियों में भी किसी ने ज्ञानातीत संज्ञा से भी आगे के इस 'है' में ऐसी दृढ़ आस्था व्यक्त नहीं की जैसी शमशेर ने। 'वर्तमान धर्म' के लेखक निराला की तरह वह नहीं कहते—'है है, नहीं है, नहीं है।' वह कहते हैं कि वह बस 'है' सितारों से परे, जड़ प्रकृति के उस पार, अगोचर, पूर्ण, निरपेक्ष।

मुक्तिबोध की तरह शमशेर की कविता में सूर्यबिंब बिखरे हुए हैं। घने बादलों में 'सूर्य के टुकड़े' खुले हुए हैं (कुछ और कविताएँ, पृ. 33); उषा के जल में 'सूर्य का स्तंभ' हिलता है (उप., पृ. 45); सूरज की किरणों में जलने की चाह है 'ताकि उसकी आँच और लपट में तुम फौवारे की तरह नाचो' (उप., पृ. 52); वह चाँद और सूरज को निकालना चाहते हैं 'अलमारी में रखे हुए ऐलबम से' (उप., पृ. 63)। ये सब साधारण सूर्यबिंब नहीं हैं जिन्हें मनुष्य भौतिक जगत् में देखता और प्रसन्न होता है। सूर्यबिंबों का रहस्य प्रकट करते हुए उन्होंने लिखा है—

सुबह–सूर्य नहीं; कारण कि
सूर्य तो उनके तलवों के नीचे दूर फिर भी वहीं
एड़ियों में ही मानो नीचे (कहीं)
उग रहा था व्यक्तिगत
एक महान् सूरज प्रत्येक व्यक्ति का

[–जाने दो....बात अंदर की है और वहाँ की यहाँ से देखने की, नहीं।]

बात बाहर वाले सूरज की नहीं, भीतर वाले सूरज की है, बात अंदर की है, वहाँ की, यहाँ से देखने की नहीं। बात प्रत्येक व्यक्ति के महान् सूरज की है, हर बोधिसत्व की, जिसमें बुद्ध बनने की क्षमता है (जैसा कि अज्ञेय ने सर्वेश्वर दयाल सक्सेना के प्रसंग में लिखा था)।

अज्ञेय की रचनाओं में 'मौन' शब्द काफी मुखर है। शमशेर की उतनी कविताएँ नहीं छपीं जितनी अज्ञेय की, फिर भी जितनी छपी हैं, उनमें मौन का अनुपात कम नहीं है। सागर-तट पर वर्षा का दृश्य पीने के बाद वह मौन खड़े रह जाते हैं (कुछ कविताएँ, पृ. 29), सोने के सागर पर सूर्य की छवि देखकर 'अमरन मौन' का भाव जाग उठता है (उप., पृ. 45), वह मौन की अथाह विवशता में डूब जाते हैं (उप., पृ. 51), अज्ञेय के नाम लिखी कविता में उन्हें स्वभावतः एक काल-क्षण में 'सौंदर्य की मौन अमरता' की अनुभूति होती है (उप., पृ. 64)।

मुक्तिबोध की रचनाओं में दुनिया की जो तस्वीर–'विकृताकृतिबिंब' होकर–उभरती है, उसे देखकर लगता है कि कवि अपने को इस संसार में बहुत असुरक्षित पाता है। शमशेर की दुनिया उतनी सुरक्षित तो नहीं है जितनी अज्ञेय की, पर मुक्तिबोध की तुलना में वह अधिक सुरक्षित जरूर है। उस दुनिया में यथार्थ जगत् का गर्द-गुबार कम है, कैण्टोनमेंट की तरह वह शहर की गंदी बस्तियों से काफी दूर है यद्यपि जंगल में बना हुआ डाक बंगला नहीं है। उसमें रहते हुए कवि मौन की महिमा पर मुग्ध हो सकता है–

जहाँ शामें डूबकर फिर सुबह बनती हैं
एक-एक,–
और दरिया राग बनते हैं–कमल
फानूस–रातें मोतियों की डाल–।

मुक्तिबोध इस खुशनुमा दुनिया से बहुत दूर रहते हैं। इसलिए रहस्यवाद उनके मन में बड़ी उलझनें पैदा करता है। वह सोचते हैं कि सूर्य से चेतना का संबंध इस तरह जोड़ा जाय कि मानव-समाज और ब्रह्मांड के सारे रहस्य एक साथ प्रकट

हो जायँ, अंतर्मन की गुफा से ज्ञान के ऐसे मणि और रत्न निकालें कि गंदी बस्तियों की गरीबी तुरंत दूर हो जाय। फिर वह इन सपनों को तोड़ डालते हैं और सपने देखने वाले मन को खूब फटकारते हैं। शमशेर के मन में रहस्यवाद को लेकर ऐसी उलझन पैदा नहीं होती क्योंकि जिस बस्ती में अपने ऐलबम से वह चाँद सूरज निकालते हैं, वह काफी सुरक्षित है।

इस बस्ती में रहते हुए सौंदर्य की भूख अपने आप जाग उठती है। वहाँ दरिया राग बनते हैं, कमल फानूस, रातें मोतियों की डाल, और–

दिन में
साड़ियों के से नमूने चमन में उड़ते छबीले; वहाँ
गुनगुनाता भी सजीला जिस्म वह–
जागता भी
मौन सोता भी, न जाने
एक दुनिया की
उम्मीद सा,
किस तरह!

(उप., पृ. 57)

अंग्रेजी कवियों में कीट्स और हिंदी कवियों में गिरिजाकुमार माथुर की सी सघन ऐंद्रियता शमशेर में है लेकिन वह मूर्तिकार नहीं कि अंग प्रत्यंग गढ़ कर रख दें, न वह 'कीट' कवि हैं कि बीभत्स में ही उनका मन रमे, न वह 'ऐब्स्ट्रैक्ट आर्ट' वाले हैं कि ज्यामिति की रेखाओं में नारी का रूप खो जाय। कई लोगों ने उन्हें इम्प्रेशनिस्ट कवि (या कवि रूप में इम्प्रेशनिस्ट चित्रकार) कहा है। इम्प्रेशनिस्ट चित्रकार भी सौंदर्य ऐसी उड़ती निगाह से नहीं देखते जैसे शमशेर। रूप और आकार की समग्रता के बदले शमशेर एक झलक-भर देखते हैं, पार्श्वबिंब से काम चलाते हैं और यह झलक या पार्श्वबिंब ही उन्हें बेहोश करने के लिए काफी है।

नील जल में उषा की गौर झिलमिल देह;
रात का गहरा सांवलापन स्तनों के बिंबित उभार लिये;
उसकी अधखुली अँगड़ाइयाँ हैं।
कमल के लिपटे हुए दल
कसे भीनी गंध में बेहोश भौंरे को।

(उप. पृ. 56)

रूमानियत और रीतिवाद का यह संगम है। कमल में बंद भौंरा नायिका भेद

वाली कविता का परिचित उपमान है। रूप-रस-गंध का मोह शमशेर के रूमानी मिजाज का सबूत देता है। उनके कवि-संस्कार रीतिवादी कविता और छायावादियों में पंत की रचनाओं से प्रभावित हैं। रीतिवादी कविता में उर्दू की प्रेम-शृंगार वाली ग़जलें उन्हें विशेष प्रिय रही हैं।

> **गुलशन से जो इतराती आँगन में बहार आयी,**
> **खुशज़ौक दुल्हन उसकी शोखी को सँवार आयी।**
>
> *(उप., पृ. 2)*

शमशेर जितनी खूबसूरती से उर्दू के रीतिवाद का प्रभाव ग्रहण करते हैं, उतनी खूबसूरती से हिंदी के रीतिवाद या छायावाद का प्रभाव नहीं ग्रहण कर पाते। जब वह गद्यमय नयी कविता लिखते हैं, तब पुराने ढंग का चमत्कारवाद उसमें भी झलक उठता है–

> **आह, तुम्हारे दाँतों से जो दूब के तिनके की नोक**
> **उस पिकनिक में चिपकी रह गई थी,**
> **आज तक मेरी नींद में गड़ती है।**
>
> *(कुछ और कविताएँ, पृ. 55)*

ये नज़ाकत देखो आरिज़ उनके नीले पड़ गये, मैंने तो बोसा लिया था ख्वाब में तस्वीर का! कुछ उसी तरह की नाजुक बयानी नींद में गड़ने वाले दूब के तिनके पर शमशेर की पंक्तियों में है। मखमल के बिछौने पद्माकर की नायिका के पैरों में गड़ते थे, यहाँ दूब का तिनका नायक की नींद में गड़ जाता है। शमशेर के आगे पद्माकर मात हैं।

हिंदी में छायावादी काव्य ने रीतिवादी परंपरा को छिन्न-भिन्न कर दिया। उर्दू में रीतिवादी काव्य की जड़ें ज्यादा गहरी थीं। परिवर्तन वहाँ भी हुआ लेकिन उतना व्यापक नहीं। हिंदी का रीतिवादी काव्य ब्रजभाषा में था। काव्य-भाषा के पद से ब्रजभाषा को हटाने का एक फल यह हुआ कि रीतिवाद खड़ी बोली में जड़ जमा ही न पाया। इसके विपरीत उर्दू का रीतिवादी काव्य इसी खड़ी बोली में रचा गया। शमशेर जब 'रूपाभ' के संपादकीय विभाग में काम करते हुए प्रगतिशील साहित्य के विकास में योग दे रहे थे, तब उन्होंने लिखा था, "किसी एक तनहा बुलबुल के राग में या किसी अकेले खामोश गुल के बिखरते हुए रंग में विभोर होकर जीवन-सुख की बहार और खिज़ां के दर्द से परिपूर्ण हो उठना–बस यही संकेत तो गज़ल का एक शेर है। अस्तु, हमें कुछ समझाकर बहका ले जाने के लिए यही संकेत काफी है।" (दोआब, पृ. 122)

शमशेर ने छायावादी कवियों में पंत और निराला को विशेष रूप से पढ़ा लेकिन इनका प्रभाव उनके रीतिवादी संस्कारों को निर्मल नहीं कर सका। वह निराला की प्रशंसा करते थे, छंद, गति, लय के लिए; किंतु "शब्दों के माधुर्य और कोमल सौंदर्य, साथ ही पूर्ण प्रकारात्मक न्यास तथा सुरुचिपूर्णता में पंत का अपना अकेला स्थान है।" (उप., पृ. 39) पंत की काव्य-कला शमशेर के रीतिवादी संस्कारों के नितान्त प्रतिकूल नहीं थी। 'मदनराज के बीर बहादर' और 'रतिश्रान्ता ब्रज बनिता' के उपमान जुटाने वाले पंत स्वयं रीतिवादी काव्य-सौंदर्य पर किसी हद तक मुग्ध थे। पंत-काव्य का कोमल सौंदर्य और शब्द-माधुर्य तनहा बुलबुल के राग और खामोश गुल के बिखरते हुए रंग में घुलमिल गया।

इसके बाद शमशेर उन कवियों से प्रभावित हुए जो अक्सर 'अत्यधिक अस्वस्थ' हैं, जो 'बहुधा नाना असंगतियों में पड़कर' अचेतन मन के भावलोक में जा पहुँचे हैं, जो 'अत्यधिक भावुक' हैं और इसलिए जिन्होंने 'अपने ही व्यक्तित्व का मंथन इस बेरहमी से किया' कि उनके भाव, शब्द, अर्थ अद्‌भुत और चमत्कारपूर्ण–कभी-कभी तो दिव्य भी–हुए, "मगर हमेशा विशृंखल, असंबद्ध, अगम्य और रहस्यमय और अनेकार्थयुक्त हो गये।" (उप., पृ. 60) "इन आधुनिक कलाकारों के गुरु एज़रा पाउंड और टी.एस. इलियट हैं।" (उप., पृ. 61)

रोमांटिक कवियों में जो व्यक्तिवाद था, वह विकृत होकर इन कवियों में अपनी चरम सीमा तक पहुँच गया था। ये बौद्धिक नहीं, भावुक थे, यथार्थदर्शी नहीं, अपने ही व्यक्तित्व का मंथन करने वाले–चमत्कारी और अद्‌भुत, फिर भी–विशृंखल और असंबद्ध कविता लिखने वाले कलाकार थे। शमशेर ने जिस समय कविता लिखना शुरू किया, वह छायावाद का ह्रासकाल–बच्चन और नरेंद्र शर्मा के उत्तर छायावादी काव्य का जमाना–था। अंग्रेजी का उत्तर छायावादी काव्यबोध शमशेर के मन को सहज ही छूता था।

इस समय वह मार्क्सवाद से भी प्रभावित हुए। 'रूपाभ' के बाद वह बंबई से प्रकाशित होने वाले 'नया साहित्य' के संपादक हुए। इस प्रभाव के ही कारण जिन आधुनिक कवियों पर वह मुग्ध थे, उन्हें अस्वस्थ और व्यक्तिवादी भी मानते थे। शमशेर का आत्मसंघर्ष उनके मार्क्सवादी विवेक और इस उत्तर छायावादी–इलियट, एज़रा पाउंड वाले–काव्यबोध का संघर्ष है।

इसमें और मुक्तिबोध के आत्म-संघर्ष में काफी अंतर है। मुक्तिबोध रहस्यवाद को लेकर बड़ी उलझन में पड़े थे, शमशेर में ऐसी कोई उलझन नहीं है। मुक्तिबोध मनोविश्लेषण शास्त्र से प्रभावित होकर अंतर्मन की गुफा में ज्ञान के मणि और रत्न ढूँढ़ते थे और फिर इस आत्मप्रवंचना पर झुँझलाते थे। शमशेर सजीले जिस्म के गुनगुनाने पर ऐसा रीझते हैं कि अँधेरे कुएँ या बावड़ी में उतरने की उन्हें फुर्सत नहीं

मिलती। किंतु शमशेर उतने आत्ममुग्ध नहीं जितने मुक्तिबोध थे। मुक्तिबोध अस्तित्ववाद की ओर खिंचे और अपने-पराये अनेक पापों का मैल मन से धोते रहे। शमशेर नई कविता के उन तमाम लेखकों से अलग हैं जो अस्तित्ववाद से प्रभावित हैं। वह जितनी दूर सार्त्र से हैं उतनी ही दूर किर्केगार्ड से, किसी भी तरह के अस्तित्ववाद ने उन्हें उलझन में नहीं डाला। उनका आत्मसंघर्ष है उत्तरछायावादी काव्यबोध को लेकर।

नेमिचंद्र जैन, भारत भूषण अग्रवाल आदि प्रयोगवादियों से शमशेर इस बात में भिन्न हैं कि इन लोगों ने सन् 47 के पहले जो मार्क्सवादी विचारधारा अपनाई थी, उसे सन् 47 के बाद छोड़ दिया। शमशेर ने उसे कभी छोड़ा नहीं, उनके मन में मार्क्सवाद और इलियट-एज़रा पाउंड को लेकर जो द्वंद्व सन् 47 के पहले था, वह बाद को भी बना रहा।

'दूसरा सप्तक' प्रयोगवादी कविताओं का संग्रह माना जाता है। इसमें, अपनी कविताओं के साथ दिये हुए वक्तव्य में, शमशेर ने लिखा था, "कला का संघर्ष समाज के संघर्षों से एकदम कोई अलग चीज़ नहीं हो सकती और इतिहास आज इन संघर्षों का साथ दे रहा है। सभी देशों में, बेशक यहाँ भी, दरअसल आज की कला का असली भेद और गुण उन लोक-कलाकारों के पास है, जो जन-आंदोलनों में हिस्सा ले रहे हैं। टूटते हुए मध्यमवर्ग के मुझ जैसे कवि उस भेद को पाने की कोशिश में लगे हुए हैं।" इससे शमशेर के आत्मसंघर्ष का अंदाज़ा हो जाएगा। लोक-कलाकारों के पास जैसी कला है, शमशेर की काव्य-कला उससे बहुत दूर है। पर अपनी कला से उन्हें संतोष नहीं और लोक-कलाकारों वाली कला उनके पास नहीं।

शमशेर यह कहकर अपना मन समझा लेते थे कि इलियट-पाउंड की अस्वस्थ विषयवस्तु से हमें क्या लेना-देना है, हम तो उनके शिल्प को सराहते हैं। वास्तव में बात शिल्प को सराहने की न थी। बात थी इन 'अस्वस्थ' कवियों के भावबोध पर मुग्ध होने की। उनका भाव-सौंदर्य उन्हें अपनी ओर खींचता था और उनका विवेक उन्हें फटकारता था कि यह सब व्यक्तिवादी प्रपंच है।

आधुनिक काव्य-चर्चा के प्रसंग में 'इलियट और पाउंड' और उनके अनुयायी याद आ जाते हैं। इन्होंने शिल्प में बड़ी मेहनत की, बड़ा श्रम किया। अद्‌भुत इनकी पकड़ है, छंद, गति, लय, ताल की। अक्षर का 'मर्म' ये जानते हैं, मगर फिर भी जैसे कुछ नहीं जानते। ज्ञान-विज्ञान की नाना कलाओं के सागर में गोते लगाए हैं, पर जैसे खूबसूरत, बहुत खूबसूरत सीपों के अलावा कोई मोती इन्हें न मिला हो। यहाँ मोती का जिक्र है, यों सीपों को भी हम प्यार करते हैं क्योंकि इन्हीं में से मोती निकल आता है।

"मुझे बहुत आकृष्ट करते हैं ये कवि, इन्हीं की तरह, पर कुछ काफी कम दर्जे पर श्री अज्ञेय, श्री मीम नून राशिद (मीरानी नहीं), शुरू का फैज़ और डायलन टामस, जुकोफ्स्की, मैरियन मूर, पैचन वगैरह। मगर फिर लगता है कि जैसे ये कागज के फूल न होकर भी सच्चे फूल न हों। इनमें शायद वह सब कुछ है जिसके विरुद्ध मेरा स्वस्थ मन विद्रोह करता है, पर जिन्हें बड़े आश्चर्य से भी देखता है—शायद इसलिए कि इनमें जीवन के रोग, शोक, आत्मा की हाय, दैन्य, पराजय, भ्रम, कुहा, क्रूरता आदि उघाड़ कर रख दिये गये हों। काश कि अक्सर यह काम सचेत रूप से कलाकार करता।"

(आलोचना, संख्या 2)

आत्मा की हाय, दैन्य, पराजय—यह सब कुछ इस कविता में है—कलाकार इन्हें उघाड़ कर रख देता है किंतु सचेत रूप से नहीं। सचेत हो तो दैन्य से लड़े, पराजय के गीत गाने में उसे आनंद न आये। वह अचेत होकर, भावुकतावश, विवेक को त्यागकर, भ्रम, पराजय और दैन्य के प्रवाह में बह चलता है। इसीलिए शमशेर का स्वस्थ मन विद्रोह करता है, फिर भी "मुझे बहुत आकृष्ट करते हैं ये कवि!"

मध्य वर्ग को लेकर शमशेर के मन में वैसे ही हीन भाव हैं जैसे मुक्तिबोध के मन में। जितना ही प्रबल यह हीन भाव है, उतना ही भव्य वह अपने मन में श्रमिक वर्ग का चित्र बनाते हैं—ठीक मुक्तिबोध की तरह। एक ओर—

हीन भाव, हीन भाव, मध्यवर्ग का समाज दीन

(कुछ और कविताएँ, पृ. 8)

दूसरी ओर—

आगे-आगे जलती चलती है
लाल-लाल
वज्र-कठिन कमकर की मुट्ठी में
पथ-प्रदर्शिका मशाल।

(उप.)

जहाँ संपत्तिशाली वर्ग के हाथ में धन सिमटता जाता है और निर्धन जनता की तकलीफें बढ़ती जाती हैं, वहाँ मध्यम वर्ग टूटता है; उसका एक हिस्सा पूँजीपतियों से, दूसरा हिस्सा श्रमिक जनता से मिल जाता है। जिस नये समुदाय से यह दूसरा हिस्सा मिलना चाहता है, उससे वह अच्छी तरह परिचित नहीं है। इसलिए एक ओर अपनी जमात छोड़ने पर उसके मन में हीन भाव पैदा होता है, दूसरी ओर जिस नयी अपरिचित जमात से वह मिल रहा है, वह यथार्थ में जैसी है, उससे ज्यादा भव्य उसे मालूम होती है। भारत की श्रमिक जनता को अभी वर्ग रूप में संगठित होना है, अभी

उसे वर्ग चेतना प्राप्त करनी है। आर्थिक-सामाजिक स्थिति, राजनीतिक बोध और संगठन के हिसाब से उसमें अभी बहुत से भेद हैं। राजनीतिक पार्टियों के नेता मज़दूरों की तारीफ ज्यादा करते हैं, उनके वोट लेने के लिए, उन्हें अपना अनुयायी बनाने के लिए। उनमें सोचने-विचारने, राजनीतिक परिस्थिति को समझने और खुद नीति निर्धारित करने की ताकत पैदा करें—इस तरफ वे ध्यान कम देते हैं। इसीलिए जो पार्टियाँ मज़दूरों की प्रतिनिधि होने का दावा करती हैं, वे पूँजीपतियों से कम, आपस में ज्यादा लड़ती हैं और उनके नेतृत्व में लड़ने वाले मज़दूरों की संख्या नगण्य है। यथार्थदर्शी कवि अवसरवादी राजनीतिज्ञों की तरह श्रमिक जनता की झूठी तारीफ क्यों करे?

शमशेर कहते हैं—

सेनानी
वीर युवक
अति बलिष्ठ
वामपंथी गामी वह—
समय साम्यवादी।

(उप., पृ. 9)

यह यथार्थ नहीं, स्वप्न है, स्वप्न में रूमानी रंग गहरा है, यथार्थवाद का स्पर्श कम है।

वह शांति पर कविता लिखते हैं। एक जगह रवींद्रनाथ, हाफ़िज़, तुलसीदास और ग़ालिब पावर हाउस के कुशल आपरेटर हैं, दूसरी जगह संसार के शांतिप्रेमी जन उषा के मधुर अधर बन जाते हैं। कुछ लोग उपमानों के इस भेद को नयी कविता और छायावाद का भेद कहेंगे। दुनिया को देखने वाली निगाह में भी फर्क है या उपमानों के हेरफेर से ही नई कविता में यथार्थवाद आ जाएगा—यह प्रश्न विचारणीय है।

हम एक साथ उषा के मधुर अधर बन उठे
सुलग उठे हैं
सब एक साथ ढाई अरब धड़कनों में बज उठे हैं।
सिम्फोनिक आनंद की तरह।

रहस्यवाद यहाँ से ज्यादा दूर नहीं है। कल्पना लोक में ढाई अरब धड़कनों का अनहद नाद सुनकर स्वभावतः कवि को ब्रह्म याद आ जाता है। शांति बच्चों और दोस्तों के लिए चाहिए, और उस अमर परम शक्ति के लिए जो पिता का रूप है।

जो लोग यथार्थ पर—किसी न किसी रूप में—कल्पना का आवरण डालते हैं, वे स्वभावतः कहीं-न-कहीं, और कभी-न-कभी, रहस्यवाद की शरण में आते हैं, और इस नव्य रहस्यवाद का कोई क्रांतिकारी दार्शनिक या सामाजिक पक्ष नहीं होता। नये-पुराने रहस्यवाद में यही फर्क है।

ज्ञानातीत संज्ञा से भी आगे
और वही है जो कुछ है,
है—है से आगे और पार,
जो कि है का है का है का है...
'है'।

शमशेर के रहस्यवाद का लगाव यदि दादू, रज्जब, कबीर से होता तो वे किसी दूसरी जगह पहुँचते। किंतु इलियट, एज़रा पाउंड की सीढ़ियाँ उतरते हुए वे सीधे गिन्सबर्ग के पास पहुँचते हैं—दशाश्वमेध घाट पर जहाँ भारतीय और अमरीकी संस्कृतियों का मिलन होता है—

दूऽऽऽर एलन गिन्सबर्ग सैनफ्रन्सिस्को से, इधर
दशाश्वमेध, संगम की...चिलम संध्याओं में सुलग
गाँजा सा लाल उठता है, लपक—कुछ नये युग के
नशे सा।

(कल्पना, जुलाई '63)

चिलम में भी क्या अद्‌भुत शक्ति है! हजारों हिप्पी हर साल आध्यात्मिक शांति प्राप्त करने के लिए भारत भूमि की ओर खिंचे चले आते हैं। जो काम पीस-कौंसिलें नहीं कर पातीं, वह गाँजे की चिलम कर दिखाती है। उपासक ठीक ही कहते हैं, जिसने न पी गाँजे की कली, उस लड़के से लड़की भली। फिर शंकर भगवान् की नगरी और पावन गंगा तट, दुगना माहात्म्य! दिमाग में नये युग का नशा छा जाय तो क्या आश्चर्य! मुक्तिबोध इस मंज़िल तक नहीं पहुँचे। जब कल्पना बहुत ज़ोर मारती है और वह 'मधुर चन्द्र मुख' पर उल्काफूल फेंकते हैं, तब—

बस तभी तलब लगती है बीड़ी पीनें की।

(चाँद का मुँह टेढ़ा है, पृ. 122)

गिन्सबर्ग और मुक्तिबोध में उतना ही फासला है जितना गाँजे की चिलम और बीड़ी में।

बीड़ी पीने से एक और कलाकार के ओठ स्याह पड़ गये थे। नाम था भुवनेश्वर। जिन दिनों यह अफवाह फैली थी कि भुवनेश्वर नहीं रहे,—"कुछ नहीं कहा जा सकता, वह अब कहाँ, किस लोक में हैं"—शमशेर ने उन पर कविता लिखी थी। गिन्सबर्ग वाले चित्र से इस खानाबदोश कलाकार की तस्वीर मिलाकर देखिए। मैं पूरी कविता उद्धृत करता हूँ :

आदमी रोटी पर ही ज़िन्दा नहीं
—तुमसे बढ़कर और किसने
हर सच्चाई को अपनी कड़ुई मुस्कराहट भरी भूख
के अंदर
जाना होगा?
पता नहीं तुम कहाँ किस सदाव्रत का हिसाब
किस लोक में
लिख रहे हो
बगैर खाए-पिए...

× × ×

सिर्फ अमरूदों की सी गोरी सुनहरी धूप
अंगों की
फ्रेम से उभरती हो कमरे के एकांत में,
भुवनेश्वर,
जहाँ तुम बुझी हुई आँखों के अंदर
एज़रा पाउंड के टुकड़े,
इलियट के बिब्लिकल पीरियड्स
किसी ड्रामाई खाब में,
पॉल क्ली के घरौंदों में, एक फ्रीवर्स की तरह
तोड़ देते हो
खाब में ही हँसते हुए!
आह बदनसीब शायर, नाटककार, फकीरों में
नव्वाब, गिरहकट, wit,
आजाद अघोरी साधक!
होट बीड़ी सिगरेट की नीलिमा से।
(चूमे हुए किसी रूप के।)

किसी एक काफिर शाम में,
किसी क्रास के नीचे।...
वो दिन, वो दिन....।
धुँधली छतों में बिखर गये हैं
शराब के, शबाब के, दोस्त एहबाब के वो–
वो 'विटी' गुनाहों-भरे
खूबसूरत बदमाश दिन
चले गये हैं...।
हाँ, तपती लहरों में छोड़ गये हैं वो
संगम गोमती दशाश्वमेध के
सैलानियों के बीच
न जाने क्या
एक टूटी हुई नाव की तरह,
जो डूबती भी नहीं : जो सामने ही हो जैसे,
और कहीं भी नहीं।

इस कविता से शमशेर के रहस्यवाद–उनके अगोचर 'है'–की तुलना कीजिए। शमशेर में पुराने रहस्यवादी कवियों की भाव-विह्वलता नहीं है, वैसे ही जैसे इलियट में पुराने धार्मिक कवियों की सी भक्ति नहीं है। न उनमें प्रसाद के दार्शनिक चिंतन का बौद्धिक गुरुत्व है। शमशेर के रहस्यवाद की तुलना में रूप-रस-गंध वाले संसार के उनके पार्श्व बिंब ज्यादा सुहावने मालूम होते हैं। इनमें निराला का ओज और घनत्व नहीं है लेकिन नफ़ासत है, सौंदर्य की परख और गोचर संसार का सुकुमार संवेदन है।

इस कविता से शमशेर की राजनीतिक कविताओं की तुलना कीजिए। उन कविताओं में वह उपमानों से खेलते हैं और कभी वह भी नहीं, सिर्फ भाषण करते हैं ('कल्पना' में चीन पर उनकी कविता)। न केवल राजनीतिक परिस्थिति पर वरन् राजनीतिक विचारों पर कविता लिखी जा सकती है। किंतु शमशेर का मन जो कुछ स्वयं देखता है, उसी से अधिक प्रभावित होता है, सुनी-सुनाई बातों का असर उस पर कम होता है। वह मूलतः यथार्थवादी कवि हैं जिनके हृदय में करुणा का स्रोत है जो कभी-कभी फूट कर बहता भी है। मन के गोचर-अगोचर घेरे तोड़ कर जब करुणा का यह स्रोत बह चलता है, तब शमशेर भुवनेश्वर पर इस कविता जैसी रचनाएँ करते हैं। यथार्थवाद का यह भी एक रूप है जिसकी ओर हिंदी की नयी कविता का विकास संभव है।

इस कविता में शमशेर सूरिअलिस्ट—अति यथार्थवादी—नहीं, रिअलिस्ट—यथार्थवादी—कलाकार हैं। वे पार्श्वबिंबों से संतुष्ट न होकर भुवनेश्वर का भरापूरा चित्र देते हैं, सतह पर ही न रुक कर वह दिल की धड़कन भी सुनते हैं। नयी कविता में नाव का उपमान बहुत दुहराया गया है, नाव के पैर, सूनी नाव, वगैरह। लेकिन जिसके लिए अभी सिर्फ 'अफवाह गर्म है' कि वह नहीं है और जिसके लिए कहा नहीं जा सकता, वह अब कहाँ, किस लोक में है, उसके लिए यह उपमान कितना सार्थक है—एक टूटी हुई नाव, जो डूबती भी नहीं, जो सामने ही हो जैसे, और कहीं भी नहीं।

यथार्थ के चित्र के साथ जहाँ उनका भाव सध जाता है, वहाँ शमशेर का शिल्प निखर उठता है। किंतु उनके भाव-बोध में काफी अस्थिरता है। देशी-विदेशी कवियों के शब्द और मुहावरे उनके मन में इतना ज्यादा गूँजते हैं कि शिल्प की साधना करते हुए वह उसे सँवारने की जगह बिगाड़ भी देते हैं।

भुवनेश्वर पर उनकी कविता जैसी 'वसुधा' में छपी थी, वैसी ऊपर उद्धृत की गयी है। इसका 'सँवारा हुआ' रूप 'कुछ और कविताएँ' में है। 'वसुधा' में कविता किसी भूमिका के बिना, नाटकीय और मार्मिक ढंग से, भुवनेश्वर को सीधे संबोधित करते हुए शुरू होती है। 'कुछ और कविताएँ' में पहले भूमिका बाँधी गयी है, शमशेर भुवनेश्वर को संबोधित करते हुए भी खुद से ही ज्यादा बातें करते हुए दिखाई देते हैं। शब्दों के मितव्यय के बदले छोटा-सा भाषण दे डाला है :

न जाने कहाँ किस लोक में आज, जाने किस
सदाव्रत का हिसाब बैठे तुम लिख रहे होगे (अपनी
भवों में?)—जहाँ पता नहीं प्राप्त भी होगा
तुम्हें कोरी चाय या एक हरी पुड़िया का बल
भी? ...हिसाब; मसलन : ताड़ी कितने
की?—कितने की देसी?—और, रम?...
कितनी अधिक-से-अधिक, कितनी कम-से-
कम? कितनी असली, कितनी...।

इस भूमिका के बाद—जिसकी वाक्य-रचना और विरामों में शिल्प का मुलम्मा है, निखार नहीं,—वह शुरू करते हैं....इंसान रोटी पर ही जिंदा नहीं, इत्यादि।

'आदमी' फारसी का शब्द है, 'इंसान', अरबी का। आदमी की जगह वह ज्यादा गरिमायुक्त इन्सान बिठाते हैं। तुमसे बढ़कर और किसने जाना होगा—इस वाक्य में 'जाना होगा' क्रिया कमजोर लगी, उसे बदल कर उन्होंने लिखा,'महसूस किया होगा'। अमरूदों की सी धूप—ठीक लिखा था; इलाहाबाद के अमरूद मशहूर हैं और भुवनेश्वर लखनऊ छोड़ने के बाद ज्यादातर इलाहाबाद में रहे भी थे।

लेकिन शमशेर ने अंग्रेजी कविताओं में 'साइडार' वृक्षों का वर्णन पढ़ा था। अमरूद हटा दिये गये; उनकी जगह, 'साइडार' आ गये। मूल कविता में 'बुझी हुई आँखों' को काफी व्यंजक न मानकर इन्होंने लिखा—बुझी-बुझी सी गजल-भरी आँखों में! मूल कविता में सिर्फ 'एज़रा पाउंड के टुकड़े' थे; ये परिवर्तित होकर 'अनोखे पद एज़रा पाउंड के' हो गये! ज्यादातर परिवर्तन उन्होंने भाषा को अधिक गरिमामय बनाने के लिए किये, लेकिन कई जगह नये शब्द भी जोड़े, व्याख्या करने के लिए, जिससे अर्थ का विकेंद्रीकरण हो गया है और कविता चौपट हो गयी है। मूल कविता की तीन पंक्तियाँ देखिए—

आह बदनसीब शायर, नाटककार, फकीरों में
नव्वाब, गिरहकट, wit,
आज़ाद अघोरी साधक!

इससे तुलना कीजिए परिवर्तित रूप की—

ओ बदनसीब शायर, एकांकीकार, प्रथम
वाइल्डियन हिंदी विट्, नव्वाब
फकीरों में, गिरहकट, अपनी बोसीदा
जंजीरों में लिपटे, आजाद
भ्रष्ट, अघोरी साधक!

आह की जगह ओ—भाषण से पहले का संबोधन-चिह्न! एकांकीकार न लिखने से उनके साहित्य का परिचय अधूरा रह जाता था। विट का मतलब—पता नहीं—आप समझें या न समझें। इसलिए समझाया, वह हिंदी के विट हैं और प्रथम वाइल्डियन विट हैं। 'गिरहकट' और 'अघोरी साधक' की सारी ताकत परिवर्तित रूप में बिल्कुल बिखर गयी। लेकिन 'निंदिया सतावे मोहें सँझही से सजनी' ('कुछ और कविताएँ', पृ. 81) से यह परिवर्तित रूप फिर भी अच्छा है। लोकगीतों की दुनिया से शमशेर जितना ही दूर हैं, उतना ही असफल उनका लोकगीतों का अनुकरण है। गिन्सबर्ग के लंबे वाक्यों का अनुकरण उन्होंने ज्यादा सफलता से किया है—यद्यपि गिन्सबर्ग की वक्तृत्व कला का ओज उनके पास नहीं है। प्रसन्नता की बात है कि उनकी गज़लों (या नज़्मों) की रीतिवादी नफासत पर कहीं-कहीं निराला के प्रभाव की धूल उड़ती हुई आ गिरी है। मुलाहिज़ा हो—

नाज पकने पर खुले आकाश से
बिजलियाँ गिरती हैं निर्धन के लिए।

संकुचित है आज जीवन का हृदय,
व्यक्तिमन रोता है जन-मन के लिए।

(कुछ और कविताएँ, पृ. 16)

केदारनाथ अग्रवाल और शमशेर बहादुर सिंह की काव्य-प्रतिभा में अंतर यह है कि केदार की सधी निगाह वस्तु के मर्म में उतरती है, वह दूसरों के काव्य कौशल पर ठहरकर उसके अनुरूप वस्तु को छाँटने, तराशने की कोशिश नहीं करती। अपनी पीढ़ी के कवियों में केदार ही ऐसे हैं जिन पर छायावाद का प्रभाव नगण्य है। पूर्व पश्चिम के आधुनिक कवियों में वह पढ़ते बहुतों को हैं लेकिन जब कविता लिखते हैं तब उसका कौशल वस्तु के मर्मग्रहण के साथ जैसे अपने आप सँवारता चला जाता है।

केदार और शमशेर में अंतर यह है कि केदार की कविता अपने निष्कंप भाव-बोध के कारण सहज ही लोक-गीतों का सौंदर्य अपने अंदर समो लेती है।

फूल कटोरों सी मुस्काती–
रूप भरी है नगरी–

ऐसे बिंब सहज भाव से उनकी कविता में उतर आते हैं। शमशेर की रचनाओं में काव्य-कौशल को लेकर उधेड़बुन ज्यादा है। कहीं लोकगीत, कहीं ग़ज़ल, कहीं मुक्त छंद और उनमें बहुत तरह की किस्में, कहीं सफल, कहीं असफल। उनकी उलझनों का एक कारण यह है कि वे अपने रीतिवादी-रूमानी सौंदर्यबोध से अपने मार्क्सवादी विवेक की संगति नहीं बिठा पाये। दूसरा कारण यह है कि जब वह रीतिवाद और रूमानियत से हटकर, मानव-करुणा में गहरे डूबकर कविता लिखते हैं, तब शायद समझते हैं कि वह कविता मार्क्सवाद के अनुरूप हुई नहीं। इस लेख में भुवनेश्वर वाली कविता इसीलिए पूरी की पूरी मैंने उद्धृत की है। यह एक अनुपम आधुनिक कविता है, आत्म-सम्मोहन के दायरे से बाहर, नव्य रहस्यवाद से बचती हुई, दूसरे की ज़िंदगी को सहानुभूति से चित्रित करने में एक चमत्कार। इसे पढ़कर मुझे 'रूपाभ' के शमशेर की याद आती है जो बहुत गहरे डूबकर सुरमई साँझों के बारे में लिखते थे–

तुम छोटा सा हो ताल–घिरा फैलाव, लहर हल्की सी,
जिसके सीने पर ठहर शाम
कुछ अपना देख रही है उसके अंदर–वह अँधियाला,

यह प्रेम की कविता है, गुनगुनाते सजीले जिस्म वाली कविताएँ बस ज़िस्म की कविताएँ हैं, उस जिस्म में या तो दिल नहीं है या दिल है तो उसमें मोहब्बत नहीं है।

और बहुत से कवियों की तरह शमशेर भी नव्य रहस्यवाद को आधुनिकता का पर्याय मान बैठते हैं। उनके 'है है' की खींचतान, गद्य के अनगढ़पन से, भले किसी को चौंका दे, वहाँ उन्होंने कवि की निगाह से दुनिया में नया कुछ नहीं देखा है। उनका मन कभी-कभी झूठी वक्तृत्वकला के पीछे दौड़ता है, कभी भाव-विचार के नाम पर कल्पना की गिरह लगाता है। कभी-कभी काव्य-कौशल को सँवारने के फेर में वह मूल कविता की व्यंजनाशक्ति नष्ट कर देते हैं। उनका कौशल-प्रेमी मन उन्हें कैसे धोखा देता है, इसकी श्रेष्ठ मिसाल है, भुवनेश्वर वाली कविता का परिवर्तित—और—परिवर्धित—रूप। किंतु हर जगह शमशेर का अपना एक रंग है। कविता भरी-पूरी न उतरे, पढ़कर लगे कि असंगठित संवेदन कागज पर उतार दिये गये हैं, तब भी उनकी कविता से आनंद आता है। आनंद में खलल पड़ता है तब, जब उनकी पंक्तियों के प्रवाह में दूसरों के चेहरे झाँकने लगते हैं। जब उनका मन सध जाता है, तब वे ऐसी पंक्तियाँ लिखते हैं—

घिर गया है समय का रथ कहीं।
लालिमा से मढ़ गया है राग।

और ऐसी पंक्तियाँ कोई सिद्ध कवि ही लिख सकता है।

❑❑❑